交通运输科技丛书·公路基础设施建设与养护
交通运输重大科技创新成果库入库成果

沥青路面再生利用技术

马 涛　徐光霁　拾方治　编著

人民交通出版社股份有限公司
北京

内 容 提 要

全书阐述了目前国内外沥青路面再生技术的既有经验和最新进展，总结了再生技术的核心理念，涵盖了沥青路面热再生、冷再生、厂拌再生、就地再生等多方面的内容，凝结了作者多年来从事沥青路面再生技术的研究成果。该书可供从事公路路面设计、施工、养护工作的工程技术人员参考，也可作为道路工程专业大中专院校师生、研究生的参考用书。

图书在版编目(CIP)数据

沥青路面再生利用技术 / 马涛，徐光霁，拾方治编著. — 北京：人民交通出版社股份有限公司，2023.9
ISBN 978-7-114-18367-6

Ⅰ.①沥… Ⅱ.①马…②徐…③拾… Ⅲ.①沥青路面—再生路面—道路工程—研究 Ⅳ.①U416.217

中国版本图书馆 CIP 数据核字(2022)第 231055 号

Liqing Lumian Zaisheng Liyong Jishu

书　　　名：	沥青路面再生利用技术
著 作 者：	马　涛　徐光霁　拾方治
责任编辑：	刘　彤
责任校对：	孙国靖　刘　璇
责任印制：	张　凯
出版发行：	人民交通出版社股份有限公司
地　　址：	(100011)北京市朝阳区安定门外外馆斜街 3 号
网　　址：	http://www.ccpcl.com.cn
销售电话：	(010)59757973
总 经 销：	人民交通出版社股份有限公司发行部
经　　销：	各地新华书店
印　　刷：	北京市密东印刷有限公司
开　　本：	787×1092　1/16
印　　张：	23.75
字　　数：	450 千
版　　次：	2023 年 9 月　第 1 版
印　　次：	2023 年 9 月　第 1 次印刷
书　　号：	ISBN 978-7-114-18367-6
定　　价：	120.00 元

(有印刷、装订质量问题的图书，由本公司负责调换)

交通运输科技丛书

编审委员会
（委员排名不分先后）

顾　　问：王志清　汪　洋　姜明宝　李天碧
主　　任：庞　松
副 主 任：洪晓枫　林　强
委　　员：石宝林　张劲泉　赵之忠　关昌余　张华庆
　　　　　郑健龙　沙爱民　唐伯明　孙玉清　费维军
　　　　　王　炜　孙立军　蒋树屏　韩　敏　张喜刚
　　　　　吴　澎　刘怀汉　汪双杰　廖朝华　金　凌
　　　　　李爱民　曹　迪　田俊峰　苏权科　严云福

GENERAL ORDER 总　　序

　　科技是国家强盛之基，创新是民族进步之魂。中华民族正处在全面建成小康社会的决胜阶段，比以往任何时候都更加需要强大的科技创新力量。党的十八大以来，以习近平同志为核心的党中央做出了实施创新驱动发展战略的重大部署。党的十八届五中全会提出必须牢固树立并切实贯彻创新、协调、绿色、开放、共享的发展理念，进一步发挥科技创新在全面创新中的引领作用。在最近召开的全国科技创新大会上，习近平总书记指出要在我国发展新的历史起点上，把科技创新摆在更加重要的位置，吹响了建设世界科技强国的号角。大会强调，实现"两个一百年"奋斗目标，实现中华民族伟大复兴的中国梦，必须坚持走中国特色自主创新道路，面向世界科技前沿、面向经济主战场、面向国家重大需求。这是党中央综合分析国内外大势、立足我国发展全局提出的重大战略目标和战略部署，为加快推进我国科技创新指明了战略方向。

　　科技创新为我国交通运输事业发展提供了不竭的动力。交通运输部党组坚决贯彻落实中央战略部署，将科技创新摆在交通运输现代化建设全局的突出位置，坚持面向需求、面向世界、面向未来，把智慧交通建设作为主战场，深入实施创新驱动发展战略，以科技创新引领交通运输的全面创新。通过全行业广大科研工作者长期不懈的努力，交通运输科技创新取得了重大进展与突出成效，在黄金水道能力提升、跨海集群工程建设、沥青路面新材料、智能化水面溢油处置、饱和潜水成套技术等方面取得了一系列具有国际领先水平的重大成果，培养了一批高素质的科技创新人才，支撑了行业持续快速发展。同时，通过科技示范工程、科技成果推广计划、专项行动计划、科技成果推广目录等，推广应用了千余项科研成果，有力促进了科研向现实生产力转化。组织出版"交通运输建设科技丛书",是推进科技成果公开、加强科技成果推广应用的一项重要举措。"十二五"期间,该丛书共出版72册,全部列入"十二五"国家重点图书出版规划项目,其中12册获得国家出版基金支持,6册获中华优秀出版物奖图书提名奖,行业影响力和社会知名度不断扩大,逐渐成为交通运输高端学术交流和科技成果公开的重要平台。

"十三五"时期,交通运输改革发展任务更加艰巨繁重,政策制定、基础设施建设、运输管理等领域更加迫切需要科技创新提供有力支撑。为适应形势变化的需要,在以往工作的基础上,我们将组织出版"交通运输科技丛书",其覆盖内容由建设技术扩展到交通运输科学技术各领域,汇集交通运输行业高水平的学术专著,及时集中展示交通运输重大科技成果,将对提升交通运输决策管理水平、促进高层次学术交流、技术传播和专业人才培养发挥积极作用。

当前,全党全国各族人民正在为全面建成小康社会、实现中华民族伟大复兴的中国梦而团结奋斗。交通运输肩负着经济社会发展先行官的政治使命和重大任务,并力争在第二个百年目标实现之前建成世界交通强国,我们迫切需要以科技创新推动转型升级。创新的事业呼唤创新的人才。希望广大科技工作者牢牢抓住科技创新的重要历史机遇,紧密结合交通运输发展的中心任务,锐意进取、锐意创新,以科技创新的丰硕成果为建设综合交通、智慧交通、绿色交通、平安交通贡献新的更大的力量!

2016年6月24日

PREFACE 前　言

建立健全交通基础设施绿色低碳循环发展体系,促进交通基础设施发展全面绿色转型,是解决我国资源环境生态问题的基础之策,也是交通运输行业践行国家"双碳"战略目标的重要途径。2021年国务院印发的《2030年前碳达峰行动方案》指出,要充分发挥减少资源消耗和降碳的协同作用,推动建筑垃圾资源化利用,推广废弃路面材料原地再生利用。2022年交通运输部发布的《公路"十四五"发展规划》也强调要进一步促进资源节约集约利用,强化资源材料循环利用,推广废旧材料再生和综合利用,鼓励公路建设应用废旧材料。截至2022年底,我国公路通车总里程突破535万km,每年产生的废旧沥青料超过2亿t,而再生利用率不足30%,远低于发达国家90%以上利用率的水平,造成很大资源浪费和环境污染。因此,在公路建设、养护、维修、重建、升级改造相互交织发展时期,利用再生技术对路面养护过程中的废弃旧料进行高效回收利用,制备成具有良好路用性能的再生沥青混合料继续用于道路建养,不仅能够节约大量的沥青和砂石原材料,也能有效地处理废料保护环境,具有显著的经济效益和社会效益。

本书根据国内外沥青路面再生技术方面的研究与应用成果,结合课题组多年研究基础,向读者系统介绍了各种沥青路面再生技术的原理、再生材料的设计方法,现场施工工艺、施工设备构成和工程应用情况。全书共分12章,主要包括厂拌热再生技术、就地热再生技术、沥青混合料热再生设计方法、沥青再生机理和再生方法、厂拌冷再生技术、就地冷再生技术、乳化沥青冷再生混合料设计方法、泡沫沥青冷再生混合料设计方法,以及泡沫沥青冷再生混合料物理和力学性能等内容。

本书得到了国家自然科学基金优秀青年科学基金项目(51922030)、国家自然科学基金面上项目(51878164)、国家自然科学基金青年项目(51808116),以及中央高校基本科研业务费专项资金的资助。同时要感谢钟昆志博士、栾英成博士、朱雅婧博士、吴孟硕士、倪彬硕士、赵亚鹏硕士、范一鸣硕士、姚语师硕士等为本书所做的贡献。此外,本书在编写过程中引用了维特根(中国)机械有限公司的部分产品图用于相关的技术介绍。

本书编写过程中难免存在疏漏和不妥之处,敬请读者批评指正。

作 者
2022 年 12 月

CONTENTS 目　　录

第1章　绪论 ……………………………………………………………… 001
1.1　道路结构及其影响因素 …………………………………… 002
1.2　路面结构的养护、维修及其方案选择 ……………………… 008
1.3　国内外沥青路面再生现状 …………………………………… 011
1.4　沥青老化的原因、特征及再生的技术途径 ………………… 018

第2章　沥青混合料厂拌热再生施工方法和设备 ……………… 035
2.1　厂拌热再生间歇式施工方法和生产设备 …………………… 036
2.2　厂拌热再生连续式施工方法和生产设备 …………………… 051

第3章　就地热再生技术的施工工艺、设备及应用实例 ……… 059
3.1　就地热再生技术 ……………………………………………… 060
3.2　沥青混合料就地热再生设备结构及组成 …………………… 065
3.3　就地热再生的施工实例 ……………………………………… 071
3.4　就地热再生施工的关键质量控制 …………………………… 090

第4章　沥青混合料热再生设计方法 ……………………………… 093
4.1　热再生混合料设计 …………………………………………… 094
4.2　热再生沥青混合料设计 ……………………………………… 101
4.3　厂拌热再生计算实例(传统混合料设计方法) ……………… 112

第5章　沥青的再生机理和再生方法 ……………………………… 119
5.1　沥青的流变性质 ……………………………………………… 120
5.2　再生沥青的流变性质 ………………………………………… 125

  5.3 沥青流变行为与路用性能的关系 ·············· 127
  5.4 再生剂的作用 ·············· 129
  5.5 沥青再生的相容性理论 ·············· 134

第6章 厂拌冷再生技术的施工工艺、设备及应用实例 ·············· 141

  6.1 厂拌再生工艺介绍 ·············· 142
  6.2 厂拌冷再生设备介绍 ·············· 147
  6.3 厂拌再生的应用实例 ·············· 151
  6.4 厂拌再生试验路使用效果评价 ·············· 159

第7章 就地冷再生技术的施工工艺、设备及应用实例 ·············· 165

  7.1 就地冷再生原理 ·············· 166
  7.2 冷再生的应用 ·············· 168
  7.3 就地再生施工方案 ·············· 171
  7.4 就地冷再生的施工工艺要求 ·············· 173
  7.5 再生施工 ·············· 186
  7.6 就地再生技术的应用实例 ·············· 198

第8章 乳化沥青冷再生技术 ·············· 207

  8.1 乳化沥青冷再生材料性能评价 ·············· 208
  8.2 乳化沥青冷再生混合料设计方法 ·············· 215
  8.3 工程实例 ·············· 232

第9章 沥青的发泡原理与发泡特性 ·············· 239

  9.1 国内外的研究 ·············· 240
  9.2 沥青发泡原理 ·············· 243
  9.3 沥青发泡特性的评价指标 ·············· 244
  9.4 沥青发泡特性的试验研究 ·············· 247
  9.5 沥青发泡特性 ·············· 251
  9.6 沥青最佳发泡条件的确定 ·············· 256

第10章 泡沫沥青混合料的物理力学性能 ·············· 271

  10.1 泡沫沥青混合料冷再生方案 ·············· 272
  10.2 泡沫沥青混合料物理力学性能的试验研究 ·············· 280

10.3 拌和用水量对泡沫沥青混合料的性能影响 …………………… 300
10.4 养护条件对泡沫沥青混合料的性能影响 …………………… 308

第 11 章 泡沫沥青冷再生混合料的疲劳性能 …………………… 317
11.1 泡沫沥青冷再生混合料疲劳试验方法 …………………… 318
11.2 泡沫沥青冷再生混合料疲劳试验研究 …………………… 322
11.3 泡沫沥青混合料的储存性能 …………………… 334

第 12 章 泡沫沥青冷再生混合料的设计方法 …………………… 343
12.1 泡沫沥青混合料的设计方法 …………………… 344
12.2 冷再生的社会效益 …………………… 355
12.3 基于同步摊铺的泡沫沥青就地冷再生工程应用 …………………… 355

参考文献 …………………… 366

CHAPTER ONE　第1章

绪论

沥青再生技术是指对不能满足使用要求的沥青路面废料通过各种措施进行处理后重新利用的技术,包括对旧沥青路面进行翻挖、破碎、筛分,再与新集料、新沥青、再生剂(必要时)重新混合,形成具有预期路用性能的混合料,并重新铺筑成路面的各种结构层(包括面层和基层)。

沥青路面一般设计年限为15年,实际上,通常使用年限仅10年左右。也就是说,每隔10～15年,沥青路面就需要翻修一次。因此,如何处置每年数千万吨沥青混凝土路面废料将成为必须面对和解决的问题。同时,重新铺筑沥青混凝土路面所需的大量沥青和石料也将带来巨大的资源压力。采用沥青再生技术,重复利用沥青路面废料,是从根本上解决上述问题的有效途径。

沥青再生技术通过重复利用沥青混合料(主要为砂石料和沥青材料)达到节约资源和保护环境的目的。国外的应用实践证明,沥青再生技术是公路建设可持续发展战略的重要组成部分,在我国现阶段也具有重要的实际意义。

1.1 道路结构及其影响因素

1.1.1 概述

道路面层是人们唯一能看到的道路结构。面层位于由数层不同材料构成的、总厚度往往超过1m的路基和基层上部。作为道路结构组成部分的面层,其作用是将车辆作用于面层的负荷传递给地基,即路面下的天然材料(俗称路基)。路基的承载能力一般较差。因此,车辆作用于面层的高密度的荷载被分配到路基上较大范围的区域,如图1-1所示。

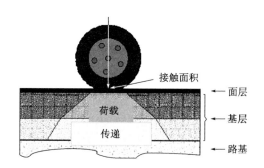

图1-1　荷载在路面结构层中的传递

组成面层的每一层,具有不同的材料组成和厚度,通常每层厚度在125mm至200mm之间。靠近路表面的层次,通常选用高强度的材料以承担较高的应力(例如热拌沥青混合料)。由于下面各层对荷载具有较大的分散面积,应力会随之降低,下层可以采用较差的材料(例如天然砾石)。因此,下层所用的材料通常比上层材料便宜。

道路面层有两种基本形式:

(1)刚性面层,采用较厚的高强水泥混凝土材料,铺筑于稳定黏结层上;

(2)柔性面层,上部结构层材料具有较高的强度,通常采用沥青或少量水泥稳定。

道路一旦竣工,就要经受两种主要的破坏力:环境和交通。它们将持续不断地降低道路的行驶质量和结构完整性。

1.1.2 道路结构组成

如前所述,道路结构由3个主要部分组成:面层、基层和路基。每一层均具有不同的功能。

1)面层

面层直接与交通荷载和自然环境接触,它的作用是为路面结构提供耐久性,并减轻环境对路面结构的影响。

(1)承受交通荷载。

交通荷载通过两种方式影响面层。

①车轮荷载作用于路面的应力主要是在垂直方向的平面上,但水平方向的分力会在道路的转弯处、上坡路段,以及车辆紧急制动时变得非常关键。面层材料的强度特性必须能够承受所有这些力而不会产生破损或变形。

②轮胎的摩擦作用,特别是对于道路转弯处,容易将路面磨损。久而久之,这种摩擦作用就会降低面层的粗糙性(抗滑性能)。此时,面层变得光滑,特别是在潮湿条件下,将更加危险。

(2)承受环境影响。

面层持续受两种环境条件的损害,即温度作用以及紫外线的辐射。

因此,面层应具有以下特性:

①允许随温度变化而膨胀和收缩,即良好的弹性;

②能吸收日常的紫外线辐射而不致早期老化,即良好的耐久性。

沥青是常用的面层材料之一,它具有柔韧性、耐久性和良好的防水性。热拌沥青混合料(沥青含量为5%)通常用作重交通道路的优质面层,而轻交通道路的面层一般可采用较经济的石屑封层处理。

2) 基层

基层将面层荷载传递给路基。如图 1-2 所示,通过将面层轮胎负荷扩散至路基上较大的范围,从而有效地降低基层内的荷载。基层由数层不同强度特性的材料层构成,每层均具有将层顶载荷向层底较大范围内扩散的作用。基层承受的应力高于底基层,因此,其材料强度要求较高。图 1-2 中说明了不同结构层所用的典型材料。

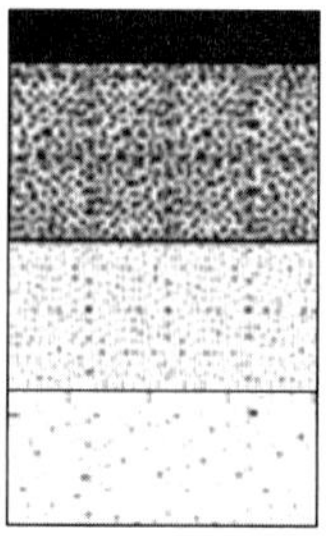

结构层	铺筑材料
面层	沥青/封层
基层	沥青稳定/水泥稳定/级配碎石
底基层	沥青稳定/水泥稳定/级配碎石
路基	化学稳定/碎石/现场取料

图 1-2 沥青路面典型结构与铺筑材料

材料对荷载的响应在很大程度上取决于材料的弹性和荷载的特性(量级、加载速率等)。这是一个不属于冷再生范畴的专门领域。有关材料及其相关特性如下:

(1)粒料材料,包括碎石和砾石,通过独立颗粒或骨架传递荷载。内部颗粒之间的摩擦力能够保证结构的完整性,在交变荷载的作用下(往往与含水率的增加有关),随着颗粒之间距离的减小,材料的密实度不断增大。这一过程可能发生在路面的任一结构层内,并最终导致面层的变形。这种变形往往表现为轮迹上的车辙。

(2)黏结材料,包括稳定材料和沥青,由此修筑的路面更像一块板体。作用于板体上的垂直荷载将在板体的上半部分产生垂直于水平面的压应力,在其下半部分产生拉应力,最大应力位于板体顶面和底面。这种荷载经过多次重复后,最终导致疲劳破坏。首先在路面底面产生裂缝,然后随着荷载的反复作用,裂缝将垂直扩散。

材料产生变形、黏结材料产生疲劳裂缝都与荷载加载的次数有关。因此,路面的使用寿命也可以由其"失效"前所能承受的加载次数确定。

3) 路基

支撑路面结构的天然材料可以是现场材料(挖方)或引进材料(填方)。路基材料的强度特性决定了路面结构类型,该结构类型应能将作用于面层的荷载扩散至路基能够承受的范围,以防止路基产生永久变形。

进行路面设计时,通常将路基的强度和刚度作为主要的已知参数,目的是确定能够保护路基的具有足够强度的路面结构。加州承载比法,简称 CBR 法,是最老的路面设计方法之一,只需知道路基的 CBR 值就可以确定路面结构。这种方法起源于 20 世纪 50 年代,其使用一直延续至今。一般说来,强度较低的路基需要较厚的路面结构层保护,而路面结构的加厚是保护路基的有效措施。

1.1.3 影响路面结构使用性能的主要因素

从世界范围来讲,道路所经受的自然条件千差万别,从干热的沙漠到多雨地区,甚至冻土地带。然而,不考虑环境条件,则每条道路都是通过相同的传递机理来抵挡交通荷载,即将作用于面层的高强度荷载力向下层递减传递以至不引起路基变形。特定的环境条件以及预测的交通荷载是影响路面结构的两个主要因素,下面就分别加以讨论。

1)环境条件

环境条件对道路的影响主要从以下两个方面去考虑:

(1)面层。

除了交通荷载外,面层还直接暴露于阳光、风、雨、雪以及其他自然条件下。重要的是上述因素对路面工程特性的影响结果,表现在:

①温度效应,即材料体积随温度变化而产生膨胀或收缩。路表面每天的温度范围是很重要的。在沙漠地区,沥青路面从拂晓至中午所承受的温度差可能超过 50℃。而此时,冬季北极圈地区的路面却被白雪覆盖并保持相对恒定的温度。

②冰冻效应,产生所谓的冻胀现象。反复的冻/融循环会对路面产生严重损坏。

③辐射效应,紫外线对路面的辐射将使沥青氧化变脆,即沥青老化。

(2)路面结构。

水是道路结构最大的敌人。水的浸泡会导致材料软化,当荷载作用时,在材料颗粒间产生润滑作用。材料在干状态下的承载力远大于其潮湿状态下的承载力,而且材料越黏着,其对水越敏感。另外,进入路面结构的水分会在霜冻季节产生膨胀,并引起广泛的损坏,特别是在含有较差材料的下部结构层中比较常见。

2)交通荷载

修筑道路是为了承受交通荷载,交通量和类型决定了道路的几何参数和结构要求。道路工程师为了确定道路的几何要求(线形、车道数等),需要了解道路的预期交通统计数据。同时道路工程师还需要了解预期交通统计数据(交通量、交通组成和轴重),以便确定道路的结构要求。因此,对交通量和类型进行精确预测显得非常重要。

从路面设计的观点出发,交通的重要特点是路面预期寿命内可预测路面荷载的量级

和频率。通过轮胎作用于路面的荷载,由以下三个因素进行定义:

(1)轮胎实际承受的荷载(kN)。

(2)充气压力(kPa)决定了轮胎在路面上的"轮迹","轮迹"决定了轮胎与路面的接触面积。

(3)行车速度决定路面被加载和卸载的速度。

客车轮胎的充气压力一般在180~250kPa之间,每个轮胎所承受的负荷小于3.5kN,或轴荷小于7kN。与重型荷载的大型卡车所具有的80~130kN轴荷及500~900kPa的充气压力相比,这一荷载是无足轻重的。显然,这种重型卡车的荷载对路面的强度要求影响很大。

1.1.4 导致路面破坏的主要因素

路面损坏的原因很多,其中两个最重要的因素是环境条件和交通荷载。一般可以通过行驶质量来间接评价路面的损害程度,但也可以通过路面的一些明显直观的特征,比如车辙深度、表面裂缝等进行直接评价。图1-3说明了上述三种典型特征与通车时间以及交通荷载累计作用之间的关系。路面的不断损坏是环境与交通荷载综合作用的结果,下面将分别讨论。

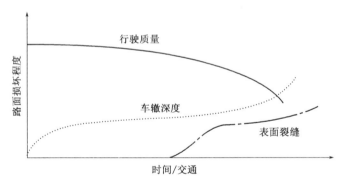

图1-3 路面破坏曲线

1)环境因素

环境因素是造成大多数路面表面产生开裂的主要原因。这种现象主要是由于紫外线辐射造成沥青逐渐老化变硬。沥青硬化导致其弹性下降,当气温降低时,引起沥青路面收缩,最终导致开裂。当裂缝产生后,路面就不再完整,水分将侵入路面结构,从而使路面使用状况加速恶化。

2)交通因素

交通荷载是造成路面车辙和起始于路面结构内部裂缝的主要原因。行驶在路面上的每一辆车都将引起路面结构微小短暂的变形。轻型车辆引起的变形量较小,而重型车引起的变形相对较大。大量车辆的通行将造成一种累积作用,导致路面的永久变形以及疲劳裂缝的出现。超重荷载对路面有着更大的破坏,因而对这种累积起加速作用。

这种破坏表现为路面结构内两种不同的损坏机理,分别为:

(1)重复荷载引起的永久变形。重复荷载应力使路面颗粒材料的排列更加紧密,导致混合料空隙率下降。对于未处治的颗粒材料,空隙率降低将导致混合料强度增大(材料越密实,强度越高),但是对于沥青混合料,恰好相反。沥青混合料空隙率降低,更容易引起车辙,使材料性质更接近于流体,对于轮胎荷载产生的压力起传导作用,造成沥青混合料的侧向流动或沿车辙边缘的推挤。

(2)黏结材料的疲劳裂缝。疲劳裂缝产生于路面的底部,因为底部产生的拉应力最大。这种裂缝随后扩散至面层,并且裂缝在行车荷载的反复作用下加速发展。

3)裂缝的发展

一旦裂缝贯穿面层,水分就会渗入下面的路面结构。如前所述,水的软化作用引起路面强度的降低,并在重复行车荷载作用下,路面加速损坏。

另外,材料在饱水的状态下,并伴随行车荷载的作用,水成为材料破坏的重要因素。因为水在行车荷载的作用下,将造成沥青混合料中集料上面的沥青剥离,并且水还会对混合料中的细集料产生冲刷,使细集料沿着裂缝唧出路面,形成唧浆,最终导致路面结构层产生更大的空隙,如图1-4所示,从而进一步引发坑洞的产生,加速路面的损坏。

图1-4 路面典型的唧浆破坏

在气温低于4℃时,路面内任何自由水的膨胀,即使在没有荷载作用的情况下,也将产生一种流动压力。因反复冻融循环引起材料的冻胀对已经产生裂缝的路面来说是一种更加糟糕的损坏,这将导致路面的断裂。

在干燥的沙漠条件下,面层裂缝将导致另外一种问题。夜间气温通常较低(零摄氏度以下),面层的收缩将造成裂缝的扩大,并成为沙堆积的地方。白天气温回升,裂缝中的沙将限制面层的膨胀,从而产生很大的水平力,进一步造成裂缝边缘的局部损坏。这种温度应力将驱使裂缝附近的面层产生翘曲,从而恶化道路的行驶性能。

对于较薄的沥青路面,引起面层开裂的原因是交通量太小。轮胎的揉搓作用能使沥青保持活力。沥青的老化变硬导致沥青层表面产生热裂缝。车轮荷载的反复作用促使沥青层产生足够的应变,从而封闭这种裂缝,因此降低了这种裂缝的扩散速度。

1.2 路面结构的养护、维修及其方案选择

1.2.1 路面的养护和维修

路面养护工作的重点通常是防止水侵入路面结构内部。一方面要求路面形成防水层,另一方面要求路面结构有良好的排水设施,以防止路边积水。

当路面有积水时,水分通常由面层的裂缝侵入路面结构。因此,一旦发现路面出现裂缝,应当及时予以密封,并修整路缘以促进排水。如果发现及时,可以通过洒布一层乳化沥青的方法进行有效处理。在较严重的情况下,如果交通量较小,则需要进行石屑封层处理或加铺热拌沥青材料。

以保持面层柔韧性和耐久性为目的的养护,只有在路面损坏是由环境因素造成时才推荐使用。因交通荷载造成的变形或疲劳裂缝,通过表面维护的方法不能进行有效的处理,而应当采取结构性的维修。

路面的损坏往往是一个相当缓慢的过程。1.1.4 节所讨论的路面破坏曲线(图 1-3)可用于监视路面的破坏程度。道路部门一般借助数据库系统,称为路面管理系统(PMS)来连续监视其路网内路面的行驶性能,并集中精力于那些需要重点监视的路段。图 1-5 为典型的 PMS 曲线图,说明了定期维护和维修的有效性。

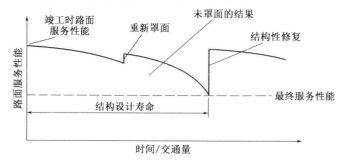

图 1-5 通过监视行驶性能进行维护/维修管理决策

图1-5强调了定期采取措施以保持路面尽可能高的行驶性能的重要性。损坏速度是行驶性能的函数,行驶性能越差,则损坏速度越快。随着行驶性能的下降,维修工程的规模变大,其费用也增高。

具体采取何种维修措施,是改善路面状况,还是仅维持现有行驶性能,往往取决于资金状况。短期维修方案可能相当经济。有时路面的维修被推迟至与道路的升级改造相结合,以改变道路的几何形状并进行拓宽。每个维修决定都需要从整个路网的角度出发独立做出。不过不采取任何维修措施而允许路面进一步恶化无疑是最糟的决定,因为路面的损坏速度与时间成指数关系。

1.2.2 维修方案的选择

通常,损坏道路的维修方案有多种,有时很难确定哪种方案是最佳方案。然而,在项目开始必然会被提及的两个重要问题的答案可以帮助我们选择"正确"的维修方案。所谓正确的方案,就是指在满足业主要求的条件下最经济的方案。这两个重要的问题是:

(1)现有路面究竟存在什么问题?为了搞清路面损坏的机理,进行由目测结合几种基本测试(比如:弯沉测试)组成的简单路面调查就足够了。重要的是确定路面的损坏是仅限于面层(上部结构),还是属于结构问题。

(2)业主的目标是什么?是希望设计寿命达到15年?还是只想投入少量资金用于抑制现有路面的损坏速度并使之继续使用5年?

对这两个问题的回答,将大大缩小维修方案的选择范围,只有在实现业主目标的条件下最经济的方案才是最佳选择。通过将损坏形式从时间角度(短期或长期)按性质(面层或结构层)分成两类,据此选择最佳方案就容易了。

影响决策的另一个重要因素是各种维修方案的实用性。交通协调、天气条件以及材料的可获得性均对项目的实施有重要影响,并有可能据此排除一些方案。

所有上述工作的目的只有一个:那就是在工程项目所在的环境条件下,确定能够解决实际问题的最经济方案。

1)面层维修

面层维修措施是针对路面结构上部沥青表层和封层表面所存在的问题,通常为路面结构0~100mm的范围内。这些问题通常与沥青的老化和表面热应力引起的裂缝有关。

最常用的面层维修方法如下:

(1)罩面。在现有路面上铺筑一层较薄(40~50mm)的热拌沥青混合料层进行罩面。这是一种最简单的面层修复方法,所需工期最短,交通压力最小。经常采用改性沥青改善混合料的性能,从而提高罩面层的寿命。然而,重复的罩面将提高路面的高程并引起排水和连接等问题。

(2)铣刨加重铺。这种方法是先铣刨下损坏的沥青层,然后铺筑新的热沥青混合料,新的沥青混合料往往采用改性的沥青胶结料。施工过程也相当快捷,这主要是因为现代路面铣刨机具有很高的生产效率。路面内的病害随着沥青层的铣刨而被清除,加铺后路面的高程不变。

(3)对原路面的沥青材料进行浅层再生(原路面应具有足够厚的沥青层),可以将铣刨下的材料运送至拌和厂进行厂拌再生,也可以采用就地冷再生或热再生。再生的沥青材料性能可以通过添加新材料或新的黏结剂来改善。

2)结构性补强

对路面的结构性维修一般采用长期解决方案。在处理结构性问题时,应记住的是解决路面的结构,而非结构内的材料。另外,以提高结构强度为目标的现有路面的升级(例如将砾石路面升级为沥青路面)也应看作这种形式的维修。

粒状材料密实度的增加实际上是一种结构改善,因为,材料密实度越高,其强度等特性也越高。然而,材料密实度的增加将引起上部路面的问题,尤其对于黏结料修筑的路面。

结构性维修的目的应该是使原路面的使用价值最大化。由此推及,已经密实的材料不应在维修路面时遭到破坏。经过多年连续的交通揉搓作用而达到的密实度,以及其所形成具有的高强度应尽可能地被充分利用。

常用的路面结构维修方案有多种,包括:

(1)完全重建。当维修施工与道路的升级相结合时,这往往是最佳选择,因为此时道路的线型将发生较大变化。从根本上讲,重修意味着抛弃和重新开始。在交通量很大的情况下,一般较倾向于重建一条新路以解决交通的协调问题。

(2)以现有的旧路为基础,在此之上修筑新的路面结构(结构层材料可以是碎石材料,也可以是沥青稳定类的材料)。在交通量很大的情况下,加铺沥青路面的方法是解决路面结构性问题最简单的方法。但是,如前所述,路面标高将增加必然引发排水和连接问题。

(3)冷再生,其再生深度可达到路面结构产生破坏的地方。其结果是通过添加稳定剂,产生一个新的、具有优良强度特性的、较厚的均匀路面。再生层上要加铺沥青层从而大大提高路面的等级。再生材料中通常要加入稳定剂,尤其当现有路面材料强度不足而需要加强时更应如此。再生的目的是最大限度地利用现有路面材料,同时在对原路面的上部层次进行再生时,不会对下部结构产生破坏。

考虑多种方案的目的是为寻求最经济有效的解决方案。本书将围绕道路维修方案之一的再生方法进行介绍。

1.3 国内外沥青路面再生现状

1.3.1 国外沥青路面再生研究情况

基于对环境保护和资源的有效利用两方面考虑,美、英、日等国对于该课题进行了大量的研究。国外对沥青路面再生利用研究,最早始于1915年。1973年石油危机爆发后这项技术才引起美国的重视,并且迅速进行了广泛的研究,取得了丰硕的成果。美国于1981年出版了《路面废料再生指南》和《沥青路面热再生技术手册》,1983年又出版了《沥青路面冷再生技术手册》,全美再生沥青混合料的使用量从1981年的350万t在短短几年内增长到1985年的2亿t,几乎占全部路用沥青混合料的一半。此外,美国在再生剂开发、再生混合料的设计、施工设备等方面的研究也日趋深入。沥青路面的再生利用在美国已是常规实践,目前其重复利用率高达80%,相比常规全部使用新沥青材料的路面,节约成本10%~30%。

美国得克萨斯州交通协会和得克萨斯农机大学化学系的研究人员对旧沥青抽提过程中的若干问题进行了深入研究,着重考察了在回收过程中旧沥青的老化、溶剂的分离、各种溶剂回收沥青的能力以及再生剂组成等,他们用不同的溶剂对旧沥青进行抽提,发现旧沥青在回收过程中会存在不同程度的老化与硬化现象,硬化程度取决于溶剂类型、试验方法等因素。同时,回收沥青中的残留溶剂对沥青也有硬化作用。研究人员主要是从溶剂、试验方法、试验设备、试验时间等方面入手对传统方法进行探讨和改进。

20世纪90年代后期,美国北部的伊利诺伊州、印第安纳州、艾奥瓦州、密歇根州、明尼苏达州、密苏里州和威斯康星州的交通部联合开展对再生沥青的研究。他们对美国中北部地区的各种材料进行反复试验,认为新拌沥青路面中可以掺加40%~50%的再生沥青混合料,仍然可以满足美国《沥青及沥青混合料路用性能规范》(SUPERPAVE:Superior Performing Asphalt Pavement)的要求。但由于旧沥青混合料中细料含量过多,在新拌混合料设计时应重新进行级配设计。同时,根据旧料的品质和道路交通量情况,适当增加再生后的沥青混合料也是可行的。

美国佐治亚州用再生沥青混合料与新沥青混合修建试验路段,对其进行跟踪观测,并与新沥青路段进行比较,发现两者并无明显质量差别,空隙率、针入度、黏度等各项指标比较接近。佐治亚州交通部对其再生混合料设计及质量控制比较满意,已在该州沥青路面规范中加入了相关内容。

欧洲国家经过近30年的研究,对于沥青路面再生技术的应用已经相当规范,这与欧洲国家对于再生技术的研究起步早,且重视环保密不可分。联邦德国是最早将再生料应用于高速公路路面养护的国家,该国1978年已将全部废弃沥青路面材料加以回收利用,并以法律形式加以执行。此后,法国、芬兰等所有城镇都组织进行旧路面材料的回收与储存工作。欧洲沥青路面协会(European Asphalt Pavement Association,EAPA)已宣布,其成员国的旧沥青混凝土再生利用率达100%。2012年,荷兰投入400万t旧沥青混合料(RAP)用于建设再生路面,80%以上是用于生产热再生沥青混合料,在全国41个沥青拌和厂中,有40个可以生产热再生沥青混合料。目前,荷兰正致力于将厂拌热再生沥青混合料中的RAP掺量提高至70%,以消化国内大量的RAP库存。法国现在也已开始在高速公路和一些重交通道路的路面修复工程中推广应用这项技术。苏联在1966年就出版了《沥青混凝土废料再生利用技术的建议》,但实际应用甚少,1979年出版了《旧沥青混凝土再生混合料技术准则》,提出了适用于各种条件下的沥青路面材料再生利用方法,1984年又出版了《再生路用沥青混凝土》一书,该书详细地阐述了路拌再生和厂拌再生的方法。

日本从1976年到现在路面废料再生利用率已超过70%,并于1984年制订了《路面废料再生利用技术指南》,对路面废料的应用与设计、再生用材料、配合比设计、拌和厂、施工与质量检测等方面均作出了一些指导性的初步建议与规定,该课题仍在不断地继续开展。日本2000年再生沥青混合料已达50万t,占全年沥青混合料产量的58%,日本每个拌和站都具备生产再生混合料的能力。

21世纪后,随着理论与实际工程的相融合,2002年澳大利亚制定了沥青混合料的就地再生规范,并于2003年出版了厂拌再生规范,随后美国和加拿大相继出版了关于冷再生的规范,其中包括关于泡沫沥青混合料的配合比设计和施工。

综观欧美等国沥青路面再生利用技术研究发展状况,值得注意的是,这些国家特别重视再生实用技术的研究,并取得了很大的成就,已形成一套比较完整的再生技术,达到了规范化和标准化的成熟程度,相关的部分出版物见表1-1。

国外在沥青路面再生方面的出版物　　　　　　表1-1

时间	国家	出版物
1966年	苏联	《沥青混凝土废料再生利用技术的建议》
1979年	苏联	《苏联旧沥青混凝土再生混合料技术》
1981年	美国	《路面废料再生指南》

续上表

时间	国家	出版物
1981 年	美国	《美国沥青路面热拌再生技术手册》
1984 年	日本	《路面废料再生利用技术指南》
1983 年	英国	《热拌沥青混凝土基本规范》
1994 年	德国	《再生沥青混凝土施工指南》
1997 年	澳大利亚	《沥青混凝土路面再生指南》
1997 年	美国	《州和地方政府路面再生指南》
2002 年	澳大利亚	《沥青混合料就地再生规范》
2003 年	澳大利亚	《沥青混合料厂拌再生规范》

1.3.2 我国沥青路面再生利用研究进展

1）我国公路发展现状

经过改革开放以来四十余年的发展,我国公路运输历经了从"瓶颈制约"到"总体缓解",再到"基本适应""适度超前"的发展历程,公路规模总量已位居世界前列,截至2020 年年底,全国公路总里程 519.81 万 km,其中高速公路里程 16.1 万 km,位居全球第一位,国家高速公路网主线基本建成,覆盖约 99% 的城镇人口 20 万以上城市及地级行政中心。另外,一级、二级公路近 70 万 km。2021 年,交通运输部提出,到 2035 年我国将形成超 500 万 km 农村公路交通运输体系。

由于沥青路面具有行车舒适、维修方便等优点,因此上述我国公路绝大部分都是采用沥青路面。如何管好、养好沥青路面已是目前我国公路部门面临的重要课题。高速公路每公里约需耗用沥青 350~400t(四车道),2019 年我国道路沥青需求总量已突破 5500 万 t,如图 1-6 所示。

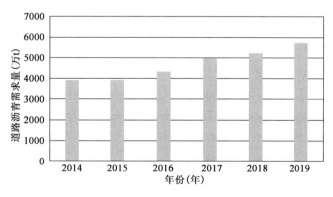

图 1-6　我国近年道路沥青需求量增长趋势

石油资源是不会再生的,过度的开采将造成资源的枯竭。我国公路建设,尤其是高速公路的沥青技术经历了几十年的发展已取得很大成绩,高速公路总里程已达16万km,目前已有的高速公路已进入大、中修期。按照沥青路面的设计寿命(15~20年),从21世纪初开始,每年有12%的沥青路面需要翻修,旧沥青废弃量达到每年220万t之巨,再加以利用后,每年可节省材料费3.5亿元,而这个数字是以每年15%的速度增长的。近些年来,沥青路面的大、中修产生的旧沥青混合料已达到1000万t,通过再生利用每年可节约材料费15亿元。

沥青路面的再生利用,能有效处置废料,解决旧沥青混合料随意弃放的问题。此外,由于旧沥青混合料得以利用,减少了新材料的开采量,有利于环境保护。同时,再生技术能够节约大量的沥青和砂石材料,节省了工程投资。在缺乏砂石材料的地区,采用再生技术还可节省大量的运输费用。美国调查研究显示,沥青混合料的再生可节约53.4%的工程材料成本,路面工程造价减少25%左右。根据我国的经验,材料费节省43%~51%,工程造价降低20%~50%,大体上与国外的经验是一致的。1980年美国使用了约5000万t旧沥青混合料,节约的资金达3.95亿美元,目前美国每年再生利用的RAP约为3亿t,根据各种考虑因素计算来看,可直接节约材料费15亿~20亿美元。可见,沥青混合料的再生利用技术具有显著的经济效益、社会效益和环境效益。

2)我国沥青路面再生研究现状

1982年,交通部将沥青混凝土路面再生利用作为重点科技项目下达,由同济大学负责该课题研究的协调,山西、湖北、河南、河北等省参加,对沥青混凝土路面再生技术开展了比较系统的试验研究。

1982年,山西省结合沥青路面的大中修工程共铺筑重点试验段80余公里,湖北省公路局发动全省各公路养护单位进行了再生利用试验研究。1983年建设部下达了"废旧沥青混合料再生利用"的研究项目。由上海市政工程研究所、武汉市市政工程设计研究院、天津市市政工程研究所等单位承担,当时的主攻方向是把旧渣油路面加入适当的轻油使之软化,来代替常规沥青混合料,铺筑层次是解决用量较多的面层下层,拌和设备方面则应用现有设备作适当改装,经过三年的努力,在苏州、武汉、天津、南京四个城市铺筑了3000m^2以上的试验路。经路用效果观测证明,再生路面的综合使用品质不低于常规热拌沥青混凝土路面,并于1991年6月发布了《热拌再生沥青混合料路面施工及验收规程》(CJJ 43—91)。1983年,云南省在省干线公路上结合大修工程,开展沥青路面旧料再生利用技术的研究,分四个阶段先后在昆洛、昆碗、贵昆等几条主要国道干线上进行了试验研究,包括对旧沥青混合料的评价,再生沥青抗高、低温性能试验,以及再生混合料矿料掺配试验等。试验表明,再生沥青路面与结构等厚度常规路面相比,可节省沥青40%～50%,节约矿料50%～60%,降低造价20%～40%。只要合理设计,施工认真,再生路面可以有常规路面的使用效果。与常规路面一样,再生面层的易损性一般取决于路基的稳定和基层的强度。由于基层施工质量不符合要求,贵昆线试验路几经修补的时间证明,再生路面的设计、施工必须注重基层的处理,特别是基于云南省原铺沥青表处时尚无较合理的基层结构,而对于交通量、汽车轴载增大的情况,再生路面的设计应慎重考虑基层结构的改善。

甘肃省兰州公路总段从1983年以来采用阳离子乳化沥青作再生剂对夏兰三路、兰包路、甘川路进行冷法再生沥青路面,同时对兰空—榆中机场专用道路、中川路、西兰路、兰三路进行热法再生路面施工。

从20世纪90年代开始,一些公路养护单位尝试着将旧料简单再生后用于低等级公路或道路基层,如1997年江苏淮阴市公路处用乳化沥青冷法再生旧料后铺筑路面,取得了一定效果。我国大陆第一条高速公路——沪嘉高速公路也在20世纪末进行了再生重铺,针对旧沥青的化学组分,结合沥青材料的路用性能,使用再生剂和低黏度沥青进行调配。调配采用重量比,加热后经人工搅拌均匀后进行针入度、延度和软化点的试验。根据再生剂和沥青掺入量对再生沥青的不同影响程度,确定再生剂用量和新沥青用量。室内试验结果分析再生沥青基本满足高速公路对沥青的技术要求,可用在沥青路面层的中下层,当然也可用于修筑一般公路。

20世纪90年代,我国进入高速公路建设的高峰时期,沥青混凝土路面再生技术的研究与推广被暂时搁置。

从2002年京津塘高速公路开始,就地热再生技术在我国也悄然兴起。相对于厂拌热再生技术,就地热再生技术起步较晚,技术成熟度和推广度也较低。1997年国际经合组织发表的白皮书指出就地热再生技术虽得到了较多国家的采用,但只有少数国家推广程度较高,且较少用于高速公路,其主要原因是相对其他再生技术,就地热再生设备庞大复杂,施工工艺尤其是对路面现场加热难以控制。然而,由于就地热再生具有对旧料的回收利用率高和对交通影响小等优势,逐渐得到了道路工作者的重视。对就地热再生试验段的长期观测和分析表明,就地热再生对旧路100%的再生利用是可行的,再生路面的使用寿命可达7～14年,与传统的铣刨重铺相比,就地热再生可以节省约50%的初期建设费用和40%的寿命周期内全部费用,再生混合料在级配、混合料离析、沥青PG等级和空隙率等方面可以达到常规热拌混合料的要求。

2002年夏季,沪宁高速公路上海段3万m^2路段进行现场热再生施工开始,揭示了近年来对沥青路面再生技术的重新认识。上海市市政工程管理局颁布了《热再生沥青路面施工及验收规程》和《上海市旧沥青混合料热再生利用管理规定》，表明了政府部门倡导资源再生利用，建设环保型道路的理念。2002年6月北京三—四环连接线也使用了该技术快速维修道路。2004年5月成渝高速公路也采用现场热再生技术维修了3万m^2的道路。而且在京沪高速公路苏北段该技术也得到了比较广泛的应用。2006年英达公司现场热再生机组在江苏、福建等省进行了路面的现场热再生修复。2010年江苏省连徐高速公路采用我国自产的SY4500型沥青路面就地热再生重铺机组，进行了大规模的就地热再生处治工程，取得了较好的效果。此后，就地热再生处治技术在江苏省得到了大力的推广和应用。连徐高速公路和宁靖盐高速公路在2012、2013年和2015年，以及京台高速公路和淮徐高速公路在2014年，都在东南大学的技术指导下采用就地热再生技术进行了沥青路面的养护处治，取得了良好的处治效果。

同时，冷再生技术在我国也得到了长足的发展。沥青路面冷再生技术是指将旧沥青路面材料（包括沥青面层材料和部分基层材料），经铣刨加工后进行重复利用，并根据再生后结构层的结构特征，适当加入部分新集料或细集料，按比例加入一定量的外掺剂（如水泥、石灰、粉煤灰、泡沫沥青或乳化沥青）和适量的水，在自然环境下连续完成材料的铣刨、破碎、添加、拌和、摊铺及压实成型，重新形成结构层的一种工艺方法。

国内最早的利用现场路面冷再生技术是对河北省境内的一段路进行改造，使用的机械是邯郸市交通局于1998年10月引进的世界上最先进的再生机——德国Wirtgen公司的WR2500，该工程位于河北省邯郸市广平镇附近，距邯郸大约70km，这是中国的第一个冷再生项目，这次是首次采用大型现代化再生机械一次性完成旧路的再生施工，同时也是中国第一次以泡沫沥青作为稳定材料，它是中国公路建设的一个里程碑。那之后，许多省份开展了以乳化沥青和泡沫沥青冷再生技术为主的研究与应用。例如，2004年5月辽宁省营大路采用乳化沥青就地冷再生技术进行大修，整个工程历时4个月，工程量超过了43万m^2。南京市市政设计院完成的成果"废旧沥青混合料冷再生利用"废旧沥青混合料经再生剂软化再生，使旧沥青的性能得到恢复，加上新添集料，与阳离子乳化沥青在乳化沥青混合料拌和设备中拌制成冷再生沥青混合料，摊铺到路面上，其质量可达到路用标准。它适用于道路的铺筑、翻修、养护与维修。该成果解决了适用于冷再生混合料用的再生剂，研制出适用于各种级配类型、路面结构的混合料配比的设计程序与方法，制订了废旧沥青冷再生混合料路面施工暂行操作指南，使用该成果可减少环境污染、节省原料、节约能源、降低工程造价，每利用1t废旧沥青料可节省成本40元以上，如城市道路废旧料每年利用率为20%时，可节省资金800万元以上。

此外，泡沫沥青冷再生技术也如雨后春笋般在我国迅速兴起，在 21 世纪初期，国内不少单位铺筑了泡沫沥青冷再生试验路，其中包括一些高速公路，有关这些试验道路的信息见表 1-2。2010 年后对泡沫沥青的研究越来越多，2017 年泡沫沥青冷再生技术已分别在江苏、浙江、湖北、陕西、广东、江西、海南、天津、上海等地区得到了一定规模的应用。

2004—2006 年我国铺筑的泡沫沥青再生路（或试验路）　　　　表 1-2

时间	名称	再生方式	结构	泡沫沥青配合比	长度（km）	道路类型
2004 年 7 月	无锡锡宅路	就地	5cm 沥青 + 15cm 泡沫沥青	2.5% 泡沫沥青；1.5% 水泥；70% 铣刨料；28.5% 石屑	0.6	升级改造
2004 年 11 月	河北廊坊三河	就地	5cm 沥青 + 20cm 泡沫沥青	3.5% 泡沫沥青；2.0% 水泥	0.5	升级改造
2005 年 4 月	陕西西宝高速公路	厂拌	10cm(6+4)沥青 + 26cm 泡沫沥青	2.5% 泡沫沥青；2.0% 水泥；28% 石屑；70% 铣刨料	2.0	大修
2005 年 5 月	太旧高速公路	厂拌	(1)19cm(9+6+4)沥青 + 20cm 泡沫沥青 (2)10cm(6+4)沥青 + 15cm 泡沫沥青 + 14cm 水稳	2.5% 泡沫沥青；1.5% 水泥；13.5% 石屑；85% 铣刨料	2.0	大修
2005 年 6 月	上海宝山区海江路	厂拌	3cm 沥青 + 9cm 泡沫沥青	2.5% 泡沫沥青；1.5% 水泥；28.5% 石屑；70% 铣刨料	0.3	城市道路维修
2005 年 7 月	湖北孝襄高速公路	厂拌	(1)18cm(4+6+8)沥青 + 20cm 泡沫沥青 (2)10cm(4+6)沥青 + 28cm 泡沫沥青	2.5% 泡沫沥青 + 1.5% 水泥；13.5% 石屑；85% 铣刨料	2.1	新建路面

续上表

时间	名称	再生方式	结构	泡沫沥青配合比	长度(km)	道路类型
2005年9月	广东佛山328国道	就地	7cm(3+4)沥青+12cm泡沫沥青	2.5%泡沫沥青;1.5%水泥;70%铣刨料;28.5%石屑	0.6	大修
2005年10月	江苏省道无锡段月双线	就地	4cm沥青+25cm泡沫沥青	2.5%泡沫沥青;1.5%水泥;80%铣刨料;18.5%石屑	0.5	大修
2005年12月	浙江省海宁市	就地	10cm沥青(4+6)+20cm泡沫沥青	2.5%~3.0%泡沫沥青;1.5%水泥;70%铣刨料;28.5%石屑	1.6	大修
2006年5月	浙江省平湖市	厂拌	6cm沥青+15泡沫沥青	2.5%~3.0%泡沫沥青;1.5%水泥;70%铣刨料;18.5%石屑	10	大修

1.4 沥青老化的原因、特征及再生的技术途径

1.4.1 沥青老化的原因与特征

1)沥青老化的机理

沥青"老化"是指沥青从炼油厂被炼制出来后,在储存、运输、施工及使用过程中,由于长时间地暴露在空气中,在环境因素(如受热、氧气、阳光和水)的作用下,会发生一系列的挥发、氧化、聚合,乃至沥青内部结构发生变化,同时发生性质变化,导致路用性能劣化的过程。沥青老化是一个逐渐发生的过程,它的速率直接影响路面的使用寿命,因而是影响沥青路面耐久性的主要因素。沥青老化问题一直是国内外道路工作者研究的重点,众多学者对沥青老化进行了多方面的研究。

(1)物理性能衰变规律。

沥青老化过程相当复杂,早在1903年Dow就提出了沥青混合料中的沥青由于加热导致质量损失和针入度减小。到目前为止,对沥青老化研究最为广泛的依然是物理性能

的变化。普遍认为不同沥青有不同程度的抗老化性能,但性能变化规律基本一致,即随老化时间的增加,沥青的针入度逐渐减小,针入度指数(PI)逐渐增大,软化点升高,延度越来越小,而黏度、复数剪切模量、蠕变劲度逐渐增大,表明老化使沥青弹性增强,感温性减弱,抗疲劳开裂能力变差,缩短了路面使用寿命。

(2)组分变化规律。

通过薄膜烘箱老化试验等方法,研究沥青老化后化学组分与路用性能的关系,认为沥青在老化时各组分间的变化属于顺序串联反应,即芳香分转化为胶质,胶质转化为沥青质,沥青质转化为甲苯不溶物,沥青老化过程中极性分子之间还存在缔合与缩聚作用。此外,老化过程中结晶性蜡的生成也导致了沥青性质劣化。

(3)分子结构变化。

沥青老化的主要原因是轻组分挥发、氧化、内部结构变化、光聚合和热缩聚。沥青老化过程中,平均分子量与分散度显著增加,各种平均分子的总碳数、总环数、缩合指数和芳香度增加。热氧化反应是沥青老化的最主要原因,沥青老化过程中生成羰基和亚砜官能团,而且存在先生成后分解的过程。沥青老化的主要原因是沥青分子中的活性基团与空气中的氧反应生成极性分子,沥青分子中氧、硫原子主要以羧基、亚砜官能团以及硫醚、硫醇的形式存在。而针对光氧老化,紫外老化后沥青的流变特性变化更为显著,老化后同样表现为羰基和亚砜官能团含量增大。沥青抗紫外老化性能不同的内在原因是老化反应程度不同,胶质和芳香分是影响沥青紫外老化的主要因素。

总的来说,道路沥青的老化是由于沥青中活性基团与空气中氧反应的结果,氧化的产物主要为羰基与亚砜官能团,深度老化有可能生成羧基官能团。分子间的缔合与缩聚作用,使得老化后沥青的平均分子量增加。从组成与性质上分析,老化后沥青中胶质减少,沥青质增加,软化点升高,黏度增大,针入度与延度下降。

2)运输、储存、加热过程中的老化

沥青自从炼油厂炼制出来以后,直至拌制沥青混合料之前,一直装在保温的沥青罐内,沥青的热态储存、热态运输、在储油罐内预热、配油釜内调配等过程,往往经历很长的时间。由于温度升高加速分子的运动,除引起沥青蒸发外,还能引起沥青发生某些物理化学变化。在这个时期,沥青老化的机理主要是:

(1)由于受热使沥青中的轻质油分不断挥发,使沥青变硬变脆,降低黏结性。

(2)储罐表面的沥青与空气接触,与空气中的氧气会发生一些聚合反应,沥青也会发生一定程度的老化。

(3)沥青在管道内不断运行并由储罐顶处洒落到罐内时,沥青的表面积增大,沥青将发生氧化反应。

由于这段时间内沥青还储存在储油罐中,沥青的数量多、深度大,接触加热源及空气的面积较小,所以老化并不会很严重。试验证明,如果沥青是被密闭封存的,并且不再加热,以冷态储存,沥青可以储存许多年也不会有明显的老化。沥青从炼油厂到拌和厂的加热温度一般在170℃左右。由于油罐封闭,接触空气面积小,所以这一阶段沥青的技术性能几乎没有变化,因此在运输过程中沥青几乎不发生老化。

3) 加热拌和及铺筑中的老化

沥青最主要也是最常规的使用方式,是采用热拌沥青混合料的施工方式,此时沥青将经历一个比储存过程严重得多的老化过程。拌和过程中的老化是最重要的,通常称之为热老化。

沥青在拌和机内与热矿料混合,其温度一般高达 160~180℃,直接影响到沥青的氧化和组分挥发。除了加热温度影响外,拌和时间、沥青用量也会影响拌和过程中沥青的老化。一般来说,拌和温度越高、沥青膜越薄,沥青的老化也越严重,这个过程一般被称为沥青的短期老化。

4) 路面使用过程中的老化

沥青在路面使用过程中,由于环境因素及荷载因素,特别是在温度变化、雨水冲刷、太阳照射的单独或者综合作用下,沥青会发生一系列如挥发、氧化、分解、聚合等物理化学反应,这些反应会导致沥青内部的分子结构和化学组分产生变化,从而导致沥青的性质改变。可以概括为下列六种因素的作用:

(1) 氧化作用,即氧气与沥青发生化学反应的过程,它的速率取决于环境温度。

(2) 挥发作用,轻质油分从沥青中逐渐逸出,它也与温度有关,一般发生很慢,是一个长时间的过程。

(3) 聚合作用。

(4) 触变作用。

(5) 胶体的脱水收缩作用。

(6) 分离和析出作用。

1.4.2 旧沥青混合料再生的技术途径

根据目前的工艺与技术条件,对于旧沥青材料的再生,目前主要有两种技术途径:其一是恢复旧沥青性能——热再生,其二是沥青混合料的再生利用——冷再生。

沥青再生实际是沥青老化的逆过程,沥青再生采取的技术途径,在理论上为:

(1)调节旧沥青的黏度,使之降低至所需要的黏度范围;

(2)调节旧沥青的流变行为,使旧沥青的非牛顿特性减弱。

沥青材料老化后,从内在性质来说,沥青的组分发生了转移,油分减少、沥青质增多,使得沥青的胶体结构发生改变,总的趋势是向凝胶转移。旧沥青再生就是根据生产调和沥青的原理,在旧沥青中加入某种组分的低黏度油料(即所谓的再生剂),或者加入适当黏度的新沥青进行调配,使调配后的再生沥青达到适当的黏度和所需要的路用性能。

而旧沥青混合料也可以作为新的集料加以再生利用,加入沥青黏结料后形成具有一定强度的再生道路材料。

对旧沥青材料采取热再生或冷再生方式进行再生使用,要依据具体的工程需要,例如道路的损坏情况,道路的结构承载力情况以及废旧沥青的老化情况等等因素综合确定。

按照不同的再生工艺技术,我国习惯将沥青再生技术分为4大类,即厂拌热再生、厂拌冷再生、就地热再生和就地冷再生。下面将逐一介绍。

1)厂拌热再生

厂拌热再生先将旧沥青混凝土路面铣刨后运回工厂,通过破碎、筛分(必要时),并根据旧料中沥青含量、沥青老化程度、碎石级配等指标,掺入一定数量的新集料、沥青和再生剂(必要时)进行拌和使混合料达到规范规定的各项指标,按照与新建沥青混凝土路面完全相同的方法重新铺筑。厂拌热再生法在工厂中对回收的沥青混合料进行集中处理,是一种实用、灵活、简便而又能保证质量的沥青路面再生技术。

在厂拌热再生技术中,影响再生沥青混凝土质量的关键技术主要包括:

(1)新集料需加温烘干,而旧料中的沥青在高温下会分解,因此旧料不能在烘干筒里与新集料同时加热,旧沥青混合料的加入地点和升温方法成为主要矛盾。

(2)旧料的成分预先检验后,根据老化的程度和使用条件确定配合比(新添沥青、集料及旧料的配比),以及沥青再生添加剂的种类和加入量。沥青路面再生的质量还取决于旧沥青混合料的计量方法及计量装置。

(3)所有配料的均匀搅拌和充分混合是获得优质沥青混合料的重要条件。

(4)旧沥青混合料经破碎、筛分、计量,加入再生搅拌机中,在与热的新集料及沥青混合之前应加温到140~160℃。而且要求不能用明火加热;需用较长的时间对旧沥青料进行间接加热,以保证旧沥青能够彻底熔化。

(5)旧料的计量和筛分最好在加热之前进行,否则会污染筛网和计量装置。

(6)处理好加热旧沥青料时产生的废气,以免造成环境二次污染。

由于厂拌热再生工程时间长,成本高、耗能大、对民众出行影响大、污染环境,近些年来已经渐渐不符合低碳循环经济的要求。

2)厂拌冷再生

厂拌冷再生是将回收沥青路面材料运至拌和厂,经破碎、筛分后,以一定的比例与新集料、活性填料、水分进行常温拌和,常温铺筑形成路面结构层的沥青路面再生技术。主要用于高等级公路的基层或底基层。对于不能热再生回收的旧料(如改性沥青混合料、老化严重难于再生的混合料),可以有效解决旧料废弃和环境污染问题。

厂拌冷再生的机理,是使经过筛分处理的旧沥青混合料颗粒,通过拌和使含有再生养护剂的沥青溶液裹覆到表面,在这些颗粒吸附作用和沥青溶液渗透作用下,颗粒中老化沥青被激活还原,恢复其原有性能。激活后的沥青与其他颗粒材料一起,在经过一定加工处理后,就变成了可直接用于铺筑沥青路面的沥青混合料。

厂拌冷再生的技术特点是:铣刨的旧沥青混合料(同基层一起铣刨时,含基层材料)可以全部回收利用,降低了原材料成本,减少环境污染;用乳化沥青作为有机再生结合料以及水泥或石灰作为无机再生结合料,形成一种复合有机水硬性材料,提供足够的承载力;由于采用乳化沥青改善了施工条件,延长了可施工季节;与就地冷再生相比,对混合料配合比控制更为准确,提高路面平整度,保证路用性能。

3)就地热再生

现场热再生技术也称为表层再生技术。该技术通过现场加热、翻耕、混拌、摊铺、碾压等工序,一次性实现就地旧沥青混凝土路面再生,具有无须运输废旧沥青混合料、工效高、对公路运营影响程度低等优点。

就地热再生是一种预防性养护技术。采用专用的就地热再生设备,对沥青路面进行加热、铣刨,就地掺入一定数量的新沥青、新沥青混合料、再生剂等,经热拌和、摊铺、碾压等工序,一次性实现对表面一定深度范围内的旧沥青混凝土路面再生的技术。它可分为复拌再生、加铺再生、整形再生三种。

(1)复拌再生:将旧沥青路面加热、铣刨,就地掺加一定数量的再生剂、新沥青、新沥青混合料,经热态拌和、摊铺、压实成型。掺加的新沥青混合料比例一般控制在30%以内。

(2)加铺再生:将旧沥青路面加热、铣刨,就地掺加一定数量的新沥青混合料、再生剂,拌和形成再生混合料,利用再生复拌机的第一熨平板摊铺再生混合料,利用再生复拌机的第二熨平板同时将新沥青混合料摊铺于再生混合料之上,两层一起压实成型。

(3)整形再生:将旧沥青路面加热软化,就地添加一定数量的再生剂,翻松、就地熨平,其上再摊铺一层新沥青混合料,一起压实成型的工艺。

就地热再生适用于仅存在浅层轻微病害的高速公路及一、二级公路沥青路面表面层的就地再生利用,再生层可用作上面层或者中面层。沥青路面就地热再生,再生深度一般为 20~50mm。

旧沥青路面存在局部深层病害时,必须对其进行预处理后,再整体采用就地热再生技术进行处治。

就地热再生方法的优点有:

(1)实现了就地沥青路面再生利用,节省了材料运输费用。

(2)施工时只占用一个车道,对正常交通的影响很小。

(3)修正了旧路面的级配组成,修正了表面破坏。

(4)改善纵断面、路拱和横坡。

(5)实现了旧沥青路面材料100%就地再生利用,不产生废料。

(6)流水线施工,速度快,每天可施工单车道1.5km以上。

(7)施工后的路面可直接作为表面层使用,无须罩面,对路面高程的影响小。

(8)调整或优化了旧路面的级配,提高了路面性能,尤其是高温性能。

(9)添加的新沥青混合料比较少,且要补充旧路面不同程度的变形,可基本不改变旧路面高程。

(10)实现了沥青路面再生层和下承层层间的热黏结,路面结构受力连续,整体性强,使用寿命延长。

但是,就地热再生方法的再生深度通常限制在 2.5~6cm,且无法除去已经不合适进行再生的混合料,级配调整幅度有限。

4)就地冷再生

道路就地冷再生是利用现有旧铺层材料(面层直至基层)需要加入部分新集料,按比例加入一定量的添加剂(包括水),在自然环境温度下连续地完成材料的铣刨、破碎、添加、拌和、摊铺及压实成型的作业过程。

沥青就地冷再生的特点是指充分利用现有沥青道路旧铺层材料。

就地冷再生能够对大多数的路面破坏类型进行结构性的处治;能够拓宽路面,改善行驶质量;可以使路面恢复其所需的线形、断面和高程;现出原路面的车辙,不规则和不平整的区域;可以消除横向、纵向和反射裂痕;对交通影响减少。

就地冷再生的优点有:与传统施工方法相比可节约成本20%~46%;旧料得以全部就地利用,强化基层、节约材料、保护资源;工期短,对公共交通影响小,干扰少。

但是,这种方法需要相对温暖、干燥的施工条件,气候条件要求高;再生后路面水稳定性差,易受水分的侵蚀和剥落;且路面通常需要两周的养护时间。

此外,美国沥青再生协会(Asphalt Recycling and Reclaiming Association,ARRA)定义了四种再生方法,即热拌再生(Hot mix asphalt recycling)、就地热再生(Hot in-place recycling,HIR)、就地冷再生(Cold in-place recycling,CIR)、全深式冷再生(Full depth reclamation,FDR)。

1)热拌再生

热拌再生是将 RAP 料与新料拌和,有时需要添加一些再生剂,然后生产出新的热拌沥青混合料的工艺。可以使用间歇式和滚筒式(连续式)厂拌设备生产再生混合料,可以通过铣刨获得 RAP 材料。混合料的摊铺与压实和常规热拌沥青混合料(HMA)一样。RAP 在再生混合料中的典型用量为 10%~30%。图 1-7 给出了 RAP 在滚筒式厂拌再生时的情形。热拌再生的优点包括再生过的材料其性能可达到或超过常规沥青混凝土,可以修正大多数路表面的缺陷,如变形和裂缝等。

图 1-7 滚筒式厂拌再生

2)就地热再生

就地热再生包括对原路面的加热和软化,然后耙松/铣刨至一定深度,随后在再生施工中将新的 HMA(有或没有 RAP)和再生剂加入 RAP 中。HIR 可以单或多工序施工。在单工序施工中,耙松下的材料可以根据需要加入新料。在多工序施工中,再生后的 RAP 料先被压实,然后在上面再加铺磨耗层。再生的深度在 20~50mm。沥青再生和再生利用协会将就地热再生又划分为 3 类:①整形;②加铺;③复拌。该类再生中,先将原路面材料加热和耙松至一定深度,然后与集料或再生剂混合,最后压实。可以在再生层上加铺或者不加铺新的沥青混凝土层。第二种就地热再生方式是在表面再生的同时加铺新的沥青混凝土层。在加铺工艺中,再生混合料和新拌沥青混凝土同时压实。在复拌工艺中,耙松的材料和新 HMA 在拌锅里拌和,然后作为一种混合料摊铺。就地热再生的优点包括可以去除表面裂缝、矫正车辙和推挤、复原老化沥青、改善集料级配和沥青含量,同时交通中断时间和运输费用可以降低至最小。

3) 就地冷再生

就地冷再生是不需要热量就将原路面材料重新使用的工艺。除了再生剂,通常不需要运输材料,可以添加新的集料,因此运输费用也可降至最低。通常,乳化沥青是作为再生剂或黏结剂添加的。乳液和 RAP 料重量的百分比成比例。也可以添加飞灰或水泥。

这些添加剂对低和高稳定度的混合料都有效。该工艺包括铣刨原路面、筛分 RAP 料、添加再生剂、摊铺和压实。再生列车比较普遍,包括铣刨、筛分、压碎和拌和设备等。从拌和设备出来的处理好的材料被堆放成狭长的一行,然后再使用常规的沥青混凝土摊铺机和压路机将其摊铺和压实。典型的再生深度为 75~100mm。就地再生的优点包括对多数损坏的路面进行结构上的处理,改进行驶质量,将运输和空气污染降至最小。图 1-8 给出了使用铣刨机、破碎机、筛分设备和拌和-摊铺设备进行就地再生施工的情形。

4) 全深式冷再生

全深式冷再生是指将所有的沥青层和沥青层下面部分基层材料一起稳定形成再生基层的施工工艺。常用的稳定剂有乳化沥青、泡沫沥青及化学添加剂(例如氧化钙,水泥、炉灰及石灰等),通过添加这些稳定剂来得到更加稳定的基层。该施工工艺包括 4 个主要步骤:铣刨、稳定剂的添加、压实、加铺磨耗层或表面层。如果现场材料不能达到预期的稳定层厚度,可以在施工中加些新料。新集料也可以加入就地材料当中以具有一定级配的材料。该工艺的再生深度通常为 100~300mm。图 1-9 显示了全深度再生列车在施工时的情形。再生列车包括挂有水车的再生机、羊角碾型压路机。全深度再生的优点是可以处理多数的路面病害,运输费用降至最低,显著改善结构性能(尤其是基层),解决材料的处理问题,以及改善行驶质量。

图 1-8 就地再生

图 1-9 全深式冷再生时的情形

1.4.3　不同再生方法的选择

正如前文所述,沥青路面的维修有许多方法,路面再生只是这些方法中的一种,还有一些其他常用的方法,例如加铺厚或薄的 HMA。维修方法的选择依赖于路面损坏情况,原路面材料的试验室和现场评价以及设计资料。有些道路,尤其是地下道(或高架桥下的道路),为了维持路面的几何形状和初始厚度,也常常影响维修方法的选择。HMA 可以与铣刨或再生配合使用。除了沥青表面再生,其他所有的再生方法例如热拌再生或就地冷再生都可以改善路面的结构承载能力。另外,再生具有其他维修方法没有的独特优点。这些优点是:

(1)再生可以显著减少新材料的费用,同样,如果采用就地再生,也可以节省运输的费用。

(2)由于使用再生削减了对新材料的需要量,这样有助于自然资源的保护,例如可以显著节约集料资源和沥青黏结料,尤其在供应中断的时候。即使集料供应非常充足,这些资源的分布也通常不符合所在地点的需要。冷再生的路面需要 1%~3% 的沥青黏结料,而新的热拌沥青混凝土路面却需要 6% 的沥青,这意味着每吨混合料可以节省约 38 升的沥青。此外,冷再生还可以显著减少对能源的消耗。

(3)再生材料至少可以达到新料的质量。在再生基层上加铺 HMA 路面要好于在原路面直接加铺 HMA 的效果,即使它们是同样的厚度,由于前者的刚度较少,可以大大降低反射裂缝的可能性。

(4)再生可以维持路面的厚度和几何形状。通过再生,原路面的结构强度得到加强。在有些情况下,再生对交通的干扰要小于其他维修方法。

如果道路维修的方法是选择再生,那么不同的再生方法可用于沥青路面的再生。主要有热拌再生、就地热再生、就地冷再生和全深度再生。下面将主要讨论不同再生方法的优缺点,并阐述选择再生工艺的总体指导方针。

热拌再生是将 RAP 料与新集料和沥青或再生剂混合生成新的热拌沥青混合料。间歇式或连续式都可以用来生产再生料。再生料是通过冷铣刨机从路面铣刨而来,如果需要,可以通过破碎机进一步地破碎。再生混合料可以使用普通的热拌沥青摊铺和压实设备进行施工。RAP 和新集料的混合比例取决于混合料设计、拌和设备的类型和吸尘设备的效果。虽然已经有报道旧料的使用率可以达到 50%,但是典型的 RAP 料使用量是在 10%~30% 之间。微波技术允许使用更高的旧料使用率,这是因为 RAP 料可以预热。

热拌再生的优点主要有以下几个方面:

(1)通过改善原沥青材料的性能,可以使得路面的承载能力得到显著加强,而路面的厚度没有或很少增加。

(2)可以对面层和基层的变形进行校正。

(3)再生混合料的性能与普通热拌沥青混合料类似。

就地热再生是在现场将原路面材料进行再生的施工工艺。损坏的沥青路面被加热软化后,耙松或拌和至一定深度。如果需要可以向 RAP 料中添加新的沥青混合料或再生剂。该工艺处理路面的典型深度为 20mm 到 40mm。该工艺可以单行程或多行程施工。在单行程施工中,如果需要可以将耙松的路面材料与新材料拌和和压实。在多行程施工中,耙松的材料被重新压实,然后加铺新的磨耗层。

就地热再生工艺的优点有:

(1)消除路表面的裂缝。

(2)由于路面产生剥落而没有被沥青裹覆的集料,通过该工艺可以重新拌和并被沥青裹覆。

(3)车辙、坑洞、推挤等路表病害被消除,排水和路拱可以被重新设置。

(4)通过添加化学再生剂,可以使老化变脆的路面重新具有柔韧性。

(5)可以通过不同的工艺,使集料的集配和沥青用量加以改善。

(6)通过增加路面的摩阻力提高行车安全。

(7)与其他传统的维修工艺相比,对交通的干扰小。

(8)运输成本可以降至最低。

在就地冷再生工艺中,可以使用再生剂将原路面材料加以利用。再生的深度通常为 75～100mm。虽然在一些情形下,可以向再生料中添加新集料,用以改变再生料的性能。除了再生剂和新集料之外,该工艺通常不需要运输任何材料。该工艺一般包括原路面的铣刨、RAP 料的筛分、添加再生剂、再生料的摊铺和压实等步骤。普通的热拌料摊铺和压实设备,也可以将狭长的料堆收集至摊铺机,然后摊铺和压实。

就地冷再生的优点包括:

(1)不需要改变路面的纵横几何形状,也不许重建路肩就可以显著改善路面的结构承载能力。

(2)所有的路面损坏类型都可以被处理。

(3)如果铣刨和再生的深度足够深,通常可以消除反射裂缝问题。

(4)路面的行驶质量可以显著改善。

(5)运输成本可以降至最低。

(6) 老路面的轮廓和横坡可以改善。

(7) 生产率高。

(8) 在多数工程中,只需要薄的热拌沥青混凝土罩面或微表处。

(9) 工程造价低。

(10) 能量消耗低。

(11) 灰尘和烟雾引起的空气污染问题降至最低。

(12) 降低霜冻敏感性。

(13) 可以配合道路拓宽施工。

全深度再生是将所有的沥青层和部分沥青层下的材料一起处理后,形成一个新的稳定基层。不同类型的稳定剂可以用来改善基层的质量,例如乳化沥青、泡沫沥青、化学稳定剂(氯化钙、水泥、粉煤灰和石灰等)。有时需要添加一些新的材料来改善再生材料的性能或用于增加基层的厚度。通常该工艺包括铣刨、添加稳定剂、整平、压实和加罩沥青面层。全深度再生具有以下优点:

(1) 是改善路面行驶质量经济有效的方法。

(2) 消除了潜在反射裂缝的危险。

(3) 节约自然资源。

(4) 可以现场完成。

(5) 与传统维修工艺相比,无须加热、拌和和运输成本。

(6) 道路横断面可以得到维持或调整。

(7) 施工期间可以不中断交通。

(8) 消除了废旧材料的处理问题。

(9) 改善了路基对霜冻的抵抗能力。

(10) 通过减少整个路面结构的厚度来节省成本。

在过去的几十年里,再生已经变成最有吸引力的道路维修方法。随着性能数据(如再生混合料的现场和试验室评价)的不断积累,以及现有规范的发展,再生仍将为以后最有竞争力的道路维修工艺。

自从再生可以和加铺结合使用以后,维修工艺就包括有加铺层及无加铺层的再生,或者没有再生的处理。表1-3给出了对于出现一定损坏的沥青路面,可以采用的不同路面养护和维修的方法。

维修工艺的选择应该在工程、经济和能源3个方面加以考虑。以下将对这3个方面加以讨论。

表 1-3 道路养护与维修的方法

病害	可能的原因				养护							维修		
	结构损坏	混合料组成	温度或湿度变化	施工	修补或常规维修	雾封	表面处理	稀浆封层	表面再生	薄层加铺	开级配表面	结构性加铺	结构性再生	重建
龟裂	√				√			√				√	√	√
反射裂缝		√			√		√	√					√	
收缩裂缝		√	√		√		√	√					√	
推挤裂缝		√		√	√									
车辙	√	√		√	√				√	√		√	√	√
波浪	√	√		√	√				√	√		√	√	√
沉陷	√			√	√									√
隆起	√		√		√									
坑洞	√			√	√		√				√			
泛油		√	√				√				√			
磨光		√					√		√	√	√			
路表面集料剥离		√								√				

（1）工程上的考虑。

维修方案的选择应该主要依据原路面的现有条件和以往性能记录。包括以下因素：①基于路面行驶质量的路面现状；②路面损坏的类型、密度和程度；③路面的结构情况；④所在地区的环境条件，主要是温度和降水；⑤路面的排水条件，包括路面排水和地下排水；⑥施工时的考虑，包括桥梁和其他结构物的限制、路缘石和排水沟、路肩和护栏；⑦处理后路面要求的设计寿命；⑧路面原始使用的材料和加铺层计划使用的材料；⑨路面的寿命；⑩过去路面维修的类型、频繁程度和造价。

最常考虑的因素有：①路面损坏的现状；②设计期内标准轴的估计交通量；③原路面的结构承载能力。

在选择维修方式之前，设计者必须考虑环境和排水因素，以及来自相邻结构物的限制。既然不同维修工艺可以使路面具有不同的寿命周期，那么设计者应该考虑路面的期望寿命和可利用的维修资金，同时还要考虑准备加铺新罩面层的原路面的类型（如沥青路面或是水泥路面），以及在新加铺层和旧面层之间是否铺筑隔离层的问题。最后，最重要的考虑就是原路面损害的类型、数量和程度。

（2）经济上的考虑。

应该根据路面的造价对再生工艺进行评价。路面的造价或价值可以通过以下两种方法来定义：①现有价值（PW）；②当量等值年费用（EUAC）。现有价值是指当前需要投资道路所有成本所需的资金。当量等值年费用是指分摊到分析期内等值的资金。当量等值年费用方法的优点是可以方便地比较具有不同寿命的维修方法，同时将不同维修方法的成本以现金范围的形式体现。维修方法的寿命周期费用也必须在经济分析中加以考虑。寿命周期是指道路在重建或大规模维修之前实际使用的时间。寿命周期费用包括初期的建筑费用和寿命周期内的维修费用。

（3）能源上的考虑。

早在1915年路面再生技术就出现了，但直到20世纪70年代中期，由于石油禁运才使得这项技术引起广泛关注。沥青路面再生由于降低了运输成本，减少了材料的需求，可以有效地节约能源。然而，节省的数量依赖于具体的再生类型。选择再生方法上需要考虑的能源消耗包括在以下工序中：材料的生产，材料的运输，混合料的生产，混合料的运输，混合料的摊铺和压实。

在最终决定维修方式上应该事先考虑以下因素：①可以使用的机器；②具有施工经验的承包商；③初期投资；④寿命周期费用；⑤交通控制；⑥施工的长度；⑦对临近商业的影响。

所有不同类型的再生工艺都有相对于传统维修工艺的优点。然而一定再生工艺的选择应主要基于原路面的损坏类型。这是因为所有的再生方法都不能同样适合处理不同类型的病害。应用一定的再生工艺不仅取决于路面的病害，也取决于损坏的程度和广度。出于这种原因，在尝试使用任何再生工艺之前，全面而详细的路况调查就显得特别重要。道路的病害类型、程度和广度一旦确定，要对不同工艺的经济实用性进行评价。

路面的损坏类型主要可以分为以下3类：

（1）表面损坏：这种类型的损坏包括松散、泛油和磨光。松散是由于混合料的质量差，混合料没有充分压实或者沥青硬度过高而导致的集料散失。一般情况下，粗集料最先散失，而后随着损坏的加剧导致细集料剥落。泛油是由于沥青用量过高，使得过多的沥青从混合料中挤出。路表面磨光是由于集料被磨光而使得路表面变光滑。当路面潮湿积水时，道路就会变得十分危险。

（2）变形：不同类型的变形包括波浪、车辙和推挤。波浪是指在路表面产生横向波纹的损坏现象。这些损坏是在交通荷载频繁起停或在下坡的路段，热拌沥青混凝土丧失稳定性的结果。混凝土缺乏稳定性的原因是沥青太多或沥青太软，较高的砂含量和混合料中过多的圆平集料所致。推挤是路表面局部突起的现象，这种类型病害也是由于混合料缺乏足够稳定性所致。车辙是路面在纵向行车轮迹产生变形的现象，这种损坏是由混合料的低孔隙率、大交通量和高的轮胎压力所致。

（3）裂缝：各种不同类型的荷载型和非荷载型裂缝，包括龟裂、块裂、纵缝、横缝和反射裂缝等。这些互相连接的裂缝就像鳄鱼的皮肤一样。这些损坏是由于路基或基层不稳定，使得路表面变形过多所致，或者是交通荷载超过了路面允许的荷载所致。

轮迹裂缝是在轮迹范围内路面产生破裂的现象。这些裂缝由一个或多个纵向裂缝开始，并随着时间的推移，最终发展成为龟裂现象。路面边缘车辙是在路面外侧或与拓宽路面之间连接处产生0.3～0.6mm的纵向车辙。裂缝是由于缺乏横向支撑，基层软弱或排水不良所致。块裂现象是由于基层或土基变形，或者热拌沥青混凝土收缩所致。纵向连接裂缝是施工接缝所致，是由较差的摊铺连接或不正确的施工工艺引起。横向裂缝是贯穿路中心线，并由温度变化路面收缩或沥青变硬所致。反射裂缝是由于路面下结构产生裂缝从而导致沥青层开裂的现象。

基于这些损坏现象，ARRA推荐了表1-4作为选择再生方案的指导。关于不同再生工艺的使用和考虑将在表1-5中做详细的讨论。

不同路面损坏类型建议采用的再生方法 表1-4

路面损坏类型		热再生	就地热再生	就地冷再生	深层冷再生
表面损坏	松散	√	√		
	泛油	√	√		
	磨光	√	√		
变形	波浪	√	√		
	轻度车辙(<5mm)	√	√		
	重度车辙(>5mm)	√		√	√
荷载型裂缝	龟裂	√		√	√
	纵向裂缝	√	√		
	推移	√	√		
非荷载型裂缝	块状(收缩)裂缝松散	√		√	√
	纵向裂缝	√	√		
	横向裂缝			√	√
反射裂缝					√
基层/底基层问题(软弱、潮湿)					√
修补	喷涂	√	√		
	罩面	√	√	√	
行驶质量/不平整	行驶质量/不平整	√	√		
	沉陷(沉降)	√	√	√	√
	隆起	√	√		

不同再生方法的比较 表1-5

再生工艺	适用性	需要考虑的事项
厂拌热再生	应用于表面损坏,变形,荷载及非荷载型裂缝,修补产生的坑槽	RAP料用量依赖于再生混合料的性能和拌和场的类型,一般为10%~30%,目前最大用量为50%
就地热再生	适用于表面损坏、波浪、推移、车辙和纵向裂缝等病害,旧路材料可以充分利用,节省运输费用,显著缩短维修时间,特别适合不能长时间关闭交通的繁忙公路和市政道路的维修。一般应用于路面的损坏程度还没涉及基层的情况	就地热再生需要一定数量重型的机械设备,所以转移费用比较高,而且需要足够的施工场地,而且有时会带来空气污染的问题(由于路面含有较多的沥青材料和裂缝修补材料)。目前再生深度很有限,最大深度为5~6mm

续上表

再生工艺	适用性	需要考虑的事项
就地冷再生	可以处理深度车辙问题,与荷载有关的块状和温度裂缝,修补产生的坑槽,旧路材料可以充分使用,可以节省运输费用和新材料费,几乎不需要什么热量,所以不存在能源消耗和污染问题。可改善道路的承载能力,对交通干扰小,特别适合不能长时间关闭交通的繁忙公路和市政道路维修	多数情形下,就地冷再生需要一段养护期,然后才能加铺磨耗层。虽然施工的机型较小,一般也需要一个再生列车,不太适合区域有限的街区道路维修
全深式冷再生	适用于表面损坏、波浪、推移、车辙和纵向裂缝等病害,旧路材料可以充分利用,节省运输费用,显著缩短维修时间,特别适合不能长时间关闭交通的繁忙公路和市政道路的维修。全深式再生的再生厚度范围包含了部分基层	会产生一个新的基层,因此需要加铺一层合适的磨耗层。一般需要较长的养护期,目前缺乏合适的施工指南和规范,由于对非沥青层再生,混合料必须仔细监控(例如植物体及超粒径的 RAP 料)

第2章

沥青混合料厂拌热再生施工方法和设备

沥青混合料热再生被定义为利用旧沥青路面回收料与新集料和新沥青/再生剂拌和而成沥青混合料的一种方法。实践证明,如果采用完善的设计和正确的施工方案,热再生沥青混凝土的性能可以达到或超过普通热拌沥青混凝土。在现存的各种路面再生方法中,热再生被认为是一种相当实用而可行的方法。热再生可以用来改进原有路面混合料设计中的问题、改善和修复路面外观,也可以作为路面高程受限时的修复方案。热再生的优点包括:可以重复利用现有材料,对原有设备只需要简单改造,避免了回收混合料堆放和处置问题,同时又可以符合国家的空气环保要求。

沥青混合料热再生分为厂拌热再生和就地热再生两种,厂拌热再生是指在拌和厂将沥青混合料回收料(RAP)破碎、筛分后,以一定的比例与新矿料、新沥青、沥青再生剂等加热拌和为混合料,然后铺筑形成沥青路面的技术。就地热再生是指采用专用设备对沥青路面就地进行加热、翻松,掺入一定数量的新沥青、新沥青混合料、沥青再生剂等,经热态拌和、摊铺、碾压等工序,实现旧沥青路面面层再生的技术。

本章将对沥青混合料厂拌热再生的两种主要施工方法——间歇式和连续式做详细的介绍,同时对各种沥青混合料拌和设备的改造提出建议。下面首先介绍厂拌热再生间歇式施工方法和生产设备。

2.1 厂拌热再生间歇式施工方法和生产设备

2.1.1 旧路面的处理

对于旧沥青路面的处理,广泛应用的方法有两种。旧沥青路面回收料可以利用滚筒冷铣刨机铣刨而得,此方法通常称作冷铣刨法;也可以由深翻/粉碎加工而得。下面对这两种处理方法进行详述。

1)冷铣刨

在现有的两种路面处理方法中,冷铣刨是目前应用最广的。冷铣刨被定义为利用专门机器对原路面自动清除至指定厚度的一种方法,经过冷铣刨可以使路面达到规定的厚度和坡度,并且去除拥包和车辙等路面病害。美国沥青再生协会(ARRA)的冷铣刨规范要求铣刨机应在工作中具有强大动力,可以自驱动自牵引,并具有操作稳定性。铣刨机应该配备控制纵坡和横坡的自动控制系统,能够铣刨完成指定的路面纵坡和横坡,并能够准确控制纵坡高程在3mm以内。铣刨机还应该具有有效控制铣刨粉尘的装置。美国沥青再生协会定义了五种冷铣刨:①第一种是仅仅铣刨原有路面的不平整处;②第二种是对原有路面进行同一深度的铣刨;③第三种对原有路面按照指定深度和横坡进行铣刨;④第四种是对基层或土基以上的原路面整体铣刨;⑤第五种是按照设计图纸对原路面进行不同厚度的铣刨。

美国沥青再生协会建议冷铣刨后的路面应具有均匀而不连续的纵向条纹,而且不应存在破损面。图 2-1 是冷铣刨施工后的典型表面纹理结构。另外,铣刨面应避免在两个路面结构层的黏结面上,因为在黏结面上铣刨会造成层间剥落、浅车辙和回收料混杂等问题。图 2-2 是正在进行冷铣刨的施工现场。

图 2-1 冷铣刨后的路面纹理结构　　　　图 2-2 冷铣刨施工

对于第一种和第二种冷铣刨,应规定铣刨面积和铣刨深度从而测定其工作量。对于其他几种冷铣刨应以重量为单位测定其工作量。冷铣刨工程费用则相应地按照铣刨面积或铣刨重量来支付。招标价格应包含人工、材料、仪器、工具和不可预见费等。

自从 20 世纪 70 年代以来,人们不断通过革新铣刨来提高铣刨机的工作效率,降低铣刨成本。内置收集系统可以扫除大部分成块的铣刨料并输送到传送带上。前装载设备可以自动收集传送带上的回收料。而且铣刨的同时粉碎作业也可以完成。铣刨机有不同的尺寸和功率,铣刨宽度可以是 1m 到整个车道,最大铣刨深度可以从 20cm 变化至 38cm。

铣刨机可以对需要回收的旧沥青路面材料分层进行回收。分层铣刨铣刨时,通过设置铣刨厚度来完成对旧沥青路面材料的分层回收。在进行铣刨机作业时,为了对集料的粒径尺寸进行控制,可以通过调节铣刨鼓上刀头之间的距离来实现。铣刨机的优点是可以分层分车道回收,产生的粉尘污染较小,缺点是会造成旧料的细化。此外,可以对铣刨机加装摄像探头,当铣刨层的厚度变化时,及时调整铣刨深度。

2）深翻/粉碎

深翻/粉碎是原有路面处理的另外一种方法,现场采用的仪器包括翻地机、路面破碎机或深翻机械。路面翻松后装车运往粉碎场。深翻机类型的选择由碎石机处理的最大翻料尺寸决定。这种方法特别适用于低等级道路升级而且原路面材料单一的情况。

深翻/粉碎不能同冷铣刨一样在现场完成粉碎,因此生产效率比冷铣刨低。但是,冷铣刨在现场会产生大量的粉尘,而深翻/粉碎不会这样。图 2-3 是正在进行深翻/粉碎的施工现场。

图 2-3 翻地机施工

深翻设备的主要优点是在不进行投资购置新设备的基础上进行翻松破碎;缺点是容易附着基层材料,而且因为要破碎回收的沥青混合料需要增加相应的再生过程的时间,而且沥青混合料破碎后堆放时容易产生材料离析。

2.1.2 粉碎和堆放

回收料粉碎的目的是在外力作用下使回收料的粒径达到最大要求粒径以下。例如,要求95%的回收料可以通过50mm的筛网。冷铣刨机可以在现场直接粉碎回收料,其粉碎程度取决于原来混合料的石料最大粒径和级配。而在深翻/粉碎处理过程中,通常使用挖掘机来深翻路面,然后再由运输车运往工厂粉碎。碎石机既有压缩式的也有冲击式的,另外还有一种专门的回收料破碎机(图 2-4)。

对于旧料来说,为防止旧料的细化以及考虑沥青结合料的存在,对其破碎时尽量施加剪切力,这样既可以将石料与结合料分离,又可以防止旧料过于细化。

目前的冲击式碎石机包括锤式碎石机和反击式碎石机,压缩式碎石机包括颚式破碎机、圆锥式碎石机、辊式碎石机。

颚式破碎机(图 2-5)使用的破碎方式为剪碎、压碎,其对被破碎料施加的主要作用力为压力,其次为弯曲作用力和剪切力。

图 2-4　回收料碎石机

圆锥式破碎机(图 2-6)运用的破碎方式主要有磨碎、碾碎、压碎,其对被破碎料的作用力主要为压力,其次为剪切力。它的受力方式与颚式破碎机非常相似,通常用于石料的整形破碎。

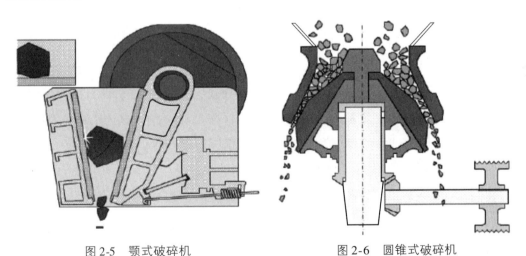

图 2-5　颚式破碎机　　　　　图 2-6　圆锥式破碎机

辊式破碎机分为单辊式、双辊式、三辊式和四辊式破碎机。以双辊式破碎机为例,当机械运行时,辊子和物料之间的接触面会产生摩擦力,通过摩擦力可以将物料拉进破碎腔内(辊子之间的缝隙中),使得破碎料受到辊子的挤压、剥落、剪切作用,最终达到物料破裂的目的。双辊式破碎机按照辊子在机架上固定的类型来分类,有双浮动式、固定式、单浮动式三种。双浮动式是在两个辊子间设有缓冲装置,增加了较强的缓冲性能,在旧料破碎的过程中,可以保证旧料中的集料不被破碎,其缺点主要是结构太复杂;固定式是将辊子刚性地安装在机架上,其结构中不设缓冲装置,固定式破碎机结构设计非常简单,但是破碎过程中压力较大,旧料中的集料很容易被破碎;综合了双浮动式与固定式两者的优点,只在一个辊子上设置缓冲弹簧,将另外一个辊子刚性固定在机架上(图2-7)。

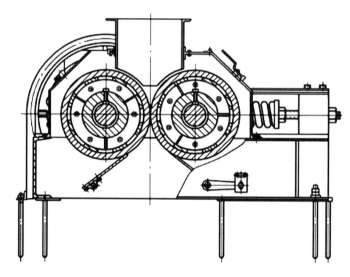

图 2-7 辊式破碎机

在再生工程中,冲击式碎石机是最常用的,这是因为压缩型碎石机有时会被回收料粘住。冲击式碎石机既可以用来初次破碎,也可以用来二次破碎。反击式破碎机排料粒度大小可以调节,破碎规格多样化,通过一定的改造也可以进行旧料破碎,达到原级配不破坏、大料不卡死、细料不黏结的分散结果(图2-8)。锤式破碎机是在其传动轴上按一定间隔安装若干个重锤,传动轴转动带动重锤转动产生的冲击力将尺寸超限的RAP击碎,符合尺寸要求的RAP则会从重锤的间隙中通过(图2-9)。它们可以作为初次、二次破碎机,还可以来破碎颚式碎石机初次破碎的回收料。有时,颚式和旋回式碎石机组合可以有效地破碎回收料。通常,颚式碎石机将大块回收料破碎成容易处理的尺寸,然后再由旋回式碎石机破碎到需要的粒径。如果在两次破碎后使用振动筛可以生产两种回收料:细料(通常小于12.5mm)和粗料(12.5~19mm)。颚式和旋回式碎石机在炎热和湿润的天气特别容易产生压扁的回收料,而水平式和锤式碎石机则不会产生这种问题。

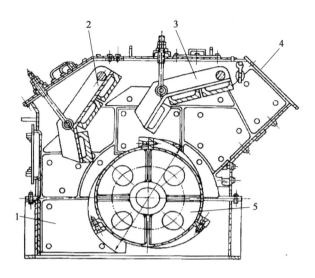

图 2-8　单转子反击式碎石机

1——机体；2——后击板；3——前反击板；4——进料口；5——转子

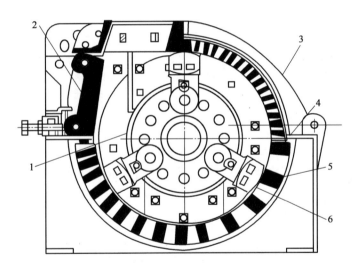

图 2-9　锤式破碎机

1——转子；2——打击板；3——盖板；4——垫片；5——隔筛；6——锤

目前,推荐的旧料破碎方式有反击式破碎机、锤式破碎机以及辊式破碎机三种。颚式破碎机和圆锥式破碎机因为主要是通过挤压力使旧料破碎,一方面会挤碎旧料,另一方面因为沥青胶浆的存在,通过挤压对石料和胶浆的分离并不好。对于反击式破碎机,通过转子将石料甩上反击板上击打,类似于在无侧限条件下对旧料施加压力,因此在合理调节功率的情况下,可以较好地分离石料和胶浆。而对于锤式破碎机,有的认为锤式破碎机会击碎旧石料,造成旧料细化,有的认为锤式破碎机能将超粒径旧料击碎,留下需要粒径的旧料,其实从原理上说,锤式破碎机和反击式破碎机有相通之处,一个是主动击打旧料,一个是通过反击板击打旧料,在相同功率下,应该是锤式破碎机的击打力更大(因为反击破还要上抛旧料),所以这两种破碎方式只要功率调节得当,应该都能起到较好的分离石料和胶浆的作用,锤式破碎机相对于反击式破碎机的一个缺点是锤头更换比反击板更换麻烦,而且锤头更易磨损。

回收料首先由装载机或推土机混合均匀,然后将回收料中的最大石料击碎至下一级石料。这样就可以确保原沥青混合料尽量破碎,并且没有超限石料。如果在施工现场有碎石机,一般每一批生产只破碎少量石料,取样检测后使用。每批回收料的破碎量小有利于检测石料的均匀性,从而容易保持石料级配稳定。同时,这些石料很快就可以用完,不易被雨水等打湿而造成再生生产成本的增加。

因为粉料裹覆有大量的老化沥青,所以应该注意避免再生混合料中的粉料缺失。回收料破碎机也不应该产生过多的粉料或者破碎过分,否则会使混合料需要更多地外加沥青,从而使成本增加(图2-10)。

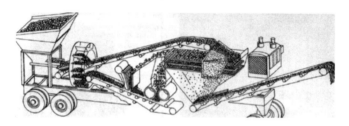

图2-10 回收料粉碎加工过程

不同料源、不同沥青含量和不同集料级配的回收料应分开堆放。回收料在处理前后都可以堆放,一般采用翻斗铲车或分散堆垛机进行处理。图2-11是堆放回收料用的分散堆垛机。堆放回收料遇到的两个主要问题是:回收料压实黏结和含水率增加。

图2-11 回收料的堆放和储存

过去普遍认为低而平坦的回收料堆比高而尖的料堆好,不容易出现回收料再黏结。但是,最近的经验证明高而尖的料堆更好,而且回收料并不会在大料堆中黏结。实际上,在料堆上会形成20~25cm的硬壳,这个硬壳会防止雨水流入和下面的回收料黏结。对于高料堆,硬壳很容易用铲车挖除,但是对于低而平坦的料堆就不容易操作。料堆要堆放在硬地面上,以防止料堆下面污染或地面沉降。较细的集料容易吸收水分,因此在生产中需要更多的热量来排除水分。由于再生过程中的热量主要来自外加的热集料,而且再生拌和楼的集料加热量是有限的,所以水分增加后,或者每小时再生产量减少,或者回收料的比例降低。图2-12表示在含30%回收料时,不同含水率下再生过程所需的新集料温度。图中显示含水率每增加1%,烘干的温度就要大幅增加,即使只增加0.5%的含水率都会使再生产量显著减少。所以,应该保障料堆排水顺畅。在这一点上,高而尖的料堆比较好。另外,对于多雨地区,可以考虑采用防水布或防雨棚。

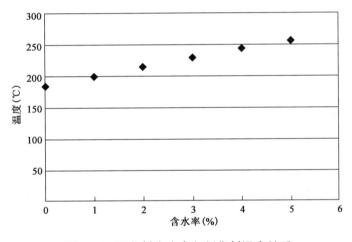

图2-12 回收料含水率与新集料温度关系

2.1.3 间歇式拌和楼的改造

间歇式厂拌热再生设备是在普通间歇式沥青拌和设备的基础上装配一系列辅助装置。间歇式热再生设备相较于连续式热再生设备的最大特点是具备"二次筛分"装置,集料计量精度高,强制搅拌效果好。因为回收料同外加集料拌和会产生大量烟雾,在干燥筒、热集料提升机和筛分塔容易产生积料现象,所以间歇式拌和楼用于再生拌和时需要适当改造。间歇式工厂采用最多的方法称作"枫木法"。图2-13是枫木法生产的示意图。现在已经有改进的枫木法,这些方法都是采用升降机或皮带传送机将回收料通过单独的冷加料箱加入计料仓或拌和仓。外加料的加热温度取决于回收料的性质和添加比例。

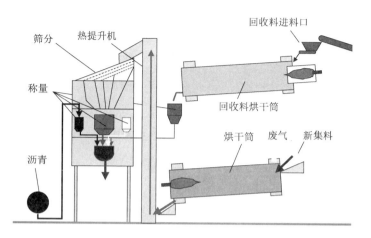

图 2-13　间歇式厂拌热再生"枫木法"生产设备配置

当冷湿的回收料和高温的外加集料刚刚拌和时会产生大量的蒸汽,因此拌和仓和计量仓的排气能力很重要。这些蒸汽可以由回收料加入口或拌和仓和计量仓的排气道排出。很多拌和厂都是将拌和仓和计量仓与干燥仓的排气通道相连来排出这些蒸汽。

上海机场与道路建设有限公司采用德国技术对沥青混合料拌和楼进行改造,配备路面回收料添加系统,图 2-14 中的设备是德国 AMMANN3000 型拌和楼,右侧的提升通道是专门为回收料设计的。此设备的最大回收料直接添加比例为 50%。

图 2-14　厂拌热再生回收料添加设备

根据回收料的不同添加方法,以下设备改造需要注意:

(1) 石料烘干筒。

由于热再生的外加热石料并不多,所以有必要对干燥筒进行改造。在火焰的前方必须有适当的防护网,每一次生产结束后应该有一段冷却期,使滚筒温度不会过高。

(2)干燥筒排气系统。

改造这一系统可以避免高温石料产生的高温废气损坏除尘设备。有很多方法可以降低废气的温度,例如重新设计烘干筒的槽板、加长通道、在排气系统中增加冷空气或水雾。

(3)筛网。

为了避免高温,筛网的轴承应该采用特殊的润滑剂。

(4)热集料储存仓。

根据储存仓的尺寸和集料储存时间,储存仓外面应加装隔热层,以免集料温度下降。

(5)回收料加料仓。

为了避免回收料黏结,加料仓应细而陡,下部开口较大。

(6)回收料加料传送系统。

为保证连续生产,回收料加料和传送系统应能充分供给计量装置的运行,有时需要配备大功率马达工作。

回收料加料仓和传送系统如图 2-15 所示。

图 2-15　回收料加料仓和传送系统

(7)计量仓加料通道。

计量仓的加料通道坡度应该尽量大,并配有防止灰尘飞出的气门。加料通道应使集料落入计量仓的中间。

(8)计量仓和拌和仓的通风。

为避免水蒸气和灰尘累积,计量仓和拌和仓必须通风。缩短干燥拌和时间可以防止水蒸气夹带粉尘排出。水蒸气的生成量由回收料的含水率和回收料的拌和比例决定。

(9)成品储存仓。

成品储存仓用来储存拌和好的热拌料。一般在拌和仓中高温石料和低温回收料的接触时间较短,因此成品储存仓保证了拌和过程的充分热量交换。

2.1.4 间歇式工厂再生过程

在再生过程中,外加集料必须加热到很高温度,以加热和干燥回收料。表2-1列出了加热温度表,其中不同的最终混合料温度和不同的回收料湿度对应不同的外加集料温度。

再生新集料温度表 表2-1

回收料含量	回收料含水率(%)	再生混合料出料温度			
		104℃	115℃	127℃	138℃
A:10%回收料/90%新料	0	121	138	152	163
	1	127	143	154	168
	2	132	146	157	171
	3	138	149	163	174
	4	141	152	166	177
	5	143	157	168	182
B:20%回收料/80%新料	0	138	154	168	182
	1	146	160	177	191
	2	154	168	182	196
	3	163	177	191	204
	4	171	185	199	213
	5	179	193	207	221
C:30%回收料/70%新料	0	157	179	191	207
	1	168	185	202	218
	2	182	199	216	232
	3	196	213	229	246
	4	210	227	243	260
	5	224	241	257	274

续上表

回收料含量	回收料含水率（%）	再生混合料出料温度			
		104℃	115℃	127℃	138℃
D:40%回收料/60%新料	0	179	199	218	238
	1	199	218	238	257
	2	218	238	257	277
	3	243	260	279	299
	4	260	279	299	321
	5	285	302	321	341
E:50%回收料/50%新料	0	210	235	257	282
	1	240	268	288	310
	2	271	293	318	343
	3	302	327	349	374
	4	338	360	379	409
	5	365	390	413	438

方法1：图2-16是这种方法的示意图。外加热集料和冷的回收料送入热料提升机的受料斗中，经过拌和和过筛，然后储存在热料仓中。间歇式拌和楼的排气系统可以排出回收料中的水分，因此在整个生产过程中不会有排放问题。

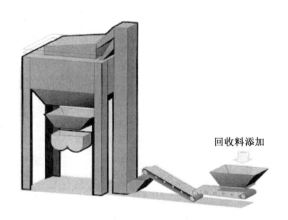

图2-16　方法1的再生示意图

但是，这种再生方法要求热料筛分系统最下层的筛网孔径不小于6mm，否则总混合料中的回收料比例必须保持很低，以免将底层筛网堵住。这种再生方法还要求回收料的含水率不能太高，否则也容易堵塞筛网。

方法2：这种再生方法要求拌和楼增加一个热料斗。外加集料筛分加热后，连同回收料一同加入提升机的受料斗中。拌和后的材料储存在第五热料斗中不再过筛。这种方法可以使用40%比例的回收料,并且可以随时改变回收料的添加比例。

方法3:这种方法就是现在应用最广的"枫木法"(图2-17)。回收料先筛分好,然后经由回收料仓与预热的外加集料一起加入计量仓中。在进料过程中,回收料应在第一热料斗和第二热料斗之间加入,这样有利于回收料充分混在热集料当中进行热交换。这些混合料进入拌和仓时,可能会产生少量的水蒸气喷发。所以,在计量仓中需要配备功率强大的排气装置。另外一种方法就是在拌和楼后面建一个大蒸汽室以收集生产中产生的水蒸气。

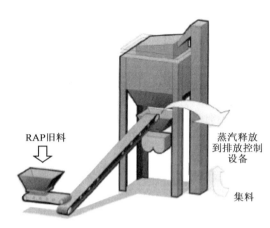

图2-17 "枫木法"再生示意图

方法4:回收料添加系统将回收料通过计量秤后,定量储存在回收料储料仓中,然后在20~30s内逐渐加入拌和仓中。这种方法通过延长拌和时间来控制水蒸气的排放速度。

方法5:这种方法比较昂贵(图2-18)。首先,将回收料单独加热,再装入单独的热料储存仓中,单独称量后送入拌和仓中生产混合料。这种方法在生产中可能会由于含水率或回收料加热设备的氧气量波动使系统难以控制。这种方法的优点是可以再生达40%的回收料。

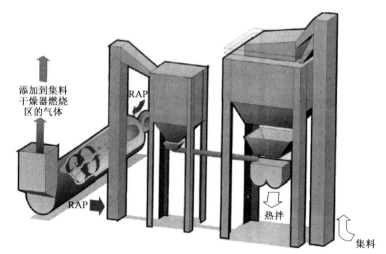

图2-18 单独加热和计量回收料的再生系统

2.1.5 回收料添加比例的选择

回收料添加比例是指再生过程中铣刨下来的旧路面材料占整个再生混合料的比例。影响回收料比例的因素有回收料的含水率、外加集料加热的温度、回收料堆放的温度、再生混合料的期望拌和温度、再生混合料的单位产量、拌和仓和称量仓的排气能力以及回收料中通过 0.075mm 细料的含量。根据美国沥青再生协会的研究,厂拌热再生的回收料添加比例一般为 10%~20%,上限为 30%~35%,尽管 40% 的回收料比例也可以使用。在含水率极低和回收料不用预热的情况下,回收料的比例最高可以达到 50%。

美国各个州在基层、结合层和面层中的回收料比例上限有着不同规定。回收料比例的上限既有规定小于 15% 的,也有规定可以采用 100% 的。根据我国现有的施工经验和技术条件,采用 20% 作为厂拌热再生的回收料比例上限比较合适。

对于间歇式热再生设备,需要重视再生过程中的热料黏附以及旧沥青二次老化问题。针对热料黏附问题,相关研究提出了优化干燥筒叶片布置和添加防黏衬里两种方法。对于干燥筒叶片布置,主要形式如图 2-19 所示。

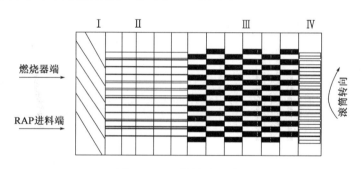

图 2-19 干燥筒叶片布置

第Ⅰ区段为进料段,叶片为接料叶片,它的作用是把集料接入筒体内并快速向前推进。第Ⅱ区段为燃烧区(图 2-20),每个叶片由耐磨的折弯板制成,折弯角度为 156°,并用两个焊于滚筒上的压板固定,这样叶片可以从干燥筒的进

图 2-20 干燥筒第Ⅱ区段

料端抽出进行更换。叶片沿圆周连续均匀分布 16 组,轴向连续分布 5 段。这种叶片结构使料沿滚筒周围流动性更好,回收料沿滚筒周围上下翻滚,从而达到预热的效果。这种叶片保证了回收料始终沿着叶片周围分布,回收料在向前移动中不会堵挡火焰,减少由于燃油滴被回收料撞落造成的机械不完全燃烧损失,从而保证燃料的充分燃烧。同时还可以减少筒壁散热的损失,减轻热辐射对滚筒壁的损害。

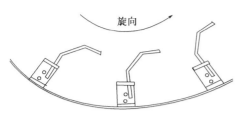

图 2-21 干燥筒第Ⅲ区段

第Ⅲ区段为对流区(图 2-21),每组叶片由数个勺形圆钢组成,间隙 30mm 的叶片 12 组靠进料端沿圆周均匀分布一圈,间隙 25mm 的叶片 12 组沿圆周均匀分布 5 圈,每圈之间错落分布。叶片与筒体通过螺栓连接,可以防止叶片和滚筒不均匀受热变形产生的相对位移,同时也便于更换叶片。这种勺形叶片可以使回收料多次提升和自由洒落,并达到均匀分散,使燃气充分与回收料进行热交换。另外,最特别的就是这种用圆钢组成的耙式叶片不但可以把大部分要加热的料提升,而且可以将大部分融化的沥青过滤,使得大部分沥青沿着筒体周围流动,而不直接与高温烟气接触,从而避免了沥青的老化,而且这种结构的叶片不易黏料。对于第Ⅲ区段的布置,还有一种方法是根据筒体截面叶片的结构、数量不同,将第Ⅲ区段分为 3 个小区段,其中 1、3 区段叶片的数量应少于 2 区段,而且料帘的密集程度也不及 2 区段,形成中间密、两头疏的叶片布局。原因是 3 区段接近出料口,即燃烧尾气的出口,过于密集的料帘容易带走过多的粉尘,从而增加除尘系统的负担,1 区段接近火焰,密集的料帘容易阻挡理想火焰的形成,影响充分燃烧。

第Ⅳ区段为卸料区段,它的作用就是将加热好的回收料再次搅拌均匀并从卸料端排出,一般采用和第Ⅱ区段相同的叶片或采用推料角钢。

对于第Ⅲ区段,除了勺形圆钢外,还有以下几种筒体叶片形式,如图 2-22 所示。

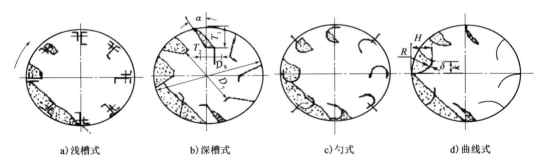

a) 浅槽式　　b) 深槽式　　c) 勺式　　d) 曲线式

图 2-22　第Ⅲ区段叶片其他布置形式

此外,对于第Ⅲ区段,还可以采用锚链式叶片以及锚链+勺形圆钢形式,如图 2-23 和图 2-24 所示。

由于此时回收料已经软化,因而很容易出现混合料黏附在叶片和筒壁上,并且越靠近卸料口黏料越严重,这不但加重滚筒负荷,也影响了叶片扬料和料帘的形成,同时积料长时间受热也会加剧沥青老化,传统的勺形叶片无法完全解决上述问题。因此对于该区段,使用锚链式叶片代替传统的勺形提料叶片,它同样也可以提升回收料形成料帘,而且能够通过柔性锚链的抖动将黏附的沥青混合料甩落,从而较好地解决黏料问题。

图 2-23　锚链式叶片

图 2-24　锚链式 + 勺形圆钢形式

而锚链式 + 勺形圆钢形式则是综合了锚链式和勺形圆钢的优点。上部耙式的结构能够保证长时间使用也能提起料帘,不会出现由于拉长、黏料,链条到后期兜不起料的情况,并且结合下部的链式结构,在滚筒运行过程中可以自由在筒壁滑动,拥有一定摆幅,使得筒体上的黏料得到一定程度的自清理。

对于再生料温度的控制,比较多的看法是热气温度控制在 400～450℃,旧料加热温度控制在 110～130℃。

2.2　厂拌热再生连续式施工方法和生产设备

路面再生材料可以与新集料、沥青结合料或再生剂一起拌和生产厂拌热拌再生料。

沥青混合料热再生既可以在间歇式工厂生产,也可以在连续式工厂生产。与间歇式相比,连续式厂拌热再生具有以下优点:

(1)移动方便:连续式拌和厂组装时间较短,移动较为方便。

(2)再生能力强:连续式工厂可以采用高比例的再生料生产。

(3)生产效率高:工厂的生产效率不受再生料比例的影响。

(4)拌和质量好:由于再生料事先加热并与外加集料和沥青搅拌时间长,所以连续式热再生生产出的混合料较为均匀。

2.2.1 连续式厂再生过程

因为再生料一旦接触到燃烧器的火焰就会冒出大量浓烟,在普通的连续式拌和厂没有办法生产再生材料。如果在金属刮板和底板处产生细料和沥青堆积,会给生产造成更大困难。有资料显示,生产中的浓烟是外加沥青的轻组分油引起的,而消除这一问题的有效方法是改造连续式拌和设备。

尽管连续式工厂热再生有很多方法,中间加料法是应用最广泛的一种。这种方法要求再生料在新加集料的下游进入拌和筒的,新集料将热量传递到再生料中。前面加入拌和筒的新石料形成了一层幕布,使再生料不会直接接触燃烧器的火焰,从而避免产生浓烟。有时,还使用特殊提升叶片设计、金属漏斗形叶片或环形钢制火焰网来防止火焰接触再生料,消除浓烟。

图2-25是中间加料的滚筒式拌和设备。外加石料先到达滚筒的加热区,加热到260℃高温。滚筒中部的隔板或漏斗形叶片可以延长石料在加热区的驻留时间。然后,石料在中部与再生料搅拌,并进行热量传递,从而干燥加热再生料。最后,再生混合料从滚筒尾部流出。在美国,顺流式滚筒拌和机于20世纪七八十年代广泛采用。然而,随着排放标准的日益提高,这种工厂很难适应现行环保要求。造成废气的主要原因是石料的含水率过高、再生料的细料多和沥青长时间接触气流中的蒸汽。现在为了克服排放问题,已有多种滚筒拌和机改进设计。这些改进的基本原理就是避免沥青与气流蒸汽的接触,并减少沥青轻组分的排放。下面具体介绍各种滚筒拌和机。

经过改造后,顺流式滚筒拌和机可以配备一个单独的拌和区,而且这个拌和区与干燥筒焊接在一起同时转动(图2-26)。高温废气在干燥区尾部就被排除,避免同再生混合料进入拌和区。有些设备还将拌和区的高温气体送回干燥筒的燃烧器。同时,这种设备必须将高温气体中的大颗粒粉尘回收,并重新添加到干燥筒中。

在配有逆流再生料干燥筒的顺流式拌和机中,再生料由逆流干燥筒进入,与高温气流逆流进行热交换后再与高温外加集料拌和(图2-27)。这种拌和筒中高温废气有机气体含量较低,因为新沥青不会直接接触到高温废气,同时逆流干燥筒中再生料和高温气体进行了热交换,从而减少了外加石料与再生料接触时的高温废气排放。

图 2-25 中间加料的连续式滚筒拌和设备

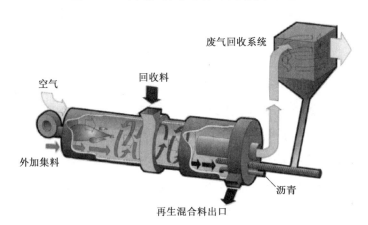

图 2-26 顺流式滚筒再生设备

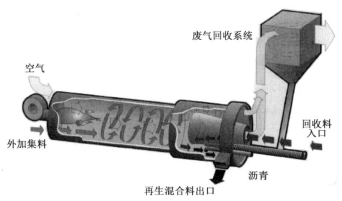

图 2-27 相对顺流式滚筒再生设备

另外一种顺流式干燥筒采用分离式连续拌和设备(图2-28)。再生料进入拌和筒后,通过热交换升温。因此,再生料必须在拌和筒的前部充分干燥升温,再生料的升温空间和拌和时间是决定再生料比例的关键因素。为了减少有机废气污染,这种方法将拌和筒产生的蒸汽和废气都导入集料干燥器的燃烧区域,从而充分燃烧废气中的碳水化合物。因此,再生料的添加比例也受到拌和机废气处理设备的影响。

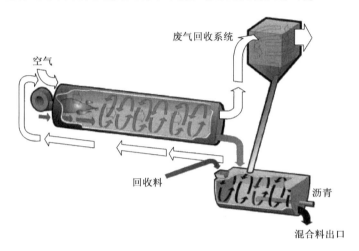

图2-28 分离顺流式再生设备

为了避免产生高温废气,可以采用另外一种干燥筒设计——逆流式干燥设计(集料与气流逆向运动)。另外,在集料干燥器中可以增加一个热交换室来加热再生料,增加再生料和集料的接触时间,提高再生料添加比例。

逆流式滚筒拌和机由干燥器和连续搅拌滚筒连接而成(图2-29)。在这种拌和方式中,外加集料是通过对流方式加热的,再生料由热集料传导加热。沥青、回收矿粉和其他添加剂都在拌和区添加。图2-30是一种联和逆流式滚筒拌和机。集料在滚筒拌和机的内筒加热,然后进入内外筒夹层的拌和区,由搅拌桨叶推动向后移动。再生料和沥青、回收矿粉和添加剂都在内外筒夹层中添加。双筒式拌和机就是采用这种设计理念。自从20世纪80年代后期以来,新开发出两种高效节能的滚筒式再生拌和机,即双筒式拌和机和三筒式拌和机。

典型的双筒逆流式滚筒拌和机的搅拌空间比传统的滚筒拌和机要大(图2-31)。干燥器的外壁就是拌和筒的转轴,3~3.3m的拌和筒直径形成了一个超大的拌和空间。对于50%的再生料添加比例,外加集料要在内筒加热到315~343℃,然后在火焰附近的开口处进入拌和筒。在拌和筒里,集料和再生料共同拌和大约1.5min,然后添加其他各种再生成分。内筒的热量通过旋转的筒壁传到外层搅拌筒中,外层筒壁的温度一直保持在

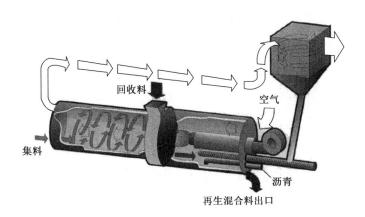

图 2-29　逆流式滚筒再生设备

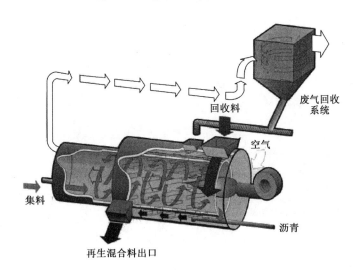

图 2-30　联合逆流式滚筒再生设备

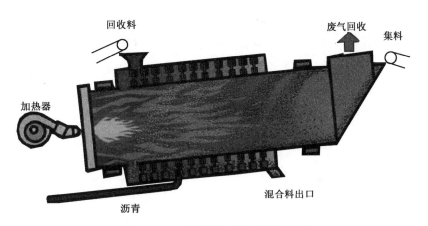

图 2-31　双筒逆流式滚筒再生设备

49℃左右。这样就形成了能量高效利用的系统。在这种拌和机中,再生料并没有直接接触热气流或烘干过程的蒸汽,因此不会产生混合料中轻质油分的挥发。在外层的搅拌筒中,由于再生料的水汽已经蒸发出来,在搅拌区形成一个蒸汽区域,使再生料的氧化和短期老化都降到最低。这种拌和机的另外一个优点是排放的气体温度较低,使除尘装置的过滤袋有较长的使用寿命。火焰附近的开口既可以做集料的通道,同时也是拌和区废气的排出口。这些污染气体从开口处出来后就直接被燃烧完全,使得有害气体含量尽量减少。最后,逆流式设计可以在低能耗的条件下提高再生效率。

三筒式设计是利用内筒和不锈钢护筒将燃烧仓隔离(图2-32)。护筒内侧没有任何叶片或衬板,它可以有效地辐射和传导热量给再生料。其工作原理与双筒式相似,这里就不再赘述。

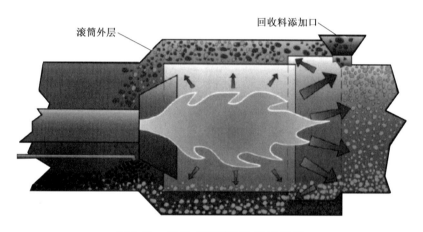

图 2-32　三筒式滚筒再生机示意图

2.2.2　再生料添加比例

影响连续式滚筒拌和机再生比例的因素有再生料和外加集料的含水率和温度、再生的生产能力、再生混合料的成品温度和含水率。连续式拌和机的最大再生料添加比例是70%,但是一般不宜超过50%。采用50%再生料添加比例时,需要提高滚筒内的气流温度,从而造成外加集料无法阻挡火焰对再生料的烘烤,产生大量烟雾。所以,大多数滚筒式拌和机都采用30%~50%再生比例。

2.2.3　再生料添加系统

常规冷料添加系统就可以在滚筒式拌和机中添加再生料。但是,为了便于卸料和减少再生料堆积,加料仓应该体积较小,侧边较陡,而且底部应较宽。再生料应该分次装满加料仓,否则会造成再生料压密,形成板结难以倾卸。而且,加料仓不宜采用振动,因为振动也会造成再生料相互黏结。在炎热天气条件下,再生料不应在加料仓中放置2h以上。平时尽量在加料仓中只添加一半料,保持再生料随用随添。

在计算机控制的拌和机上,可以实现拌和操作的自动控制,有效协调集料的皮带速度、沥青的流动速度和混合料产量。

根据国内外的施工经验和滚筒热再生的特点,通常回收料的添加比例不高于20%。在有些特殊情况下,回收料的添加比例不应高于30%。

第3章

就地热再生技术的施工工艺、设备及应用实例

相关研究已证实就地热再生为非常有效的路面维修方法,它可以通过对原路面材料的重新利用达到维修路面的目的。然而,该工艺不适合再生 HMA 组成变异太大的路面。有三种不同类型的就地热再生工艺,即整形、重铺和复拌,它们可以达到不同的再生目的。整形可以用来消除表面裂缝或不规则变形;重铺可以用来消除车辙,收缩开裂和剥落;复拌可以通过加入新集料或沥青混合料将路面修复,并获得较高的厚度。无论采用哪种工艺,当采取合适的方法,就地热再生通常会节省开支,并在对交通影响最小的情况下,消除路面的非结构性问题。

就地热再生技术在世界上的许多国家都得到了应用。例如,美国联邦公路运输管理局曾对某一工程项目做了详尽的报告(报告编号:FHWA/MS-DOT-RD-99-102),并得出了如下结论:对现有的沥青路面进行再生利用是非常值得研究的。原因在于,一方面降低了新拌沥青混合料的需用量,另一方面保持了路面的原有坡度,道路的安全性可以得到保障。与传统的设计方案相比,实施就地热再生的工程项目在造价上还具有较大的优势。

3.1 就地热再生技术

3.1.1 就地热再生技术的特点

20 世纪 70 年代以来,欧、美、日等发达国家为了在道路维修中充分利用旧沥青混合料,节省资源,相继推出了沥青混凝土路面就地热再生工艺,即采用就地热再生设备对需维修的路面进行就地加热、翻松、搅拌、摊铺等连续作业,最后用压路机碾压,一次成型新路面的施工方法。

就地热再生可以现场维修损坏的道路,因此使用的新料最少。该工艺一般包括四个步骤:①使用热量软化沥青面层;②耙松或机械清除路面材料;③将材料与再生剂、沥青黏结剂或新料拌和;④将再生混合料摊铺。就地热再生的主要目的是矫正路表面的损坏而不是结构上的问题,例如剥落、裂缝、车辙、坑洞、堆积和拥包。

就地热再生路面维修的特点:

(1)主要用于路基完好,路面破损深度小于 6cm 的沥青混凝土路面的维修。原有沥青材料经再生处理后,能恢复其原有性能和寿命。

(2)能够去除深达 6cm 的轮胎压痕,并能在单一车道修护中修正排水坡度。

(3)就地热再生完成的车道,因 100% 热结合可完全避免车道接缝所产生的纵向开裂。

(4)就地热再生100%利用现有旧料,可降低施工成本且无任何废料,为环保性养护。

(5)单线道路施工方式,使交通阻塞及危险降至最低。

(6)一次完成的回收再利用方式,比传统的回收方式增加75%的效益,比传统的路面翻新方式在成本上节省20%~50%。

(7)施工结束即可开放交通。

(8)施工产生的振动、噪声比其他施工方法小,在市区也可进行夜间作业。

3.1.2 就地热再生技术的工艺

该工艺可以是单工序或多工序完成。在单工序工艺中,新料与复原的沥青混合料拌和,然而在多工序工艺中,在重新压实RAP料后加铺新的磨耗层。就地热再生的优点是原路面的高程可以基本保持,并且相对其他的维修方式更经济、对交通影响也较小。该工艺还可以裹覆出现剥落沥青的集料,改善集料的级配和沥青用量,提高表面摩擦阻力。就地热再生深度通常为20~50mm,典型深度为25mm。

根据路面的破损情况和对修复后路面质量等级的要求不同,ARRA认定了3个基本类型的就地热再生工艺:①整形;②重铺;③复拌。都可在以上三个工艺中加入用于恢复老化沥青的再生剂,但是新料只用于重铺和复拌工艺中。以下将分别加以介绍。

1)整形

整形是重新修整道路断面的过程,用就地热再生设备将旧路面加热到一定的温度,把路面翻松,然后整平、预压实,最后用压路机碾压,完成路面的修复工作。整形后的道路表面横断面如图3-1所示,整形工艺原理如图3-2所示。

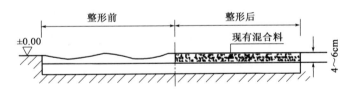

图3-1 整形后的道路表面横断面

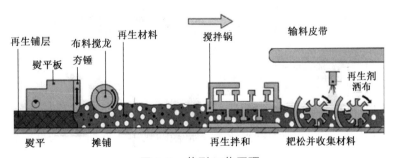

图3-2 整形工艺原理

ARRA将整形再生定义为恢复出现裂缝、发脆和不规则变形的路面,为最终加铺薄的磨耗层做准备。这种工艺理想的做法是用于稳定和强度足够的基层路面。虽然耙松的最大深度可达50mm,但耙松20~25mm是比较普遍的做法。

整形再生的主要目的是消除表面的不规则变形和裂缝,也可以用来恢复路表面至合理的线形、等级和横坡度以保证合适的排水。有限的和短期的表面摩阻力也可以得到改善。也有报道认为当使用热拌沥青混凝土加铺层时,表面再生可以成功地消除反射裂缝。如果在加铺前立即使用加热机加热路面,那么可以有效地改善老旧路面层的黏结性能。

设备包括预加热设备、加热和再生设备以及胶轮压路机。预加热机将老的沥青路面加热,加热与再生设备进一步加热,并使用一套旋转齿将软化的旧路面耙松,并喷洒再生剂。然后旧材料和再生剂一起拌和,并用熨平板整平。胶轮压路机可用于压实再生混合料。通常在表面再生工艺中不加入新料。

最初是采用火焰直接加热沥青混凝土路面,但目前用红外加热加热路面以避免对沥青黏结剂的损害和热量的损失。丙烷是间接加热最为常用的燃料。加热可以使用1个加热机和两套加热设备或者一前一后2个自行式加热机,每套加热机上各有1套加热设备。通常至少需要使用两套加热机。

沥青混凝土路面的温度可以升至110~150℃。多排弹性耙松器用来耙松路面。弹性的固定装置可以允许耙松器通过路面障碍物,例如检修口盖和混凝土硬块。为了消除由于沥青长期老化形成氧化物硬度及再生工艺中加热的影响,在耙松过程中加入再生剂。

2)重铺

重铺是在整形后的路面上再铺设一层新沥青混合料,然后用压路机同时压实整形层和新铺层的方法。此方法可以恢复路面的抗滑阻力、修整车辙、改善道路横坡和沥青路面强度。重铺后的道路表面横断面如图3-3所示。

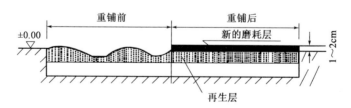

图3-3 重铺后的道路表面横断面

该工艺可以用来矫正路面25~50mm的缺陷,例如较小的车辙、收缩裂缝和剥落等。当整形不足以将路面恢复至理想的要求或者常规的热拌沥青加铺不切实际或不需要时,加铺工艺就会变得非常有用。非常薄的加铺(12mm)可以与加铺工艺配合使用来获得一个抗滑能力很好的路面,而且这种方法与常规的热拌沥青混凝土加铺工艺(通常要超过25mm)相比,其成本要少得多。

工艺包括预热,加热和耙松或旋转铣刨,添加和拌和再生剂,摊铺再生混合料,以及最后摊铺新的热拌沥青混凝土磨耗层。加入再生剂的RAP料,经刮刀收集后被螺旋输料装置横向移动至中间形成狭长的料堆,同时螺旋输料装置可以将RAP料和再生剂拌和。下一步,横向螺旋布料器将再生料在第一个熨平板展开,并被预压实。最后从输送带运来的新拌沥青混合料,经过第2个熨平板摊铺。当再生混合料温度大约为104℃时摊铺新拌沥青混凝土。通常的做法是在熨平之后马上压实新拌沥青混凝土,以保证新沥青混凝土和再生层之间具有较好的连接。按照这种方法使用的熨平板可以使用手动控制或者自动控制。具体工艺原理如图3-4所示。

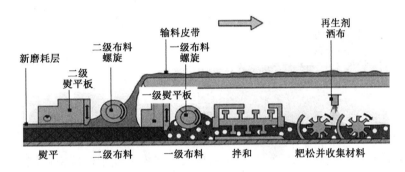

图3-4 加铺工艺原理

对于手动控制的熨平板,使用人工测量深度并且通过手动调节熨平板;然而,自动控制的熨平板可以完全自动地控制纵横坡和深度。带有两个熨平板的单工序机器可以完成多层摊铺。自动熨平板可以装备振捣梁以获得一定的预压实度。

3) 复拌

用就地热再生设备将旧路面加热到一定温度后翻松,通过材料输送装置将翻松后的材料送入搅拌器,同时把特别配置的新热沥青混合料、沥青或恢复沥青特性的复苏剂按适当的比例也加入搅拌器,由搅拌器中的叶片把新旧材料一起拌和均匀,然后摊铺、整平、预压实,最后用压路机碾压成型。此方法可改善现有沥青路面材料的特性,修复老化和非稳定的磨耗层,改善道路横坡,增强道路强度,也可以将磨耗层改造为黏结层,然后再覆盖新的磨耗层。复拌后的道路表面横断面如图3-5所示。

ARRA将复拌定义为以下工序组成的施工工艺:对40~50mm深的路面加热,耙松和收集软化的材料成狭长的一行,将新集料、再生剂与铣刨料在搅拌锅里拌和,最后摊铺单一、均匀的再生混合料。

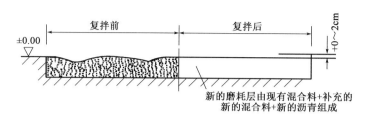

图 3-5　复拌后的道路表面横断面

当重铺工艺不足以恢复路面至理想的性能时,可以使用这种工艺,添加新集料或新拌沥青混凝土以提供原路面强度和稳定度。这种工艺可以有效地消除路表面 50mm 内出现的车辙、裂缝和氧化(变硬)。带有稀浆封层的沥青路面也可以进行复拌施工,稀浆封层可以有助于软化再生黏结料。然而,铺有多层稀浆封层的沥青路面,可能会在路表面引起烟和火苗,并可作为绝缘体阻碍对其下路面材料的加热。

图 3-6 给出了复拌工艺的示意原理图。原路面首先使用预热设备的一系列红外线加热器加热软化。沥青路面的温度升至 85 ~ 104℃。软化材料被耙松,然后被收集成狭长的一行。可以使用固定齿,然后使用旋转齿。

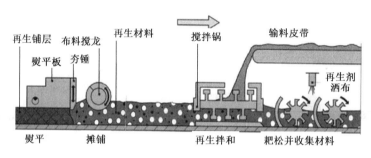

图 3-6　复拌工艺原理

虽然路面可以再生超过 50mm,但是通常情况下深度为 25 ~ 40mm。在加拿大可以再生 75mm,这是因为原沥青路面使用了较软的沥青。狭长料堆的铣刨料被送至强制拌和机里,在那里与再生剂和预先确定添加量的新集料或新沥青混合料拌和,这些新新集料和新沥青混合料可以通过卡车倾倒至复拌机前面的料斗里。有些情况下再生剂是在拌和机拌和前加入的,这样可以留有充足的时间以获得较好的分散和拌和。随后再生材料被堆成狭长的一行,接下来螺旋布料器将其展开,最后带有振捣梁的熨平板将材料摊铺并预压实。

将要摊铺再生材料的路表面温度大概为 66℃。再生料可以是常规的压实设备进行压实。由于复拌仅使用 16 ~ 30kg/m² 的新料,因此与常规的罩面施工相比需要很少的自卸卡车,这样可以缩短车道封闭时间,降低对交通的影响。

使用高强度的红外加热器可以使沥青黏结料过热,从而产生烟和挥发物。然而,如果使用较小强度的热量,在铣刨过程就会将集料打碎。为了解决这个问题,有的制造商开发了一种预加热设备,它同时使用空气加热和红外加热系统。这种方法认为使用高速热空气与低强度红外加热复合作用可以对路面均匀加热。再生列车包括5个设备,2个加热机,1个带有摊铺设备的加热铣刨机,胶轮压路机和振动压路机。

3.1.3 现场条件

由于沥青混凝土路面就地热再生只对旧路面表层3~5cm厚的沥青混合料进行再生,所以适合就地热再生的沥青混凝土路面必须满足一定的条件,如表3-1所示。

旧沥青混凝土路面进行就地热再生的适用条件　　　　表3-1

项目		适用条件	应用时的注意点
旧沥青混凝土路面的平均厚度(cm)		>5	要确保翻松时不得将非沥青混合料翻松
车辙深度(cm)	沥青混合料向两侧的挤压变	<5	·采用加铺法时,沥青混合料向两侧挤压所形成的车辙深度上限一般为3cm; ·采用复拌法时,沥青混合料向两侧挤压所形成的车辙深度超过3cm时,应事先切削掉超过3cm的凸起部分
	磨耗	<3	·当面层的沥青混合料质量能满足使用要求时,可采用加铺法。当事前进行部分切削或整平时,车辙上限可达7cm
龟裂率(%)		<40	·如果仅仅是表层龟裂,不受此限制; ·当局部破损达到联结层以下时,应事先修补
旧路面沥青的针入度(0.1mm)		>20	·采用重铺法,针入度下限为30

沥青混凝土路面就地热再生需使用大型的专用机械,施工时的机械组长达50~100m,所以施工现场应满足以下条件:

(1)要具有发挥就地热再生特长的足够的工程规模;

(2)要确保现场的施工条件,一组施工机械通过时间约需60~90min,还要加上养护时间,需要中断施工地点一个车道的交通。

3.2 沥青混合料就地热再生设备结构及组成

沥青混合料就地热再生设备主要由两大系统组成:加热系统和复拌系统。

3.2.1 加热系统

加热系统主要由燃烧装置、加热装置、燃料罐、液压装置、发动机、操纵装置、行走装置等组成。它的用途是将需要再生处理的沥青路面均匀加热至要求的温度,加热中沥青路面表面温度一般不超过180℃,表面以下1~2cm处的温度为120~130℃,表面以下3~6cm处的温度为70~100℃。通常加热深度为2~6cm,为了加热均匀和不烧焦沥青,一般分2级加热或多级加热,加热系统之后跟随复拌系统。

(1)按结构不同可分为集中燃烧式和分散燃烧式。热风循环式是典型的集中燃烧式加热机(图3-7),它采用一个大容量的喷燃器并与加热装置分开,设有复杂的通风管道和箱罩;燃烧器燃烧产生的热量从通风管送到加热箱罩内均匀地加热路面。集中燃烧式加热温度控制方便,加热宽度通过液压伸缩装置控制加热箱罩的不同位置来调节。

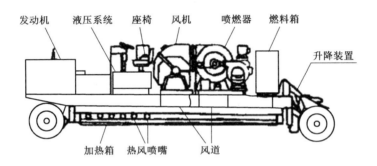

图3-7 集中燃烧方式的结构图

分散燃烧式加热装置由若干加热箱组成,每个加热箱内装有多个(10~100)小容量燃烧器,直接加热路面。它结构简单,热量损失小,但不便于实现自动控制,加热宽度的调节采用拆去部分加热箱或折叠式结构来实现。具体的结构如图3-8所示。

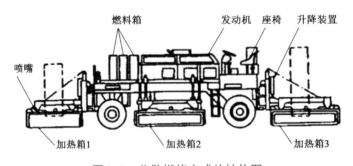

图3-8 分散燃烧方式的结构图

(2)按燃料及加热方式的不同可分为红外线辐射式、热风循环式和红外线热风并用式(燃料煤油)。红外线辐射式见图3-9。液化石油气(LPG)在金属网附近燃烧,加热金属网,产生红外线辐射到路面上进行加热。它具有加热均匀、热效率高等优点,但要求有较完善的安全防火防爆措施。

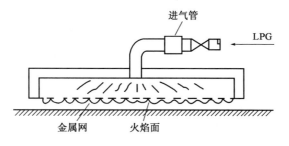

图 3-9　红外线辐射式加热装置

热风循环式见图 3-10。热风循环加热式主要由燃烧器、加热箱、风机、自动控制装置组成。工作时燃料燃烧产生高温,由风机将温度可达 700℃ 的热气送到加热箱,对路面进行加热,使路面的温度逐渐升高,从而达到需要的温度。实际工作中,热气的热量一部分传给路面,余温 400℃ 的热气通过风机送回到加热器室,再次加热使温度上升至 700℃,形成热气循环。加热温度由自动控制装置控制,作业时首先设定热风温度给定值,自动控制系统根据热电偶反馈的信号,通过温度控制器调整油门与风门大小,将温度自动稳定在设定的范围内。该方式由于热风循环使用,热效率高,节省燃料。同时可根据路面加热温度的要求,设定燃烧值,控制范围较广。

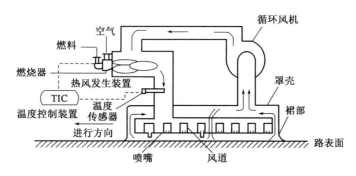

图 3-10　热风循环式加热装置

红外线辐射加热方式是燃烧器在金属网附近燃烧,加热金属,产生红外线辐射对路面加热。它比热风循环式加热的深度深,因为红外线辐射的穿透能力强,能够有效地加热沥青路面的深层部位,使路面以下 4~6cm 处的旧沥青混合料温度迅速提高,达到 70~100℃,而表面温度不超过 180℃,从而保证了再生路面的质量,生产效率较高。但该方式要求有较完善的安全防火防爆措施。

红外线热风并用式根据形状的不同又可分为圆筒形热反射板式和扁平框架式。圆筒形热反射板式见图3-11,将燃烧器燃烧的高温火焰吹到圆筒周围产生红外线,并通过顶部的反射板反射到路面上,对路面进行加热。加热能力可通过调节喷燃器的压力及更换喷嘴进行调整,调整范围比热风循环式小。由于加热器箱罩内压力高,可防止冷空气的侵入,热风的排风量大。

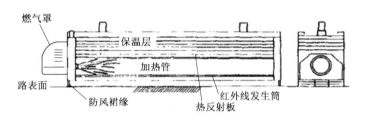

图3-11　圆筒形反射板式加热器

扁平框架式的加热器见图3-12,燃烧的火焰散射在孔状的波纹板面上,应用热辐射和对流的原理对路面进行加热。此结构受热面积大,热辐射的效果好。加热能力可通过调节压力进行控制,调节范围比热风循环式小。内部热风压力高,可防止冷空气侵入,增大排气量。

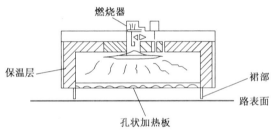

图3-12　扁平框架式加热装置

以上是目前常用的三种加热方式,在实际工作中,如果要提高路面的加热温度,还可以降低加热机的工作行驶速度或用两台及两台以上的加热机串联工作。特别是在环境温度较低的情况下,加热机串联作业的加热效率高、效果好。

3.2.2　复拌系统

复拌系统主要由新料接料斗、供料装置、路面翻松装置、搅拌装置、添加剂喷洒装置、熨平装置、辅助加热装置、行走装置等组成,如图3-13所示。一般复拌系统具备3种再生作业功能,即整形、重铺、复拌作业。

(1)新混合料供给装置。

该装置主要包括接料斗和刮板给料器,具体结构与常规的沥青摊铺机的给料装置相同。

第3章 就地热再生技术的施工工艺、设备及应用实例

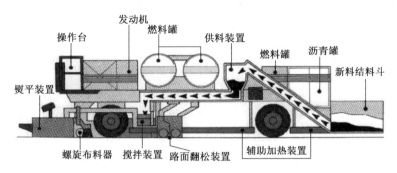

图 3-13 复拌系统结构图

（2）翻松装置。

翻松装置的结构必须具有良好的性能，确保足够翻松深度，翻松宽度可无级调整，保证翻松后路面与再生混合料有良好的黏结性，保证翻松后路面平整等要求。翻松装置大致可分为齿耙式和旋转滚筒式两种。

齿耙式翻松装置见图 3-14，在平板上设置纵、横间距，若干数量的钢制耙齿，按人字形排列，齿高大于路面要求的翻松深度，由主机牵引进行翻松作业。特点是各耙齿的高低能独立调整，可以方便地回避路面检修井口等障碍物。

旋转滚筒式翻松装置是在滚筒外周按螺旋线形状安装特制刀头，驱动滚筒旋转进行作业。根据滚筒旋转方向分正切与反切两种形式，如图 3-15 所示。

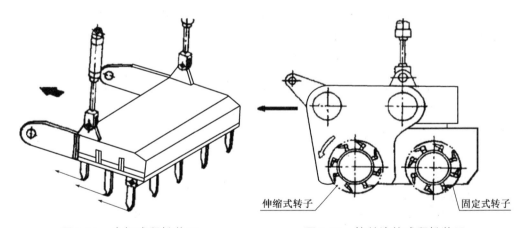

图 3-14 齿耙式翻松装置　　图 3-15 旋转滚筒式翻松装置

齿耙式、滚筒式都是通过操纵液压油缸的升降来调整翻松深度。目前复拌机大多数采用旋转滚筒式翻松装置，主要由于：

①旋转式比齿耙式的牵引阻力小；

②翻松的平整度高，能确保翻松到要求的宽度边缘；

③翻松器刀头按螺旋线布置,具有翻松路面及收集翻松材料两种功能。

为适应不同宽度、深度路面及弯道的维修施工,翻松装置采用了可无级调节宽度、自动控制翻松深度的结构。

(3)搅拌装置。

主要是把翻松后的材料与新沥青混合料或再生添加剂进行拌和的装置。按搅拌方式的不同可分为连续搅拌和间歇搅拌。连续搅拌装置又可分为纵置双卧轴强制式和横置卧轴强制式两种,如图3-16所示。间歇式搅拌装置一般为纵置双卧轴强制式。为防止混合料温度降低,也有的采用带保温层的搅拌锅。

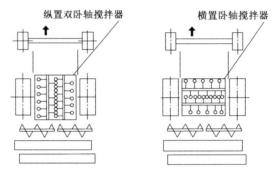

图3-16 双轴强制式搅拌器示意图

(4)再生混合料摊铺装置。

这里主要介绍重铺再生法的摊铺装置,它设有翻松材料摊铺装置(亦称第一组熨平装置)和新沥青混合料摊铺装置(亦称第二组熨平装置)。

翻松材料摊铺装置设在翻松装置后面,主要把翻松的材料摊铺整平。它有刮板式(图3-17)和螺旋式(图3-18)两种,结构上又可分为二节式和三节式,采用液压伸缩装置无级调整施工宽度。通过调节刮板或螺旋的高低位置来控制摊铺厚度。该装置只用于重铺再生法,复拌法不设该装置。

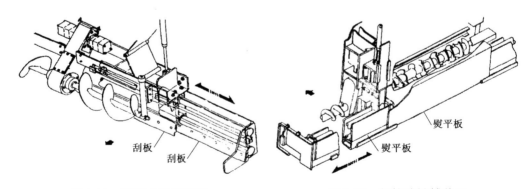

图3-17 刮板式摊铺装置　　　　图3-18 螺旋式摊铺装置

新沥青混合料摊铺装置是最终的摊铺装置,重铺再生法、复拌再生法均设有此装置,结构形式和沥青摊铺机完全相同。

(5)再生添加剂供给装置。

根据旧路面性质的不同,有的可通过增加添加剂将已老化的翻松材料恢复成接近新沥青混合料性质的再生混合料。再生添加剂供给装置的结构主要由添加剂罐、泵、管路、加热和控制系统等组成。控制系统主要用来控制添加剂洒布量。

(6)挥发控制系统。

目前一种新的挥发控制系统已经开发出来,它可以显著减少从就地热再生设备中产生的气态碳氢化合物和微粒挥发物,并且已成功应用于美国和加拿大。该系统的基本工作原理是通过真空管收集水蒸气和烟尘,并在后面的燃烧器里处理这些挥发物以消除它们的有害性质。通常微粒挥发已经不再是就地热再生的问题了。然而,在 HIR 施工中,接缝和裂缝填充物会在加热机下面引起火花。在填充的裂缝上面撒布 1~2mm 厚的沙或是消石灰可以减少火花。如果在路面上有太多的裂缝填充物,那么应该在再生之前去除这些填料。

3.3 就地热再生的施工实例

就地热再生已经被证实为非常有效的路面维修方法,它可以通过对原路面材料的重新利用达到对路面维修的目的。为了让读者对就地热再生技术的应用和优势具有更好的了解,本节将介绍一些工程项目。

3.3.1 复拌再生工程

复拌再生法是由现场热再生设备的加热机将旧路面加热至一定温度后,用复拌机将旧路面翻松,通过材料输送装置将翻松后的材料送入搅拌器,同时把特别配置的新热沥青混合料、沥青或恢复沥青特性的再生剂按照适当的比例加入搅拌器,由搅拌器中的叶片把新旧材料一起拌和均匀,形成新品质的沥青混合料,然后摊铺到路面上,用压路机碾压成型。

复拌再生法适用于维修中等程度破损的路面,且该方法可以改善现有沥青路面材料的特性,修复老化和非稳定的磨耗层,改变道路横坡,增强道路强度;也可以将磨耗层改造为黏结层,然后再覆盖新的磨耗层。

复拌再生法的施工工艺流程为:路面现场热再生机组依次驶过破损的路面。首先由路面加热机对路面进行加热,使路面温度达到100~130℃,接着由复拌机再次加热路面,使路面温度上升到140~160℃,同时翻松旧路面。新沥青混合料由自卸卡车卸入复拌机中部的料斗中,再经刮板输送机送至复拌机中部的搅拌器中,翻松切削下来的旧材料与新混合料在搅拌器中被拌和均匀,经螺旋布料器均匀铺开,由熨平板整平并预压,最后由压路机压实成型。

使用复拌法前后道路表面横截面如图3-19所示。

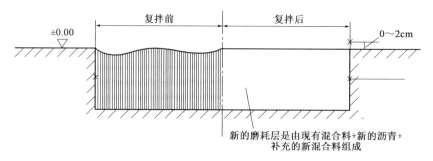

图3-19　使用复拌法前后道路表面横截面

1)技术方案

路面病害主要是平整度差,泛油和麻面也比较普遍,这与路面材料级配和沥青含量离散性大有直接关系,热再生施工时需要对原路面材料配合比进行优化和调整,提高混合料的路用性能。

通过对原路面的调查,选择路面代表弯沉值不大于50(0.01mm),国际平整度指数(IRI)大于2.3m/km,车辙深度(RD)大于10mm,且基层无松散的路段,采用复拌再生工艺进行维修,施工后路面高程不变。

复拌就地热再生施工工艺就是对出现上述路面病害的沥青混凝土路面,利用就地热再生机组进行加热、翻松,加入再生剂、热沥青及特定级配的新沥青混合料,充分拌和后摊铺碾压成型的一种工艺。施工工艺示意图如图3-20所示。

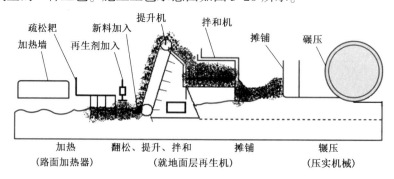

图3-20　复拌就地热再生施工工艺示意图

2)就地热再生工艺

(1)驻地建设及施工组织。

工程项目部办公室拟设在工程项目所在地附近,可以租用民房。

项目经理由英达公司具有多年施工和项目管理经验的工程师担任,并配备相应的各类专业人员,每套机组约 40 人。项目部机构设置和人员配置见图 3-21。

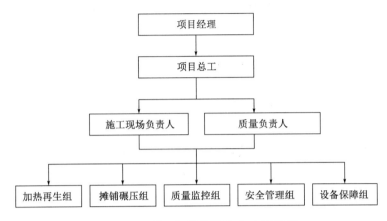

图 3-21　项目部机构设置和人员配置

(2)设备配置。

根据以往的工程经验,结合本工程的实际特点,拟为本工程投入的主要设备如表 3-2 所示。

拟投入的主要设备一览表(每个机组)　　　表 3-2

设备名称	产地\型号	单位	数量	备注
加热王	Heat Master 16	台	3	
公路王	Road Master 6800	台	1	
提升复拌机	EM 6500	台	1	
摊铺机		台	1	
双驱双振压路机	12t	台	1	
轮胎压路机	26～30t	台	1	
双钢轮压路机	8～10t	台	1	

(3)工艺流程。

复拌就地热再生的施工流程和施工示意图见图 3-22 和图 3-23。

(4)施工方法。

复拌再生各工序施工方法如下:

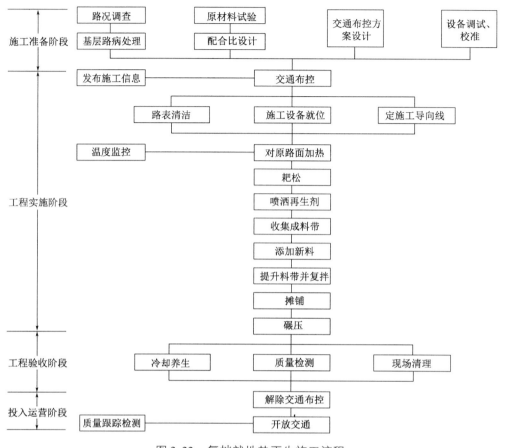

图 3-22　复拌就地热再生施工流程

图 3-23　复拌就地热再生施工示意图

①路面清洁。

施工前,封闭将要施工的车道,进行交通布控,对施工路面进行彻底清洁。

②定施工基准线。

为保证施工时边界顺直,施工前要定施工基准线,即再生设备行走基准线,可按高速公路的现有标线作为参考基准。该线要平滑、顺直、明显,保证驾驶员、操作手易于观察和控制。

③车辆按要求就位,施工准备。

开始施工前,车辆按施工工艺要求顺序就位,然后预热再生机械、点燃长明火。驾驶员要定好行走基准标杆,此时一切准备工作必须就绪,准备工作完成后,报告现场负责人。

④加热作业。

所有准备工作完成后即可开始施工。所有加热设备依次前进,加热设备采用热辐射加热,不会烧焦路面,对路面没有损伤。

所有加热墙点燃后辅助人员必须确认加热墙处于正常工作状态,并注意经常观察、检查。车辆前进时车辆的行驶导杆必须沿标线行驶,中途不得随意变换方向和改变速度,辅助人员要随时检查、提醒驾驶员。

准备工作一切就绪后,就地热再生系列机组开始施工,在加热过程中严格控制加热工艺,各加热车辆统一按照设定的施工速度匀速行进,并尽可能控制好车辆之间的间距。为避免热量的过多散失,在车辆底部和车辆之间空隙加装保温板,通过以上措施保证加热的温度、深度符合施工控制要求。

⑤翻松、再生、收集作业。

加热后的路面经 RM6800 翻松后,再生剂喷头行进到施工起始位置,打开喷洒系统,调整喷洒剂量,喷洒再生剂。采用收集器将被翻松的已喷洒再生剂的原路面沥青混合料向路面中心一次收集成连续梯形截面料带,减少热量损失并使再生剂与旧料有充分融合时间。

⑥添加新料、收集再生料进行复合搅拌。

在再生混合料带上按设定比例添加新沥青混合料(图 3-24),新料添加量由设备电子控制系统根据设定的施工参数(施工宽度、深度以及施工速度等)自动调节,并由提升机将再生料与新料一起提升至搅拌器内,经充分加热和搅拌均匀后,输送至摊铺机进行摊铺施工。EM6500 腹部的加热墙,始终对收集过再生料后的旧路面进行加热,确保新的摊铺层与旧路面之间的热黏结,保证新铺路面与旧路面连接成为一个整体,提高路面的整体性能,如图 3-25 所示。

图 3-24　添加新沥青混合料

图 3-25　提升、拌和、摊铺、底层再加热

⑦摊铺机作业。

为保证施工后路面的平整度,采用专用摊铺机进行摊铺。摊铺机要提前就位,紧跟

在复拌设备后部,保证复拌设备的供料不会洒落在地面上。调整好摊铺厚度、校准好各种自动控制仪表,保持摊铺机匀速、平稳前进,保证摊铺质量。摊铺工艺和一般新建路面的上面层摊铺工艺基本相同。

⑧碾压。

碾压前要对边上散落的混合料进行清扫,碾压按初压、复压和终压三个阶段进行(图3-26)。压路机紧跟在摊铺机后面,及时快速碾压,保证在温度较高的情况下,取得良好的碾压效果。碾压时采取先两侧后中央,先静压后振动,先慢后快,低振幅高频率碾压的原则,先压左右两侧纵向接缝,使接缝密实平顺。碾压时压路机至少2/3轮宽要处于老路面,然后按照从低向高的原则依次碾压,每次重叠1/3轮宽。碾压段落不宜太长,折返距离应控制在30m以内。碾压时注意水(或色拉油)量的控制,保证不粘轮时尽可能少。

图3-26 碾压

⑨路面养护。

就地热再生施工完成,待路面温度下降到50℃后开放交通。

(5)施工组织顺序。

每次施工一个车道,需要半幅施工时,先施工紧急车道,后施工行车道,最后施工超车道。车道间纵向搭接10~15cm,施工结束后将设备停到指定地点。

(6)质量检查。

在实施这项工程时,坚持"质量第一"的原则,分三阶段加强质量控制,即施工前对路面进行巡查、试验,施工中加强过程质量控制,施工后定期观测评价使用效果。

①路况巡查和试验。

施工前对路面进行调查,并取样分析,通过试验确定再生剂和热沥青添加量和新添加沥青混合料的生产配合比。

②施工中过程控制。

施工中对试验数据详尽地记录,特别是温度的检测,对数据归纳、分析,根据分析结果指导后续施工。参考《公路沥青路面施工技术规范》(JTG F40—2004)、《公路沥青路面再生技术规范》(JTG/T 5521—2019)以及以往的工程经验,施工过程采用如下指标检测,见表3-3。

就地热再生混合料施工过程中的质量控制标准表　　表3-3

检测项目	检测频率	质量要求或允许偏差	检测方法
外观	随时	表明平整密实,无明显轮迹、裂痕、推移、油包、离析等缺陷	目测
宽度(mm)	每100m/1次	大于设计宽度	T 0911
再生厚度(mm)	随时	设计厚度±5mm	T 0912
平整度最大间隙(mm)	随时	<3	T 0931
横接缝高差(mm)	随时	<3,必须压实	3m直尺间隙
纵接缝高差(mm)	随时	<3,必须压实	3m直尺间隙
再生剂用量	随时	适时调整,总量控制	每天计算
新加SBS改性沥青用量	随时	适时调整,总量控制	每天计算
新加SBS改性沥青混合料用量	随时	适时调整,总量控制	每天计算
路表加热温度	随时	130~180℃	加热设备保温板后1m位置测量
再生混合料摊铺温度	随时	>120℃	温度计测量
碾压终了温度	随时	>70℃	温度计测量
加热耙松深度	每200m一处	设计值±0.5cm	插入法量测

续上表

检测项目	检测频率	质量要求或允许偏差	检测方法
加热耙松宽度	每200m 1处	不小于设计宽度	钢尺丈量
压实度均值	每1km/5点	最大理论相对密度94%	T 0922
渗水试验	每1km 10点	80(mL/min)	T 0730
矿料级配	每台班每天1~2次,以2个试样的平均值测定	符合AC-16设计级配要求	T 0725 抽提筛分
沥青用量（油石比）	每台班每天1~2次,以2个试样的平均值测定	±0.3%	T 0721、T 0722
马歇尔试验:稳定度、孔隙率、流值	每台班每天1~2次,以2个试样的平均值测定	符合《公路沥青路面施工技术规范》(JTG F40—2004)中的要求	T 0702/T 0709
浸水马歇尔试验	每台班每天1~2次,以2个试样的平均值测定	符合《公路沥青路面施工技术规范》(JTG F40—2004)中的要求	T 0702/T 0709
车辙试验	根据实际情况确定试验频率	符合设计要求	T 0719
小梁弯曲试验、冻融劈裂试验	根据实际情况确定试验频率	2500($\mu\varepsilon$)/70(%)	T 0728、T 0729

完工后对施工质量进行检测,包括压实度、平整度、构造深度、摩擦系数、渗水系数等。交工验收标准见表3-4。

就地热再生交工验收质量标准　　　　　　　　　表3-4

检查项目		检查频度（每一侧车行道）	质量要求或允许偏差	试验方法	备注
外观		随时	表面平整密实,不得有明显轮迹、裂缝、推挤、油盯、油包等缺陷,且无明显离析	目测	
宽度		每100m/1点	大于设计宽度	T 0911	JTG 3450—2019
厚度		每1km 1点	设计厚度±5mm	T 0912	JTG 3450—2019
压实度	代表值	每1km 1点	最大理论密度的94%	T 0924	JTG 3450—2019
路表平整度	IRI	再生路段连续	<2.0m/km	T 0933	JTG 3450—2019
摩擦系数		再生路段连续	$SFC_{60} \geq 45$	T 0965 T 0967	JTG 3450—2019

续上表

检查项目	检查频度（每一侧车行道）	质量要求或允许偏差	试验方法	备注
构造深度	每1km不少于2点，每点3处取平均值评定	≥0.45	T 0961	JTG 3450—2019
渗水系数	每1km不少于2点	≤80mL/min	T 0971	JTG 3450—2019

3）施工安全管理

（1）安全交通布控。

做好安全交通布控对保证安全快速施工具有重要意义，热再生作业时，只封闭施工车道作业段，其他车道照常通行。交通安全布控需要与交警、路政做好沟通协调配合工作，其中施工准备区与需要大型就地热再生机组折返转场的车道的转场区都需要进行布控。

复拌再生施工时，交通布控如图3-27和图3-28所示。

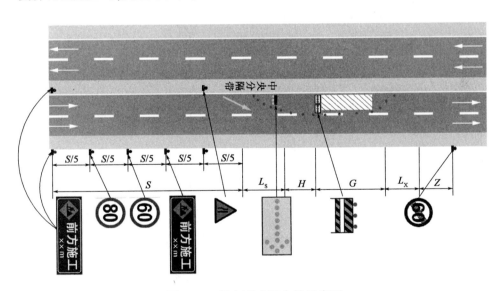

图3-27 超车道交通布控示意图

S——警告区1600m；L_s——上游过渡区100m；H——缓冲区50m；G——工作区，长度根据施工作业的需要确定；L_x——下游过渡区30m；Z——终止区30m

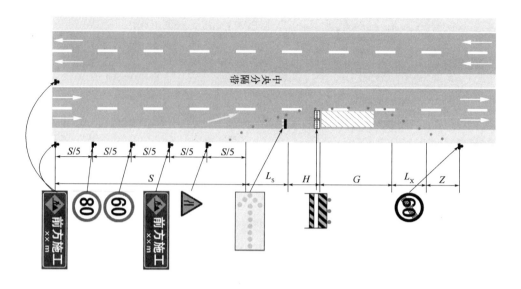

图 3-28　行车道、紧急车道交通布控图

S——警告区 1600m；L_S——上游过渡区 100m；H——缓冲区 50m；G——工作区，长度根据施工作业的需要确定；L_x——下游过渡区 30m；Z——终止区 30m

施工超车道时，只封闭超车道，留行车道和紧急车道通行。施工行车道时，封闭行车道和紧急车道，留超车道通行。施工紧急车道时，封闭行车道和紧急车道，留超车道通行。

（2）安全管理措施。

①成立以项目经理为组长的安全领导小组，项目设专职安全员，班组设兼职安全员，专、兼职安全员有职有责，严格管理。

②各级安全组织必须履行职责，从措施强度、安全教育、技术交底、执行检查等环节层层把关，纠正违章作业，消灭事故隐患。

③各级施工管理人员，工程技术人员必须熟悉与工程施工有关的安全规程条例、标准和规范等，各工种工人必须熟悉本工种的安全技术操作规程，否则不许上岗。

④道路施工作业现场按照交警、业主等部门的安全施工有关规定，设置醒目有效的标志车灯、标志和警示锥。施工现场作业人员必须要身穿安全标志服。

⑤施工现场车辆切实注意进出施工区域安全，杜绝违章作业行为，一经发现将严肃处理，服从交警安全管理。

⑥加强安全检查，每天都要巡查，派专人全力维护施工现场交通安全。

⑦施工中如遇因车流量太大而造成拥堵的现象，配合交警等部门对拥堵车辆进行疏通。

4）施工质量管理

（1）质量保证体系。

项目经理为质量第一责任人，成立以项目经理为组长的质量管理小组，配置相应的质检负责人和质检员，并建立班组自检制度，质量层层把关，确保质量合格。

（2）质量保证措施。

①各级管理人员、工程技术人员和质检人员，必须对工程质量严格要求，一丝不苟地执行施工规范、操作规程和质量验收标准。

②领导和技术人员对工程的关键部位要跟班作业，严格把关，发现问题，及时解决。

③对技术复杂、施工要求高的施工部位，除必须认真进行技术交底外，还要现场指导，先做样板，再全面展开施工作业。

④实行全面质量管理，成立主要分项的质量控制小组（QC小组）并认真开展活动，对存在的质量问题，制定整改措施，并抓好落实明确各级质量责任制，做到责任落实到人。

⑤实行优质有奖，劣质受罚，质量和经济利益挂钩，保证质量目标的实现。在施工过程中不断组织定期和不定期的质量检查评比，不断发现和处理施工操作中存在的质量问题，不断提高施工质量水平。

⑥建立施工现场的例会制度，通过工程例会，经常掌握生产动态，解决施工中存在的质量问题，确保施工生产的顺利进行。

⑦项目经理不定期召开工程质量分析会议及质量意识教育会议。总结施工过程中的质量情况，对类似质量问题出现的原因进行分析并提出整改措施，并对施工过程中可能出现的质量问题先进行交底，防止质量问题的产生。

⑧技术负责人专职负责质量检查，工程技术人员应经常检查各作业班组的质量情况，用具体的检测数据反映当天施工的质量情况，并作详细的记录，同时要对发现的问题及时处理，并利用检测结果来指导施工。

5）英达就地热再生工艺特点

就地热再生工艺具有以下特点：

（1）施工工艺简单，迅速方便快捷，施工时只占用一个车道，对交通干扰小，同时无扬尘，不会造成环境污染，如图3-29和图3-30所示。

（2）实现100%旧路面沥青材料的重新使用，符合资源循环利用的原则，而传统工艺需要大量地新添加沥青混合料，对矿山、环境等有很大破坏，如图3-31~图3-33所示。

（3）沥青面层之间为热黏结，使之成为一个整体，提高了路面维修质量，施工接缝为热接缝，避免了冷接缝由于雨水渗入而发生的路面破坏，如图3-34和图3-35所示。

图 3-29 热再生施工——无环境污染

图 3-30 热再生施工——不影响交通

图 3-31 开山采石前

图 3-32 开山采石中

图 3-33 开山采石后

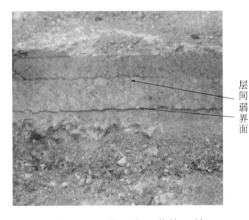
图 3-34 热再生工艺施工前

图 3-35 热再生工艺施工后

和传统工艺施工后沥青层界面的抗剪强度对比,英达热再生工艺施工后路面的抗剪强度提高了 2~3 倍。

(4)施工工艺科学合理,可恢复其中老化沥青的性能,恢复旧路面沥青混合料良好的路用性能。

英达就地热再生施工设备具有以下特点：

①每台设备都为汽车半挂牵引式，具有无级变速慢速行走驱动功能的牵引汽车使得整个机组既可以像汽车一样在公路上高速行驶又可以在施工时以很低的速度匀速行走；

②采用以液化石油气为燃料、特殊陶瓷材料为热辐射体的沥青路面加热板；液化气燃烧产生的热能转化成辐射热能，加热效率与能源利用率高，比热风加热方式以及普通反射式红外加热器加热方式加热效率提高一倍以上；

③可折叠结构加热墙，在工作时展开宽度达 4.5m，折叠后宽度不超过 2.5m，符合我国有关法律法规对汽车宽度的要求，可以在高速公路上高速牵引运输，机动灵活，转场迅速；

④横向多组多排液压、气压双控制升降的耙齿式沥青路面疏松耙，可以在需要的范围内自动适应路面高低变化，使得已加热路面被均匀耙松，确保被再生路面沥青混合料中集料不被打碎，以保证被再生路面沥青混合料级配不被改变，这在世界上是独一无二的；

⑤再生剂喷洒采用电脑自动控制，沥青路面疏松耙之后均匀布置再生剂洒布盘，洒布盘将再生剂均匀地洒布在被耙松的路面旧沥青混合料上，使得再生剂与旧沥青混合料均匀、充分裹覆，确保再生剂添加比例准确且均匀；

⑥沥青路面就地热再生提升复拌机之提升机与双轴拌和器外壳均带有保温层且安装有加热器，在提升、拌和过程中可对沥青混合料进行再加热（这也是其他设备所没有的），以提升再生沥青混合料的温度，确保拌和之后沥青混合料的摊铺温度满足摊铺质量要求；

⑦沥青路面就地热再生提升复拌机拾料器之后安装有加热墙，从而实现对下层路面进行再次加热，实现再生层与下一层之间界面的热黏结，避免出现弱界面，提高再生后沥青路面的整体强度，从而提高了再生后路面的使用寿命。

英达热再生公司就地热再生施工工艺与传统铣刨摊铺工艺比较见表 3-5。

英达就地热再生技术和传统铣刨摊铺工艺比较 表 3-5

项目	英达就地热再生	传统铣刨摊铺
施工质量	●不会打碎集石料 ●层间热黏结纵向接缝热黏结，无弱界面，路面抗剪强度高，整体受力性能好 ●消除大多数路面病害，道路寿命大幅延长	造成层间弱界面和纵向冷接缝，雨水易下渗，路面抗剪强度低，整体受力性能较差

续上表

项目	英达就地热再生	传统铣刨摊铺
施工速度	快(3~10m/min),施工周期短	慢(工序繁多),施工周期长
经济效益	理想	不理想
环境效益	旧料100%就地再生利用,完全符合循环经济要求	铣刨产生大量废料,造成环境污染;并要大量使用新材料,影响生态环境,不符合循环经济要求

3.3.2 补强再生工程

路面补强指的是由于路面随着使用年限增加,其表面性能和承载能力不断下降,当路面的结构状况或表面功能不能满足使用要求时,所需采取的以恢复或提高其使用性能,在旧路面上加铺补强层的措施。随着交通量和轴载的迅速增大,以及超载车辆的出现,早起修建的水泥混凝土路面因"面板薄、基础弱、排水差"等原因出现了不同程度的破坏,且破坏现象越发明显。为提高强度、改善行车性能,各地大多采用沥青混凝土加铺补强的方法。

1)工程概况

南新路是深圳市南山区中西部一条南北走向的城市次干路,于1985年设计,1986年建成通车。随着人流、车流量越来越大,交通秩序混乱,南新路已不能满足交通发展的需要,亟须进行改造。改造设计范围为沥青混凝土路面。现有路面结构厚47.5cm,自上而下分别为:细粒式沥青砂封面层厚1.5cm,中粒式沥青混凝土面层4.0cm,深贯入沥青碎石联结层厚7cm,6%水泥稳定石屑20cm,碎石垫层厚15.0cm,路面老化、龟裂、坑槽现象普遍存在。

2)路面补强设计方法的确定

(1)路面补强方法的确定。

由于南新路建成已使用了18年,没有大修,并且地基条件较差,现有路面弯沉较大。根据深圳市南山区建设工程质量监督检查站2003年12月23日《道路回弹弯沉试验报告》,现有沥青路面不同地段最小弯沉为0.092mm,局部最大弯沉为1.544mm,经计算如果在现有路面上进行罩面,需要加铺34cm厚路面,由于加铺层厚度太厚,街道两侧店面均已形成,道路两侧高程难以衔接。而且现状南新路交通繁忙,如果采用清除现状沥青道路路面,对路基进行彻底换填处理的方法,施工工期会比较长,同时造成道路长时间中断、周边道路交通堵塞,对交通的影响非常大。由于南新路行车已十多年,原有面层已经破损、基层已经碎裂,路面整体强度不足,垫层空隙较多,填充有泥沙,在上部荷载作用下,路面稳定性不足,造成路面破坏。道路改造需要从根本上改善道路基层的稳定性,所以碎石层是需要加固的主要部位。经多种方案比较,为了缩短工期、减少对交通的影响,同时保证工程质量,最终决定采用渗透注浆法对原路面结构层中的碎石垫层进行加固。通过注浆,也对原有的路基及基层进行了适当加固。

(2)试验段。

首先选择两段约60m有代表性的路段进行试验,目的是检验路基注浆加固效果是否满足设计要求,并确定注浆的设计和施工参数。根据试验结果,注浆压力控制在0.3~0.5MPa,压密注浆以后路面少量冒浆、裂隙细小。路面稍许隆起的地段,路面弯沉明显减少;路面严重开裂、冒浆、隆起的地段,注浆压力只能达到0.2MPa,加固效果不理想。经7d以后,对加固效果不理想的区域进行2次加密注浆,加密注浆时,路面冒浆明显减少、路面稍许隆起,经再次检测路面弯沉,加固效果比较理想。

(3)渗透注浆设计。

①注浆方法:本次渗透注浆为路面垫层注浆,采用压密注浆法,施工工艺流程如下:定位—钻孔—制浆—注浆头固定及孔口封堵—送浆—拔管填孔。②注浆范围和深度:路面补强主要范围确定为沥青混凝土路段中经检测弯沉大于0.5mm的地段,注浆孔按照正方形布置,孔间距为2.0×2.0m,最外侧一排孔分布于距补强路段范围边线0.75m位置。孔间距的布置是根据现场试验结果进行确定的。由于老路面弯沉检测点间距是每条车道每20m一个点,路面补强范围是按照弯沉检测点进行确定的。由于老路面结构厚度为47.5cm,根据碎石层埋深及厚度,注浆孔深拟定为35cm,属浅孔注浆,为保证加固效果的均匀性,注浆孔注浆控制半径拟定为1.0m。③注浆材料:根据试验段加固结果,由于采用水:粉煤灰:水泥=0.45:0.5:1作为注浆材料,加固效果不是很理想,而采用水:水泥=1:1.5作为注浆材料取得的效果比较好,所以注浆材料选用纯水泥浆进行路面补强,水灰比为1:1.5。④注浆压力:由于浅孔注浆所产生的孔口返浆压力较大,注浆头不易锁紧,较易溢浆,所以浆体压力不能过大。注浆以渗透注浆为主,根据试验,注浆压力经验值为0.3~0.5MPa,注浆压力应根据现场实际情况确定,原则上路面明显隆起、大量冒浆时,应停止加压。⑤注浆顺序:注浆应分段进行,每段长度以50m为宜,先完成边排孔注浆,再往中间逐孔注浆。

(4)施工注意事项。

①钻孔定位:最外侧的注浆孔距需要补强的路段范围边线0.75m布设,其余注浆孔根据2.0m×2.0m的网格进行定位,注浆孔孔位施放完毕以后,经监理现场确认后方可

进行施工。②注浆施工现场应保持场地整洁干燥。③施工中应记录注浆的各项参数和出现的异常现象,主要有:a. 钻孔记录:包括孔号、孔深、加固层类型、深度;b. 注浆记录:包括注浆压力、浆液配比、注浆量、始(终)灌时间、注浆段起止深度、复灌次数等;c. 浆液试块及其他测试记录。④注浆孔的钻孔直径一般采用30mm,垂直度应小于1.5%,孔位偏差应不大于100mm。⑤成孔后应进行孔口段封闭,封闭材料可采用1:3水泥砂浆。⑥注浆开始前宜采用压水试验方法检查管路及接头的密封性能,以及仪表和设备的运转情况。注浆一开始即应连续进行。⑦浆液必须在搅拌均匀过筛后,然后泵送压注,在注浆过程中,浆液应继续搅拌,搅拌时间宜小于浆液初凝时间。⑧注浆时,注浆管每次上拔或下送长度宜为50mm。⑨注浆的流量一般为7~10L/min,对地下空洞、破碎带,流量可适当加大,但也不宜大于20L/min。⑩注浆过程中出现地面冒浆或压力突变,应立即停止注浆。单孔注浆结束标准应根据下列情况综合决定:注浆量达到设计要求;注浆压力超过设计值;地面冒浆;注浆结束后应及时清洗注浆管、泵和管路,以防浆液凝固造成堵塞。

(5)质量检验。

质量检验宜在注浆施工完成后7d进行,检验点的数量为施工注浆孔的2%~5%,注浆效果采用检测同一点注浆前后路面弯沉变化情况进行检验,注浆以后如果路面弯沉值小于0.5mm,表示注浆已达到预期效果和目的。经检测路面弯沉没有达到设计要求,但路面没有完全破坏,可采用2次加密注浆进行加固处理,布孔采用梅花状布置,如果路面已经严重破坏,则挖除路面结构层,换填50cm开山石、30cm石粉渣进行地基处理。

(6)注浆效果评价。

根据质检单位检测,经渗透注浆加固处理后,路面弯沉由原来的平均值0.726mm提高到处理后的平均值0.423mm。加固处理效果比较理想,除少数点以外,基本上都能满足设计要求。

3.3.3 新建及改扩建工程

1)工程介绍

G36宁洛高速公路是河南省公路规划网"三纵三横四辐射"的重要组成部分,是河南省东西方向的重要通道,其中漯河至周口段于2001年12月底建成通车,全长48km,周口至界首段于2002年12月底建成通车,全长75km,设计速度120km/h,路基宽26m,双向四车道。原路面结构层4cm AC-16中粒式沥青混凝土+5cmAC-20中粒式沥青混凝土

+6cmAC-25 粗粒式沥青混凝土+32cm 水泥稳定碎石+20cm 石灰稳定土。通车以来,在交通荷载、温度变化及水等因素作用下,出现不同程度的车辙、裂缝、坑槽、沉陷等病害,路面的结构性和功能性受到了一定程度的破坏,路面的整体服务性能降低。

2)路面技术状况评定

根据《公路技术状况评定标准》(JTG 5210—2018)所提出的路面检测要求、评价指标和标准,路况调查及检测内容主要包括路面损坏、路面平整度、路面车辙、路面抗滑性能、路面结构强度、路面结构取样等。在对原路面详细调查研究的基础上,提出了路面整治方案。

(1)路面平整度(IRI)评定。

采用 ZOYON-RTM 智能道路检测车,对 G36 宁洛高速公路漯周界段进行平整度检测。检测结果表明,K510+000~K491+848(下行道)、K415+000~K410+000(下行道)、K398+000~K390+000(下行道)国际平整度指数 IRI 小于 2.3m/km 的路段里程 21km,大于 2.3m/km 的路段里程 11km。上行道 K390+200~K390+500、K428+260~K428+360 及下行道 K437+845~K388+832、K508+000~K476~330 中部分路段,IRI 小于 2.3m/km 的路段里程 30km,大于 2.3m/km 的路段里程 13km。

(2)路面车辙深度(RD)评定。

检测结果表明,全线车辙并不明显,车辙深度平均数据小于 10mm,不需要专项处理。

(3)路面强度(PSSI)评定。

原设计一期工程漯河—周口段设计弯沉值 LD=22.4(0.01mm),二期工程周口—界首段设计弯沉值 LD=21.2(0.01mm)。根据检测数据,K397+600~K390+000 弯沉代表值 33.8(0.01mm)及 K398+200~K388+800 弯沉代表值 32.3(0.01mm)路面结构强度状况较差,需对路段路面结构进行补强处理;其他路段路面结构强度状况较好,可进一步进行面层的养护处理。

(4)路面破损状况(PCI)评定。

经过路面技术状况评定,宁洛高速公路漯周界段(K388+280~K511+000)路面损坏状况指数 PCI 较差的路段主要集中在下行道,病害类型为裂缝、龟裂、沉陷、坑槽等。K510+000~K491+848(下行道)、K415+000~K410+000(下行道)、K398+000~K390+000(下行道)段面 PCI 指数大于 90 的路段里程 8km,PCI 指数小于 90 的路段里程 24km;上行道 K390+200~K390+500、K428+260~K428+360 及下行道 K437+845~K388+832、K508+000~K476~330 中部分路段,路面 PCI 指数大于 90 的路段里程 11km,PCI 指数小于 90 的路段里程 32km。

3）路面病害调查及原因分析

（1）路面破损主要类型。

根据调查,G36宁洛高速公路漯周界段路面专项工程的主要路面病害有:横向裂缝、纵向裂缝、龟裂、沉陷、坑槽、车辙等,其中裂缝病害较为严重。

（2）主要路面病害原因分析。

横向裂缝:本项目的横缝主要为半刚性基层的裂缝反射、面层温缩裂缝及少部分的路基不均匀沉降引起的,面层材料的老化加剧了裂缝的发生和发展。

纵向裂缝:纵缝多位于车道中央或行车道边缘,原因是地基承载力、填土高度、施工压实、荷载作用在横向的不均匀导致的路基不均匀沉降引起纵向裂缝的产生。

龟裂:在重复交通荷载作用下,沥青面层或基层的疲劳破坏产生一系列相互贯通的裂缝,裂缝连通起来,形成了多边、锐角的小块,发展成为网状或龟纹状的裂缝。

车辙:从交通组成和气候情况分析,宁洛高速公路漯周界段沥青路面车辙主要是由于交通荷载重复作用产生的后期压密型车辙,部分路段源于高温重载的流动性车辙。通过在各类型病害严重的地方进行钻芯取样,多数芯样存在不同程度的破坏,其中纵横裂缝较为严重的地方芯样损坏较为严重,主要表现为芯样断裂、破碎、裂缝贯穿等。

4）沥青路面养护处治方案研究

根据路面技术状况评定及路面状况现场调查情况,可看出本项目路面主要病害为裂缝,针对其产生原因,制订选用橡胶沥青混合料铣刨重铺及加铺的方案,同时在加铺施工前应对原有道路的病害进行彻底处理。橡胶沥青混合料主要有以下优点:①有较大的弹性和弹性恢复性能,能较好地延缓反射裂缝;②提高了沥青混合料的抗车辙性能;③降低了沥青路面的温度敏感性,改善了抗疲劳开裂的性能,提高了路面的耐久性;④有较高黏度,提高了路面的抗老化性能;⑤橡胶沥青在降噪方面功效显著;⑥开级配或间断级配橡胶沥青路面防滑功能高、大大提高了道路安全。可以看出,橡胶沥青混合料具有较好的应用价值及对本路段养护的适用性,但橡胶沥青混合料在施工过程中质量不易控制,需要注意以下几点:①橡胶沥青不适用于小型工程施工;②施工对温度要求高;③橡胶沥青施工时,气味较大,如果是封闭环境施工,需进行防护;④橡胶沥青的使用时间的限制;⑤在温度较低或降雨时不宜进行橡胶沥青及其混合料的施工。

（1）铣刨重铺方案。

铣刨一层(或二、三层)沥青面层重新恢复原来路面结构,并保持原路面设计高程不变。①若沥青路面仅上面层损坏时,则只铣刨上面层,并摊铺一层4.0cm厚AR-AC-13SC型橡胶沥青混凝土至原路面高程。②若沥青路面损坏至中面层时,则铣刨至沥青路面中面层,并摊铺4.0cm厚AR-AC-13S型橡胶沥青混凝土+5.0cm厚AC-20C型中粒式沥青混凝土至原路面高程。③若沥青路面损坏至下面层时,则沥青路面面层全部铣刨,并摊铺4.0cm厚AR-AC-13S型橡胶沥青混凝土+5.0cm厚AC-20C型中粒式沥青混凝土+6.0cmAC-25C型粗粒式沥青混凝土至原路面高程。

(2)加铺方案。

加铺施工前应对原路面局部坑槽、车辙、沉陷、裂缝、拥包等病害进行详细排查并彻底处治,确保路面平整度达到要求,禁止在存在上述病害的路面上实施加铺。病害处治后加铺4.0cm厚AR-AC-13S型橡胶沥青混凝土。

(3)路面病害处理方案。

路面裂缝处理方案。①在裂缝两侧进行弯沉检测,弯沉差小于0.06mm的,可以不处理裂缝直接加铺。弯沉差大于6(0.01mm)的,如有唧泥,压化学浆处理,然后再进行后续处理工序。②如果裂缝宽度小于5mm,清除缝中杂物,稠度较低的热沥青(缝内潮湿时应采用乳化沥青)进行灌缝、贴抗裂贴后回填碾压。裂缝处理彻底后最后再实施加铺。③路面裂缝宽度在5mm以上时,清除裂缝两侧松散的石料后,沿路面裂缝浇筑改性乳化沥青0.5kg/m,用米石沿裂缝处撒布,人工夯实,再浇筑改性乳化沥青0.3kg/m;裂缝处理后沿裂缝处铺设抗裂贴。铺设长度为裂缝边缘外1m,铺设平整,采用水泥钉固定。④如果横缝缝宽较大,先用弯沉车测每条横缝前后的弯沉差,弯沉差大于百分之六的,先压浆处理,然后再把横缝处的上面层铣刨开槽,对中面层灌缝后贴抗裂贴,回填上面层,用大型压路机碾压,最后再实施加铺。⑤对于裂缝不太深的路段,应在铣刨一层后,观察下一层裂缝情况。若在容许范围内,可考虑裂缝处置后(灌缝或贴抗裂贴等)再铺上层。对于沉陷段落铣刨后,应查找原因,分清是基层损坏、路基损坏或地基下沉,再拟定处置方案(修正基层、灌浆或加桩等)。

路面坑槽、网裂、拥包等路面病害处理方案。①划线:大致与路中心线保持平行或垂直。②开挖:用铣刨机铣刨成台阶。③清理:清除沥青混凝土废料并回收。④除尘:用钢刷对四壁及槽底进行清刷,使用吹风机或气泵吹风除尘,确保干净、干燥。⑤洒黏油:清扫完毕后,喷洒乳化沥青。⑥拌和、摊铺沥青混合料:根据实际情况按上、中、下三层进行分层摊铺。⑦碾压:按照先轻后重、先边后中的原则进行碾压。⑧修补:对平整度达不到要求的进行修补。⑨抹边:在坑槽四周与原路面结合处,抹宽5cm、厚2mm的双面贴,应达到宽度、厚度均匀一致。⑩养护、开放交通:待所补坑槽混合料温度低于50℃时,开放交通。

3.4 就地热再生施工的关键质量控制

通过对目前国内已经采用就地热再生施工工程的总结,发现沥青混凝土路面就地热再生技术在应用上存在以下优势:

(1)环保。

沥青混凝土路面就地热再生的第一个优势就是环保。在对环境要求日益严格的今天,大量的道路需要养护维修。采用再生技术,一方面不需要从自然界开采大量的砂、石、沥青等原材料;另一方面不向自然界倾倒大量废沥青混合料。沥青混合料是有毒物质,靠自然分解时间极长,将对环境造成很大的影响。

(2)节约投资。

目前,传统的沥青混凝土路面养护方法是将旧路面冷铣刨,洒一层黏层油,然后用全新的沥青混合料摊铺。沥青混凝土路面的就地热再生百分之百利用了旧沥青混合料,再生维修时只添加再生剂和部分新沥青混合料,使得路面维修的成本显著降低,根据国外经验和京津塘高速公路2002年中修的经验,其费用仅占传统维修方式的70%~80%。

(3)交通干扰小。

沥青混凝土路面就地热再生只对一个车道进行维修,维修时只需封闭一个车道,其余车道可以开放交通,最大限度地减少了路面维修给交通带来的干扰和影响,特别是对收费的高速公路,其优越性更加显著。

(4)技术优势。

①有利于沥青混凝土路面层间联结。

沥青混凝土路面的设计理论是完全连续弹性体系,如果层间不联结或联结不好,层间剪应力显著增大,极容易造成沥青混凝土面层的剪切破坏。沥青混凝土路面的破坏往往是由于层间出现了剪切应力而产生的。采用沥青混凝土路面就地热再生技术,由于再生层与老路面的联结是热联结,几乎为一体,杜绝了层间联结不良的问题。如果是在旧路面上直接摊铺新沥青混凝土层或者将旧沥青混凝土路面冷铣刨后再加铺新沥青混凝土路面,其层间联结都不如就地热再生方式。特别是传统的冷铣刨方式,由于结合面上的原集料被铣松了,但清扫时又扫不掉,尽管洒了黏结油,往往仍会在新路面和旧路面之间形成一个松散夹层而导致路面过早破坏。这种病害在我国许多地方的路面维修工程中常常见到。

②改善路面级配,降低孔隙率,延长路面寿命。

路面级配不好,或者孔隙率过大,路面早期损坏严重,这类早期病害在我国公路上几乎是普遍存在的。沥青混凝土路面就地热再生可以针对旧路面的级配来设计,使再生后的路面级配得以改善,延长路面的使用寿命。

③恢复沥青的性能和沥青混凝土路面的柔韧性。

沥青混凝土路面经过多年的使用,在荷载、光照、热、雨水等各种因素的作用下,沥青老化,延度大大降低,沥青混凝土柔韧性越来越差,变得脆硬,抗变形能力下降,容易开裂。就地热再生技术可恢复或大部分恢复沥青的路用性能,使沥青混凝土路面重新变得柔韧,从而延长路面的使用寿命。

④有利于沥青混凝土路面深层裂纹的愈合。

沥青混凝土路面就地热再生施工时,在路表以下 5cm 处的温度约有 100℃,经路面机械碾压后,再生路面以下原有的细小裂纹可以愈合,从而延长了路面的使用寿命。

⑤无接缝漏水的问题。

传统的冷铣刨方式,如果是全路面铣刨后全宽摊铺新沥青混凝土路面,不存在接缝问题;如果是只铣刨摊铺一个车道,就存在接缝问题。由于冷铣刨时,接缝处原路面粒料往往会被铣松,新旧路面如果结合不好,极容易漏水,使路面在接缝处过早破坏。采用就地热再生技术时,纵向接缝是热接缝,杜绝了接缝漏水而产生的病害。

同时为了保证就地热再生工程的质量,还应对热再生施工进行可靠的质量控制,主要体现在:

①再生剂喷洒计量要准确,这是保证沥青再生质量的关键之一。再生剂太多,再生路面会出现泛油和发软;再生剂太少,再生效果不理想,旧沥青老化状况不能得到有效改善,路面的耐久性不好,而且还会出现粒料不黏、摊铺离析和压实困难等问题。旧路面级配和油石比往往不均匀,现场技术人员要多观察、多总结,依据试验室的试验结果现场适当调整。

再生沥青混合料颜色不能暗淡(再生剂偏少),也不能过于光亮(再生剂偏多),要有适当的光泽。

②加热温度要适度,保证沥青混凝土路面就地热再生质量的另一关键因素是加热的温度。温度太高,会引起沥青老化严重,而且还会降低功效;温度太低,再生剂与旧沥青融合困难,起不到再生作用,还会出现铣刨时集料破碎,级配发生变化,混合料出现离析、压实困难、层间联结不良等许多问题。沥青混合料就地加热主要依靠裹在集料表面的沥青膜传导热能,粒料外热内冷,摊铺后散热快,这就要求摊铺时有较高的温度,一般控制

在120～140℃之间为宜。要根据天气、风速等的变化来适当调节施工行进速度,保证路面加热温度,做到既保证再生工程质量又注重生产效率。

③再生路面厚度要均匀。再生施工时,特别要注意铣刨的深度,一定要均匀一致。如果铣刨深度时深时浅,不但会影响路面的平整度,而且还会影响再生剂用量的准确性,造成再生沥青混合料的性能不均匀,严重影响再生质量。

④保证纵缝质量。加热宽度比铣刨宽度每边宽10～20cm为宜,以保证纵向接缝的温度,从而使纵缝密实无松散。

⑤确保压实质量。由于再生沥青混合料的劲度往往高于新沥青混合料,而且温度下降较快,建议采用较大吨位的压路机碾压,尤其是轮胎压路机,最好采用20～30t的。压路机一定要紧跟复拌机碾压,以免料温下降过快而影响压实效果。

CHAPTER FOUR 第4章

沥青混合料热再生设计方法

沥青混合料热再生是利用旧路面再生材料结合新材料,以及再生剂等生产新的沥青混合料的过程。其设计过程需要考虑沥青混合料回收料(RAP)的掺量、新沥青的种类和掺量、再生沥青混合料的级配等因素,经过严格设计后的回收料可以具有与常规沥青混合料相同的材料指标和路用性能。

沥青混合料热再生设计时,旧沥青再生处理通过测试达到使用要求后,再对沥青混合料进行级配设计。传统的沥青混合料热再生设计方法包括厂拌热再生配合比设计和就地热再生配合比设计。除此之外,各个国家热再生沥青混合料的设计方法有很多种,常见的有马歇尔设计方法和美国 Superpave 设计方法,分级再生配合比设计方法和法国的高模量配合比设计方法也各有优势。目前我国绝大多数省市还是采用马歇尔设计方法,只有个别省份较为普遍地采用了 Superpave 设计方法。对于有条件的地区,《公路沥青路面再生技术规范》(JTG/T 5521—2019)中鼓励采用国外先进的设计方法进行热再生混合料设计。

本章将介绍沥青混合料热再生设计的步骤和方法,对常见的配合比设计方法进行对比,并结合计算实例详细介绍传统混合料设计方法中的厂拌热再生配合比设计方法。

4.1 热再生混合料设计

沥青混合料热再生设计包括两个步骤:材料测试和混合料的配合比设计。在沥青混合料热再生的材料组成中主要包含:沥青路面回收料、外加新集料、新的沥青黏结料,有时还需要添加再生剂。材料测试的目的是确定组成材料的各项指标,从而优化材料组成以达到混合料设计的要求。混合料的配合比设计是通过测试混合料试件的各种性能来确定沥青结合料的类型和用量。因此,沥青混合料热再生设计应包含以下细分步骤:

(1)从现场获取有代表性的旧路面再生材料样品。
(2)进行试验室分析:
①测试回收料的性质,确定回收料的组成;
②确定添加新集料的用量;
③选择新沥青的种类,确定沥青的用量;
④拌和、压实和混合料测试。

(3)确定满足设计指标的最佳混合料组成。

4.1.1 材料测试

材料测试包括回收料的取样和评价,以及所需再生剂的评价。其中,回收料的取样十分重要,因为它可能来自旧路面的不同层次,或者是不同路段再生材料所组成的不同料堆。因此,对现有路面、回收料运输车和回收料的料堆都应采集代表性样品,测试其级配和沥青含量等重要指标。再生回收料取样分析流程如图4-1所示。

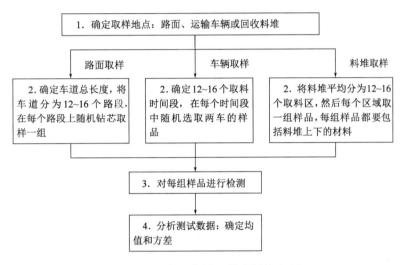

图4-1 再生回收料取样分析流程图

1)回收料取样

(1)原有路面取样:在取样之前,公路部门需要根据现有路面的设计规划、标准和后期评价等资料提出取样和样品评价的方案。样品测试的指标应包括旧路面混合料的级配、沥青含量、沥青针入度和黏度等。以前的施工方案、路面状况调查和养护纪录等历史资料都是区分路段材料组成的依据,并对不同路段选取不同的铣刨厚度和不同的施工材料。对于各个路段应按照随机取样法取样,因为这种方法基于统计学的原理可以大量减少检测费用和工作量。下面介绍取样的操作程序:先根据历史资料将路面分成相同材料组成的几个施工段,再把每个施工段分成6~8个等长的区间。每个区间随机取一组钻芯样品。每个样品的重量应该可以完成沥青抽提和残留物的性质检测试验。根据国外规定的取样数量,建议单车道每1.6km至少取样一组,并且每个项目中样品数不应低于10组。样品的尺寸建议采用直径150mm的路面全厚度圆柱钻芯。如果采用100mm钻芯样品时,建议适当增加样品数量。钻芯取样要先钻取整个路面厚度,经过仔细观察后,将钻芯样品切割并保留要铣刨部分以供检测分析。根据钻芯取样可以确定样品的均值和标准差,从而分析出再生材料在路段上的变化程度。应该注意样品中是否存在离散值,而且对于离散值对应的路段应该单独处理。取样方法也可以参照美国 AASHTO T 168 沥青路面混合料取样方法进行。

(2)回收料运输车辆上取样:回收料样品可以从铣刨现场的运输车辆上获取。美国 AASHTO T 2 集料取样方法可以作为回收料车载取样的依据。

(3)回收料堆的取样:为了获得有代表性的回收料堆样品,减少回收料离析的影响,在回收料堆不同位置至少要挖取 10 个以上的样品。在取样前,应先除去料堆表面 150mm 的回收料,然后在一个位置至少挖取 5kg 的回收料。回收料中 50mm 以上的大料应该筛除。其中一半的样品用于混合料组成测试,另外一半样品可以在混合料设计中使用。一个单元样品用作集料级配和沥青含量测试的抽提试验,五个单元样品用作 Abson(阿布森法)沥青还原和沥青性质测试。美国国家公路与运输协会标准 AASHTO T 2 集料取样方法也可以作为回收料堆取样的依据。

由于原路面材料的破碎和铣刨都会改变原来的集料级配,因此即使已经对原有路面或回收料运输车取样测试,仍然还需要对工厂的回收料堆样品进行检测。在拌和厂堆放的回收料应及时编号,例如 2004-Z5 表示 2004 年第五个回收料堆。这些回收料的来源路段也应该仔细记录,以便设计时现场的勘查和对问题路段进行排查。料堆编号并取样后,就不允许再添加任何新的回收料。这样在再生设计中就很容易针对不同料堆或料堆组提出相应的设计方案。

尽管现在在很多参考文献中有取样指南,但是取样的方案仍然需要设计工程师进行判断和取舍。

2)回收料存放

回收料存放应符合下列要求:

(1)回收料应存放在干净、干燥阴凉处,妥善保存备用。

(2)回收料级配类型、取样日期、层位和桩号等信息应标明,防止试样污染或相互混杂。

3)回收料的缩分

(1)分料器法:将试样拌匀,通过分料器分成大致相等的两份,再取其中的一份分成两份,缩分至需要的数量为止。

(2)四分法:将所取试样置于平板上,在自然状态下拌和均匀,大致摊平,然后从摊平的试样中心沿互相垂直的两个方向把试样向两边分开,分成大致相等的四份,取其中对角的两份重新拌匀,重复上述过程,直至缩分至所需的数量。

4) 回收料的评价

根据烘干前后沥青路面回收料(RMAP)质量的变化,按照式(4-1)计算沥青路面回收料(RMAP)的含水率 w。试验方法参照《公路工程集料试验规程》(JTG E42—2005) T 0305,烘箱加热温度调整为105℃恒温。

$$w = (m_w - m_d)/m_d \times 100 \tag{4-1}$$

式中:w——沥青路面回收料(RMAP)的含水率(%);

m_w——沥青路面回收料(RMAP)的质量(g);

m_d——沥青路面回收料(RMAP)烘干至恒重的质量(g)。

在混合料设计之前,回收料需要系统的评价。这是因为回收料的沥青性质、沥青含量以及集料的级配都产生了显著的变化。经过氧化和各种老化过程回收料的沥青中,轻组分含量降低,沥青质含量相应增加,硬度增加,延度降低。在交通荷载和环境的长期作用下,集料的级配会逐渐变细,而且回收料的铣刨和破碎也会进一步改变集料级配。因此,对有代表性回收料的集料级配、沥青含量和60℃沥青黏度进行测试,是回收料设计的基础。下面分别介绍集料和沥青胶结料的评价方法。

5) 集料评价

美国AASHTO T 30抽提集料力学分析方法和AASHTO T 27集料筛分测试方法可以作为回收料抽提集料筛分测试的依据。如果回收料集料级配不再满足设计要求,可以外加某些筛分区间的新集料来修正集料级配。另外,集料的形状也需要重新检测。AASHTO T 164沥青混合料沥青抽提定量测试方法是一种定量抽提沥青和获取检测沥青的方法。如果沥青胶结料不需要还原,也可以采用美国沥青技术中心(NCAT)的燃烧法来确定回收料的沥青含量和集料级配。

沥青路面回收料(RMAP)的砂当量也应进行测试,首先将沥青路面回收料(RMAP)加热干燥至恒重,加热温度为60℃;然后,用4.75mm筛筛除沥青路面回收料(RMAP)中的粗颗粒,进行砂当量指标检测。试验方法参照《公路工程集料试验规程》(JTG E42—2005) T 0334。

沥青混合料回收料(RAP)的矿料级配和集料性质测试应符合下列要求:

(1)将抽提试验后得到的矿料烘干,待矿料降到室温后,用标准方孔筛进行筛分试验,确定沥青混合料回收料(RAP)中的旧矿料级配。沥青混合料回收料(RAP)的沥青含量与级配也可采用燃烧法确定,若在燃烧过程中,集料由于高温导致破碎,则不宜采用该法。

(2)沥青混合料回收料(RAP)中集料性质,应按照相关行业规范进行检测。

6)沥青胶结料评价

沥青混合料回收料(RAP)的沥青含量和沥青性能测试应按下列要求进行:

(1)将RAP加热干燥至恒重,加热温度为60℃。

(2)按照《公路工程沥青及沥青混合料试验规程》(JTG E20—2011)T 0726阿布森法从沥青混合料回收料(RAP)中回收沥青。如果采用其他方法,需要进行重复性和复现性试验,并进行空白沥青标定。

(3)检测沥青含量和回收沥青的25℃针入度、60℃黏度、软化点、15℃延度等指标。

(4)具有下列情形之一的,必须进行空白沥青标定:更换阿布森沥青回收设备时;更换三氯乙烯品种或供应商时;回收沥青性能异常时;沥青混合料回收料(RAP)来源发生变化时。

(5)重复性试验的允许误差为:针入度≤5(0.1mm)、黏度≤平均值的10%、软化点≤2.5℃;复现性试验的允许误差为:针入度≤10(0.1mm)、黏度≤平均值的15%、软化点≤5.0℃。如果超出允许误差范围,则应弃置回收沥青,重新标定、回收。

如果在再生过程中回收料添加比例低于20%,一般不要求测试还原沥青的性质,混合料的外加沥青等级应和普通沥青混合料相同。

7)再生剂

在某些再生混合料中,应用一种非常重要的材料组分——再生剂。再生剂有以下四个重要作用:①恢复老化沥青的性质,使其达到施工和最终路用的黏度要求;②改善再生沥青混合料,从而达到其最佳的耐久性能;③提供足够的沥青胶结料以裹覆外加的新集料;④提供混合料设计所要求的结合料。

再生剂可以定义为:能够将老化沥青的物理和化学性质改善至规范要求的有机材料。在不同的国家和地区,再生剂还有许多不同的名称,如软化剂、调和剂、延展剂等。较软的沥青和特殊化学品材料都可以作为再生剂。要使老化沥青恢复原有性能,即将老化沥青和原沥青的组分进行比较后,向老化沥青中加入所缺少的那部分组分,对沥青组分重新调和。这种想法理论上是最佳的,但资料显示过去曾有人试图通过比较旧沥青组分和优质沥青的组分来决定旧沥青中应添加的组分,进而找到与这种组分匹配的再生剂,但这种尝试并没成功,其原因是:①化学组分的含义是将沥青分为几个化学性质相近,而且与路用性质有一定联系的组,由于沥青的化学结构极其复杂,即使化学组分相同的沥青,因为它们的油源基属及生产工艺不同,化学结构可能会相差很远,其路用性能可能有很大变化。美国公路战略研究计划(SHRP)研究之初,花了很大精力进行沥青化学成分分析,如核磁共振等方法,但未能得出与路用性能相关性的实用性成果,而最后只得放弃这方面的努力。②要合成某种固定组分的再生剂,从工艺上来说有较大的难度,对设备和工艺都有很高的要求,成本也高。所以企图以化学组分为指标来控制旧沥青的再生并不是现实可行的。从实用的角度讲,寻找合理的测试指标,以此来评定再生剂应该是经济可行的,同时这一指标应该是对沥青的组分能起到调节和控制作用。在选择再生剂时,老化沥青胶结料和再生剂的黏度特性是两个决定因素。如果再生混合料需要添加新沥青,而且新加入的沥青可以使老化沥青还原至规范要求的沥青等级,外加沥青结合料就足够了。通常,针入度 85~100、120~150、200~300 的沥青可以用在再生混合料中。美国的使用经验表明,热再生中更多地使用添加软沥青的方法来改善沥青的性质,而纯粹商业的再生剂产品应用并不广泛。但是,如果再生旧混合料中沥青的黏度已经很高了,针入度值非常低,或者再生旧料在整个混合料的比例超过了 50%,就可以添加专用的再生剂来改善老化沥青的性质。而且,有时还需要既添加调和沥青,也添加专用再生剂,这样才能达到沥青的要求指标。因此,有时需要再生设备可以添加两种胶结材料。采用乳化再生剂有利于混合料的拌和和温度控制,避免拌和滚筒中的再生剂局部过热。而且,适当调整再生剂的乳化配方就可以达到设计最终的沥青黏度要求。乳化再生剂的缺点是需要额外的热量来排除乳液中 30%~35% 的水分。为了保证再生剂的使用功能,应对以下再生剂的性质进行测试:

(1)再生剂在混合料中的分散均匀性,再生剂必须容易在再生混合料中分散,不会出现局部过于集中,从而造成混合料离析的现象;

(2)能够调和回收料中老化沥青的黏度,使其达到设计要求;

(3)与老化沥青的相容性好,不会造成沥青某些组分的部分析出,破坏沥青结构;

(4)能够促进老化沥青的沥青质重新分布;

(5)提高再生沥青混合料的使用寿命;

(6)在高温条件下,不会出现浓烟,闪点高,符合环保和安全要求;

(7)生产的稳定性和连续性。

表 4-1 中列出了美国材料与试验协会标准 ASTM D4552 的热沥青再生剂性能,其中重要的性质指标包括:

(1)60℃黏度是确定沥青等级和保证均匀的指标;

(2)闪点可以作为再生剂中挥发有机组分和杂质成分的测试指标,闪点对于再生剂的运输、处理和储藏时的安全性十分重要;

(3)饱和成分比例,确保再生剂相容性的指标;

(4)高温质量损失,评价热拌混合料生产中挥发和烟雾污染的性质;

(5)老化试验,测试高温拌和时的抗硬化和耐久性。

美国 ASTM 热拌沥青混合料再生剂规范　　　　表 4-1

试验项目	ASTM 检测方法	RA-1	RA-5	RA-25	RA-75	RA-250	RA-500
60℃黏度（Pa·s）	D2171	50~175	176~900	901~4500	4501~12500	12501~37500	37501~60000
克利夫兰开口闪点（℃）	D92	>220	>220	>220	>220	>220	>220
饱和成分比例(%)	D2007	<30	<30	<30	<30	<30	<30
RTFOT（旋转薄膜烘箱试验）残留物性质	D2872 或 D1754						
黏度比		<3	<3	<3	<3	<3	<3
质量损失（%）		<4	<4	<3	<3	<3	<3
比重	D70 或 D1298	要求提供测试报告	要求提供测试报告	要求提供测试报告	要求提供测试报告	要求提供测试报告	要求提供测试报告

再生剂等级的选择取决于老化沥青的硬度和含量。一般来说,较低黏度再生剂用于老化严重的沥青再生,反之亦然。

4.1.2 材料要求

RA-1、RA-5、RA-25 和 RA-75 一般适用于外加集料小于 30% 的热拌再生混合料,而 RA-250 和 RA-500 适用于外加集料大于 30% 的再生混合料。对于乳化再生剂一般也可以依据普通再生剂的规范来测试,同时要考虑乳液的特性。美国 ASTM D5505 乳化再生剂分级标准是其中有代表性的。乳化再生剂的种类选择要考虑老化路面中沥青黏度、再生施工方法、新集料的添加量和其他设计要求。

1)集料

(1)粗、细集料质量应符合《公路沥青路面施工技术规范》(JTG F40—2004)的有关规定。

(2)热再生应用时,当 RAP 中集料质量不符合《公路沥青路面施工技术规范》(JTG

F40—2004)的有关规定时,应通过调整 RAP 掺配比例使新旧集料混合后的集料质量符合有关规定。

2)水泥、石灰、矿粉

(1)水泥作为再生结合料或者活性添加剂时,可采用普通硅酸盐水泥、矿渣硅酸盐水泥等,不应使用快硬水泥、早强水泥。水泥强度等级宜为 32.5 或 42.5,其技术指标应符合相应国标的有关要求。

(2)石灰的技术指标应符合《公路路面基层施工技术细则》(JTG/T F20—2015)的有关规定。

(3)矿粉的技术指标应符合《公路沥青路面施工技术规范》(JTG F40—2004)的有关规定。

3)水

(1)饮用水可直接用于生产乳化沥青、泡沫沥青及冷再生混合料。

(2)非饮用水用于生产乳化沥青、泡沫沥青及冷再生混合料时,不应含有油污、泥土和其他有害杂质,且应经试验验证不影响产品性能和工程质量。

4.2 热再生沥青混合料设计

图 4-2 是再生混合料设计流程图。

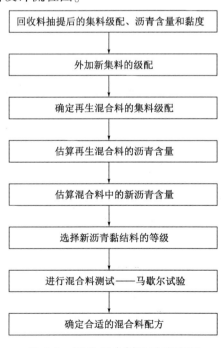

图 4-2　再生混合料设计流程图

以下先介绍传统热再生混合料设计,然后再阐述 Superpave 再生混合料设计方法,最后阐述分级再生混合料设计方法和高模量混合料配合比设计方法。

4.2.1 厂拌热再生配合比设计

1)一般要求

本方法适用于厂拌热再生密级配沥青混合料及沥青稳定碎石混合料的配合比设计。

厂拌热再生沥青混合料的配合比设计应通过目标配合比设计、生产配合比设计、生产配合比验证三个阶段,确定沥青混合料回收料(RAP)的掺配比例、新材料的品种及配比、矿料级配、最佳沥青用量。

厂拌热再生混合料配合比设计时,沥青混合料回收料(RAP)应从处理后的沥青混合料回收料(RAP)料堆取样。

厂拌热再生沥青混合料宜采用马歇尔设计方法进行配合比设计。

2)确定工程设计级配范围

根据公路等级、气候条件、交通特点,充分借鉴成功经验,确定工程设计级配范围。工程设计级配范围应符合《公路沥青路面施工技术规范》(JTG F40—2004)规定的相应热拌沥青混合料级配范围。

3)选择沥青混合料回收料(RAP)的掺配比例

根据工程需要、沥青混合料回收料(RAP)特性等因素,选择沥青混合料回收料(RAP)的掺配比例。

4)选择新沥青标号和再生剂用量

再生沥青的目标标号应根据公路等级、混合料使用的层位、工程的气候条件、交通量、设计车速等条件进行选择,一般选取与当地同等条件下常用的道路沥青标号作为目标标号。沥青混合料回收料(RAP)掺配比例较大时,也可以根据实际情况,适当降低沥青目标标号一个等级。

根据沥青混合料回收料(RAP)材料的性质、掺配比例,参照表4-2选择新沥青。

再生沥青混合料新沥青选择　　　　　　　　　表4-2

回收沥青等级	RAP 含量	建议的新沥青等级
$P \geqslant 30$	$R < 20\%$	
$20 \leqslant P < 30$	$R < 15\%$	沥青选择不需要变化
$10 \leqslant P < 20$	$R < 10\%$	

续上表

回收沥青等级	RAP 含量	建议的新沥青等级
$P \geq 30$	$20\% \leq R < 30\%$	选择新沥青标号比正常高半个等级,即针入度10(0.1mm)
$20 \leq P < 30$	$15\% \leq R < 25\%$	
$10 \leq P < 20$	$10\% \leq R < 15\%$	
$P \geq 30$	$R \geq 30\%$	根据新旧沥青混合调和法则确定
$20 \leq P < 30$	$R \geq 25\%$	
$10 \leq P < 20$	$R \geq 15\%$	

注:1. 表中的 P 代表回收沥青25℃的针入度(0.1mm)。
2. 表中 R 代表再生混合料中的 RAP 含量。

需要根据新旧沥青混合调和法则确定新沥青标号的,按照式(4-2)确定新沥青(再生剂)的黏度。

$$\lg \eta_{mix} = (1-\alpha)\lg \eta_{old} + \alpha \lg \eta_{new} \tag{4-2}$$

式中: η_{mix} ——混合后沥青的60℃黏度(Pa·s);

η_{old} ——混合前旧沥青的60℃黏度(Pa·s);

η_{new} ——混合前新沥青或再生剂的60℃黏度(Pa·s);

α ——新沥青的比例, $\alpha = P_{nb}/P_b$;

P_{nb} ——热再生沥青混合料的新沥青用量(%);

P_b ——热再生沥青混合料的总沥青用量(%)。

根据黏度 η_{new} 确定新沥青标号。如需新沥青和再生剂配合使用的,新沥青与再生剂的掺配比例可按照上式计算。应首先选择合适标号的新沥青,存在下列情形之一的可使用再生剂:

(1)计算得到所需的新沥青标号过高,市场供应存在问题;

(2)沥青混合料回收料(RAP)掺配比例较大或者沥青混合料回收料(RAP)中旧沥青含量较高。

根据计算得到的新旧沥青掺配比例和再生剂掺量,进行新旧沥青掺配试验,试验验证再生沥青标号。

测试60℃黏度有困难的,可采用针入度指标。

5)估算新沥青用量 P_{nb} 及其占总沥青用量 P_b 的比例

估计再生沥青混合料的总沥青用量。沥青混合料回收料(RAP)掺量不超过20%时,热再生沥青混合料的总沥青用量与没有掺加沥青混合料回收料(RAP)的沥青混合料基本一致,可以根据工程材料特性、气候特点、交通量等条件,结合当地的工程经验进行

估计,也可按式(4-3)估计总沥青用量:

$$P = 0.035a + 0.045b + Kc + F \tag{4-3}$$

式中:P——再生混合料的目标沥青含量估算值,以占沥青混合料质量百分数表示;

a——集料 2.36mm 以上筛上剩余百分数,以整数表示;

b——2.36mm 和 0.075mm 筛之间的集料百分数,以整数表示;

c——0.075mm 以下的集料百分数;

K——集料系数,根据 c 值变化而变化,$c = 11 \sim 15$ 时,取 0.15;$c = 6 \sim 10$ 时,取 0.18;$c = 0 \sim 5$ 时,取 0.20;

F——系数,根据集料的比重和表观特性,在 $0 \sim 2.0$ 之间取值;如果没有参考值,可以取 0.7。

以以上的目标沥青含量估算值为基准,增加或减少 0.5%、1.0% 的沥青用量,分别进行检测就可以确定最佳的沥青含量。例如,经过计算得到估算值为 5.2%,则可以对 5.0%,±0.5%,±1.0% 等五个沥青用量等级测试,得到最佳的再生混合料点沥青用量 P_b。

根据外加集料的比例 r、再生旧料沥青含量 P_{sb} 和再生混合料目标沥青含量 P_b,就可以分别得到混合料其他成分的计算值。为了便于查找和参考,这里列出公式中各个符号的代表意义:

P_{sm}——再生旧混合料占回收料总质量的百分比(%);

P_{sb}——再生旧料中沥青占旧料的百分比(%);

P_{nb}——外加新沥青占再生混合料质量的百分比(%);

P_{ns}——外加新集料占再生混合料质量的百分比(%);

R——外加沥青(包括再生剂)占总沥青的百分比(%)。

6)外加沥青含量

外加沥青含量 P_{nb} 是指外加沥青占再生混合料质量的百分比,按下式计算:

$$P_{nb} = (100^2 - rP_{sb})P_b / [100(100 - P_{sb})] - (100 - r)P_{sb}/(100 - P_{sb}) \tag{4-4}$$

例如,在实际工程中,$P_{sb} = 4.5$,$r = 75$,那么,

$$\begin{aligned}P_{nb} &= (100^2 - 75 \times 4.5)P_b / [100(100 - 4.5)] - (100 - 75) \times 4.5/(100 - 4.5) \\ &= 1.012P_b - 1.178\end{aligned} \tag{4-5}$$

这样,就可以根据不同的再生混合料沥青含量确定不同的外加沥青用量。

7)外加沥青的标号选择

设计中,首先要确定混合料的沥青设计黏度,即目标黏度。一般,设计黏度值与施工

方法、气候条件和交通条件有关,应取当地同等条件道路沥青标号的黏度范围中值。然后再计算外加沥青(包括再生剂)占总沥青的百分比 R,其计算公式为:

$$R = 100P_{nb}/P_b \tag{4-6}$$

最后,根据图4-3计算外加沥青的黏度值。图4-3为沥青黏度-外加沥青比例图,已知回收料的老化沥青黏度为左侧纵坐标,根据外加沥青百分比 R 和目标黏度可以在图4-3中确定一个坐标点,而外加沥青的黏度显示在右侧纵坐标上。例如,工程目标黏度为2000泊❶,外加沥青的百分比 R 为81%,回收料沥青黏度为60000泊,那么就很容易确定坐标点 A 和 B,将 A 和 B 连成直线,并延长至右侧纵坐标就得到坐标点 C。这样就确定了外加沥青的黏度应为900泊。从而,也就确定了外加沥青的标号。

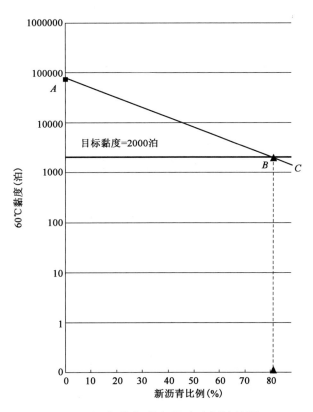

图 4-3 沥青黏度-外加沥青比例计算图

在外加沥青标号选择时,建议遵循以下经验原则:

当回收料比例低于15%时,采用当地通用的沥青标号,不必进行调整;

当回收料比例超过16%时,外加沥青的标号提高一个等级就可以了。除非经过车

---

❶ 1 泊 = 10^{-3} Pa·s。

辙试验的检验,一般不要将外加沥青的标号提高超过一个等级。

再生旧料含量是指再生旧混合料占回收料总质量的百分比,以整数表示。下面给出再生旧料含量计算公式:

$$P_{sm} = 100(100-r)/(100-P_{sb}) - (100-r)P_b/(100-P_{sb}) \tag{4-7}$$

外加新集料占再生混合料质量的百分比 P_{ns} 的计算公式为:

$$P_{ns} = r - (rP_b/100) \tag{4-8}$$

8) 混合料设计

应用前面的计算公式,就可以得到控制施工的主要技术参数。然后,应用马歇尔(Marshall)设计法进行混合料设计。

马歇尔试件制备应符合下列要求:

(1) 将沥青混合料回收料(RAP)置于烘箱中加热至120℃,加热时间不宜超过2h,避免沥青混合料回收料(RAP)进一步老化。

(2) 根据再生沥青的黏温曲线确定混合料的拌和与成型温度,新集料加热温度宜高出拌和温度10~15℃。

再生混合料拌和时的投料顺序宜为:在预热的拌和锅中先倒入沥青混合料回收料(RAP)并加入再生剂混拌均匀,然后加入粗细集料混拌均匀,再加入新沥青混拌均匀,最后加入矿粉拌和至均匀为止,总拌和时间约3min。

将一个试样所需的混合料倒入预热的试模中,成型方法应与热拌沥青混合料相同。

9) 配合比设计检验

应按照《公路沥青路面施工技术规范》(JTG F40—2004)热拌沥青混合料配合比设计方法的有关规定进行。

10) 配合比设计报告

热再生沥青混合料配合比报告应包括:沥青混合料回收料(RAP)试验结果,沥青混合料回收料(RAP)掺量确定,再生沥青的试验结果,工程设计级配范围选择说明,材料品种选择与新材料试验结果,矿料级配,最佳沥青用量,以及各项体积指标、配合比设计检验结果等。

4.2.2 就地热再生配合比设计

1) 确定工程设计级配范围

在规定的级配范围内,根据交通等级、工程性质、交通特点、材料品种等因素,通过对条件大体相当的工程使用情况进行调查研究后确定,特殊情况下允许超出规范要求级配范围。经确定的工程设计级配范围是配合比设计的依据,不得随意变更。

2)矿料级配设计

宜根据沥青混合料回收料(RAP)的矿料级配和拟定的设计级配范围,确定掺加的新矿料级配。

当再生沥青混合料不能满足级配要求时,应综合考虑再生厚度、新沥青混合料的掺配比例和级配、再生沥青性能、再生沥青混合料性能等,调整级配范围。

再生沥青混合料宜掺加新沥青混合料,以改善原路面矿料级配。

3)确定再生剂用量

应充分考虑再生路面的气候、交通特点、层位、纵横坡、超高等因素,确定再生沥青的目标标号。

应根据再生沥青的目标标号,确定再生剂用量。可采用如下的试配法进行旧沥青再生试验:将再生剂按一定间隔的等差数列比例掺入旧沥青,测定再生沥青的三大指标,绘制变化曲线,用内插法初步确定再生剂用量。

确定再生剂用量时应考虑 RAP 中粗集料吸附沥青情况。

4)马歇尔试验

预估再生沥青混合料的油石比,以此为中值,以一定的间隔确定 5 个新沥青用量,分别成型马歇尔试件。

应按照《公路工程沥青及沥青混合料试验规程》(JTG E20—2011)的方法测试试件的毛体积相对密度、吸水率、理论最大相对密度,测试再生沥青混合料马歇尔稳定度和流值。

5)确定最佳新沥青用量

应按照《公路沥青路面施工技术规范》(JTG F40—2004)的方法确定最佳新沥青用量。

新沥青混合料应避免出现沥青过多而导致的沥青流淌和离析等现象;新沥青无法随同新加沥青混合料加入时,可将多出的部分作为添加剂在再生施工中单独添加。

6)配合比设计检验

应按照《公路沥青路面施工技术规范》(JTG F40—2004)的方法进行配合比设计检验。

7)试验段检验再生沥青混合料性能

就地热再生沥青混合料的性能应经试验段检验。

试验段检验项目主要有:现场再生沥青的技术指标、马歇尔稳定度、再生混合料的级配、车辙动稳定度、浸水马歇尔残留稳定度、冻融劈裂强度比、低温破坏应变等,检验上述指标是否满足设计要求。

4.2.3 Superpave 配合比设计

由于近年来国内外设计和施工部门提出了很多路面设计施工中存在的问题,道路交通量的迅速增加等导致道路的早期损坏比较严重,因此美国和欧洲一些发达国家提出了基于路面使用性能的设计理论。美国 SHRP 计划就是根据这一理论而发展起来的。作为美国 SHRP 计划的重要组成部分,Superpave 路面设计方法(图 4-4)提出了一种基于使用性能的沥青胶结料规范。Superpave 设计方法中提出沥青的性能等级(PG),有利于提高不同温度条件下的沥青路面使用性能。沥青性能等级(PG)规范包括:①抗车辙系数($G^*/\sin\delta$)用于控制夏天高温条件下的车辙变形;②抗疲劳系数($G^*\sin\delta$)控制路面常温条件下的疲劳开裂;③最大蠕变劲度模量(S)可以表征冬天路面低温条件下抵抗低温开裂的能力。PG 分级系统包含表征高温和低温使用条件的两个数值,例如 PG64-28 表示此类沥青具有 64℃路面温度下的抗车辙能力,而且在 -28℃路面温度下可以抵抗低温开裂。Superpave 设计方法还提出应用旋转压实仪测试的混合料体积设计法。下面根据 Superpave 设计方法提出了热拌再生混合料设计的六个主要步骤:

1)再生混合料的外加新集料比例

首先,要测试再生旧料集料和新集料的级配,确定再生混合料的集料级配。然后,就可以根据这些级配数据,确定外加新集料的添加比例。尽管这一步骤与传统再生混合料设计方法相似,但是 Superpave 所要求的集料级配与普通混合料的有所不同,具体设计级配请参见相关设计参考文献。

2)估算再生混合料的总沥青含量

这一步骤要求采用 Superpave 混合料体积设计法估计再生混合料的总沥青含量(图 4-4)。其设计思路同样是假定再生集料与新集料的作用相似,新旧集料的添加比例并不影响混合料的总沥青含量。Superpave 的估算值是一个根据经验公式和集料体积特性(包括集料的级配、Superpave 有效密度、毛体积密度等)计算出来的混合料沥青用量值。

3)估算再生混合料的外加沥青含量

外加沥青含量 P_{nb} 是指外加沥青占再生混合料质量的百分比,其计算方法与前面的传统热拌再生混合料计算方法相同,见式(4-9):

$$P_{nb} = (100^2 - rP_{sb})P_b/[100(100 - P_{sb})] - (100 - r)P_{sb}/(100 - P_{sb}) \qquad (4\text{-}9)$$

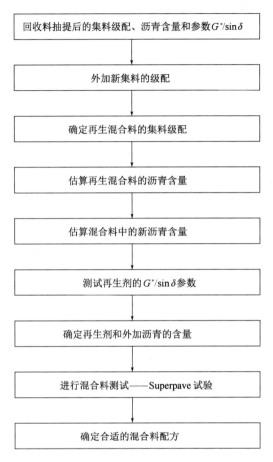

图 4-4　再生混合料设计流程图——Superpave 方法

4) 确定外加沥青的等级

根据美国沥青技术研究中心（NCAT）的研究，外加沥青胶结 PG 等级的选择建议遵循以下三个原则：

（1）对于回收料添加比例在 0～15% 的混合料，可以应用当地同类普通沥青混合料的沥青 PG 分级。如果工程所在地的公路部门使用 PG 64-28 沥青生产普通沥青混合料，那么再生旧料占 15% 以下的再生混合料也采用 PG 64-29 沥青作为外加沥青。

（2）对于回收料添加比例在 16%～25% 的混合料，再生外加沥青应该比当地标准 PG 分级的沥青低一个等级，即在标准沥青等级为 PG 64-22 时，再生混合料所用的沥青等级应该为 PG 58-28。另外，这一沥青 PG 等级的确定也可以在高温等级计算图中确定（该图的使用方法见下一部分中的说明）。

（3）如果再生混合料中使用 26% 以上的再生旧料，建议使用图 4-5 沥青黏度-外加沥青比例计算图来确定沥青等级。此图中 X 坐标表示外加沥青占再生混合料沥青总量的百分数，Y 坐标表示高温抗车辙指标 $G^*/\sin\delta$。在应用时需要注意，如果当地公路部门采用 PG64-28 的沥青等级，那么无论对于老化的旧沥青还是外加的新沥青，$G^*/\sin\delta$ 指标都应是在 64℃ 的条件下测试得到的。在图中左边纵坐标取老化沥青的 $G^*/\sin\delta$ 值，在右边的纵坐标取外加沥青的 $G^*/\sin\delta$ 值，连接这两个点的直线与 1kPa 和 2kPa 两条水平线相交的交点分别为 A 和 B。A 点所对应的 X 坐标为可外加沥青的最大值，而 B 点所对应的 X 坐标为可外加沥青的最小值。当第 3 部分确定的外加沥青含量在 A 点和 B 点所确定的最大用量和最小用量之间，就可以确定外加沥青的 PG 等级了。

例如，某再生工程中外加沥青用量为 74%，公路部门在当地应用 PG 64-28 沥青。经测试，老化沥青和外加 PG 64-28 沥青的 64℃ $G^*/\sin\delta$ 值分别为 100kPa 和 1.20kPa。首先，将老化沥青和外加沥青的 $G^*/\sin\delta$ 值绘制在图 4-5 中；然后，连接这两点成直线，并确定其与 2.0kPa 水平线相交在 B_1(86%) 处。这说明外加沥青的最小值为 86%，不满足要求。下一步，取 PG 58-34 沥青来试算。在 64℃ 条件下，PG 58-34 沥青的 $G^*/\sin\delta$ 值为 0.64kPa。这样就可以确定外加沥青的最大值和最小值为 88%（A_2 处）和 73%（B_2 处），说明 PG 58-34 沥青可以满足要求。因而沥青等级 PG 58-34 适合这一再生工程。

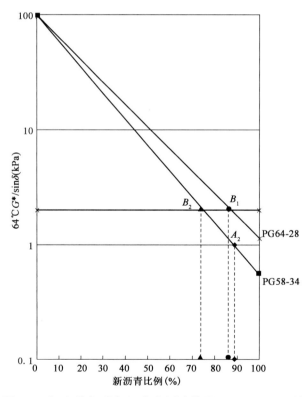

图 4-5　沥青黏度-外加沥青比例计算图——Superpave 法

另外,需要注意的是,一些学者认为只用 $G^*/\sin\delta$ 值来确定沥青的使用等级还不够完整,抗疲劳系数 $G^*\sin\delta$ 和低温指标都应该考虑进来。但是,这部分研究工作还在进行中,没有成熟的结论用于工程实践。

5)混合料测试

在设计过程中,对外加集料可能需要稍作调整才能符合 Superpave 集料要求。混合料应在 Superpave 旋转压实仪上成型试件,并根据 Superpave 混合料体积设计法设计。其他混合料测试条件和方法与前述的传统再生混合料设计方法一样。

6)确定混合料配方

根据混合料的测试结果确定最佳的沥青含量。设计混合料配方应该符合所有的混合料测试指标。

4.2.4 分级再生配合比设计

分级再生法是相较于传统再生法而言的,如图 4-6 所示。传统的旧料再生利用是将新集料、再生剂和新沥青以及矿粉依次加入旧集料中拌和而得到的,而分级再生法为了使新旧沥青的融合更加充分,调整了再生混合料的拌和顺序,此法先将富含旧沥青的细料与新沥青拌和,同时含油量较少的粗旧料与新集料拌和,最后将两者进行复拌从而得到再生沥青混合料,从再生工艺的角度来促进新旧沥青的融合,进而改善再生沥青混合料的性能。

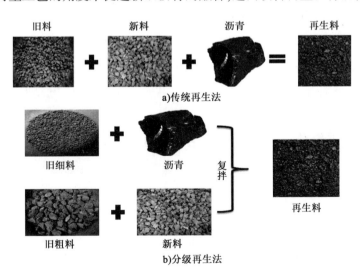

图 4-6 传统再生法与分级再生法对比图

4.2.5 高模量配合比设计方法

法国高模量沥青混合料设计方法自成体系,拥有一整套沥青混合料性能评价指标,从原材料组成到室内路用性能试验到以性能试验进行的混合料分级等都有相应的标准。该方法是一套基于最佳性能的设计方法,对混合料的模量、疲劳以及高温性能三者间的关系有较高的要求。但对于混合料的级配设计要求较低,主要通过关键筛孔来控制,在油石比的确定方面未对最佳油石比做明确规定,仅通过丰度系数 K 来确定最少沥青用量,以保证黏附集料的沥青膜厚度。在其设计方法中,最小油石比的确定与矿料级配和集料有效密度有关,通过级配和规范规定的 K 计算最小油石比,然后根据油石比范围一般在 5.5%~6.5% 之间的工程经验,初选不同的 K 值,旋转压实成型试件,进行性能试验,从而得到最佳油石比。

4.2.6 常见设计方法对比

厂拌热再生设计主要的两个步骤是材料评价和混合料的配合比设计。材料评价包括对旧路面回收料和再生剂的测试。旧路面回收料应根据随机取样方案取样。对于不同交通条件和不同材料组成的路段,应该分别测试样品的集料级配、沥青含量和沥青性质等。建议再生剂应符合 AASHTO 或 ASTM 的设计规范。热再生配合比设计应首先确定外加集料的比例,然后确定外加沥青的用量,根据 Marshall 或 Superpave 混合料设计方法确定最佳沥青用量。法国高模量沥青混合料的设计方法将疲劳应变、复数模量作为主要设计指标,形成了基于旋转压实试验和多列士试验下的水稳定性、高温性能、复数模量、疲劳性能的 4 水平设计方法。虽然法国高模量沥青混合料设计法基于性能对混合料进行设计,能充分保证其混合料的路用性能,具有一定的先进性,但其设计周期较长,过程复杂,而且需要一整套特定的试验设备与方法,与我国马歇尔设计法的现状出入较大,无法广泛推广。因此,通过借鉴其设计理念,应用到我国现行的设计方法中具有重要的研究价值与意义。

4.3 厂拌热再生计算实例(传统混合料设计方法)

1)计算示例一

某地区沥青混合料再生项目计划采用间歇式厂拌热再生的方法。回收料的取样是根据随机取样法在不同回收料堆中选取的有代表性的样品,然后进行抽提试验,分别检测沥青和集料的各项指标。已经检测的指标包括:

(1)旧路面上铣刨下来的回收料沥青含量 P_{sb} 为 5.4%。

(2)回收料老化沥青 60℃ 的黏度为 46000 泊。

(3)当地常用的沥青等级是 70 号,60℃ 的目标黏度为 2000 泊。

（4）外加新集料和再生旧料中的集料级配列入表4-3。

外加新集料和回收料旧集料级配表　　　　　　　　　　表4-3

筛孔（mm）	通过率(%)	
	外加集料	再生集料
25.0	100	100
19.0	92	98
9.5	53	85
4.75	31	65
2.36	16	52
0.3	5	22
0.075	1	8

由于此项目采用间歇式厂拌法，而且回收料的含水率为5%，建议采用30%的再生旧料添加量。根据过去的经验和现场的条件，30%添加比例应该比较可行，再生效率也比较高。

第一步：计算再生混合料的混合级配

由于建议回收料添加比例为30%，外加集料的比例就是70%，即$r=70$。表4-4是混合级配的计算方法。

再生混合级配计算表　　　　　　　　　　表4-4

筛孔（mm）	通过率(%)		
	70%外加集料	30%再生集料	混合级配
25.0	100×0.7=70	100×0.3=30	100
19.0	92×0.7=64.4	98×0.3=29.4	93.8
9.5	53×0.7=37.1	85×0.3=25.5	62.6
4.75	31×0.7=21.7	65×0.3=19.5	41.2
2.36	16×0.7=11.2	52×0.3=15.6	26.8
0.3	5×0.7=3.5	22×0.3=6.6	10.1
0.075	1×0.7=0.7	8×0.3=2.4	3.1

根据表4-4的计算结果与施工级配要求（表4-5）对比得到，此混合级配满足施工要求，可以进行混合料设计。

级配结果比较表　　　　　　　　　　表4-5

筛孔（mm）	通过率(%)	
	混合级配	级配要求
25.0	100	100
19.0	93.8	90~100

续上表

筛孔 (mm)	通过率(%)	
	混合级配	级配要求
9.5	62.6	56~80
4.75	41.2	35~65
2.36	26.8	23~49
0.3	10.1	5~19
0.075	3.1	2~8

第二步：预估混合集料的沥青总用量

沥青总用量 $= 0.035a + 0.045b + Kc + F$

$\qquad = 0.035 \times 73.2 + 0.045 \times 23.7 + 0.2 \times 3.1 + 0.7$

$\qquad = 4.95$（取 5.0 作为计算值）

第三步：计算混合料中外加沥青含量

外加沥青含量 $P_{nb} = (100^2 - rP_{sb})P_b / [100(100 - P_{sb})] - (100 - r)P_{sb}/(100 - P_{sb})$

$\qquad = (100^2 - 70 \times 5.4)P_b / [100(100 - 5.4)] - (100 - 70) \times 5.4/(100 - 5.4)$

$\qquad = 1.017P_b - 1.712$

由于预估沥青总用量为 5.0%，所以 $P_{nb} = 3.4\%$。

外加沥青占总沥青用量的比例 $R = 100 \times 3.4\%/5.0\% = 68\%$。

第四步：选择外加沥青的标号

在图 4-7 中，根据回收料老化沥青 60℃ 的黏度 46000 泊，可以在左侧纵坐标上确定 A 点。由于 $R = 68\%$，工程目标黏度为 2000 泊，就确定了另一控制点 B。这样，连接 A 和 B 点的直线会与右侧纵坐标有一个交点 C。C 点对应的黏度值是 700 泊。这样，就可以确定所要求的沥青的标号了。

第五步：混合料设计

新集料和再生旧混合料按集料比例 70∶30 制作马歇尔或维姆混合料试件，沥青含量分别取 4.0%、4.5%、5.0%、5.5% 和 6.0%。

根据式（4-10）及式（4-11）和已知的几个参数可以分别计算再生旧料含量 P_{sm} 和外加新集料占再生混合料质量的百分比 P_{ns}：

$$P_{sm} = 100(100 - r)/(100 - P_{sb}) - (100 - r)P_b/(100 - P_{sb}) = 31.71 - 0.317P_b \tag{4-10}$$

$$P_{ns} = r - (rP_b/100) = 70 - 0.7P_b \tag{4-11}$$

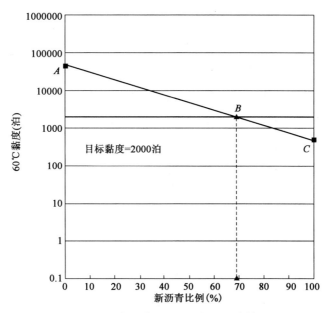

图 4-7　沥青黏度-外加沥青比例计算图

计算结果见表 4-6。

再生旧料和外加新集料比例计算表　　　　　　　　　表 4-6

$P_b(\%)$	4.0	4.5	5.0	5.5	6.0
$P_{nb}(\%)$	2.4	2.9	3.4	3.9	4.4
$P_{sm}(\%)$	30.4	30.3	30.1	29.9	29.8
$P_{ns}(\%)$	67.2	66.8	66.5	66.2	65.8
合计	100	100	100	100	100

在试验室拌和混合料时,请注意以下程序:将回收料加热到拌和温度,同时,将新集料加热至高于拌和温度10℃的温度。将两者按比例放在一起拌和均匀后,加入沥青拌和。回收料的加热过程会影响回收料老化沥青的性质,因此回收料的加热时间应尽量缩短,从回收料加热到混合料开始击实的时间不宜超过1h。

第六步:确定混合料配方

再生混合料的外加沥青含量和混合料配方确定方法可以依据马歇尔沥青混合料设计法或维姆法进行。

2)计算示例二

南方某省沥青混合料再生项目计划采用间歇式厂拌热再生的方法。回收料的沥青含量为6.0%,老化沥青60℃的黏度为100000泊。假设回收料和外加集料的性质和级配与计算示例一相同。因此设计的第一步和第二步都与计算示例一的前两步相同,第三步及之后的计算步骤如下所示:

第三步:计算混合料中外加沥青含量

外加沥青含量 $P_{nb} = (100^2 - rP_{sb})P_b/[100(100-P_{sb})] - (100-r)P_{sb}/(100-P_{sb})$
$= (100^2 - 70 \times 6.0)P_b/[100(100-6.0)] - (100-70) \times 6.0/(100-6.0)$
$= 1.019P_b - 1.915$

由于预估沥青总用量为 5.0%，所以 $P_{nb} = 3.2\%$。

外加沥青占总沥青用量的比例 $R = 100 \times 3.2\%/5.0\% = 64\%$。

第四步：选择外加沥青的标号

根据回收料老化沥青 60℃ 的黏度 100000 泊，可以在图 4-8 中左侧纵坐标上确定 A 点。由于 $R = 64\%$，工程目标黏度为 2000 泊，就确定了另一控制点 B。这样，连接 A 和 B 点的直线会与右侧纵坐标有一个交点 C。C 点对应的黏度值是 250 泊。但是，由于这条路的交通荷载较重，交通量大，而且南方的温度较高，因此不适合采用这种低黏度的沥青。路面设计工程师建议采用添加再生剂的方法来达到混合料的设计要求。

研究决定采用 70 号沥青生产，其 60℃ 的黏度为 2000 泊。同时，选定再生剂的品种，其 60℃ 的黏度为 1 泊。因此，在图 4-8 中左侧纵坐标上确定 D 点 (2000 泊)，在右侧纵坐标确定另一控制点 E (1 泊)。然后，连接 D 和 E 点的直线会与 250 泊水平线有一个交点 F。F 点对应的百分比是 24%。这表示在外加 70 号沥青中加入 24% 的再生剂，就可以达到要求的 300 泊的黏度要求。而这种含有 17% 再生剂的沥青与老化沥青混合以后，黏度将会达到 2000 泊左右。

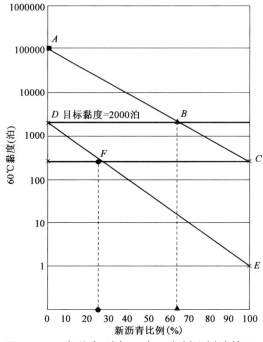

图 4-8　沥青黏度-外加沥青再生剂比例计算图

第五步:混合料设计

沥青含量分别取 4.0%、4.5%、5.0%、5.5% 和 6.0% 五个值。根据所列出的计算公式分别计算再生旧料含量 P_{sm} 和外加新集料占再生混合料质量的百分比 P_{ns}:

$$P_{sm} = 100(100-r)/(100-P_{sb}) - (100-r)P_b/(100-P_{sb}) = 31.91 - 0.319P_b$$

$$P_{ns} = r - (rP_b/100) = 70 - 0.7P_b$$

计算结果见表 4-7。

再生旧料和外加新集料比例计算表　　　表 4-7

$P_b(\%)$	4.0	4.5	5.0	5.5	6.0
$P_{nb}(\%)$	2.2	2.7	3.2	3.7	4.2
$P_{sm}(\%)$	30.6	30.5	30.3	30.1	30.0
$P_{ns}(\%)$	67.2	66.8	66.5	66.2	65.8
合计	100	100	100	100	100

在试验室拌和混合料时,请注意以下程序:将回收料加热到拌和温度,同时,将新集料加热至高于拌和温度 10℃ 的温度。将两者按比例放在一起拌和均匀后,加入沥青拌和。回收料的加热过程会影响回收料老化沥青的性质,因此回收料的加热时间应尽量缩短,从回收料加热到混合料开始击实的时间不宜超过 1h。

第六步:确定混合料配方

再生混合料的外加沥青含量和混合料配方确定方法可以依据马歇尔沥青混合料设计法或维姆法进行。如果应用马歇尔设计法,建议选择 4.0% 空隙率下的沥青含量作为最佳沥青含量。

CHAPTER FIVE 第5章

沥青的再生机理和再生方法

旧沥青路面材料的再生过程包含各种材料的重新组合与调配，其中最为关键一点就是回收料中旧沥青的再生。对于沥青黏结料的认识有以下两种不同的观点：

一种观点认为，沥青具有一系列胶体性质，沥青中存在着三种成分：即沥青质、胶质和油相。同时，也有人将油相细分为芳香分和饱和分，从而形成目前流行的四组分理论。沥青结构研究中最早提出的胶体结构理论认为，由于化学组分的不同，沥青会形成不同的胶体结构，这在宏观上表现为不同的流变性质。研究沥青流变性质的科学，就形成了近几十年发展起来的沥青流变学。目前研究沥青常规路用指标的针入度、软化点和延度等都和沥青的流变性质有密切的关系，因此，应用流变参数分析沥青再生的机理容易被人们所理解。本书以沥青胶体结构理论作为研究沥青再生设计的主要理论依据。

另外还有一种观点认为，沥青是以沥青质为溶液，是以软沥青质为溶剂的高分子浓溶液。随着采用的溶剂不同，又可以将沥青分离为多层结构，并利用近代化学热力学的理论，对沥青的各种物理化学现象进行数学描述和求解。这是近年来在沥青结构研究中出现的溶液理论。对于沥青化学结构从"胶体理论"发展到"溶液理论"的认识，不仅可以进一步说明沥青的本质，而且可以应用现代高分子科学的成就来研究沥青的结构及其特性。

5.1 沥青的流变性质

沥青是一种热塑性材料，在不同的温度条件下表现为不同的物理性质。在高温条件下，沥青呈流动状液体；在低温条件下，沥青表现为固体，具有弹性和类似玻璃的脆性；在一定的温度范围内，沥青则表现出黏弹性性质。沥青的性质除与温度有密切关系外，还与沥青受到荷载的大小以及荷载作用时间的长短有关。在某一温度下，当沥青受到瞬间荷载的作用，或小荷载的作用时，沥青可表现为明显的弹性性质；当荷载较大而且作用时间较长时，沥青又会表现出黏弹性性质。沥青路面在施工和碾压成型工程中，都是在沥青呈黏流状态下进行操作的，沥青路面再生过程主要也是在黏流状态下完成的。因此，了解沥青的黏弹性质是十分必要的。

假设在两个平行的平面之间填充着沥青材料，如图 5-1 所示。

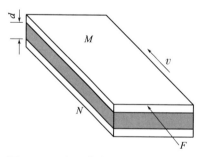

图 5-1　平行平板间沥青剪切示意图

当平面 M 在外力 F 作用下,相对于平面 N 产生速度为 v 的平行移动时,将会带动沥青一起运动,使沥青受到剪切作用。但是,距离平面 M 近的沥青颗粒移动速度要比距离远的沥青颗粒快,于是在沥青层内形成不同的运动速度。在单位距离内沥青移动速度的变化称为剪变率,以符号 γ 表示,它在数值上等于:

$$\gamma = \frac{v}{d} \tag{5-1}$$

式中:d——平面 M 与平面 N 之间的距离。

单位面积内沥青受到的剪切力为剪应力,以 τ 表示,它在数值上等于:

$$\tau = \frac{F}{A} \tag{5-2}$$

式中:F——剪切力(N);

A——面积(m^2)。

以剪应力 τ 与剪变率 γ 之比表示沥青的黏度,用符号 η 表示,即:

$$\eta = \frac{\tau}{\gamma} \tag{5-3}$$

当剪应力为 $1Pa$,剪变率为 $1s^{-1}$ 时,黏度即为 $1Pa \cdot s$。

溶胶型沥青的剪应力与剪应变之比为常数,表现为纯黏性流动性质,黏度与剪应力、时间无关。溶凝胶型沥青和凝胶型沥青的剪应力与剪应变之比不是常数,其黏度随剪应力和时间而变化。因此,在不同的剪变率下,沥青有不同的黏度,它们之间的关系如下:

$$\eta^* = \frac{\tau}{\gamma^C} \tag{5-4}$$

式中:η^*——沥青的表观黏度,即在某一剪变率 γ 下的黏度($Pa \cdot s$);

C——流变指数,也称为"复合流动度"或"牛顿流动反常系数"。

如果将式(5-3)代入式(5-4),则得到:

$$\eta = \eta^* \gamma^{(C-1)} \tag{5-5}$$

沥青材料的黏度可以用黏度计测得。沥青黏度计有各种结构和类型,如毛细管黏度计、旋转式黏度计、滑板式黏度计等。其基本测试方法是通过对沥青施加不同的剪应力,分别测得其剪应变(或者给定不同的剪变率测得其剪应力),绘制出剪应力与剪变率的关系曲线,并将试验结果加以回归,求得 τ 与 γ 的关系方程,即可以得到该沥青材料的流变指数 C 值,同时可以求得剪变率 $\gamma = 1s^{-1}$ 的沥青黏度。例如,用滑板式黏度计测得某种沥青在25℃温度不同剪应力下的剪变率(表5-1),经过回归得到剪应力 τ 和剪变率 γ 的关系式如下:

$$\tau = 1.16 \times 10^5 \gamma^{0.83} \tag{5-6}$$

故 $\eta^* = 1.16 \times 10^5 \mathrm{Pa \cdot s}$。

当该沥青材料剪变率 $\gamma = 0.1 \mathrm{s}^{-1}$ 时,为求其表观黏度,将剪变率代入式(5-5),得:

$$\eta = \eta^* \gamma^{(C-1)} = 1.16 \times 10^5 \times 0.1^{(0.83-1)} = 2.72 \times 10^5 \mathrm{Pa \cdot s}$$

滑板式黏度计测试沥青黏度　　　　表 5-1

测试序号	1	2	3	4	5	6	7	8	9
加载砝码(g)	50	80	120	170	220	280	350	420	500
应变(10^{-5})	5.0	6.0	4.5	5.25	6.75	6.25	7.25	7.5	9.75
加载时间(s)	180	168	72	48	34.5	26	15.6	13	11.6
剪应力(Pa)	825.9	1321.4	1982.1	2808.0	3633.9	4624.9	5780.1	6937.1	8258.8
剪应变($10^{-3}\mathrm{s}^{-1}$)	0.554	0.713	1.248	2.183	3.905	4.798	9.276	11.515	16.777

当流变指数 $C = 1$ 时,剪应力 τ 和剪变率 γ 呈线性关系,服从牛顿定律,这种液体称为牛顿液体,故溶胶型沥青也称为牛顿沥青(图 5-2)。牛顿沥青对于温度极为敏感,缺乏触变性。在石化炼厂精制润滑油时得到的抽出油,是由环烷基石油炼制的直馏沥青,这种沥青大多属于牛顿沥青。

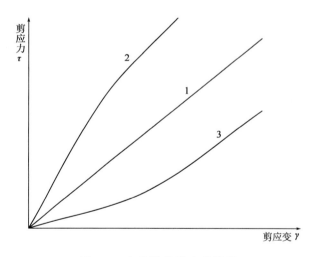

图 5-2　各种流体流变曲线图
1——牛顿液体；2——假塑型液体；3——胀流型液体

由石蜡基原油炼制的沥青具有沥青质含量少、饱和分中石蜡含量高的特点。石蜡在常温条件下呈结晶析出,形成晶簇,而且沥青质含量愈少,这种结晶聚集愈严重。蜡结晶聚集在沥青中,破坏了沥青的胶体结构,使沥青的非牛顿性质明显地表现出来。流变指数 $C < 1$ 的液体称为假塑型液体,大部分沥青材料都属于这一类。因为这种材料不服从

于牛顿定律,所以称为非牛顿沥青。溶凝胶型沥青和凝胶型沥青都属于非牛顿沥青。两者比较,凝胶型沥青的流变指数 C 更小,偏离牛顿性质更远,非牛顿性质表现更加突出。

由于沥青在不同温度条件下表现出不同的流变性质,因此,论述沥青材料的流变性质必须指明沥青所处的温度和剪切条件,才是有意义的。由于长期以来,人们都以 25℃ 温度下的针入度作为划分沥青标号的指标,同时在 25℃ 温度下沥青材料的流变性质会出现明显的差别,因此,通常以温度 25℃、剪变率 $0.1s^{-1}$ 条件下的黏度和流变指数来研究沥青的流变性质。本章所述的沥青材料黏度及流变指数均是以温度 25℃、剪变率 $0.1s^{-1}$ 为前提的。

沥青在老化过程中的流变行为使沥青材料在老化的过程中,沥青组分发生移行,胶体结构改变,沥青的流变性质也随之发生变化。为了研究沥青材料在老化过程中的流变行为规律,将沥青材料在薄膜烘箱中进行加速老化试验,观察在不同加热时间后沥青流变性质和物理性质的变化规律。表 5-2 和图 5-3 是某国产沥青的老化试验的结果。

某国产沥青的加速老化试验结果　　　　　　表 5-2

加热时间 (163℃)(h)	25℃黏度 (Pa·s)	25℃流变 指数	加热损失 (%)	密度 (g/cm³)	线收缩系数 (10^{-4})
0	1.65×10^4	0.40	0	0.9339	3.22
5	2.42×10^4	0.38	0.45	0.9380	2.89
10	3.24×10^4	0.34	0.46	0.9402	2.63
30	1.20×10^4	0.34	0.46	0.9459	2.58
90	4.99×10^4	0.26	0.53	0.9530	2.54

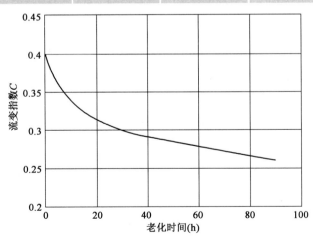

图 5-3　沥青流变指数随老化时间变化曲线

由表5-2和图5-3可以看出,沥青材料随着老化时间的延长,老化不断加深。其物理性质表现为密度增加、线收缩系数减小。加热超过5h以后,加热损失量不再明显增加,这说明沥青的老化不仅是轻质油分挥发所致,还是氧化和缩合作用的结果。观察沥青材料在老化过程中流变行为的变化规律,可以发现两个极其重要的特性,这就是:

(1)沥青材料的黏度随老化时间增加而增大。其黏度与时间的关系可以用式(5-7)表示:

$$\eta = b(1+t)^m \tag{5-7}$$

式中:η——沥青材料的黏度;

　　　b——系数,其数值等于沥青材料的初始黏度;

　　　t——老化时间;

　　　m——老化指数。

不同沥青材料因其化学组成和化学结构上的差异,而表现为不同的老化速度,因而有不同的m值。所以,指数m可以定量地反映沥青材料的老化速度。

(2)沥青材料在老化过程中,其流变指数随着老化的加深而减少。沥青流变指数的减少,表明沥青随着老化的加深,胶体结构逐渐发生变化,非牛顿性质越来越突出。

沥青材料是由油分、胶质、沥青质等几种组分组成的混合物。不仅如此,对于沥青的一种组分而言,例如油分,它也不是单一化合物,而是由分子量大小不等的碳氢化合物所组成的混合物。在石油工业中,根据沥青材料是混合物的原理,将几种不同组分进行调配,可以得到性质各异的调和沥青;将富芳香分的抽出油与高黏度老化沥青相调配,可以有效地改善老化沥青的各项性质。

旧沥青再生就是根据生产调和沥青的原理,在旧沥青中添加低黏度油料(即再生剂)或加入适当稠度的沥青,使调配后的再生沥青具有适合的黏度和所需的路用性质,以满足道路沥青的要求。因此,再生沥青实际上也是一种调和沥青。再生过程中,老化沥青与再生剂、新沥青材料的混合是在集料拌和时进行的,其调和效果远不及调和沥青那么好,但是,它们的工作原理是相似的。

石油工业生产调和沥青是根据沥青的化学组分配伍条件来生产所需沥青的,工艺较为复杂,要求有一定的设备条件。进行回收料再生时,由于沥青的化学组分和化学结构极其复杂,即使是相同的化学组分,由于油源和加工工艺的不同,其性质会有较大的差异,所以,人们还无法找到一种适合于各种沥青的最佳组分比例。因此,在沥青再生设计中,道路设计者还不能以沥青组分作为再生的控制条件。

现在,国外普遍的观点认为,在某种意义上旧沥青再生是沥青老化的逆向过程。分析沥青材料在老化过程中流变行为的变化规律,可以得出再生沥青的过程就是使老化沥青恢复到适当的流变状态的过程。从流变学的观点来看,旧沥青再生的方法可以归结为:

(1)将旧沥青的黏度调节到所需要的黏度范围内;
(2)将旧沥青的流变指数予以适当提高,使旧沥青重新获得良好的流变性质。

5.2 再生沥青的流变性质

大量研究均表明,沥青经一定时期的使用后,其黏度大幅上升,同时延性衰减,容易造成路面开裂等破坏。再生沥青是由旧沥青与新沥青材料,必要时需添加再生剂,经过调配混合而成的一种沥青材料。试验和研究表明,再生沥青的流变行为与旧油、新沥青以及再生剂的流变行为有密切关系。随着再生剂的加入,再生沥青的黏度逐渐降低、针入度增大、延度提高,改善了旧沥青因老化而严重衰减的流变性能。

5.2.1 再生沥青的黏度

国内外许多学者已发现,两种油料相调和,其黏度并不是两种油料黏度简单地按比例加成,即使是在对数坐标中,黏度曲线也并不成为直线,而是成凹度曲线。由于问题的复杂性,对于出现这种现象的原因,至今尚只能做一些推测性的解释。然而,在国外一些文献中,却仍然是按黏度对数的直线比例关系来进行计算的,即:

$$\lg\eta_m = x\lg\eta_s + (1-x)\lg\eta_h \tag{5-8}$$

式中:η_m——混合沥青的黏度(Pa·s);

η_s——软沥青的黏度(Pa·s);

η_h——硬沥青的黏度(Pa·s);

x——软沥青的配合比。

按式(5-8)计算的黏度往往与混合沥青的实际黏度有较大的出入。图5-4中实线是旧油分别用减五线抽出油和机油按不同配合比例调配后的黏度曲线。由图可见,按式(5-8)计算的黏度,即图中虚线所对应的黏度,与实测黏度相比较有较大的差别。因此,用式(5-8)计算两种油料混合后的黏度,其误差是不容忽视的。

通过对许多实测资料的整理分析,对于两种油料按一定比例调配混合后,其黏度可用式(5-9)来表示:

$$\lg\eta_m = x^\alpha \lg\eta_s + (1-x)^\alpha \lg\eta_h \tag{5-9}$$

式中:α——黏度偏离指数,其数值与调配油料本身黏度有关;

其余符号意义同前。

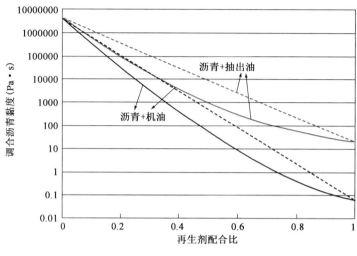

图 5-4　调和沥青的黏度曲线

因此,旧沥青与再生剂、新沥青材料调配成再生沥青,其黏度就可以按式(5-10)计算:

$$\lg\eta_R = X^\alpha \lg\eta_b + (1-X)^\alpha \lg\eta_0 \tag{5-10}$$

式中:η_R——再生沥青的黏度(Pa·s);

η_b——再生剂或新沥青材料的黏度(Pa·s);

η_0——旧沥青的黏度(Pa·s);

X——再生剂或新沥青材料的掺配比例,以小数计;

α——黏度偏离指数,其数值按表 5-3 取值。

黏度偏离指数 α　　　　表 5-3

掺加材料	低黏度油料	渣油	黏稠沥青
α	1.20	1.05	1.02

由于沥青材料的针入度与黏度有一定关系,故再生沥青的针入度与旧油、新沥青材料的针入度之间有如下关系:

$$\lg P_R = X^\alpha(\lg P_n - A) + (1-X)^\alpha(\lg P_0 - A) + A \tag{5-11}$$

式中:P_R——再生沥青的针入度(1/10mm);

P_n——新沥青材料的针入度(1/10mm);

P_0——旧油的针入度(1/10mm);

X——新沥青材料的掺配比例,以小数计;

A——常数,A = 4.6569。

5.2.2 再生沥青的流变指数

旧油与低黏度的再生剂、新沥青材料调配而成的再生沥青,将会表现出新的胶体结构和流变性质,因而有不同的流变指数。其流变指数的数值与旧油、再生剂或新沥青的流变指数之间呈如下关系:

$$C_R = K[XC_b + (1-X)C_0] \tag{5-12}$$

式中:C_R——再生沥青的流变指数;

C_0——旧沥青的流变指数;

C_b——再生剂或新沥青材料的流变指数;

X——再生剂或新沥青材料的掺配比例;

K——再生效果系数。对于再生剂和新沥青材料,K 有不同的数值。当旧油中掺加再生剂,K 值按图 5-5 取值;当旧油中掺加新沥青材料,$K=1$。

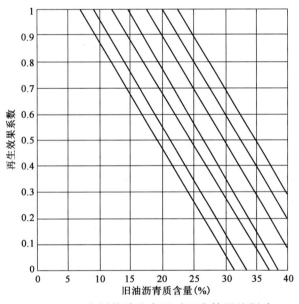

图 5-5 再生剂芳香分含量对再生效果的影响

注:图中平行线由上而下分别代表芳香分含量为 60%、50%、40%、30%、20%、10% 和 0% 时的关系曲线。

5.3 沥青流变行为与路用性能的关系

沥青材料的基本路用性能,现在世界各国都是采用针入度、软化点和延度等技术指标来表征的。

针入度是条件黏度。软化点是等条件黏度的温度,实际上也是黏度的一种表达形式。一般来说,稠度低的沥青,软化点亦低;反之,稠度高的沥青,软化点亦高。针入度和软化点之间大体有如下关系:

$$T_{RB} = \frac{145}{P^{0.243}} \tag{5-13}$$

式中:T_{RB}——沥青软化点(℃);

P——沥青25℃针入度(1/10mm)。

在生产中主要控制沥青的稠度,即针入度。近年来的研究认为,针入度指标有其局限性,主要反应不甚灵敏。针入度相同的沥青,其黏度往往有很大差别,故现在国际上有采用绝对黏度取代针入度来划分沥青标号的趋势。尽管如此,针入度与黏度之间还是存在着一定的相关关系,根据对国内和国外几十个沥青试样试验资料的整理分析,得出黏度与针入度之间呈如下关系:

$$\eta = 2.06 \times 10^9 / P^{2.0} \tag{5-14}$$

式中:η——沥青黏度(Pa·s);

P——沥青针入度(1/10mm)。

关系式(5-14)在对数坐标中成一根直线。

沥青材料的延度是个经验指标。延度好的沥青黏结力强,用于铺筑沥青路面具有较好的抗裂性和耐久性。毫无疑义,沥青的延度与它的化学组成有关,但是由于沥青化学组成和化学结构的复杂性,两者之间很难找到具有普遍意义的规律性。然而理论研究和试验都已证明,沥青的延度对其胶体结构和流变性质的依赖性。胶体结构发达的凝胶型沥青,其发达的空间网络结构将会妨碍沥青流动。在拉伸时,沥青线中的拉应力随沥青截面的增大而增大,使沥青丝很快断裂,结果延度很小。溶胶型沥青其沥青颗粒易于流动,拉应力随沥青截面的减小而减小,于是沥青可被拉成长长的细丝而不易断裂,结果延度很大。因此,从理论上说,牛顿沥青具有最大的延度,非牛顿沥青的延度随着对牛顿性质偏离的增加而减小。与此同时,沥青材料的黏度对其延度也有一定的影响。黏度过低,沥青试样无法被拉伸;黏度过高,沥青过硬,也不能被拉伸,延度很小。在黏稠沥青的稠度范围内,其黏度是适于沥青被拉成细丝的。

沥青材料的延度对其黏度、流变指数的相依性,通过对五十余种国内外沥青试样的试验资料分析,利用逐步线性回归的方法,经过计算机自动筛选和处理,得到如下关系式:

$$D = e^{[-0.0964 + 0.1896(\ln\eta) - 0.1632(\ln\eta)^2 + 7.3344 \times 10^{-4}(\ln\eta)^4 + 0.0353\eta - 2.3947 \times 10^{-4}\eta^2 + 4.8947C]} \tag{5-15}$$

式中：D——沥青的延度(cm)；

η——沥青的黏度(10^5Pa·s)；

C——沥青流变指数。

5.4 再生剂的作用

沥青路面的性能退化主要是因为沥青材料的老化。当旧沥青路面材料中旧沥青的黏度高于10^6Pa·s或者其针入度低于40(0.1mm)时，就应该考虑使用低黏度再生剂进行改善。广义的再生剂包括软沥青、商业再生剂以及其他物质(如硫黄等)，因此曾被称为"softening agents""reclaiming agents""asphalt recycling modifiers""recycling agents""fluxing oils""extender oil""aromatic oil""rejuvenating agent"等，但是目前在国内主要是指商业再生剂，关于再生剂的功能，目前普遍认可的是软化沥青、调和沥青组分、恢复沥青基本性能等。

沥青再生剂的部分生产商及其型号见表5-4。

沥青再生剂的部分生产商及其型号　　　　表5-4

序号	供应商	再生剂的系列或型号
1	Arizona Refining Co.	Light Aromatic Oil
2	Ashland Petroleum Co.	Medium Aromatic Oil Slurry Oil Ashland Plasticizer Oil(APO)
3	Bituminious Material Co.,Inc	
4	Cenex	Dust Oil
5	Chem-Crete Corp.	
6	Chevron USA,Inc.	Chevron X109 Chevron X90
7	Mike Davis Associates	
8	Koppers Co., Inc.	BPR
9	Lion Oil Co.	Smackover Flux Asphalt Rejuvenator Oil
10	Mac Millan Mobil Oil Co.	XMTY-1258 Mobilsol 30

续上表

序号	供应商	再生剂的系列或型号
11	Pax International Co.	Paxole Petroset
12	Phillips Petroleum Co.	10 Extract 20 Extract 250 Extract
13	Saunders Petroleum Co.	SA-1
14	Shell Oil Co.	Dutrex
15	Sun oil Co.	Sundex 840T Sundex 790T
16	Tenneco Union Oil Co.	Rejuv-Acoa-Base
17	Witco Chemical	Reclamite Cyclogen Cutback Asphalt Emulsified Asphalt Califlux GP
18	Numerous Companies	Soft Asphalt Cement Reclaimed Oil

关于再生剂的研制，国外已经做了大量的工作。国外再生剂开发大致可分为三个阶段：第一阶段自 20 世纪 70 年代初至 70 年代末，此时是沥青再生剂开发的起始阶段，再生剂仅含有再生组分如二环、三环和四环的芳烃物质，这类再生剂分子量小、黏度低、软化和渗透性好，但是也给再生路面带来负面作用，更容易发生车辙等病害。

第二阶段自 20 世纪 80 年代初至 80 年代末，这个时期开始开发的再生剂由原来的小分子烃类转向分子量大、闪点高的渣油类，同时在沥青路面再生的施工过程中加入如乙烯醋酸乙烯共聚物、聚乙烯等增黏组分以提高再生路面的路用性能。

第三阶段自 20 世纪 90 年代初至今，这一阶段再生剂的组分没有太大变化，但是在施工过程中加入如 SBS 树脂、SBR 树脂、氯丁橡胶、天然橡胶、二烯单体、芳香族烯烃单体和异丁氧基甲基丙烯酸酰胺三元共聚物等高分子聚合物，甚至采用了废旧橡胶粒或线性苯乙烯共轭二烯聚合物作添加物，同时添加硫黄起交联作用，向热固性方向发展。在施工阶段向混合料中加入如 SBS 改性剂，起到一定抗车辙作用，但是，由于 SBS 等聚合物与沥青相容非常困难，因此在混合料搅拌这短暂的几分钟内是很难使得改性剂与老化沥青达到微观结构的融合,因此改性剂的添加起到了一定的抗车辙作用。但是,由于老化沥青本身未得到增强,再生路面难免出现开裂等问题。

再生剂的作用包括:

(1)调节旧沥青的黏度,使旧沥青过高的黏度降低,达到沥青混合料所需要的黏度;

(2)使旧沥青软化后,在机械和热能作用下充分分散,和集料均匀拌和。

可以作为沥青再生剂的低黏度油料包括:润滑油、抽出油以及重油等。但是,比较理想的再生剂还是专门针对沥青老化性质所开发的特殊油分。国外的沥青再生剂生产商,通常提供针对不同路面老化程度的沥青再生剂。另外,沥青中添加的硫黄、橡胶和各种聚合物材料都不是油料,它们不能起到再生的作用,因而,这些材料不属于再生剂。

再生剂是在施工前或施工拌和时喷洒在回收料中的,因此,再生剂必须具有亲和与渗透能力。如果再生剂过分黏稠,则缺乏渗透能力,不容易快速融入老化沥青中;反之,如果黏度太低,则又会在热拌时迅速挥发,失去有效再生的能力。通常,再生剂的黏度应该选择在 0.01~20Pa·s 范围内为好。

再生剂必须具有溶解和分散沥青质的能力,而且旧沥青中沥青质含量越高,要求再生剂具有溶解和分散的能力也就越高。芳香分具有溶解和分散沥青质的能力,而饱和分则相反,它是沥青质的促凝剂。因此,再生剂中芳香分含量的多少是衡量再生剂品质的重要技术指标之一。美国学者 Dunning 提出,再生剂的芳香分含量应大于 60%。另外,Davidson 等提出,再生剂中应该具有足够的氮基馏分,以抵抗沥青质的凝聚作用。他建议氮基/饱和分(N/P)应该在 1.0 以上。

在热拌再生的生产工艺过程中,再生剂将受到高温加热的影响;再生混合料铺筑在路面上,还要受到大气等自然因素的作用,故再生剂必须具有一定的耐热性和稳定性。对此,可以利用薄膜烘箱试验后的黏度变化指标来控制。

综上所述,再生剂适当的黏度、良好的流变性质、足够的芳香分含量和较低的薄膜烘箱试验黏度比,是再生剂良好品质的重要特征。日本的再生剂质量标准是根据以下几方面要求提出来的,其要求是:

(1)保证人体安全,再生剂中应不含有毒物质;

(2)考虑施工性能和回收沥青物理性质的恢复,来确定 60℃ 的动力黏度;

(3)从操作安全出发,要求再生剂有足够高的闪点;

(4)为保证再生路面的耐久性,规定再生剂薄膜烘箱加热的黏度比及加热损失量。

美国威特科公司提出的再生剂质量标准列于表 5-5。日本对于沥青再生剂的质量标准如表 5-6 所示。

再生剂质量标准(美国威特科公司)　　　　　表5-5

技术指标	测试目的	试验方法	L①	M①	H①
60℃黏度(Pa·s)	调节老化沥青的黏度	ASTM D2174-071	0.08~0.5	1~4	5~10
闪点(℃)	操作安全性	ASTM D92-72	>177	>177	>177
挥发性 初期沸点(℃) 2% 5%	热稳定性和 防止大气污染	ASTM D160-61	>149 >191 >210	>149 >191 >210	>149 >191 >210
黏附性(N/P)	防止离析	ASTM D2006-70	>0.5	>0.5	>0.5
化学组成$(N+A_1)/(P+A_2)$	再生沥青的耐久性	ASTM D2006-70	0.2~1.2	0.2~1.2	0.2~1.2
密度	用于密度计算	ASTM D2174-071	报告	报告	报告

注:①各字母表示适宜的抽吸温度:$L=46℃,M=88℃,H=93℃$。

日本再生剂质量标准　　　　　表5-6

项目	试验方法	质量要求
动力黏度(s)	JIS K 2283	80~1000
闪点(℃)	JIS K 2265	>230
相对密度	JIS K 2249	报告
组分分析		报告
薄膜烘箱试验后		
黏度比,60℃	JIS K 2283	<2.0
质量变化(%)	JIS K 2207	±3.0

再生剂扩散特性分析如下:

1)扩散模型

混合物中不同成分的分布存在浓度梯度时,则会发生分子扩散。描述扩散问题的数学模型最基本而且发展比较成熟的是Fick定律。Fick定律假设研究对象整体具有统一的压力和温度,简化的微分守恒方程如下:

$$\frac{\partial c}{\partial t} = D\left(\frac{\partial^2 c}{\partial z^2} + \frac{1}{A}\frac{\partial A}{\partial z}\frac{\partial c}{\partial z}\right) \tag{5-16}$$

式中:c——浓度;

t——时间;

z——位置;

D——扩散系数;

A——扩散发生的截面积。

当面积 A 为常数时,就成为一维非稳态扩散的基本方程:

$$\frac{\partial c}{\partial t} = D \cdot \frac{\partial^2 c}{\partial z^2} \tag{5-17}$$

理论上,再生剂分子扩散依赖于扩散过程中扩散系数的分布,扩散过程中沥青被再生剂软化会导致扩散系数变化,导致再生剂在沥青中的扩散系数在各个位置和各个时间都是不同的。因而分析影响再生剂扩散系数大小的因素有助于理解再生剂与沥青扩散混溶的复杂性。估算 Fick 定律扩散系数 D 的最常用方法是 Stoke-Einstein 公式:

$$D = \frac{k_B T}{F} = \frac{k_B T}{6\pi\mu R_0} \tag{5-18}$$

式中:k_B——波尔兹曼常数(1.3807×10^{-23} J/K);

T——绝对温度;

F——溶质的摩擦力;

μ——溶剂黏度,在本课题中,溶剂就是沥青胶结料;

R_0——溶质分子半径,在本课题中,溶质就是再生剂。

根据公式(5-18),k_B 及 T 代表内部热能参数,可以理解为物质的内部热量与物质分子布朗运动成正比;同时扩散系数 D 与给定状态下溶质在溶剂中运动的平均摩擦力 F 成反比,而摩擦力 F 主要与溶剂黏度 μ 和扩散分子的平均分子半径 R_0 相关联。这就从微观分子运动方面对扩散运动进行了解释,说明分子间的相互作用是很重要的,并可能在两个方面减缓扩散运动:第一,强分子作用导致分子凝聚成较大的分子团;第二,分子间增大的相互作用导致扩散物质与扩散媒介之间摩擦增大。由此可以推测,影响沥青热再生中再生剂扩散能力的三个重要因素为:温度、再生剂性质和沥青性质。

2)扩散影响因素分析

(1)温度对扩散的影响。

按照 Stoke-Einstein 公式判断:扩散系数与绝对温度成正比,假如温度由 20℃(293K)上升到140℃(413K),那么相应的扩散系数仅增加41%,这与实际情况是相差很大的。因为沥青在20℃下的存在状态近似为固体,其扩散系数的数量级为 10^{-14},而沥青在140℃下的存在状态近似为液体,其扩散系数的数量级为 10^{-11},相差在1000倍以上。

(2)再生剂性质对扩散的影响。

扩散系数 D 和扩散分子的分子量 M 通常遵循下面关系,即:

$$D \propto M^{-k} \tag{5-19}$$

式中，系数 k 在 $1/3 \sim 1$ 之间变化，等于 $1/3$ 时表示扩散分子形状近似于球形，等于 1 表示扩散分子形状近似于线形的链状结构。但如果是两种聚合物间的扩散，即大分子溶质在另一大分子溶剂中扩散，扩散分子就会被纠缠而受到阻碍，导致扩散速度减慢，聚合物扩散试验的研究结果表明 k 值接近于 2。可以看出扩散不仅受到扩散分子分子量的影响，还受到分子形状的影响，根据 Stoke-Einstein 公式，分子形状与平均分子半径有密切关联。分子(团)形状对扩散速度的影响可以按照如下思路考虑：若分子间发生的聚集类似球体形状，其体积增大 100 倍时，半径增加 4.6 倍，那么在理论上对扩散速度的影响较小；但实际上分子很可能会聚集成类似椭圆体形状，体积增加 100 倍时，平均分子半径将最大增加 20 倍，这样对于扩散系数的影响明显增大。

根据 Stoke-Einstein 公式，分子的极性是用它们的偶极矩 μ 来定量表征的，偶极矩越大，分子的极性越强。由于相邻的极性分子趋向于以偶极子的不同极相互确定指向，这时分子之间将产生静电吸引力，其结果之一就是使极性分子趋向于缔合，导致分子更易相互聚集成为分子量更大的分子团，必然影响到扩散速度。

因此，可以看出再生剂分子(团)的分子量、形状和极性对其扩散速度影响均很大，这也是初期开发的再生剂多是以轻质小分子油分为主的主要原因。

(3) 沥青性质对扩散的影响。

依据扩散理论，扩散媒介黏度与扩散速度成反比。因此，从直观上分析，相比于新沥青，老化沥青稠度更大，应该更加难以浸透。但是国外已有试验结果却与此推论构成矛盾，无论是人工短期老化还是路面取芯所得沥青都没有显著影响再生剂的扩散速度。

SHRP 沥青微结构模型认为，针对沥青中的扩散行为，主要是由可溶质(软沥青质)作为扩散媒介；沥青的老化导致沥青黏度增加，可能是将部分可溶质转化为沥青质，但是剩余的可溶质与未老化胶结料中的可溶质性质是相似的。

5.5 沥青再生的相容性理论

1) 沥青的相容性

一种沥青能否形成稳定的溶液，不取决于溶质粒径的大小，而取决于溶质(沥青质)在溶剂(软沥青质)中的溶解度和溶剂对溶质的溶解能力。这就是所谓相容性理论。希尔布兰德曾提出"溶解度参数"理论，即认为在一种溶液中，溶质的溶解度参数与溶剂的溶解度参数(也可简称为溶度参数)的差值小于某一定值时，即能形成稳定的溶液。对此可用下式表示：

$$\Delta\delta = \delta_{At} - \delta_M < K \tag{5-20}$$

式中：$\Delta\delta$——沥青质与软沥青质溶度参数差值，$(cal/cm^3)^{1/2}$；

δ_{At}——沥青质的溶度参数$(cal/cm^3)^{1/2}$；

δ_M——软沥青质溶度参数$(cal/cm^3)^{1/2}$；

K——要求的溶度参数差值的限值$(cal/cm^3)^{1/2}$。

按法定计量单位，$1(cal/cm^3)^{1/2} = 2.04(J/m^3)^{1/2}$。

根据有关研究，国产沥青的沥青质溶度参数与软沥青质溶度参数的差值（$\Delta\delta$）的限值为 0.76。当 $\Delta\delta < 0.76$ 时，可得到较好的相容性。表 5-7 列出几种国产沥青的沥青质与软沥青质的溶度参数及其差值。从表中可以看出沥青溶度参数差值与其相容性有密切的关系。溶度参数小于 0.76 的沥青均表现为较好的相容性；反之，则相容性较差。

几种沥青的溶度参数与相容性　　　　表 5-7

沥青名称	沥青组分	溶度参数分析		相容性评价
		溶度参数 $\delta(cal/cm^3)^{1/2}$	溶度参数差值 $\Delta\delta(cal/cm^3)^{1/2}$	
旧混合料回收沥青	软沥青质(M)	8.0700	1.4528	差
	沥青质(At)	9.5228		
大庆氧化沥青	软沥青质(M)	8.3877	1.0373	较差
	沥青质(At)	9.4250		
胜利渣油	软沥青质(M)	8.8065	0.7409	较好
	沥青质(At)	9.5474		
胜利半氧化沥青	软沥青质(M)	8.7586	0.7298	较好
	沥青质(At)	9.4884		
阿尔巴尼亚 60 号沥青	软沥青质(M)	8.7586	0.4201	好
	沥青质(At)	9.1607		

2）溶度参数的测定方法

（1）化学结构法。

化学结构法测定沥青的溶度参数，是先要测定沥青的密度、元素组成、分子量和核磁共振谱，解出沥青的平均分子结构，然后再根据平均结构中各组成单元的引力，按 D. A. 斯玛尔(Small)建议的公式［式(5-21)］求得溶度参数。

$$\delta = \rho \Sigma F / M \tag{5-21}$$

式中：δ——溶度参数$(cal/cm^3)^{1/2}$；

F——各组成单元引力常数，查表5-8确定；

ρ——密度(g/cm^3)；

M——分子量。

[示例]已知胜利渣油的沥青质分子量为3039，密度$\rho=1.122$，元素分析得碳含量$C=83.16\%$，氢含量$H=8.55\%$；核磁共振波谱得氢分布：$H_A=5.0625\%$，$H_\alpha=48.4375\%$，$H_\beta=28.9375\%$，$H_\gamma=17.5625\%$。经电算求解得化学平均结构，然后按结构单元算出各结构单元引力（表5-8）得$\Sigma F=26027.5$，单元分子量$F=2941$。再按式(5-21)计算得沥青质的溶度参数为$\delta_{At}=9.9296$。

几种主要结构单元的引力常数　　表5-8

结构单元	—CH_3	—CH_2—	—CH—	—C—	—CH=	—C=
引力常数F $(cal\cdot cm^3)^{1/2}$	148	131.5	86	32	117	98

由于沥青化学结构参数测定的困难，除在科学研究上可以直接计算其溶度参数外，为适合工程应用，研究了相对溶解度方法，此法可以间接确定沥青的相容性。

(2)相对溶解度法。

在沥青高分子溶解中，沥青质(溶质)分子在软沥青质(溶剂)分子中是以扩散运动和沉降运动的综合结果而显示不同性质的。扩散运动是沥青质和软沥青质分子力作用的结果，而沉降运动是沥青质分子克服软沥青质黏度的结果。从化学热力学可知，分子扩散运动可用下式表示：

$$d_m/d_t = -D(d_c/d_x) \tag{5-22}$$

式中：d_m/d_t——扩散速度；

d_c/d_x——溶质溶度的梯度；

D——扩散系数。

扩散系数D是分子力f和温度T的函数，而分子力f与沥青质和软沥青质溶度参数差值$\Delta\delta$有关，因此，可由沥青质分子的扩散状态间接地了解沥青的相容性。

在常温下，由于软沥青质的黏度较大，沥青质分子的沉降效应较小，所以很难观察到沥青质分子的扩散效应，可以采用稀释法，即加入稀释剂，使软沥青质的黏度降低，则增加沥青质的沉降效应，从而可以根据沉降速度的不同来判断沥青的相容性。相容性好的沥青，沥青质分子的扩散效应较大，则沉降速度较慢；相反，相容性较差的沥青，沥青分子扩散效应较小，则沉降速度较快。

为使计算精确,考虑到不同性质的沥青其沥青质密度的差异,以及软沥青质和稀释剂黏度的不同,不宜直接采用沉降速度作为相容性评价指标,因而改用"当量直径"来表征沥青的相容性。当量直径是表征沥青相容性的一种指标,并非是沥青质的真实直径。沉降速度 v 与当量直径 D 的关系可由斯笃克(Stoke)定律按下式计算:

$$D = 2\sqrt{\frac{9\eta v}{2g(\rho_{At} - \rho_{M})}} \quad (5\text{-}23)$$

式中:v——沉降速度(cm/s);

η——软沥青质加稀释剂混合后的黏度(Pa·s);

g——重力加速度;

ρ_{At}, ρ_{M}——沥青质、软沥青质的密度(g/cm³)。

几种沥青的相容性与当量直径的关系如表5-9所示。

沥青相容性与当量直径的关系 表5-9

沥青名称	相容性评价	当量直径 D(cm)
回收沥青	差	0.0629
回配60号沥青	较差	0.0459
胜利60号沥青	较好	0.0389
胜利100号沥青	较好	0.0369
孤岛60号沥青	好	0.0334
阿尔巴尼亚60号沥青	好	0.0338
伊朗60号沥青	好	0.0346

道路石油沥青的溶度参数 δ 与当量直径 D 之间的关系,根据试验可得到图5-6所示的相关关系。当 $\Delta\delta = 0.76$ 时,$D = 0.044$。

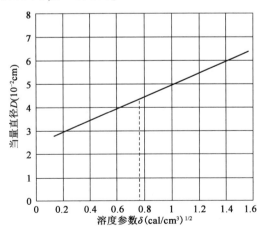

图5-6 道路沥青溶度参数与当量直径的关系

（3）老化沥青的相容性。

沥青是一种极其复杂的高分子浓溶液，它是由几千种乃至上万种化合物组成的混合物。要将其分离成纯单体，在目前的技术水平上存在一定的困难，在工程应用上也没有这样的必要。假设沥青是由沥青质为溶质溶解于软沥青质为溶剂的浓溶液。优良的沥青，其沥青质与软沥青质应该有很好的相容性，也就是沥青质和软沥青质的溶度参数很接近，它们形成稳定的浓溶液。随着沥青的老化，沥青及其组分中各种化合物产生脱氢、聚合和氧化等化学变化，由于化学结构的变化，其溶度参数亦随之变化。通常沥青质的溶度参数 δ_{At} 的提高较软沥青质的溶度参数 δ_M 为快，所以老化后沥青的沥青质与软沥青质溶度参数差值 $\Delta\delta$ 增大，破坏了沥青中它们的相容性，因而引起沥青路用性能的衰降。

因此沥青老化过程的实质为：沥青中各组分化合物化学结构的变化，引起沥青中沥青质与软沥青质溶度参数的变化，导致沥青质与软沥青质溶度参数差值增大，因而相容性降低，最终表现为沥青路用性能降低。

（4）沥青的再生。

从化学角度来看，沥青再生就是沥青老化的逆过程，是使沥青中沥青质和软沥青质溶度参数差值减小的过程。由此可见，沥青再生的方法就是采取一定的技术措施，使已经老化的沥青中沥青质和软沥青质溶度参数差值 $\Delta\delta$ 减小，最终使已经老化的沥青路用性能得到改善。旧沥青老化后导致相容性降低的主要原因为：

①老化后沥青质含量增加，超过其在软沥青质中的溶解度；

②老化后沥青质与软沥青质的溶度参数差值 $\Delta\delta$ 增大，超过相容要求的限值。

因此，沥青再生的途径通常是采用掺加再生剂的方法。掺加再生剂后，一方面可使沥青质的相对含量降低，因而提高沥青质在软沥青质中的溶解度；同时，掺加再生剂后又可提高软沥青质对沥青质的溶解能力，使软沥青质与沥青质的溶度参数差值 $\Delta\delta$ 降低，从而改善沥青的相容性。

表5-10是某回收沥青掺加再生剂玉米油和润滑油后相容性（当量直径 D）与主要技术性质的变化情况。

沥青再生后相容性和技术性质的变化 表5-10

试样名称	再生沥青的组成				相容性		再生沥青技术性质		
	旧沥青		再生剂		沉降速度 $v(\text{cm/m})$	当量直径 D (10^{-2}cm)	针入度 $(1/10\text{mm})$	软化点 $(℃)$	延度 (cm)
	名称	用量(%)	名称	用量(%)					
回收沥青	回收沥青	100	—	—	1.28	6.86	121	45.5	25.8

续上表

试样名称	再生沥青的组成				相容性		再生沥青技术性质		
	旧沥青		再生剂		沉降速度 $v(\text{cm/m})$	当量直径 D (10^{-2}cm)	针入度 $(1/10\text{mm})$	软化点 (℃)	延度 (cm)
	名称	用量(%)	名称	用量(%)					
再生沥青1号	回收沥青	95.6	玉米油	4.4	0.76	4.83	171	41.5	35.0
再生沥青2号	回收沥青	93.5	润滑油	6.5	0.60	4.29	203	39.5	35.5

(5)相容性理论在沥青再生中的应用。

为使旧路面材料能够合理地再生利用,在旧料再生时,必须掺加新的沥青或同时加入再生剂,其目的不仅是为了调节旧沥青的黏度,而且要使旧沥青的性能得到改善。

如前所述,按相容性理论,老化后的旧沥青由于沥青质的溶度参数(δ_{At})增大较快,而软沥青质的溶度参数(δ_M)增大较慢,以致使他们的溶度参数差值($\Delta\delta$)超过限制(例如$\Delta\delta=0.76$),因而造成沥青路用性能的衰降。为了沥青再生在旧沥青中添加再生剂,一方面可以使旧沥青中沥青质的相对含量减少,另一方面可以使旧沥青中软沥青质的溶度参数提高,使得再生沥青的沥青质与软沥青质溶度参数差值达到规定的要求。由此得到如下的关系式:

$$\Delta\delta' = \delta_{At}' - \delta_M' < 0.76 \tag{5-24}$$

式中:$\Delta\delta'$——再生沥青中沥青质和软沥青质的溶度参数差值$(\text{cal/cm}^3)^{1/2}$;

δ_{At}'——再生沥青中沥青质的溶度参数(因为再生前后沥青中沥青质的溶度参数不变,故再生沥青中沥青质的溶度参数等于旧沥青的)$(\text{cal/cm}^3)^{1/2}$;

δ_M'——再生沥青中软沥青质的溶度参数$(\text{cal/cm}^3)^{1/2}$。

按溶度参数加成定律,软沥青质的溶度参数等于其组成各组分溶度参数与其含量之和。因此,再生沥青中软沥青质的溶度参数可表示为:

$$\delta_M' = (\delta_M C_M + \delta_{Re} C_{Re})/C_M' \tag{5-25}$$

式中:δ_M'——再生沥青中软沥青质的溶度参数$(\text{cal/cm}^3)^{1/2}$;

δ_M——旧沥青中软沥青质的溶度参数$(\text{cal/cm}^3)^{1/2}$;

C_M——旧沥青中软沥青质在再生沥青的含量(%);

δ_{Re}——再生剂的溶度参数$(\text{cal/cm}^3)^{1/2}$;

C_{Re}——再生剂在再生沥青中的含量(%);

C_M'——再生沥青中软沥青质的含量(%)。

将式(5-25)代入式(5-24)可得：

$$\Delta\delta' = \delta_{At}' - (\delta_M C_M + \delta_{Re} C_{Re})/C_M' < 0.76 \quad (5-26)$$

在式(5-26)中，δ_{At}'、δ_M、C_M、δ_{Re} 和 C_M' 均为已知，由此可以求得再生剂的用量 C_{Re}。如此，采用相容性理论确定的再生剂用量而得到的再生沥青，其物理性质能够达到预期的要求。

在测试溶度参数有困难时，亦可以采用当量直径作为确定再生剂用量的指标。其方法是在旧沥青中加入不同用量的再生剂，分别测定其当量直径，使当量直径控制在要求范围内（即当量直径 $D < 4.4 \times 10^{-2}$ cm），即能达到预期的改善效果。

(6) 沥青相容性与物理性质的关系。

沥青的相容性是沥青内部分子相互作用的结果，它反映在宏观上就是沥青的物理性质，因此，沥青的相容性与物理性质有密切的关系。根据对旧沥青、新外加沥青和再生沥青的试验结果，相容性（以当量直径为指标）与耐久性、流变性和延度之间的关系如下：

$$m = -0.1362 + 8.37D \quad (5-27)$$

$$C = 1.415 - 0.1433D \quad (5-28)$$

$$L = 200.7 - 28.04D \quad (5-29)$$

式中：m——沥青的老化指数，它表示沥青老化过程中黏度随时间的变化率，亦即抗老化能力；

C——沥青的流变指数；

L——沥青延度。

由式(5-27)、式(5-28)、式(5-29)可知，沥青的抗老化能力随相容性增加而提高；沥青的流变指数 C 值随着相容性的提高而更加趋向牛顿流变性质；同样，相容性较好的沥青具有较大的延度。这些试验结果更进一步表明，相容性理论所采用的溶度参数（或当量直径）指标与沥青宏观物理性质有一定的相关性。前者是从沥青化学结构的角度来阐述沥青再生的机理；后者则是从沥青力学行为的角度来描述再生的机理，两者是相辅相成的。今后，应用化学热力学的相容性理论深入研究沥青的再生机理将是一个新课题，还有很多问题需要进一步研究和探索。

第6章

CHAPTER SIX

厂拌冷再生技术的施工工艺、设备及应用实例

厂拌冷再生是指在固定的专门再生拌和设备上,对铣刨材料添加稳定剂,并拌和后形成成品再生混合料,最后通过卡车运输至现场进行摊铺和压实的工艺过程。厂拌再生具有较高的生产率和严格的混合料质量控制,当存在大量堆积的 RAP 料,而且再生混合料品质要求较高或不宜采用就地再生时,可以采用厂拌再生生产泡沫沥青混合料。采用厂拌再生可以显著提高道路的结构承载能力,同时可以不用改变道路的高程。但是,由于厂拌再生需要对铣刨材料和再生混合料进行运输,同时需要其他如摊铺机等附属设备,因此其施工成本相对较高,施工组织也相对复杂。

厂拌冷再生作为一种再生方法应在使用再生的场合加以考虑,特别是在需要将新料与旧料混合,以及采用泡沫沥青稳定并需要将再生料储存一段时间的场合。

与就地冷再生相比,厂拌冷再生主要有以下优点:

(1)材料的控制。就地冷再生对原路面材料几乎没有控制,而厂拌再生却可以通过掺配不同材料满足再生混合料的质量要求。用于厂拌的材料可以在拌和前储存和测试,材料的添加比例可以根据要求改变。

(2)拌和质量的控制。通过对拌和机参数的改变,可以改变材料在拌和仓的拌和时间,从而改变混合料的质量。

(3)储存性能。特别是对于泡沫沥青稳定材料,拌和好的材料可以储存一段时间,并根据需要使用,从而消除了生产和摊铺相互依赖的情况。

6.1 厂拌再生工艺介绍

厂拌再生的主要步骤包括:①铣刨旧的路面材料;②RAP 料的进一步破碎、筛分和储存;③拌和;④运输;⑤摊铺;⑥压实与成型;⑦养护与开放交通。

1)旧料的铣刨

对于需要维修的道路,首先要严格按照一定的深度来铣刨现有路面,并且铣刨机的速度应当尽量稳定,以保证铣刨材料的均匀性。然后将材料运至拌和厂集中堆放。一般不同铣刨深度和不同结构层材料的铣刨料,应当分开堆放,以便根据这些铣刨材料的形状,采取不同的处理方法。

2)RAP 料的进一步破碎、筛分和储存

根据堆放铣刨材料的品质情况和再生料的用途及质量要求,决定是否需要进一步的破碎处理。铣刨料如果能够得到比较彻底的破碎,不仅可以很好地解决 RAP 料中存在超粒径问题,而且可以使得铣刨料颗粒富有棱角,级配更为稳定。由于破碎和筛分设备的生产率所限,当需要大量处理这些铣刨料时,应当在再生施工前将其破碎储存。虽然目前在国内厂拌施工的项目中,既有破碎后再生的,也有直接拌和的,但通过试验室强度的测试结果来看,破碎后稳定的混合料具有相对较高的强度,而且其摊铺后的稳定层具有较好的纹理结构。

图 6-1 和图 6-2 分别给出了目前已经在国内使用的再生料破碎和筛分设备,这种设备不仅可以破碎材料,而且可以将破碎后的材料筛分成若干粒径范围的集料。此外,通过对破碎后材料的试样筛分来看,各粒径范围的材料级配比较稳定。

图 6-1 用于破碎和筛分铣刨料的设备

图 6-2 破碎和筛分后的铣刨料

获得 RAP 料后,需进行厂拌冷再生施工前准备:

施工前需要配备好的主要施工机械有:沥青拌和设备、运输车辆、摊铺机、振动压路机、胶轮压路机、双钢轮压路机、沥青洒布车和水车等。

乳化沥青厂拌冷再生层的下承层应密实平整,强度符合设计要求。在摊铺乳化沥青厂拌冷再生层之前应在下承层表面喷洒乳化沥青,喷洒量为纯沥青用量 0.2～0.3kg/m²。

路面有脏物尘土时应清除干净。当有黏的土块时,应用水刷净,待表面干燥后浇洒黏层油。

3)拌和

(1)对拌和设备的要求:厂拌冷再生可以使用间歇式、滚筒式或者连续式拌和设备进行拌和,其中连续式拌和设备是目前应用最广的一种。沥青拌和站应添加专用的水箱和进水管道,应将加水计量系统接入拌和设备控制室一并控制。

(2)冷再生混合料的拌和时间应保证拌和均匀,但是并非越长越好。乳化沥青混合料若过度拌和,则粗集料表面的乳化沥青容易剥落下来,而且过度拌和可导致乳化沥青提前破乳。

厂拌冷再生混合料一般应遵循"即拌即用"的原则,尽快将再生混合料用于路面施工。否则,水泥的水化反应、乳化沥青的破乳等都会影响冷再生混合料的性能。

(3)存放数天后,乳化沥青可能会出现聚集或分层现象,生产前应打开沥青储存罐的搅拌装置使乳化沥青分布均匀。

(4)确认适宜的拌和用水量,气温高时适当增加设计用水量的0.5%~1.0%。水少易发生粘轮现象而导致拉痕严重,影响路面的外观和质量;水多易导致碾压过程中出现泌水现象而影响碾压效果,压实度也很难满足要求。

拌和可以采用连续搅拌或间歇式搅拌设备。而目前国外以连续搅拌最为常用。以德国维特根KMA200为例,该设备的生产能力可以达到150~220t/h。该设备可以由卡车直接运输转移场地。该设备由一个水箱、两个集料仓、水泥螺旋添加系统、双卧轴强制拌和锅、喷洒系统(可以自动喷洒水、乳化沥青和泡沫沥青)、操作室和输料皮带等组成。两个集料仓都有筛网可以将超粒径的材料筛除掉,通常一个用于添加铣刨料,另外一个用于添加新集料。冷料仓的送料速度可以控制铣刨料和新料的比例,从输送皮带上可以定时提取样品以检查级配情况。两个料仓的材料同时在输料皮带混合,并在此添加精确计量的水泥等填料,然后运输至强制搅拌锅里,在强制拌和锅上方装有沥青喷嘴和水喷嘴,可以同时喷洒泡沫沥青和水,喷入量可根据集料的质量,通过电脑控制。

沥青罐车和水车与KMA200相接,提供混合料所需的泡沫沥青。进行沥青发泡之前,应检查罐车中的沥青温度是否符合要求,若低于发泡温度则不予使用。通过KMA200上的试验喷嘴可检验现场沥青发泡效果。另外,还需对拌制出的泡沫沥青混合料进行检查,包括料的湿度以及沥青分布是否均匀等,以保证混合料性能符合设计要求。

4)运输

(1)拌和好的材料可以通过拌和设备尾部的皮带输送机装入卡车,然后运往施工现场,为了防止运输过程厢车厢表面材料水分散失,应在再生料的表面覆盖一条湿布。拌和站离摊铺现场不宜超过50km,以免运距过长致使乳化沥青破乳时间不能满足要求,拌和至压实结束时间不宜超过6~8h。

(2)拌和机向运料车放料时,汽车应前后移动,分几堆装料,以减少粗、细集料的分离现象。

(3)冷再生混合料运输车的运量应较拌和能力和摊铺速度有所富余,摊铺机前方应有充足的运料车等候卸料。

(4)运输车辆的车厢应清扫干净,严禁有泥沙或其他杂物残留车厢。为防止混合料与车厢板黏结导致卸料困难,可在车厢侧板和底部涂1∶3的少量植物油水混合液。

(5)在摊铺现场应检查混合料的质量,检查混合料的颜色是否一致,有无花白料,有无结团或严重离析现象,如运输或停放时间过长,应该废弃不用,已结块或已遭雨淋的混合料也应废弃不用。

(6)卸料后,对残余的混合料应及时清除,防止结硬。摊铺遇雨时,应立即停止施工,并清除未压实成型的混合料,遭雨淋的混合料应废弃,不得卸入摊铺机摊铺。

5)摊铺

(1)厂拌冷再生混合料应采用摊铺机摊铺,熨平板不需加热。

(2)厂拌冷再生混合料的摊铺气温不能低于5℃,如果在摊铺中遇雨应停止摊铺,防止乳液流失。应该在天气晴朗、温度适宜的条件下摊铺。

(3)摊铺机摊铺时必须缓慢、均匀、连续不断地摊铺,不能随意变换速度或者中途停顿,摊铺速度宜控制在2~4m/min范围内。当发现摊铺厚的混合料出现明显离析、波浪、裂缝、拖痕时应分析原因,予以消除。

(4)冷再生混合料集料的最大粒径与摊铺层厚度应相匹配。单层厚度不宜小于集料公称最大粒径的3倍,当摊铺厚度超过150mm时,应分层进行摊铺,以保证摊铺质量及压实度满足要求。如发现有超大粒径粗集料应人工清除。

(5)松铺系数应根据混合料类型试铺试压确定。摊铺过程中应随时检查摊铺层厚度及路拱、横坡,并按现行《公路沥青路面施工技术规范》(JTG F40)的方法由使用的混合料总量与面积校验平均厚度,一般松铺系数在1.2~1.3。

具体压实模式的选择,可以通过铺筑试验段,测试压实度的方法获得。

6)压实与成型

再生材料的压实度是决定维修路面未来性能的重要因素之一。压实效果差的材料承受交通荷载后会变得越来越密实,导致出现早期车辙。但是,若稳定材料没有得到适当的压实,则问题会更加严重。除了强度达不到要求外,差的压实增加了透水性,因而加速了水损害、沥青类稳定剂的老化和水泥类稳定剂的早期碳化,就不可避免地引起早期损害。因此,压实被看作是影响再生施工因素中最重要的方面之一。

(1)厂拌冷再生混合料的碾压遍数应通过试验段确定,既要满足压实度,又不能造成过压推移现象,一般可参照表6-1中的参数进行。

厂拌冷再生混合料的碾压参数　　　　表 6-1

摊铺厚度（cm）	初压		复压		终压	
	压路机	遍数	压路机	遍数	压路机	遍数
8~15	中型	静压 1~2	振动	振压 3~5	20t 以上轮胎压路机 + 双钢轮压路机	1~2

（2）由于冷再生混合料的初期强度较低，为防止产生推挤，碾压时，必须注意控制压路机行进的速度。

（3）碾压分初压、复压和终压。初压不加振动，以防止乳液的流失，一般采用 1.5~3km/h 的行进速度进行控制，混合料含水率大时碾压遍数多，碾压由边缘向中间，并注意错轴宽度且不漏压；复压采用高频率低振幅模式碾压，一般采用 2~4km/h 的行进速度进行控制；终压使用胶轮压路机碾压 + 钢轮压路机收面，当胶轮压路机碾压时不得出现水迹或提浆现象，钢轮压路机收面至没有轮迹出现为止，一般采用 3~5km/h 的行进速度进行控制。

（4）在碾压过程中，应先起步后振动，先停振后停机，变向缓慢平稳，为避免碾压时混合料挤产生拥包，碾压时应将驱动轮朝向摊铺机；碾压路线及方向不应突然改变；压路机折返应呈阶梯形，不应在同一断面上，初压时不得使用轮胎压路机。

（5）当压实过程中有推移或泌水现象时，应停止碾压，待晾晒一段时间，水分基本蒸发后，继续碾压。

（6）当道路横断面无中央分隔带，施工时宜在分幅施工的纵向设置有支撑的模板，先将其固定，模板板面垂直于路面，然后再摊铺碾压。

（7）严禁压路机在刚碾压完或正在碾压的路段上掉头、紧急制动及停放。

（8）采用灌砂法对压实情况进行跟踪检测，发现问题及时分析原因，调整施工与碾压工艺。

（9）碾压后任何车辆机械不得在路面上停放（包括压路机），并防止矿料、杂物等落在新铺的路面上。

（10）施工机械的配置碾压设备应至少有两台大吨位振动压路机、两台 11~13t 的钢轮压路机、一台 20t 以上胶轮压路机，否则即使不停地循环碾压，仍难以满足路面的碾压要求。

如果再生层厚度较厚，可以采用分层摊铺、分层压实的办法。同时应当根据再生层的厚度，选择压实设备的类型和吨位。例如再生层厚度超过 20cm，应当采用 18t 及以上的单钢轮压路机进行压实，而对于 10cm 的再生层，使用 13t 或 16t 的双钢轮压路机压实即可。此外,一般还需要胶轮压路机完成终压,这样可以在再生层表面获得比较致密的纹理构造。而且胶轮压实前,应当保证再生层表面湿润,如果再生层表面干燥,可以使用水车均匀洒一遍水。对于分层的下部再生层,一般不使用胶轮压路机进行压实,以获得较好的层间黏结。

7)养护与开放交通

由于冷再生混合料中还有乳化沥青、水泥、水等,其强度的形成需要经历一段时间,所以冷再生层在加铺上层结构前必须进行养护。压实后的冷再生混合料养护期一般不宜少于7d。当需要尽快铺装上层结构时,可以以再生层中的含水率降低至2%以下来控制养护时间;南方潮湿地区再生层含水率达到2%以下在短期内可能难以实现,可以以能够取出完整的芯样来控制养护时间。

在封闭交通的情况下养护时,可进行自然养护,一般无须采取措施。在开放交通的条件下养护时,再生层在完成压实一天后方可开放交通,但应严格限制重型车辆通行,行车速度应控制在40km/h以内,并严禁车辆在再生层上掉头和紧急制动。为避免车轮对表层的破坏,可在再生层上均匀喷洒慢裂乳化沥青。

6.2 厂拌冷再生设备介绍

拌和设备是厂拌冷再生技术中最核心的部分。德国维特根 KMA200(图6-3)是目前使用广泛、广受好评的一款厂拌冷再生设备。这里对其进行简单的介绍。

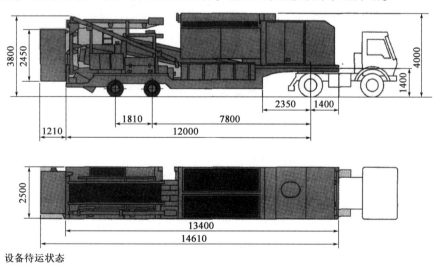

图6-3 维特根 KMA200 型厂拌冷再生设备(尺寸单位:mm)

维特根 KMA200 型厂拌冷再生设备整体建造在一个半挂底盘上,可以由车头拖至任何地点,机动性高,转移工地十分方便。整个设备结构紧凑,安装就位不需要专用水泥基础。两三个人半天时间就可以安装完毕开始生产。自动化控制水平高,整个生产过程只需要装载机驾驶员和厂拌冷再生设备操作手两个人操作。该设备采用柴油发动机动力,野外作业不需要架设动力电。

6.2.1 基本设计

1）半挂低平板拖车底盘

底盘采用高级型钢,轻型结构,中央枢轴符合德国 DIN 和美国 SAE 标准。两个符合欧洲规定的气悬挂轴桥具有升降、自动载荷相关的全轮气制动功能。

2）发动机

一台水冷柴油机驱动所有的液压泵,该发动机满足美国环保署Ⅱ号(EPA COM Ⅱ)排放标准。

3）料斗

宽大的两半结构式料斗,两上料侧均带振动筛网以剔除超尺寸材料。筛网液压折叠,方便清洁。

4）上料皮带输送机

上料皮带机将来自料斗的配料输送给搅拌器,皮带机罩及出料罩能有效地防止灰尘飞扬。皮带秤可记录皮带机的输送量,其测量值作为黏结剂添加量的依据。

5）连续式搅拌器

连续式双卧轴强制搅拌器配备耐磨损搅拌臂、可调整的特殊冷硬搅拌叶片及耐磨衬板。易于维护的搅拌器盖装有泡沫沥青喷洒系统。料位通过液压调节的搅拌器出料口开度控制。

6）卸料皮带机

卸料皮带机可液压折叠,便于运输。工作时可以在水平方向摆动。

7）控制系统及控制面板

该设备全部采用微机控制,通过清晰布置的用户界面操纵。通过控制室内布置清晰的控制面板可以监视整台设备的运转情况。

8）图形数据中心(CGC)

设备的当前设置可连续地由 CGC 显示器显示。可以选装打印机以便打印出所需的工作参数。

9）仪表

一台多功能显示器显示工作小时数、油压、发动机温度、进气温度、液压油温度、发动机转速、柴油箱液位及充电控制。还有一个过滤器灰尘状态指示器。

10）电系统

24V电系统包括一个三相交流发电机、两个12V电瓶、起动器、输出插座、警报器及全套工作灯。

11）液压系统

搅拌器、输送带及喷洒系统的液压驱动均相互独立，各液压泵由发动机通过分动箱驱动。

12）喷水系统

水由装于机身一侧或水箱内部的偏心螺杆泵输送给搅拌器，并被喷洒在搅拌器的进料端。磁感应式流量计确保最佳洒水量。水箱水位可由显示器显示。

13）粉状黏结剂供料

粉状黏结剂供料通过可摆动的供料螺旋输送机和搅拌器上的称量螺旋输送机实现。

14）乳化沥青系统

通过偏心螺杆泵输送乳化沥青，喷洒系统位于搅拌器上，流量计及相应的控制装置保证乳化沥青的最佳用量。

15）泡沫沥青系统

该系统包括适用于200℃以下热沥青的电加热齿轮泵、带多个膨胀室的泡沫沥青喷洒杆、发泡用水喷洒系统、位于一端的测试喷嘴、带温度指示的沥青过滤器。所有沥青管路均采用电加热保温。配备热沥青流量测量装置、沥青及水压力监视。泡沫沥青系统全套开式及闭式回路控制。发泡用水通过往复式泵由水箱输往膨胀室。

6.2.2 主要特点

1）经济性

将铣刨旧料变成高质量的筑路材料，变废为宝；生产过程中不需要加热，无加热能源消耗。

2）环保性

减少新集料的开采量，节约资源，无加热废气、烟雾、灰尘的排放。

3）机动性

可以快速转移工地，快速安装就位。

4）适用性

适用于多种黏结剂：水泥、乳化沥青、泡沫沥青或其组合；适用于多种原材料：RAP、天然砂砾、级配碎石或其结合。

5）成品料具有多种用途

成品料可以用于修筑新路、改造旧路、拓宽现有道路，还可以用作道路的沥青中下面层、基层、底基层等。

6.2.3 技术参数

厂拌冷再生相关的技术参数如表6-2所示。

厂拌冷再生相关的技术参数 表6-2

类别	项目	参数
尺寸及重量	长度(mm)（含/不含控制室）	13400/14610
	宽度(mm)	2500
	高度(mm)	4000
	控制室尺寸(长×宽×高,mm)	2000×1200×2450
	料斗容积(m^3)	6（×2）
	总重量(kg)	约30000
搅拌器	形式	双轴强制卧式
	工作原理	连续搅拌式
	拌和能力(t/min)	200
动力装置	型号	BF6M2012C
	冷却方式	水冷
	功率(kW)	131
	水箱容积(L)	4500
	电系统(V)	24
供料能力	黏结剂输料螺旋能力(m^3/h)	12
	输水能力(L/min)	200
	乳化沥青输送能力(L/min)	180
	发泡用热沥青输送能力(L/min)	160
	热沥青加热系统(V)	42
输料系统	上料皮带宽度(mm)	1000
	卸料皮带宽度(mm)	800
	卸料皮带摆动角度（右侧/左侧）	20°/35°

6.3 厂拌再生的应用实例

从 2005 年 4 月起至今,已有多次的厂拌再生基层试验段施工,例如西宝高速公路、太旧高速公路以及孝襄高速公路等。本节将重点介绍孝襄高速公路试验段施工的应用情况。

6.3.1 项目概况

为了在湖北省内研究推广应用这项技术,湖北高科交通工程咨询有限公司和孝襄高速公路指挥部于 2005 年 8 月 8 日至 20 日利用京珠高速公路养护过程中产生的废旧沥青铣刨料,通过厂拌冷再生的方法分别使用泡沫沥青和改性乳化沥青在孝襄高速公路上成功地进行了冷再生混合料的生产和施工。

厂拌冷再生柔性基层试验路位于湖北省孝襄高速公路起点孝南互通 K49 + 000 ~ K51 + 100 左幅路基,全长 2100m,其中含 3 道明通道和 4 道明盖板。主线路面段宽度为上基层半幅计量宽,即 12.3m,加宽渐变段宽度为 15.8 ~ 16.11m,总面积约 27264m²。本次厂拌冷再生柔性基层试验路的方案如图 6-4 所示。

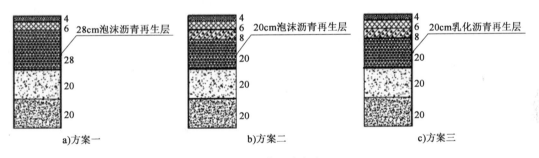

图 6-4 试验路方案

方案一:20cm 水稳砂砾 + 20cm 水稳碎石 + 28cm 泡沫沥青稳定基层 + 10cm 沥青混凝土面层。

方案二:20cm 水稳砂砾 + 20cm 水稳碎石 + 20cm 泡沫沥青稳定基层 + 18cm 沥青混凝土面层。

方案三:20cm 水稳砂砾 + 20cm 水稳碎石 + 20cm 乳化沥青稳定基层 + 18cm 沥青混凝土面层。

需要说明的是,西宝高速公路和太旧高速公路都是利用再生铣刨料维修受损的重载车道,而孝襄高速公路则是利用再生铣刨料修筑新的柔性基层,以代替原有设计方案的 20cm 厚的水泥稳定碎石层甚至 8cm 厚的沥青面层的下面层。孝襄高速公路的原有设计方案是铺筑40cm厚的水泥稳定碎石层,分两层铺筑,每层20cm。因此,试验段柔性基层即是在已完工的20cm水泥稳定碎石上铺筑再生铣刨料。

6.3.2 配合比设计

在前期进行配合比设计的过程中,兼顾了力学性能和经济性能两个方面:在保证冷再生料具有良好力学性能的前提下,尽可能地提高沥青铣刨料的比例,以达到充分利用沥青铣刨料的目的。因此,无论是以泡沫沥青还是以改性乳化沥青为黏结剂,均试验了四种方案,分别如表6-3和表6-4所示。

改性乳化沥青再生混合料的级配设计　　　　表6-3

方案	旧料(%)	石屑(%)	水泥(%)	4.75mm通过率(%)	0.075mm通过率(%)
方案一	90	8.5	1.5	50.2	3.7
方案二	85	13.5	1.5	53	4.6
方案三	80	18.5	1.5	55.8	5.6
方案四	75	23.5	1.5	58.5	6.6

泡沫沥青再生混合料的级配设计　　　　表6-4

方案	旧料(%)	石屑(%)	水泥(%)	4.75mm通过率(%)	0.075mm通过率(%)
方案一	85	13.5	1.5	53	4.6
方案二	80	18.5	1.5	55.8	5.6
方案三	75	23.5	1.5	58.5	6.6
方案四	70	28.5	1.5	61.2	7.7

最终通过试验室配合比试验的结果,确定了两种方案作为最终的施工方案。即对于改性乳化沥青采用方案三的再生材料配合比(RAP80%、石屑18.5%、水泥1.5%、乳化沥青3.5%)进行再生试验路的铺筑。对于泡沫沥青采用方案三的再生材料配合比(RAP75%、石屑23.5%、水泥1.5%,泡沫沥青2.5%)进行再生试验路的铺筑。相应的配合比试验结果如表6-5所示。

泡沫沥青与乳化沥青再生混合料的性能比较　　　　表6-5

项目	泡沫沥青再生混合料	乳化沥青再生混合料	指标要求
旧料掺配率RAP(%)	75%	80%	—

续上表

项目	泡沫沥青再生混合料	乳化沥青再生混合料	指标要求
沥青用量	2%	3.0%	—
水泥用量	1.5%	1.5%	≤2%
毛体积密度(g/cm³)	2.24~2.26	2.22~2.24	—
空隙率(%)	11.7%	13.5%	6%~15%
间接抗拉强度 ITS(25℃,MPa)	0.437	0.45	>0.40
间接抗拉强度比 TSR(%)	83.1%	84.5%	>70%
动稳定度(40℃,次/mm)	>5000	>5000	>2000

由上可知,本次试验段所采用的泡沫沥青和改性乳化沥青对废旧沥青料均具有良好的冷再生效果。相应的冷再生混合料的性能比较如表6-5所示。需要说明的是,泡沫沥青冷再生混合料的养护温度为40℃,而改性乳化沥青冷再生混合料的养护温度为60℃。

6.3.3 施工设备

本试验段所用设备如表6-6所示。

施工中所用的机械设备及相关参数 表6-6

机械设备名称	规格型号	额定功率(kW)或容量(m³/h)或吨位(t/h)	单位	数量
再生破碎设备		80t/h	台	1
厂拌冷再生设备	维特根 KMA200	200t/h	台	1
装载机	2650		台	2
水泥罐	60t		台	1
25t 半挂车	25t		辆	1
自卸车	20t		辆	10
摊铺机	福格勒 S1900		台	2
压路机	悍马 3625HT 单钢轮		台	1
振动压路机	悍马 HD110 双钢轮		台	1
胶轮压路机	悍马 HD150TT		台	1
洒水车	8t		辆	1

其中,维特根 KMA200 移动式厂拌冷再生设备(图 6-5)是本项目的核心设备,生产能力可达 200t/h。其主要特点是机动性好,转移工地方便,到达工地之后不需要任何基础即可快速安装就位。这样就可以在施工工地附近生产混合料,不仅大大简化了施工过程,而且距离的缩短本身就是对卡车运力的优化使用,显著地降低了施工的成本。另外一个重要特点是生产冷拌混合料,不需要对集料进行烘干、加热,不仅节能,而且环保。无论是新鲜的集料还是回收的沥青铣刨旧料,都可以添加各种不同的黏结剂,例如水泥、乳化沥青以及泡沫沥青等。水泥的添加方式是采用螺旋系统将储存在水泥料仓中的散装干水泥粉加入至连续式双轴搅拌锅当中;水和乳化沥青可以通过再生机自身配备的接口进入连续式双轴搅拌锅;而泡沫沥青则是直接利用热沥青由再生机自身所配备的专业设计的发泡系统产生,并直接喷洒到连续式双轴搅拌锅。由微机控制的配料系统可以根据输送皮带上的集料的质量自动调整相应的水、水泥、乳化沥青或者泡沫沥青的用量,该设备的组成结构如图 6-6 ~ 图 6-8 所示。

图 6-5 维特根 KMA200 移动式厂拌冷再生设备

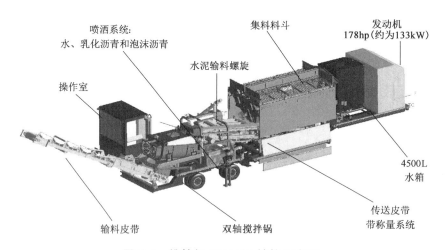

图 6-6 维特根 KMA200 结构示意图

图 6-7　维特根 KMA200 双轴搅拌锅　　图 6-8　厂拌设备上的泡沫沥青系统

6.3.4　材料

1) 沥青铣刨料

旧沥青铣刨料采用京珠高速公路路面维修养护中铣刨下来的旧料,并将其集中存放在湖北孝感三汊基地,经破碎设备破碎后待用。铣刨料(RAP)的筛分结果见表 6-7。

铣刨料(RAP)的筛分结果　　　　　表 6-7

筛孔(mm)	26.5	19	16	13.2	9.5	4.75	2.36	1.18	0.6	0.3	0.15	0.075
通过百分率(%)	100	99.1	98.3	93.9	81.6	44.7	21.5	10.6	6.4	3.3	2.1	0.8

2) 新集料

新集料采用 0~5mm 普通石灰岩石屑,其级配如表 6-8 所示,其作用是改善旧沥青混合料的级配。

新集料的筛分结果　　　　　表 6-8

筛孔(mm)	4.75	2.36	1.18	0.6	0.3	0.15	0.075
通过百分率(%)	100	84.5	60.9	47	35	29.8	20.1

3) 水泥

水泥采用 425 号华新牌散装普通硅酸盐水泥,用水泥罐储存,其作用是提高再生混合料的早期强度及抗水损害能力。水泥的各项性能如表 6-9 所示。

水泥各项性能技术指标　　　　　表 6-9

各项指标	初凝(min)	终凝(h)	细度(目)	密度(g/cm^3)
范围	90	4	≤4.8	2.945

4）乳化沥青

乳化沥青采用的是国创慢凝慢裂拌和型 SBS 改性乳化沥青，其沥青技术指标如表6-10所示。

国创 SBS 改性乳化沥青的技术指标　　　表6-10

试验项目		单位	检测结果	技术要求
破乳速度			慢裂	慢裂
粒子电荷			阳离子	阳离子
道路沥青标准黏度计 $C_{25,3}$		s	24.7	12~60
恩格拉黏度计 E_{25}			7.6	3~30
筛上剩余量(1.18mm 筛)		%	接近0	≤0.1
与粗集料的黏附性			≥2/3	≥2/3
蒸发残留物的性质	残留物含量	%	60.2	≥60
	针入度(100,25℃,5s)	0.1mm	77.5	40~100
	延度(5℃)	cm	49	≥20
	软化点	℃	70.2	≥53
	溶解度(三氯乙烯)	%	99	≥97.5
常温储存稳定性	1d	%	0.2	≤1
	5d	%	—	≤5
与细集料的拌和试验			均匀	均匀

5）沥青

沥青采用韩国 SK AH-70 沥青。通过厂拌冷再生设备上集成化的沥青发泡装置，可以直接将热的沥青变成泡沫沥青加以使用。该种沥青的技术指标和发泡效果性能如表6-11和表6-12所示。

AH-70 沥青的技术指标　　　表6-11

试验项目	AH-70
针入度(25℃,0.1mm)	74
软化点(℃)	48
延度(15℃,cm)	>150
闪点(COC,℃)	320
密度(15℃)(g/cm³)	1.036
溶解度(三氯乙烯)(%)	99.8

续上表

试验项目		AH-70
薄膜烘箱试验(163℃,5h)	加热质量损失(wt%)	0.01
	针入度比(25℃,%)	69
	延度(15℃,cm)	110
	延度(10℃,cm)	8.2
含蜡量(%)		2.0

沥青发泡性能参数 表6-12

发泡温度(℃)	发泡用水量(%)	膨胀比(倍)	半衰期间(s)
160	2.5	16	8

上述试验是由维特根公司的WLB10泡沫沥青试验机完成的。根据沥青发泡后的膨胀比及半衰期综合确定沥青的最佳发泡温度以及最佳发泡用水量。

6)水

采用拌和现场的自来水,拌和时从消防栓上接入消防水管直接连接至厂拌设备的水管接头即可。

6.3.5 施工工艺

1)施工工艺流程图

厂拌冷再生施工工艺流程图如图6-9所示。

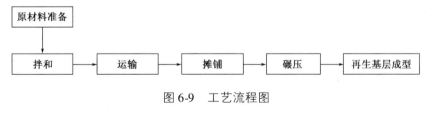

图6-9 工艺流程图

2)冷再生料的生产

试验路的再生材料拌和设备采用的是维特根公司的KMA200移动式冷拌再生机,该再生机配备连续式双轴搅拌锅和精确的微机控制配料系统。由于该拌和设备的集成化和自动化的水平很高,所以整个拌和现场的组织变得非常简单,对于KMA200而言,只需要一个操作人员即可。另外有两台装载机不停地向KMA200供料。空载的运料卡车有序地排队候料,而满载再生混合料的卡车则奔向7km之外的摊铺现场。

整个生产流程简述如下:首先使用两台装载机分别给两个背对背结构的配料斗装

料,一个料斗装旧沥青铣刨料,另外一个料斗装石屑。每个料斗均有一个可调节的出料门,从而使旧沥青铣刨料和石屑可以按确定的比例配料。接下来的一切步骤都是自动进行的:配好的材料被输送到连续式双轴搅拌锅,集料进入拌和锅的同时被加入精确计量的水、水泥、乳化沥青或者泡沫沥青。最后,再生后的材料从拌和锅出来后通过输送带直接卸料至运料卡车,生产情形如图 6-10 所示。

3)冷再生料的摊铺和压实

考虑到工作面的宽度较大,施工现场采用两台摊铺机进行阶梯式摊铺作业,两台摊铺机之间的纵向间距保持在 10m 左右,纵向接缝的重叠宽度至少为 10cm,摊铺时采用两边挂钢线,中间架平衡梁的方式保证摊铺的高程和平整度。为保证能够连续摊铺,将摊铺机的工作速度控制在 1~2m/min,并且保证在现场有足够的运料车等候卸料。摊铺混合料的虚铺系数控制在 1.2。现场摊铺的情形如图 6-11 所示。

图 6-10 生产现场

图 6-11 两台摊铺机同时摊铺作业

事实证明,泡沫沥青冷再生混合料的施工难度远远小于热拌混合料。由于工作面过宽,有时会发生供料间断的现象,但对施工质量的影响不大。原因在于泡沫沥青冷再生料本身是一种冷料,只要保证其本身的压实含水率满足要求即可。国际上相关的研究发现,如果冷再生料中不添加水泥,那么泡沫沥青冷再生料的储存期可长达三个月。

冷再生料的压实是一个颇为重要的问题。为保险起见,施工初始阶段采用分两层摊铺、逐层压实的方案。实践证明,对于每层 10cm 的冷再生料而言,采用悍马 HD110 双钢轮振动压路机碾压三遍可以获得良好的压实度,现场采用灌砂法实测压实度超过 98%。后来,又成功地实施了一次性摊铺压实 20cm 的冷再生料的方案。具体步骤为:首先采用悍马 HD150TT 轮胎压路机静压一遍,然后再使用悍马 HD110 双钢轮压路机弱振 1 遍,悍马 3625HT 单钢轮压路机弱振 2 遍，最后使用 HD150TT 轮胎压路机进行不间断碾压，使再生层的表面保持湿润，并具有良好的表面构造，现场压实情形如图 6-12 ~ 图 6-15 所示。

图 6-12　用悍马 3625HT 一次压实 20cm

图 6-13　分层用悍马 HD110 压实

图 6-14　现场灌砂法检测压实度

图 6-15　完工后的冷再生层

6.4　厂拌再生试验路使用效果评价

6.4.1　再生材料级配的检验

试验路采用的原材料与研究报告中配合比设计中采用的材料一致，不再赘述，考虑到试验路材料设计采用了泡沫沥青和乳化沥青两种材料作为稳定剂，配合比设计中采用的级配不尽相同，因此，对于不同的结构方案，合成级配的要求也不相同，拌和厂矿料级配检验结果如表 6-13 和表 6-14 所示。

泡沫沥青混合料矿料级配检验结果　　　　表6-13

检测时间	累计通过质量百分率(%)											
	26.5	19	16	13.2	9.5	4.75	2.36	1.18	0.6	0.3	0.15	0.075
8.6	100	97	93.9	90.0	79.7	55.0	31.2	23.6	16.3	12.3	8.1	3.4
8.7	100	97.3	91.2	86.6	75.1	52.5	35.4	23.6	15.4	10.6	7.4	3.3
8.9	100	96.2	92.2	88.6	77.3	53.5	33.4	25.9	18.3	13.6	9.4	4.8
8.11	100	97.2	90.1	89.1	73.5	48.5	31.3	23.1	16.3	12.9	7.9	3.5
8.13	100	98.2	93.2	85.6	72.8	47.5	32.4	22.5	14.2	12.8	8.1	4.3

乳化沥青混合料矿料级配检验结果　　　　表6-14

检测时间	累计通过质量百分率(%)											
	26.5	19	16	13.2	9.5	4.75	2.36	1.18	0.6	0.3	0.15	0.075
8.16	100	98.8	93.4	89.4	78.3	52.1	28.3	22.2	16.5	12.1	8.9	4.5
8.16	100	95.8	91.4	87.4	73.3	47.1	25.3	17.2	13.5	10.1	6.9	3.8

6.4.2　再生材料的力学性能检测

为了检验拌制的冷再生混合料性能是否合格,应对定期拌和厂生产的混合料成品料取样,至工地试验室即时成型,以对混合料的质量进行检验与监控。成品料的力学性能检测结果见表6-15。

成品料的力学性能检测结果(加速养护与材料设计程序相同)　　　　表6-15

取样时间	含水率(%)	干ITS(kPa)	湿ITS(kPa)	TSR(%)
8.7	4.6	502	447	89.0
8.9	4.3	566	483	85.3
8.10	5.2	663	500	75.4
8.11	4.9	548	403	73.5
8.15	4.7	556	454	81.6
8.17	5.3	532	432	81.2
8.18	4.5	658	552	83.8

6.4.3　试验路压实度检测

再生混合料的压实是关键,因此再生基层施工过程中,通过调整施工过程中的摊铺、碾压工艺及遍数,以保证再生基层的压实度。根据室内试验结果,采用破碎旧料的泡沫沥青混合料的标准密度为2.240g/cm³,改性乳化沥青混合料的标准密度为2.235g/cm³,

采用非破碎旧料的泡沫沥青混合料的标准密度为 2.18g/cm³，以此作为基层控制压实度的标准。各个路段压实完后，采用灌砂法检测压实度的检测结果，见表 6-16。

试验路压实度的检测结果 表 6-16

时间	桩号	湿密度（g/cm³）	干密度（g/cm³）	标准密度（g/cm³）	压实度（%）	备注
8.8	K50+900	2.270	2.270	2.240	98.0	下基层 10cm
8.8	K50+980	2.272	2.272	2.240	98.3	下基层 10cm
8.8	K51+050	2.265	2.193	2.240	97.9	下基层 10cm
8.9	K51+020	2.303	2.236	2.240	99.8	上基层 10cm
8.9	K51+030	2.262	2.196	2.240	98.0	上基层 10cm
8.9	K51+060	2.271	2.205	2.240	98.4	上基层 10cm
8.10	K50+815	2.264	2.177	2.240	97.2	上基层 10cm
8.10	K50+920	2.331	2.241	2.240	100	上基层 10cm
8.10	K50+980	2.307	2.218	2.240	99.0	上基层 10cm
8.11	K50+680	2.249	2.173	2.240	97.0	厚 20cm
8.11	K50+740	2.248	2.173	2.240	97.0	厚 20cm
8.11	K50+780	2.295	2.217	2.240	99.0	厚 20cm
8.12	K50+720	2.250	2.163	2.240	97.0	厚 20cm
8.12	K50+680	2.289	2.201	2.240	98.0	厚 20cm
8.12	K50+700	2.368	2.277	2.240	102.0	厚 20cm
8.13	K50+420	2.218	2.145	2.240	96.2	厚 20cm
8.13	K50+340	2.230	2.201	2.240	98.0	厚 20cm
8.14	K49+100	2.288	2.200	2.240	98.2	厚 20cm
8.14	K49+180	2.272	2.185	2.240	97.5	厚 20cm
8.15	K49+290	2.271	2.194	2.18	98.0	厚 20cm
8.15	K49+360	2.185	2.111	2.18	97.0	厚 20cm
8.15	K49+410	2.188	2.114	2.18	97.0	厚 20cm
8.17	K49+490	2.236	2.150	2.18	98.0	厚 20cm
8.18	K49+560	2.218	2.133	2.18	97.0	厚 20cm
8.18	K49+710	2.220	2.139	2.18	98.1	厚 20cm
8.19	K49+790	2.212	2.137	2.18	98.0	厚 20cm
8.19	K49+910	2.216	2.121	2.18	97.2	厚 20cm
8.19	K50+000	2.226	2.151	2.24	98.1	厚 28cm
8.19	K50+100	2.250	2.197	2.24	98.0	厚 28cm

续上表

时间	桩号	湿密度（g/cm³）	干密度（g/cm³）	标准密度（g/cm³）	压实度（%）	备注
8.19	K50+180	2.289	2.209	2.24	98.6	厚28cm
8.20	K50+200	2.248	2.234	2.235	99.9	厚20cm
8.20	K50+250	2.245	2.225	2.235	99.5	厚20cm
8.20	K50+290	2.250	2.216	2.235	99.1	厚20cm

由压实度检测结果可以看出,冷再生混合料基层压实后的压实度基本在98%以上,路基压实较好,这与施工过程中控制好碾压工艺是分不开的(为了控制压实度,部分路段采用分层碾压,并随时用灌砂检测压实度,及时调整压实遍数,以最大限度保证好压实度)。这些都在一定程度上反映,控制好碾压工艺,再生混合料基层是有良好的压实性能的。

6.4.4 试验路取芯检测结果

再生基层竣工后,对试验路随机钻取了芯样品,并对芯样按自然养护的时间进行了力学性能检测。由于各个路段铺筑的方式不同,有的是一层直接铺筑,有的则是采用分层铺筑,对于分层铺筑的基层,由于层间结合不是很好,不太容易完整地取出芯样,故对于分层铺筑的基层,采用分层取芯,对于单层铺筑的基层,则一层取芯。

基层的芯样图如图6-16所示。由图可见,再生基层芯样的完整性较好,特别是采用破碎旧料铺筑的基层,其完整性好,密实度高,芯样表面也较光滑(图6-16),侧面反映了采用变异性小的旧料,再生基层有更好的质量。从乳化沥青基层芯样与泡沫沥青芯样外观看来,并无差别(图6-16中矮的试件)。

图6-16 冷再生基层试验的芯样

对钻取的芯样进行切割后进行力学性能的测试,测试结果见表6-17~表6-19。

泡沫沥青基层竣工后 **20d** 强度检测结果　　　　表6-17

桩号	取芯位置	基层厚度(cm)	切后芯样长(cm)	最大破坏荷载(kN)	干ITS(kPa)
K49+020	行车道	20	67	4.719	0.45
K49+020	行车道	—	70	5.401	0.49
K49+075	行车道	20	86	6.977	0.52
K49+120	行车道	19.5	100	4.681	0.30
K49+280	超车道	20.5	94.5	5.461	0.37
K49+280	行车道	20	83	6.525	0.50
K49+330	超车道	19	88	4.331	0.31
K49+590	超车道	20.5	85	3.578	0.27
K49+700	行车道	20	67	6.89	0.65
K49+800	行车道	19.5	89	4.348	0.31
K49+900	行车道	19	69	3.728	0.34

泡沫沥青基层竣工后 **60d** 强度检测结果　　　　表6-18

桩号	取芯位置	基层厚度(cm)	切后芯样长(cm)	最大破坏荷载(kN)	干ITS(kPa)
K49+280	行车道	20	94	8.31	0.56
K49+590	超车道	20.5	96	9.59	0.64
K49+330	行车道	19	93	0.89	0.43
K49+700	超车道	20	82	11.75	0.91
K49+900	行车道	19	79	4.13	0.34
K50+050	行车道	20	109	8.22	0.48
K50+560	行车道	19	74	10.6	0.91
K50+760	行车道	19	98	10.8	0.70

改性乳化沥青基层竣工后 **60d** 强度检测结果　　　　表6-19

桩号	取芯位置	基层厚度(cm)	切后芯样长(cm)	最大破坏荷载(kN)	干ITS(kPa)
K50+220	行车道	20	83	9.44	0.72
K50+220	超车道	20.5	96	9.89	0.66

续上表

桩号	取芯位置	基层厚度（cm）	切后芯样长（cm）	最大破坏荷载（kN）	干ITS（kPa）
K50+280	行车道	20	97	9.13	0.60
K50+280	超车道	20	103	8.22	0.51

由测试结果看出，再生基层部分路段的强度竣工后20d左右时，部分已形成了较高的强度，但各个路段的检测结果离散性较大，这与试验路的工期较长、施工的不连续性以及天气的影响（部分路段施工时遭遇阵雨）是直接相关的。芯样60d的强度结果表明，泡沫沥青基层及乳化沥青基层都有较高的强度，基本上都能达到设计要求。

第7章

CHAPTER SEVEN

就地冷再生技术的施工工艺、设备及应用实例

道路就地冷再生工艺是 20 世纪 80 年代后期在路面冷铣削工艺的基础上迅速发展起来的一种新技术,目前已成为国际上道路维修改造的主要方法之一。这种技术包括四个主要工序:首先是准备旧路面的再生材料,以及破碎和翻松旧路;其次是加入稳定剂和水并加以拌和;第三是成型和压实;最后是在再生的路面上加铺磨耗层。为了增强补强作用还可以加铺黏结层和结构层。就地冷再生工艺主要用于结构层的翻修,适用于各种道路。就地冷再生工艺的优点是:

(1)全部旧料就地再生,不仅减少了新料的用量,而且节省了运输费用。

(2)在翻新路面的补强问题上有着很大的灵活性,可以在再生的路面上只铺一层稀浆封层,也可以在其上加铺一层热沥青混合料磨耗层,或者将再生路面作为底面层在其上加铺一层中面层和上面层,构成三层结构的路面,还可以将再生路面作为第一层结构层而在其上铺多层结构的沥青路面。

(3)消除旧路面不规整的横向断面。

(4)由于已经有了再生路面作为底面层,在其上加铺其他面层的工作量将相应减少,因而节约了施工时间、降低了施工成本。

(5)减轻环境污染,减少能源消耗。

7.1 就地冷再生原理

7.1.1 就地冷再生的原理

历经多年,再生机由改进的路面铣刨机和土壤稳定机演化至今天的专用再生机。由于这些机器被专门设计以具有一次性再生较厚路面的能力,所以现代再生机趋向于大型化,且具有较高的功率,其行走方式可以是履带或高附着力的轮胎。

就地再生由一个专用再生机械实现,其核心是一个装有若干个硬质合金刀具的切削转子。转子旋转时向上切削现有旧路铺层材料,转子的切削深度可以通过电脑精确控制。在转子切削材料的同时,来自再生机前面并由再生机推动前行的水罐车中的水,通过软管输送给再生机,并由机载系统喷洒进拌和罩壳内。在拌和罩壳内与被切削下的材料进行充分均匀的混合,以便压实所需的最佳用水量。转子通常向上旋转铣刨原路面材料,如图 7-1 所示。

液体稳定剂,例如水泥稀浆或乳化沥青或两者结合,也可以类似的方式直接喷洒到拌和腔。此外也可以通过专门设计的喷洒嘴将泡沫沥青喷洒到拌和腔。热沥青、冷水和空气在一排相互独立的发泡腔里,使沥青发泡,并通过喷嘴均匀地喷洒在整个工作宽度上。粉状稳定剂,例如消石灰,通常事先撒布在再生机前的路面上。再生机将粉状稳定剂与再生料和水一次性拌和。微型计算机根据再生的宽度、工作深度、工作速度及材料的密度控制拌和水量和沥青用量。重叠作业时,可以单独关闭一些喷嘴,以便减小喷洒宽度。

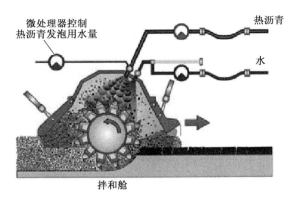

图 7-1　泡沫沥青就地再生的原理

7.1.2　就地再生施工机组

可以根据再生场合和稳定剂的不同类型,采用不同的再生列车组合方式。通常情况下,再生机是自行的,它可以推动或拖动与其相连接的设备。再生列车的典型配置见图 7-2 和图 7-3。

图 7-2　典型的水泥浆再生列车

图 7-3　典型的水泥浆与沥青稳定剂再生机组车队

图 7-2 给出了使用水泥浆再生的再生列车组合。在将水泥和水拌和成稀浆之前,它们的用量需要精确计量,然后通过软管泵送给再生机,并在拌和腔中喷洒。水泥也可以以粉料的形式预先撒布在路表面,而此时稀浆拌和车可被水车取代。

从再生机出来的再生料需要使用重型振动压路机进行初压,使全部再生材料达到均匀的密实度。再生料在使用振动和轮胎压路机完成终压前,应先使用平地机进行整平。

当乳化沥青或泡沫沥青与水泥稀浆一起使用时,可使用类似的再生列车组合,只不过需要在稀浆拌和车前增加一辆沥青罐车,如图 7-3 所示。有时,水泥是以粉状的形式撒布在再生机前的路表面,沥青罐直接与再生机连接,水车作为引导车辆位于列车的最前面。履带式再生机配有熨平板,如图 7-3 所示,而在这种情况下,就不需要再使用平地机。

7.2 冷再生的应用

冷再生类型种类繁多,因此可以满足路面维修与养护的不同需要。根据再生料是否使用黏结料处理,可以将冷再生分为两个基本类型。然后可以根据再生料的处理方式,将每一种类型进一步分类。图 7-4 给出了这两种分类方法的说明。

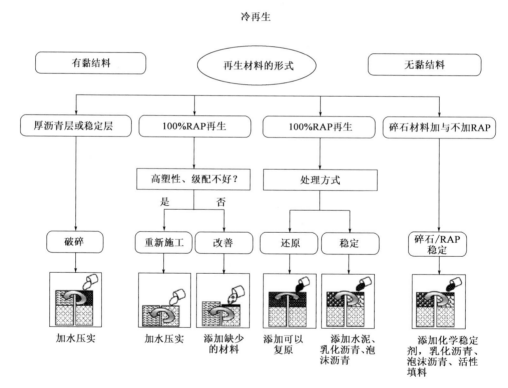

图 7-4 冷再生的基本分类方法

100% RAP 再生,碎石(砾石)或 RAP 材料稳定,级配调整,路面升级以及破碎处理都将在下面讨论。

7.2.1 100%RAP 再生

这类再生仅涉及 RAP 料,需要考虑的内容如下:

(1)原路面的使用状况和组成(例如,沥青混合料类型、级配、沥青含量、老化状况等);

(2)路面的损坏类型和原因(如裂缝或永久变形);

(3)路面的损坏程度(是表面的损坏还是更深层次的损坏);

(4)再生的目的(例如恢复结构的完整性)。

有两种不同的技术可用于 100%RAP 材料的再生:

(1)使用乳化沥青作为还原剂铺筑较薄的冷拌沥青再生层(厚度通常小于 100mm);

(2)使用水泥、乳化沥青或泡沫沥青稳定 RAP 材料,用于路面结构的较深层次(厚度通常大于 100mm)。

100%RAP 料再生用作冷拌料时,需要添加乳液状的沥青。这实际上是个复原的过程。但是,在向不考虑体积特性的旧料中添加黏结剂时,需要谨慎的设计方法。旧料的级配与混合料的原始级配存在差异,主要是因为细集料常常黏覆于再生料上,导致旧料级配中细集料的含量不满足要求,这就意味着再生时需要向再生料中添加一定比例的细集料。

当 100%RAP 料使用稳定剂再生时,其材料的特性与复原材料不同,这已在第四章中进行阐述。

再生层上通常需要铺筑罩面层,以满足路面的功能性要求,例如防滑和行驶性能。对于轻交通道路,可以使用碎屑封层或者较薄的(厚度小于 4mm)热拌沥青混合料表面层。但是对于需要升级改造成重交通的道路,沥青稳定基层通常是必需的,此外还需要加铺沥青表面层。

7.2.2 碎石或 RAP 材料的稳定

这种再生方法主要用于处理损坏的砾石基层和较薄表面层(通常由沥青层或多层封层组成)的路面。这类路面结构最主要的病害是沥青层的开裂,砾石基层出现的变形或坑洞。使用稳定剂的目的是通过改善再生材料的工程性质来恢复路面结构的完整性,同时使路面达到满足要求的行驶性能。

碎石或 RAP 材料的稳定处理可以将路面再生成不同的厚度,通常为 150~250mm。有些道路为了满足交通量的增长要求,道路的结构承载能力需要加强,再生的深度需要增大,因此新稳定层的厚度也要增加。但是,如果原路面使用的是质量较好的天然材料,那么需要保证原路面要有足够的厚度,此时才能采用该方法。这种方法也可以对包括稳定层在内都已出现损坏的(例如使用石灰或水泥稳定)路面进行再生。

针对由于预算的限制而采用短期维修策略的道路,或只是由于路面上层强度不够所造成的路面损坏,其再生深度可以减少。再生后的道路,其结构承载能力总是能获得大幅度的提高。再生后的路面结构,其上还要再铺筑沥青表面层,以限制水侵入再生稳定层,从而延长再生路面的使用寿命。

这种再生方法也可以用于升级没有罩面的砾石路面。将这种路面升级为沥青路面通常出于以下考虑:

(1)经济因素。由于交通量的增长,使得道路的维护成本增加。

(2)环境因素。对于碎石路面,每年会有25~35mm的砾石损失。因此,需要不断地添加新料重新罩面。此外,来自没有罩面层路面的粉尘会危及身体健康。

(3)安全因素。雨天情况下驾驶员的安全问题以及政治的需要。

砾石磨耗层的再生通常需要加入稳定剂。稳定剂可以选择乳化沥青或泡沫沥青,再生厚度一般在125~150mm之间,在其上只需铺筑薄的罩面层,例如碎屑封层或者稀浆封层。采用水泥或石灰作为稳定剂时,要达到相同的路面结构使用寿命,其再生层的厚度通常要增加到150~250mm,但存在的问题是耐久性不好。

这种再生方法还包括使用消石灰改善塑性材料。该再生工艺中,需要添加足够的石灰来降低材料的塑性性质。但是由于添加石灰不能使强度增加(尽管长期强度会增加),因此该过程不能当作稳定。

7.2.3 破碎

当对具有厚沥青层的路面进行再生时,通常不需添加稳定剂。处理产生严重疲劳裂缝的厚沥青层,最好的办法是将整个沥青层破碎,并碾压形成一种类似碎石形式的材料。然后将新的沥青基层和罩面层铺筑于这种破碎层上,以提供一种稳定的路面结构。

对于包括水稳基层都损坏的路面结构,使用破碎处理也是非常有效的办法。黏结层的损坏通常表现为块状裂缝,这种裂缝开始时间距较宽,但会随时间变得密集。对这些材料进行破碎,可以消除反射裂缝的危险。

7.2.4 重新施工

没有罩面的砾石路面,通常不需要添加稳定剂来升级到黑色路面。一般采用的工艺是将原路面重新施工,并在铺筑新的罩面层之前,将原路面上部材料重新压实成均匀的结构层。虽然没有添加黏结料,但可以在再生时通过调整现场材料的含水率,来获得最佳的压实效果。

这项工艺还可用于在现有路面材料上铺筑新路。如果路基有足够强度,重新施工可以对旧路进行有效的修整与再压实。通过这种方式,新路面可以获得更加坚固的支撑层。

7.2.5 改善

路面调查显示路面结构产生损害有时是路面上部粒料层级配不良所致。遇到这种情况,可以在再生前将碎石材料所缺失的部分集料撒布到路面上,并与旧料拌和来改善原路面材料的级配。可以在再生过程中调节再生材料的含水率,为再生材料的压实提供理想的湿度条件。

改善也可以用于处理高塑性的材料。在某些条件下,可以向现场的黏土中添加没有黏结力的砂,来有效地降低材料的塑性。采用该工艺需要十分谨慎,因为塑性颗粒的机械分离不会在任何化学层面上降低塑性。只有当砂的级配与塑性材料的性质和级配互相兼容时,材料的性能才有可能提高。

7.3 就地再生施工方案

所有的路面维修设计都是针对特定的工程项目,每项工程都是独一无二的;再生深度和稳定类型由设计期内的预期交通量、现有路面材料和现场路基强度决定。为帮助设计师设计深层再生的路面结构,本节给出了维修路面时比较常见情形下的典型再生方案设计指导。

7.3.1 采用泡沫沥青稳定 RAP 料取代热拌沥青混合料基层

许多成功的应用案例已表明泡沫沥青稳定 RAP 料可用来代替热拌沥青混合料(HMA)基层材料。这对处理不需要的回收料堆积问题,提供了一种良好的解决方案,同时还可节约工程费用。在某些工程应用上,它甚至是一种优良的产品。

当采用泡沫沥青稳定时,RAP 作为粗的粒状材料,泡沫沥青则分散在周围的玛蹄脂中。不像传统的 HMA,泡沫沥青稳定 RAP 不易形成车辙,这是因为其应力依赖行为类似于碎石集料,对温度不敏感。采用高能量的压实手段(重振动压路机)实现要求的密实度时,泡沫沥青稳定 RAP 与 HMA 相比仍有较高的空隙率。相对高的空隙率不仅能提高"稳定度"并减少可能的"流动性",还有利于减少温度裂缝产生的可能性。然而,泡沫沥青稳定 RAP 实质上是粒状材料,而非沥青材料,因此常常需要高质量的面层,以防止水分的进入和交通荷载的磨耗。

大量的研究表明,当泡沫沥青稳定材料浸水后其强度可达干强度的100%(TSR=1),这与传统的HMA基层材料性能相似。必要的话,泡沫沥青再生材料的残留强度可通过在RAP料中掺加机制砂来提高,这可在厂拌再生设备中实现,或在现有路面上仔细地撒铺一层均匀的机制砂,然后就地再生。

7.3.2 两阶段就地再生

轻交通量道路的损害经常是由上层水敏感性强的材料引起的。这些材料通常的特征是高塑性(PI>10),可采用消石灰改善。这种处理方法一般可通过再生到底基层的底部(200~300mm),加入2%~4%的石灰来完成。然而,该处理方法通常难以达到需要的性能,需加铺层或在较浅深度内进行二次处理,通常是通过加入沥青稳定剂实现二次再生。两次再生施工即所谓的"两阶段"再生,其基本的顺序:

(1)采用足够的消石灰改善路面上层材料,以减小或消除材料的塑性。

(2)24h内,依据路面设计确定的再生深度,采用泡沫沥青或乳化沥青重新再生改善过的材料。

图7-5是两阶段再生示意图。

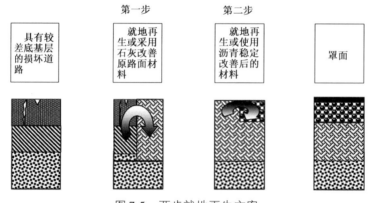

图7-5 两步就地再生方案

7.3.3 用于主要结构层加强的两部分再生

采用泡沫沥青稳定RAP料取代路面中的热拌沥青基层材料,如图7-6所示,它代表了"两部分再生"操作。第一部分由就地再生完成,第二部分是重新利用RAP料(取自于现有的废料堆或再生机前铣刨下来的材料)。铣刨原路面的上面部分后,对下面部分进行再生,使再生的深度超过从路表面再生的深度。采用这种方式,可处理有问题的底基层或有选择性的路基(通常用水泥稳定),然后加铺初始挖除的材料。这种方式加铺层材料短缺时非常实用。

初始挖除的材料可以重新运输到现场稳定,或在运输前稳定。如果采用就地稳定,在使用稳定剂再生前,必须将现场加入的材料精确地排成行,并且新再生的底基层(预压实)顶面须整平。第二再生阶段的深度控制非常重要,因为两再生层间未稳定的材料夹层可导致早期损害。为避免这种情况的发生,通常再生的深度超过基层厚度25mm,以贯穿下面底基层的上部。

如果在工地外预先稳定材料,运输稳定后的材料,然后在新再生底基层上摊铺(由平地机或摊铺机完成)。

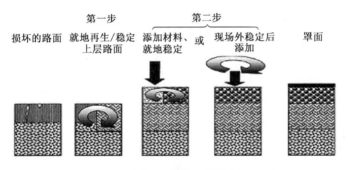

a)方案1:使用外加料的两部分再生

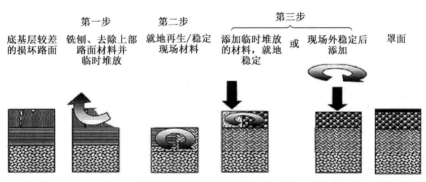

b)方案2:使用现场材料的两部分再生

图 7-6　使用外加材料的两部分就地再生

7.4　就地冷再生的施工工艺要求

7.4.1　概述

再生施工的特点是大型机械、密集施工和高生产率。不同于新建道路施工项目中许多施工可在整个工地同时进行,再生施工是集中在一个特定的区域,按线性施工。施工后的再生层通常仅需要罩面。再生设备有巨大的生产率潜力。尽管做计划时一般要保守一些,以日生产量 5000m² 为宜,但实际上一台再生机一天之内能够完成一公里全路宽(两车道)的维修工程(达 10000m²)。再生是一种相对简单和快捷的施工方法,但需要良好的管理才能实现高的生产率。

再生施工的总体目标是修筑新的路面层以满足设计工程师的设计要求。这些要求通常体现在工程规范中,它对再生提出了两个最重要的要求:

(1) 完工再生层材料的质量;

(2) 再生路面层的厚度。

很明显,维修后路面的性能可以满足这两个基本要求,且完成程度相当一致。两个基本要求代表了预测维修后路面寿命的两个关键假设,任一方面的缺陷均会导致路面的早期损坏。

为获得最大利益,再生施工需要良好的计划,以达到潜在的生产率和确保再生后材料始终满足最终产品质量的要求,应做到以下几点:

(1) 影响施工的所有因素均经过详细分析并做出相应的计划;

(2) 再生机组可能碰到的所有障碍,均已清楚并且被及时清除;

(3) 始终注意所需材料(比如稳定剂)的情况,一旦需要,应能及时获得;

(4) 采取必要的预防性维护手段,以确保机械设备的正常运行;

(5) 施工和监理人员均受过良好的培训,对再生施工的各个方面均有清楚的了解;

(6) 切实注意安全问题,特别是采用热沥青时。

以下将对上述各点展开讨论,重点强调创造一个具有生产力的工作环境和确保获得满足要求的最终产品。

7.4.2 再生施工计划

与所有其他多任务高生产率的施工一样,再生工程的成功,有赖于施工计划的质量。开工前,仔细考虑施工中应完成的不同步骤和操作是非常重要的。应以日或台班为单位,将上述考虑以生产计划的形式记录下来。下述给出的关键方面应予以特别关注:

1) 设备的选择

再生施工除了需要再生机之外,还需要给再生机提供稳定剂的运输车,以及压实机械、平地机和水罐车等辅助设备。下面将分别介绍每种设备。

(1) 再生机。

决定采用哪种再生机械(或多少台)主要受工程规模和类型的影响,其他的因素有时也需要考虑,如履带式机械经常用于再生厚的沥青层,并可通过其后面配置的熨平板来摊铺再生混合料;而轮胎式机械通常需要配备平地机。

(2)压实设备。

再生机后面通常需要三个压路机来压实再生材料。首先是使用一台重型压路机,采用高幅振动压实功可贯穿至再生层的底部。当再生层厚度下面2/3达到均匀压实时,可以使用平地机来完成最后的整平。然后采用光轮压路机以低幅振动模式压实新摊铺层的上部。当采用履带式再生机时,通常可以使用再生机自带的熨平板来摊铺材料,可考虑采用一台压实设备(单轮或双轮光面振动压路机)完成整个压实过程。在最后的压实工艺中,通常采用轮胎式压路机来完成,以形成紧密相连的路表面纹理构造。

重型压路机对新再生层底部达到要求的压实度有重要作用,因而其选择非常关键。图7-7描述了经常应用于再生工程中的压路机类型和静态质量选择的基本原则。再生层的厚度和再生后材料的级配特性是主要的选择标准。

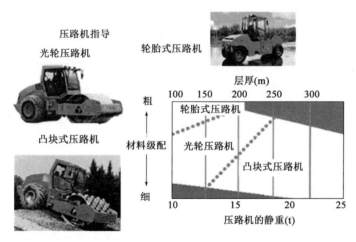

图7-7 压路机的选型

(3)罐车。

罐车是再生机的配套设备,用来供水或液体稳定剂(如乳化沥青)。罐车的容量要与工程的规模和道路的几何形状相匹配。通常,单底盘的罐车容量为10000~15000L,比较适合于较小的工程以及几何形状标准低的道路(拐角大,坡度陡)。大型半拖式罐车的容量超过20000L,一般应用于大型工程以及平坦或起伏的路段。

所有与再生机连接的罐,无论是罐本身,还是各连接处必须是密封的。当再生机处于行进状态时,一滴水(或稳定剂)不会造成危害,而当再生机静止,且水滴长时间(比如在更换铣刨工具时)作用于松散的再生材料上时,则常会形成"软弱点"。

（4）水泥的应用。

水泥是世界范围内应用最多的稳定剂，它既可作为单独的稳定剂，也可与其他稳定剂（通常为沥青类稳定剂）结合应用。规定的用量从低限的1%到高限的6%，或更高，尤其是稳定砂类材料时，水泥的用量更高。用量通常指再生材料重量（按现场压实密度）的百分比。要使稳定后的混合料满足规定的强度要求，稳定剂在再生料中的均匀分布非常必要。

为保证准确地撒铺，再生材料（包括水泥和其他撒布在现有路面上的材料）不能在水平面上移动。在手工或大量撒布水泥不能满足准确性要求的地方（特别是水泥用量低于2%时），应该考虑使用水泥稀浆拌和车进行水泥浆喷洒作业。这种设备可考虑无尘水泥添加剂，并对获得高精确度（对任何用量）要求的施工是十分理想的。

2）生产目标

计划期内的再生施工量必须与道路本身的条件相符。每天的施工日程通常是完成一个半幅或全幅路段。有时，仅再生道路的某一部分是不明智的，比如：沿着道路的中心线仅再生作业一次，将导致半幅路上产生三个作业面。这种施工将对后续接缝产生影响，而且部分再生的半幅路开放交通时，将会给驾驶员造成混乱，尤其是在夜间。

3）原路面材料

原路面材料的类型、密度、现场含水率均是相关信息。构成原路面结构的不同材料厚度的变化（特别是沥青层）会对再生机的作业速度有很大影响。此外，再生材料的特性将决定其摊铺、压实及完工方式。此外，当采用水泥类稳定剂时，一般要规定材料的摊铺和压实时间，这种限制对施工方式有重要影响。

4）原道路的几何形状

道路的宽度决定了完成整个作业宽度所需的作业次数。楔形路段应认真考虑，比如爬坡车道的开始和结尾处。另外，道路的表面形状（路拱或横坡度）影响相邻作业面间的纵向接缝的位置。这些内容以下将详细论述。

（1）纵向接缝。

再生施工时，应考虑两种接缝：与道路中心线平行的纵向接缝，与道路中心线垂直的横向接缝。所有的接缝都会造成路面的不连续，除非处理良好，否则有影响再生层结构完整性的危险。纵向接缝与横向接缝有很大的不同：纵向接缝设计成与道路的几何形状相协调，下文将详细介绍。而横向接缝是在每次再生施工终止后形成的，因此在后面的部分分别考虑。

除非采用大型WR 4200型再生机，一般再生机的宽度常常小于道路或行车道的宽度。因此,完成全路幅的再生需要多次作业,从而导致数条相邻作业面间的纵向接缝。需要沿整条纵缝有一定的重叠,以保证相邻作业面间纵缝的连续性。因此,只有第一个作业面是在转子全宽度范围内。而其后的各次作业的有效宽度均因重叠而减小。为确保稳定剂和水在重叠部分上撒布得均匀和连续,必须做出仔细的考虑。

全路宽再生所需要的作业次数,以及每条纵缝的位置受下列因素影响:

①被再生道路的宽度及断面情况。拱形路最好先作半幅再生,以便在路拱处获得均匀的再生层厚度。

②应用于工程中的再生机型,特别是转子的宽度。另外,有些再生机具有转子右置的特点,允许再生机贴近路缘等结构物作业。因此,施工时,一般应将该侧面向路缘作业。

③推荐的最小重叠宽度一般为150mm,但有时在考虑到厚路面(>300mm)、再生材料的粒度、稳定剂的种类以及相邻作业的时间间隔等因素时,重叠量应适当增加。通常,路面越厚,重叠量越大;材料粒度越粗,重叠量越大;当采用水泥类稳定剂且相邻两次作业间隔在12h以上时,重叠量应增加。

④纵向接缝的位置应尽量避开慢行重型车辆的轮迹。

如上文所述,再生施工计划的首要一点就是确定纵缝重叠量。要从转子宽度内减去重叠量以确定每次作业的有效宽度,从而确定水和稳定剂的添加宽度,如图7-8所示。

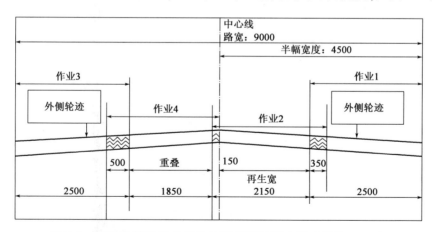

图7-8 显示纵缝处重叠量的典型施工计划(尺寸单位:mm)

注:图中路面宽度为9000mm,再生转子度为2500mm,最小重叠量为150。

在重叠宽度范围内,对水和稳定剂应用的均匀性如有任何怀疑之处,应编写扩大的作业计划,以表明重叠处与相应喷嘴的相对位置。

良好重叠的接缝对再生层的最终性能有重要影响。如前所述,接缝造成了路面结构的不连续,必须予以足够重视。出现问题的地方多半是由于施工操作不当造成,导致相邻作业面间存在未再生的夹带。为了帮助操作员正确操纵再生机,应通过在原路面上喷涂醒目标志或架设基准线的方法建立导向提示。在开始新的作业面时,沿整个作业长度检查导向提示是否清晰可见是很重要的。

(2)狭窄道路上的纵缝。

当道路的宽度小于7m时,应考虑全幅施工,而不宜半幅施工。如果采用配置2.5m宽标准转子的WR2500S再生机,再生每半幅就需要两次作业,其重叠量将相当大,完成整个路面宽度共需四次作业。然而,当考虑全幅施工时,可以采取三次作业,重叠量小得多,使施工效率提高25%,如图7-9所示。

究竟选择何种方案取决于下列影响因素:

①该路交通量的大小及组成(重型车辆的比例),将决定交通协调的最低要求。一般来讲,狭窄道路的交通量较低且多为轻交通,可采用多种方法进行交通协调。

②沿中央作业面的中间路拱位置,将产生稳定剂的稀释作用。随着再生深度的减少,这种稀释作用将显著增加。例如:如果在标准路拱为2%的路面,使用2.5m宽转子的再生机再生200mm,稀释程度将超过10%。虽然这将超出规定的误差范围,但可以建议通过提高添加量或降低作业深度(在允许误差范围内)加以解决。

③再生施工后,应重建路拱。对于履带式再生机来说是一件相对容易的事情,因为可以通过调节其所配的熨平板获得要求的路拱。而对轮胎式再生机,则需在再生施工完毕后,采用平地机完成整形作业。

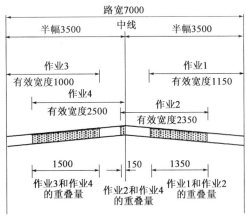
a)方案1:四次作业,对每半幅单独再生

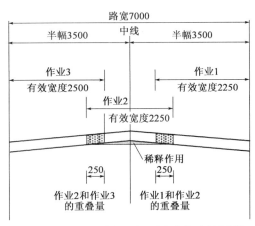
b)方案2:三次作业,全幅再生,中间作业面跨过路拱

图7-9 狭窄道路上的再生方案(尺寸单位:mm)

5）交通协调

道路的现有交通量,其轻、重车辆的构成及施工期间对它们的协调,将决定再生施工将以何种方式进行。同时施工时间经常被限制,业主对临时通道也有要求。

与其他全深度路面维修(开挖、重铺)相比,冷再生施工对公共交通安全造成的影响小得多。这种施工作业的一次性和高生产率,允许施工时仅关闭相关路段的一部分,通常为一个行车道宽度。通过良好的施工组织,公共交通至少在半幅上可以不受影响,只借助简单的标志、标牌疏导交通就可以了。

应满足有关在再生路段两端设置临时性警示标志的合法要求,这在各个国家要求不尽相同。另外,大型安全锥或反光标志应沿相邻非施工路段中心20m的范围内放置,以分开施工路段。交通控制不好会破坏施工现场(比如:车辆阻塞施工车道),甚至因阻塞而停工。一旦发生这种情况,其原因肯定是交通控制不好。

6）后勤保障

冷再生是一种快速施工方法,这就意味着机械具有很高的生产率,而且所需稳定剂、水(需要时)、外加的集料必须连续地供给再生机以获得高生产率。这对材料供应提出了挑战,将造成运输车辆的增多,运输线路受到限制。

应事先计算好材料的日需要量,安排好材料的撒布以确保连续施工。显然,多余的材料和燃料供应会使生产率受到限制,导致无法充分发挥机械的潜力。外加材料、稳定剂和水的预估用量都是根据每天的生产量目标值计算出的,下面的例子对此进行了说明。

外加材料:假定再生施工前,要在现有路面上撒布50mm厚的均匀集料层,则其日需要量见表7-1。

外加材料的日需要量 表7-1

序号	描述	公式	数量	单位
1	日生产量目标	—	5000	m²
2	所需天然砾石层的松铺厚度	—	50	mm
3	松散砾石材料的加入量	$\frac{1项 \times 2项}{1000}$	250	mm
4	撒布在路面上的砾石材料的密度	—	1800	kg/m³
5	所需天然砾石材料	$\frac{3项 \times 4项}{1000}$	450	t

稳定剂:假定工程规定加入1.5%的水泥和3%的泡沫沥青(重量百分比),则稳定剂的日需要量见表7-2。

稳定剂的日需要量   表 7-2

序号	描述	公式	数量	单位
1	日生产量目标	—	5000	m²
2	再生路面的厚度	—	250	mm
3	再生材料压实后的密度（规定的压实度）	—	2100	kg/m³
4	再生材料的数量	$1项 \times \dfrac{2项}{1000} \times \dfrac{3项}{1000}$	2625	t
5	水泥用量（规定的水泥添加量）	—	1.5	%
6	所需水泥量	$\dfrac{4项 \times 5项}{100}$	39.4	t
7	沥青用量（规定的泡沫沥青添加量）	—	3	%
8	所需沥青量	$\dfrac{4项 \times 7项}{100}$	78.8	t

水：假定路面再生部分材料的平均现场含水率为4%，目标拌和用水量为获得最佳含水率的80%所需的水量。日需水量计算见表7-3。

水的日需要量   表 7-3

序号	描述	公式	数量	单位
1	日生产量目标	—	5000	m²
2	再生层的厚度	—	250	mm
3	再生材料压实后的密度（规定的压实度）	—	2100	kg/m³
4	再生材料的数量	$1项 \times \dfrac{2项}{1000} \times \dfrac{3项}{1000}$	2625	t
5	现场含水率	—	4	%
6	最佳含水率的80%	—	5.1	%
7	获得最佳含水率的80%所需加水量	—	1.1	%

续上表

序号	描述	公式	数量	单位
8	所需总水量	$\dfrac{4 项 \times 7 项 \times 1000}{100}$	28875	L

注：上例计算出的所需水量是为再生材料获得需要的含水率用的。这些水量在再生施工过程中，通过再生机的喷洒系统喷入拌和腔内，并不包括洒于完工路面表面的用于养护的水，这种目的的用水要使用独立设备。

对于大型再生工程，或供应路线很长的地方，有时需建立临时存储设备以防材料供应不足。存储设备的典型储存量对每种材料来说至少以一天的施工需要量为限。立式储仓用于水泥，卧式储仓用于袋装材料，储罐用于液体材料。理论上，上述储存设施均应装满，而且仅在发生材料短缺时使用，以避免双重操作。而实际上，最好将部分设施与再生施工结合以避免额外的后勤供应问题。例如：

（1）储存于储罐内的热沥青（>160℃），其温降约为1℃/h。因此，如果储罐是用于防止热沥青供应不足，那么储罐必须能够加热。

（2）并非所有乳化沥青长期存储时均能保持稳定。应该从乳化沥青制造商处获得专用存储设备以防止储存过程中破乳。

（3）水泥必须在生产后三个月内使用，因为其强度随时间会下降。为防止雨水侵入造成损失，储罐或容器必须密封。

在做冷再生施工计划时，上述因素均应认真考虑。如上所述，材料日消耗量的计算很简单，应认真执行以便充分发挥再生机组的生产能力。

7）完工要求

除路面厚度以外，应该清楚其他完工要求，这包括有关平整度、形状误差、压实度、表面构造以及剩余材料的处理等详细情况。

8）再生前的准备要求

这些将在7.4.3节讨论，内容包括：

（1）去除障碍物，比如井盖等；

（2）安装临时排水管或其他排水设施；

（3）预先铣刨或破碎以获得规定的表面形状和平整度；

（4）在原路面上撒布需要添加的新材料。

9）开放交通前的要求

一些工程要求完工层的表面做特殊的处理，如喷洒稀释的乳化沥青。日常工作计划必须包括需要完成这些工作的时间。

10)日工作计划

上述考虑均应反映在简单、易读的日工作计划内,如图7-10所示,这里提供了一个简单的例子来说明再生前的施工计划。

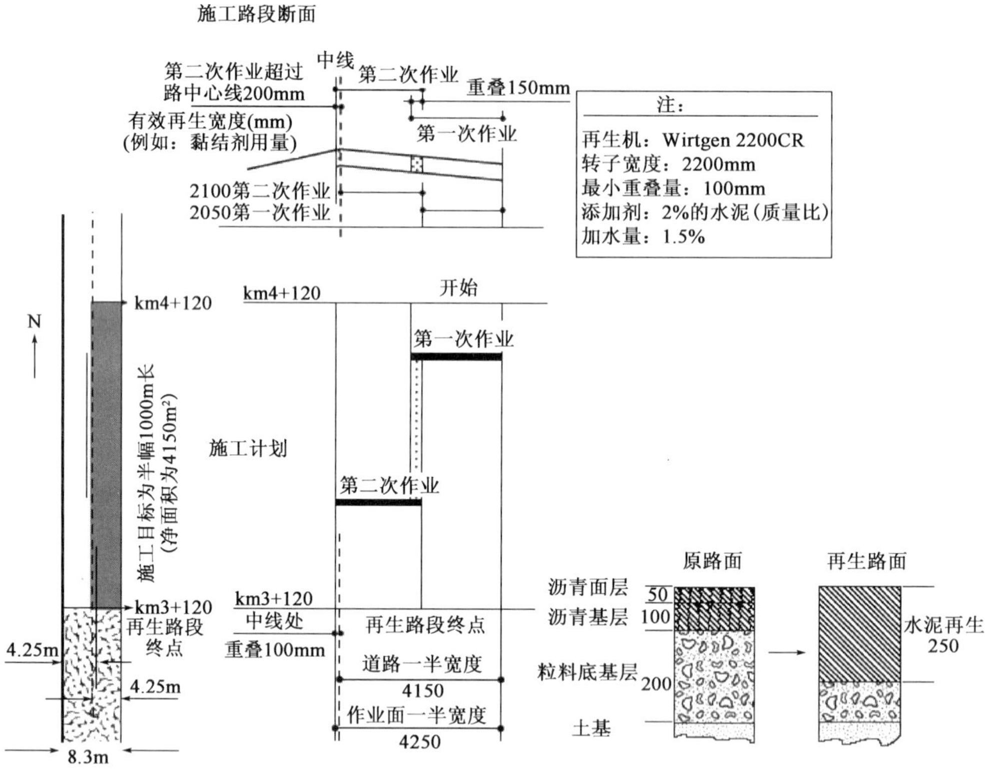

图 7-10 日工作计划(尺寸单位:mm)

7.4.3 再生前的准备工作

再生前的所有准备工作均应及时做好,以免再生施工因此中断。再生机组停机不仅浪费宝贵的时间,而且使整个工程施工不连续。与其他施工作业的不连续相类似(比如沥青层的摊铺),施工中断会在路面上产生潜在的薄弱区域,应尽可能避免。

再生施工前的准备工作一般有5种,下面将分别进行讨论。

1)清除障碍

再生市政道路时,有时会碰上井盖和其他结构物。最好的处理办法是在施工前进行清理,如图7-11所示。清理的好处是可以使再生施工不间断地连续进行,从而实现路面结构在材料和层厚上的连续性,此外,提前清理也保证了再生层上加铺沥青时不会遇到障碍。摊铺完工后,可以将井盖平整地安置在新面层内。如果不清除障碍直接摊铺,在面层与结构物连接处不可避免地会产生隆起现象。

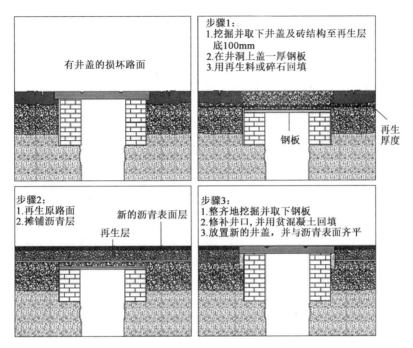

图 7-11　再生前对井盖的处理方法

2) 对再生前原道路进行预整形

严重变形的路面在再生前应进行校正。使用平地机整平或熨平板摊铺后,可保证再生层厚度均匀(横向及纵向)。

另外,安装在再生机上的喷嘴,可使稳定剂和水均匀地撒布在作业面宽度范围内。再生层厚度的较大变化将导致稳定剂和水的掺配率产生变化,如图 7-12 所示。

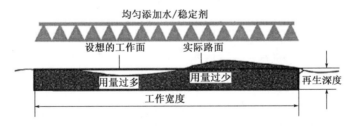

图 7-12　由于路表形状变化导致添加剂用量的变化

形状校正包括改变横坡(超高或路拱),同时也包括对纵坡线的小量调整,使原来诸如局部隆起或凹陷之类的不平变平滑。深坑或车辙也可归为凹凸不平,但超过再生层厚度的大的沉降或坡度变化,必须在再生前单独处理。预整形实质上就是要获得满足要求的路表面形状,包括纵、横断面,从而保证再生层几何形状的完整性和液体使用的均匀性。

通过下述一种或几种方法很容易完成路面的预整形:

(1)将外加新材料撒布在现有路面上以获得所需的形状。

(2)去除部分现有路面材料,一般仅适用于具有较厚沥青层而允许进行预先铣刨的场合。

(3)通过预先破碎原路表面材料和再利用平地机来整形松散的材料。

(4)利用平地机对原路面的上部路面材料进行处理以获得所需的表面形状。这种方法一般仅限于现有路面易于剥离和重新施工的砾石道路,但只有路面中含有足够高质量的砾石时才应该考虑。

3)外加新材料

再生前将外加新材料撒于路面上主要基于以下原因:

(1)校正表面形状。将与原路面上部路面材料混合的外加材料按所需的纵、横向要求撒布于路面上并进行轻度碾压。为了防止再生层下出现未处理的材料夹层,确保外加材料的厚度不超过再生厚度就显得非常重要。

(2)改善再生材料的级配。在再生沥青材料时,与理想的连续级配曲线相比,再生料中经常缺少某档粒径的材料,特别是细集料(通过0.075mm筛网部分)。外加所缺成分,将新料撒布在现有路面上以改善材料的最终级配。添加哪部分材料应根据原路面取样的级配来确定。因此,取样时应特别小心,一定要保证所取试样完全代表将要被再生的材料特性。

(3)在不影响下部结构的情况下,增加再生后路面的厚度。有时,现有路面的上部路面中没有足够的材料达到再生后路面的厚度。这可能是由于下层材料质量低劣,或存在诸如人工填实基层的不适宜材料。在这种情况下,通过外加材料满足设计厚度要求。

4)再生前进行预铣刨

清除预铣刨及铣刨下的 RAP 材料,通常是为了保持再生后原路面的高程,也消除了与调整排水高程或其他设施有关的高成本施工。这种情况一般仅见于市区道路施工中。进行预铣刨的条件是,首先对路面进行检查以确保上部材料的去除不会损害路面结构的总体强度。另外,还应当对下层材料进行检查以确保能够在不破坏下部劣质材料的情况下达到所需的再生厚度。

一般来讲,预铣削适合于具有多层沥青层的路面,例如多年来进行了若干次加铺的路面。

在估计预铣刨的材料厚度时(图7-13),需要考虑以下三种因素:

(1)外加材料对再生路面厚度的影响。当加入粗集料时,其厚度很容易估计。而对于细集料,可能被再生材料中的孔隙作为填料吸收。对于粒径小于6.7mm的破碎粉料来说,消失在含有较多沥青的再生材料中的现象并不少见,尤其当粉料加入量少于15%体积百分比时。细颗粒消失在较粗的再生材料的孔隙内,其结果是再生材料的体积并没有明显的变化。

(2)原路面材料的种类将影响再生时材料的膨胀率。沥青材料作为稳定层再生时,其膨胀率一般在10%以内。这种现象是由于沥青与稳定RAP料间的孔隙率增加造成的。然而,当采用乳化沥青进行浅层再生时,这种情况很少见。

(3)再生层上修筑的附加结构层或面层的厚度。

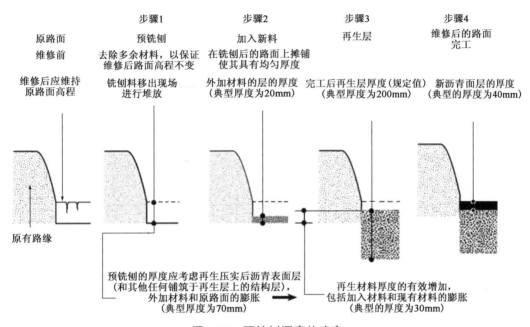

图7-13 预铣刨深度的确定

5)预破碎

当原路面仅出现下列情况时,通常在用稳定剂稳定之前要考虑预破碎(图7-14和图7-15)。

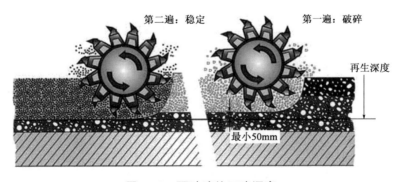

图7-14 预破碎的正确深度

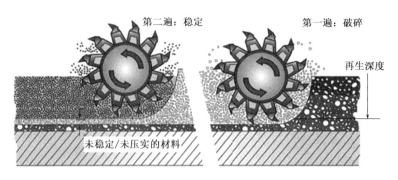

图 7-15　预破碎的错误深度

(1) 相对再生深度,表面具有明显的不规则性。

(2) 要再生的路面深度包括多层路面,这需要过大的铣刨能量。这种条件下,降低了再生机的作业速度和有效的拌和。原路面结构坚硬的厚沥青层或材料中过高含量的水泥稳定土都会进一步降低再生机的作业效率。

(3) 需要沿路面横向拌和以获得均匀性。当采用与原路面结构不同的路面组合加宽时,通常就会遇到这种情况(如:原先路面为碎石基层,后来采用水泥稳定天然砂砾基层加宽)。横向拌和由平地机刮平被破碎的材料。

当预破碎时,必须仔细控制首次的作业面深度,这有以下两个重要的原因:

(1) 阻止转子刺入设计再生深度下面的劣质材料层,以免破坏再生材料。

(2) 破碎通常在不加水的情况下进行,并且在松散材料整形后仅轻微压实。通常情况下,预破碎的深度必须小于稳定的深度,以阻止未处治层和未压实的材料立即存留于新再生层下部。这种软弱层经常会引起早期损害,主要是由于完工后的路面在动交通荷载的作用下,未压实的材料发生固结引起的。

为防止这些问题的出现,应避免采用预破碎。在认为有必要破碎的地方,破碎作业过程中,要严格控制深度,保证现有路面在再生作业时仍保留一薄层(通常 >50mm)。此外,在预破碎作业过程中一定要考虑水的加入,并在再生机后面立即采用重型压实,以免发生上述潜在问题。

7.5　再生施工

本节将讨论再生施工中几个最重要的方面,包括再生机组就位、开始再生和作业前要遵循的程序、再生过程中需要考虑的附加条件和再生后材料的处理。再生后的压实和完工也同样重要,将分别在 7.5.2 和 7.5.3 节中介绍。

7.5.1 再生机组与试验段

1）再生机组就位

只有在所有准备工作均完成后才能开始再生施工,这些准备工作依次为:

(1)对再生施工中所需要的所有机械设备进行全面检查,包括:压路机、撒布机及罐车。

(2)测量任何沥青类稳定剂和路表面温度。

(3)检查各罐车、撒布机和搅拌机内所装水和/或稳定剂是否足够满足再生路段施工的需要。可能的情况下,应检查沥青罐车中标尺的读数。

(4)在第一个作业面,采用推杆(和/或拖拉绳)将再生机组排成一线。

(5)连接所有与再生机相连的管路,排出系统中的所有空气并确保所有阀门均处于全开度位置。

(6)检查再生机操作人员是否已将所有与稳定剂添加量有关的数据输入计算机。检查再生路段是否有明确的导向标志,所有开始程序是否均已清楚。

这些基本检查快速而简单,并应成为每次施工开始前的例行工作。除再生机之外,建议对所有辅助机械及设备的操作人员进行检查,以确定他们已明白各自的责任,以及如何操作以确保再生施工的成功。

2）试验段施工

每个再生工程的初始路段应作为试验段,以便确定现有路面材料的特性,试验段施工现场如图 7-16 所示。

图 7-16　试验段施工现场

该初始试验段将为施工人员和监理人员对再生施工的四个最重要影响因素的评价提供依据,它们是:

(1)再生材料的级配。应检验再生后的材料,看其是否与试验室中进行配比设计时的样品相似。通过筛分确定混合料设计是否恰当。

(2)转子的转速及再生机的行走速度,均影响再生后材料的级配和混合料的质量。此外,再生机铣刨和拌和腔前,装备有"破碎梁"用于调整再生材料的最大粒径。另一个特点是后门的开或关采用液压控制。作用在封闭门上的力可有效改善铣刨与拌和腔内材料的拌和效果。通过优化组合上述因素即可获得满意的级配。

(3)压实。影响再生层最终性能的最重要因素是压实后材料的密实度。较厚的路面(>200mm)往往需要特殊压实工艺。而初始试验段恰好为比较各种压实方法提供了机会。

(4)膨胀性。已损坏旧路面的沥青层往往具有较低的空隙率,原天然材料(粒料)得到了很大程度的密实。这种材料再生后往往体积增加,从而影响完工路面的高程。

初始试验段的施工将使操作人员、监理人员以及管理人员在没有进度压力的情况下进行施工,可以全面了解到再生材料的有关特性。

3)施工要求

如果上述准备工作进展顺利,一般在施工中不会出现什么问题。然而,一旦施工开始,经验丰富的监理人员对施工状况进行一系列连续的检查,以获得预期的施工效果是非常重要的。特别应密切注意以下几点:

(1)再生机两侧的工作深度。此外,再生作业面底端的水平应对照测定的参考面(如道路两侧设置的水平控制桩)定期核查。

(2)作业面是否正确,重叠是否合适。为帮助操作者,导向线一定要固定在作业面的边缘。

(3)行进速度。最佳的拌和速度介于6~12m/min之间,它取决于作业深度、再生的材料和添加剂。必须禁止任何要求再生机以最大行进速度施工的做法。

(4)再生材料的含水率必须确保压实的要求。经验丰富的监理人员可以根据经验很快做出评价。

(5)再生材料是否达到预期效果。如同其他施工过程一样,对于冷再生施工"跟着感觉走"这一老的格言同样适用。

再生施工的生产率主要由再生机的类型和数量决定。有时单方向的施工,需要使用1台以上的再生机。采用多台机器"一前一后"的作业方式进行全宽度施工,而无须进行反向或转向第二次作业。

然而,采用多台机械常常受限于主要工程;大多再生施工采用一台机器,这需要再生机进行二次作业以完成要再生的全部宽度。这种施工方式要求在再生机转向相邻作业面前确定理想的作业长度,作业长度一般由所用的稳定剂决定。不同的稳定剂有不同的要求：

(1) 采用水泥作为稳定剂时，一次性施工长度一般较短，以便有足够的时间对整个半幅路段进行再生，并在水泥材料发生水合作用以前完成再生层的整形和压实以及表面处理。

(2) 采用泡沫沥青或乳化沥青作稳定剂时，罐车的容积也是决定因素之一。一般在罐车用空之前不应停、倒车或掉头，而应继续该作业面的施工。

与稳定剂有关的另两个因素也很重要：

(1) 当进行具有一定横坡度的道路的再生施工时，再生材料有沿坡度向低处移动的趋势。这种趋势一般在横坡超过 4% 时较为明显，且多见于浅层（<150mm）。此时，建议在进行相邻作业面的再生前先采用平地机进行整形，以恢复路面形状并保证有足够的重叠量。另外，增加重叠宽度也常常用于解决该问题。

(2) 应始终通过人工检查稳定剂的实际用量，以便确保与所再生的面积相符合。

应牢记并进一步考虑陡坡对再生施工的影响。除了铣刨现有路面，再生机还可引导（推或拉）供应稳定剂的罐车。

4) 横向接缝

每次施工开始或终止会形成横穿作业面，并造成作业面不连续的横向接缝。每次停机，即使是仅需几分钟用于更换罐车，也将形成一个严重影响再生材料均匀性的横缝。因此，施工中应尽量减少停机现象。在不可避免的情况下，应对所形成的横缝进行认真处理。

合理处理这种横缝的关键首先是要弄清再生机拌和腔内的情况，尤其是稳定剂的添加过程。绝大多数问题均由添加剂或水在横缝处的过量或不足引起的。影响横缝的两个最重要的因素如下：

(1) 再生施工开始时，所有准备必须严格依次进行，特别是稳定剂管道或水管的排气程序。所有气体必须在液体达到喷洒杆前排除。如果排气不当，有可能在再生施工开始的最初几米内，材料中无添加剂，从而导致路面内出现非稳定（或干）路段。

(2) 尽管行进速度由微处理器进行自动控制，但当停止和开始时，行进速度不可避免会放慢。很低的行进速度（<2m/min）以及较低的用量要求，会导致喷嘴上的作用压力降低，造成液体不能有效地注入。解决这个难题的最好方法是对接缝区域进行预处理。整个再生机组应后退至再生过的材料一个转子直径（约 1.5m）的距离，以保证接缝有效宽度上的材料得到处理。开始时，操作员应开足马力，快速达到正常的施工速度。

与摊铺沥青相似，横缝问题只有当施工停止时才会出现。因此，再生机组只能在罐车用空后或类似情况下才能停机。

5）再生材料的摊铺

再生后，再生材料必须置于其最终位置并经压实以获得所需的密实度。然而，如前所述，履带式再生机在其后部常装有熨平板来完成再生料的摊铺，一般不需要平地机来整平。然而，当采用轮胎式再生机时，通常需要平地机。

平地机的作业量取决于再生层上罩面的类型。如果再生层上要加铺较厚的沥青层，则对路面的平整度误差比仅作单层封层处理宽泛得多。当误差要求相对严格的时候，平地机要轻轻掠过半幅（或全幅）的再生路面，去掉沿纵向接缝处的不均匀的地方（每次约10mm）。另外，有时在横向接缝处会发生纵向的材料不均匀的现象，可以使用平地机调整。不过，还是要限制使用平地机。有些再生材料很粗糙，特别是那些含有厚沥青层的路面。当使用平地机时，这种材料容易发生离析，因此应该尽量避免一切不必要的扰动。

7.5.2 压实

再生材料的压实度是决定维修路面未来性能的重要因素之一。压实效果差的材料承受交通荷载后会变得越来越密实，导致出现早期车辙。但是，若再生材料没有得到适当的压实，则问题会更加严重。除了强度达不到要求外，差的压实增加了透水性，因而加速了水损害、沥青类稳定剂的老化和水泥类稳定剂的早期碳化，就不可避免地引起早期损害。因此，压实被看作是影响再生施工因素中最重要的方面之一。

再生后的材料密实度（现场密度）测量往往不像新建材料（如级配碎石材料）那样直接。如上面的讨论，再生材料的特征之一是变异性，尤其是原路面经过大量修补的地方。当采用传统的方法检查密实度是否达到要求的密实度目标时，这种变异性会带来一些问题。而且，要满足密实度要求，不是简单地增加压实功。这些问题将在下面讨论。

1）目标压实度

世界广泛应用的用来测定压实度的传统方法，涉及现场密度的测量和标准室内试验测定的理论最大密度。这种方法最初是 RR Proctor 在 1933 年用来控制加利福尼亚州内土坝的压实度时发明的，称为著名的"葡氏试验"。如图 7-17 所示，材料的干密度是在系列含水率下，标准击实次数后获得的。根据这些数据可绘制曲线，并由此求得最大干密度（MDD）和最佳含水率（OMC）。了解材料的这种特定关系和压实功标准（材料等分三层，每层厚 40mm，锤重 2.5kg，落差 300mm，每层击实 25 次）是非常重要的。

压实度通常定义为葡氏最大干密度（Proctor MDD）的百分比。通常，一定路面层的压实度规定不小于葡氏最大干密度的 98%，这意味着压实后的现场密度必须大于室内标准葡氏击实法获得的最大干密度的98%。（MDD应用图7-18所示的例子,则现场测定的密度必须大于2040kg/m³）。

然而,必须强调的是,标准击实功下的 MDD 完全是指特定的材料。因此,被击实材料的任何变化,都必须在标准击实功下确定新的 MDD。压实设备在随后的几年中进行了重大的改进。一些新的压路机可达到更高的现场密度,因此压实标准也有必要改变。最初形成的修正葡氏试验是用来给出机场施工的较重型压实标准（均分5层,层厚25mm,锤重4.5kg,落差450mm,每层击实55次）。击实功的增加提高了 MDD,降低了 OMC,如图7-18所示。这种试验不久被道路工程所采用,并成为21世纪最广泛使用的标准。

与 OMC 湿的一侧相比,两条曲线干得一侧更为接近。在某一含水率下,采用较高的击实功时：

（1）低于最佳含水率。可获得较高的密度水平。例如,如果图7-18中材料的含水率为6%,应用标准击实功得到的密度为2010kg/m³,采用修正的葡氏击实功密度将提高到2105kg/m³,在同一含水率下,几乎增加了5%。这种情况适用于现场较干的材料（典型地,OMC 低于2%）,通过增加压实功来达到规定的压实度。

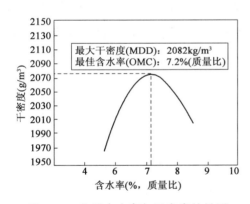
图7-17　葡氏含水率与干密度的关系

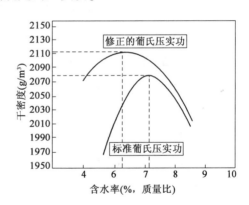
图7-18　两种压实功对应含水率与干密度的关系

（2）高于最佳含水率。密度增加相对较小。例如,如果图7-18中材料的含水率为8%,应用标准击实功得到的密度为2048kg/m³,采用修正的葡氏击实功密度将提高到2065kg/m³,在同一含水率下,增加不到1%。如进一步提高压实功,空隙率减小到里面充满水,材料成了液体介质,则材料变得不稳定。这种情况下,密度不可能进一步增加。这种现象就是施工人员熟知的"弹簧"现象,也是在工地上经常遇到的困难。

理解含水率-密度-压实功间的基本关系,对压实厚的再生层极为重要。假定材料的含水率低于最佳含水率,目标压实度可通过增加压实功来达到。然而,一旦含水率超过最佳含水率,则不可能达到要求的密度。再提高压实功,则材料逐渐变得不稳定,且表面出现裂缝和明显的弹簧现象。当这种"弹簧"现象发生时,该层需要满足挖开风干至含水率能够满足密度目标的要求。采用水泥稳定的地方,该层要立即禁止使用。

在检查再生后材料的现场密度时,变异性是一个重要的影响因素。由于使用了错误的最大干密度(MDD),本来可接受的工程常被指责为压实不足。如前面的讨论,再生材料的最大干密度(MDD),最大变异超过5%。因此,众多工程的标准做法是,在测定现场密度的地方,要测定相应的最大干密度(MDD)。

2) 影响现场密度的因素

除含水率和应用的压实功外,现场的实际密度还受到下承层特性的重大影响。室内试验测定材料的最大干密度(MDD)时,都是采用标准击实功压实放置在坚固基层(常为水泥加固基层)上的试样。而现场条件是有差别和变异的。

下承层材料的现场刚度表明了将要压实的再生材料的基础类型。厚的水泥稳定底基层将提供极好的支撑,因此允许其上层达到比较高的密度(相对于较软弱的天然砂砾)。对于再生工程,我们必须理解现有路面的支撑类型实际上是给定的现场条件,难以采取措施改变其特性,除非挖除再生层,然后加固下层材料。

此外,要再生的材料类型决定了其能达到的密度水平(如上所述,MDD是对应特定的材料)。除非加入新集料或改变行进速度或转子的转速,一般在再生过程中难以改变材料的特性。因此,基于这种原因,由级配良好的碎石组成的材料,当压实材料时,可获得较高的密度(假定支撑良好)。为了与"富勒曲线现象"保持一致,如果再生后材料的级配曲线是连续的,那么即可获得如此高的密度。支撑条件和材料类型实际上超出了再生施工所做的范围。在工地仅可控制再生材料的含水率和压实功。达到规定的基于室内试验的密度目标,这在实际上是不现实的。要记住上述概念是来源于新建工程,且所有层次必须按照规范仔细施工。从路基的准备到面层,每层施工都要控制,因而保证材料的强度特性和变异性在理论上的一致性,从而保证上层压实到要求的密度目标。很明显,密度目标要做些修正,以使这些标准适用于再生工程。

当再生后的材料已压实到最大密度时,需要一种计量仪器来测定,该仪器要考虑到再生材料的变异性。在现场要考虑"现场最大密度"相关的主要工程条件,并且这些条件是连续的变异性。确保这样的"现场最大密度"与普通的新建工程的思维方式分离开来。

压实技术的发展已经带来了创新,即在振动压路机上安装有"压实度测定仪"。这种简单的装置实际测量的是下面材料的振动回弹;密实材料的回弹大(例如,通过预应力混凝土板上的振动压路机的弹起),而松散的材料由于吸收了大量振动能量,因而回弹小。压路机多次的碾压提高了材料的密度,因而产生高的回弹读数。当达到最大的密度阶段后,回弹将不再增加。

3)获得最大现场密度

压实厚层(>200mm)是目前多数国家的做法。然而要获得成功,就要求正确地应用适当的压路机。

目前,压实厚的层面最常用的是重型(>15t)调频调幅单钢轮振动压路机。当应用这些设备时,要确保:初始碾压时使用高幅/低频振动模式,以便压实层面的下部,随后采用低幅/高频模式压实再生层的上部。此外,在采用振动压路机时,应注意以下几点:

(1)当使用压实测定仪监控密度时,主要(最初)的压路机必须装备此种装置。高幅碾压必须连续进行,直到稳定状态(最大密度)。

(2)当采用轮胎式再生机时,主要的压路机经常紧随在再生机后面。这种压路机(光轮或凸块式)在使用高幅/低频振动模式压实往往会扰动层面顶部的材料,尤其是表面。不过,在使用低幅/高频振动模式压实之前用平地机找平可以很容易地修正过来。

(3)在仅采用低幅振动压实厚层面的地方,有时发生"隆起"现象(尤其是天然粗集料的地方)。低幅振动由于没有足够的能量贯穿层面的下部,导致仅层面上部密度增加。在动交通荷载的作用下,相对压实不足的下面部分将最终固结,从而引起轮迹范围内的车辙。

(4)如上所述,以最小的压实功达到要求的密实度,含水率是关键因素。由于在再生施工和最后的压实之间的时间延迟,一定要在整平和使用光轮压路机(低幅振动模式)前往表面洒水。

(5)许多工地犯有"过压"的错误。这种现象在过度压实的时候发生。如上的解释,随着材料密度的增加,内部的空隙减小。如继续碾压,空隙继续减小,直到其内部充满水,导致更易压实。一旦达到此种状态,如继续增加压实功,则增加了材料的不稳定性,降低材料的密度。这种情况可通过在压路机上安装压实度测定仪来避免。

关于再生材料的压实有两点重要补充:

(1)在平地机完成整平要求之前,均匀压实全幅的再生材料。轮胎式再生机的后轮胎在再生材料的表面行走,轮迹处的材料被部分压实,但是两轮之间的材料却未被压实。如图7-19所示。

在整平之前,必须首先压实轮间松散的材料,以达到同样的密度。整平前如达不到均匀的压实,则会在再生层内形成永久的密度差异。由于用于初始压实的压路机尺寸限制,压实轮的宽度常超出再生机后轮间的距离。压实轮超出的部分将行走在部分压实的材料上面,轮间未压实的材料将"隆起",因而整个作业面不可能达到均匀的密度。轮迹上的材料密度将高于轮间的材料密度。当路面完工后,在动交通荷载的作用下,这将不可避免地产生车辙。

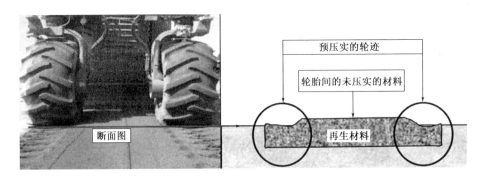

图 7-19　轮胎式再生机后面材料的预压实

当采用履带式再生机施工时,上述情况不会发生。这些机器后面的履带沿着作业面底端的水平线行走,而再生后的材料在履带和刮平板间排成一行。与沥青摊铺机类似,熨平板将材料摊铺,并采用振动和振动梁的方式来获得全宽范围内均匀的压实。

(2) 在光轮压路机的作用下,塑性较低的细粒级配材料容易发生剪切破坏,产生横向位移。压实这类材料,关键是控制好加水量。即使在 OMC 下工作,也很难获得令人满意的表面,这就需要用平地机消除对碾压所造成的变形。在用平地机做最后整平处理时,一定要特别小心,确保对整个表面进行刮削,避免扁平的潮湿材料沉积在浅凹区域的干表面上,从而形成"饼",这些"饼"与下面的材料没有黏结力。

7.5.3　再生层表面的修饰

对再生层进行修饰就是要在其表面形成一层致密的防水构造。通常的做法是加入适量的水用轮胎压路机碾压,将足够多的细料带出来填充粗颗粒之间的空隙。这一工作一般在压实的最后阶段进行,但在需要立即开放交通或者使用水泥稳定剂的情况下,这些必须及时完成。

与修建新路类似,再生层的修饰要求视所用的材料和稳定剂的性质而定。若铣刨料所含沥青料比例很高,则材料就会很粗糙且黏结性差,因此修饰起来就比较困难。如果及时发现这一问题,可在再生过程中加入细料,就可以改善材料,减少处理过程中可能发生的问题。

如果希望再生层开放交通,应当采取一些措施防止表面出现剥落、坑槽以及其他形式的破坏。具体的保护措施视交通量、材料和所用的稳定剂的情况而定。通常使用粗的河砂或公称直径为 6.7mm 的石料进行单封层表面处治就可以提供充分的保护。另外,采用乳化沥青稀浆封层(残留沥青含量30%)也已经取得了相当的成功,这种方法能够以最小的成本获得富含沥青的面层。

修饰的最后一方面问题是排水,这在多数工地的长期生产中常被忽略。再生工程经常在完工后立即开放交通,而不考虑下雨时路表面的排水问题。在许多施工地点,由于很多材料堆积在路边,阻碍了排水,致使完工的路表面形成了水池塘。这些水最终会进入路面结构,造成路面材料松散,在交通荷载的作用下易导致坑槽。这些问题仅需在主要的项目完工后,立即采取一些小的措施即可轻易避免。

7.5.4 质量控制

关于再生过程中的质量控制在上述章节中有很多已经提到过。很明显,再生层的最终质量有赖于选择正确的施工工艺、合适的稳定剂和用量,以及最后对稳定材料进行正确的摊铺、压实和修饰。

在施工时,要进行一系列"过程控制"的检查和试验以监控施工。这些检查和试验都有一个相同的目标,即保证机器各项功能正常运行,所有的设定得到保持,问题一旦发生即可采取必要的调整措施。再生是一种高产率的作业,典型的产量为$20m^2/min$。如果问题在早期没有被发现和纠正,它会快速发展并对大部分施工造成影响,而且不可避免地要进行返工。这对生产率产生负面影响,且费时费钱。

完工后,必须进行质量控制方面的检测。检测的唯一目的就是确认再生层的质量能否达到预期的要求,再生路面是否具有预期的结构能力(或者设计寿命)。质量要求通常用一套简洁的工程规范来体现,它对各种相关的验收标准都做了详细规定。检测的结果或者表明工程质量满足要求,予以验收通过,促使承包商满怀信心地继续做下去;或者发现存在的问题,提醒人们专注于此并作出及时解决。

7.5.5 过程控制中的检查和试验

监理进行的检查是为了确保工艺的正确和再生机整个系统的功能运行正常。这些检查包括:

(1)目测。为确保再生机沿着正确的路线运行和在需要的地方保持要求的重叠宽度,需要进行连续不断的检查。

(2)再生深度。再生后层面的最终厚度主要取决于再生深度。如再生深度太浅,再生后层面的基底平面将高于设计表面高程,导致再生层的厚度将小于要求的厚度。层厚是决定路面结构性能的最关键的一个参数,所以这些检查必须认真地执行。

由于采用平地机进行最后的整平,材料的移动不可避免。因此完工再生层的厚度无须与再生深度一致,有必要应用同一水平的控制系统来检查作业面基底的高程,作业面的最终高程亦应如此。

(3)水和稳定剂的应用。为确保再生材料是采用需要的添加剂量,必须仔细地遵循再生机的操作程序。再生过程中,输入微处理器的信息需要仔细核对,预启动程序要严格遵循,同时要监控计算机控制台显示的流量和显示的读数。

采用泡沫沥青的地方,需要对每罐沥青至少检查一次发泡特性(应用再生机上的试验喷嘴)。在连接罐车和再生机之前,沥青的温度必须采用温度计(不是安装在罐车上的温度计,手持数字温度计较理想)来核查。对所有的沥青类稳定剂,每罐车预期的作业面长度一定要计算和核对,对任何偏差必须找出原因并记录。

(4)拌和质量。再生机的运行速度必须按规则检查,以确保最佳的拌和速度(6~12m/min)。此外,再生机后面的材料需要连续的监控,以确保其含水率正确和混合料的正确状态。理想的情况是,机组监理应与操作人员保持通信联络,以便进行沟通,并对双方事先认可的事情做出相应的调整,尤其是用水量的变化。

采用泡沫沥青的地方,混合料的质量应采用目测和双手挤压混合料的方法来定时评估。应用数字式温度计检查作业面宽度范围内的温度变化也是十分有用的。

(5)横向接缝。当机组停顿时,为保证形成的接缝上水和稳定剂的连续性,须给予特别关注。

7.5.6 验收控制检查和试验

竣工质量由显示关键参数的试验结果确定(下面要讨论)。

1)再生层有关的材料强度

材料强度可采用间接法测定,即对取自于再生机后面的混合料试样进行各种试验;或者采用直接法测定,即钻芯取样测定实际强度。由于在完工和钻芯之间有段难以避免的时间延长,采用前者即间接法较好。钻芯需等到材料形成充分的强度后进行,造成时间的延迟,而采用再生机后的材料试样进行室内试验,其结果相对较快。

送至试验室的稳定材料试样通常用来制作试件以测定无侧限抗压强度(UCS)或间接抗拉强度(ITS)值。由于制作的试件真实地代表了现场情况,因此该过程是十分重要的。这意味着:

(1)对于初始拌和和压实的时间间隔,现场和试验室是一样的。由于这段时间经常太短,以致不能将试样送至试验室,因此需要在现场制作试件。当采用水泥稳定剂时,也常常会碰到这种情况。

（2）应用相关的标准击实功前,试样的含水率必须调整到最佳含水率。如 7.5.2 节的解释,再生后的材料经常在低于最佳含水率的一侧压实。如果试件应用标准击实功在较低的含水率下制作,将难以达到足够的密度（相对于现场）,并且强度大大降低。因此,需要一项快速试验来估计现场含水率并确定达到最佳含水率所需用水量。

（3）一旦制作完成,试件应该在能反映现场情况的条件下养护。

2）压实后材料的干密度

这个问题在 7.5.2 节已经详细讨论过。然而,现场密度的测量仍是工地使用频率最高的试验,下面是一些相关的评论（摘自南非临时技术指导 TG2）：

由于再生后材料的组成和颗粒尺寸（级配）往往存在变异性,最大干密度（MDD）因而存在变异性,那么以最大干密度（MDD）的百分比作为现场密实度的测量是十分困难的。在短的路段内,MDD 变化 5% 是正常的,应该确定每个测试点的具体的 MDD。这需要在现场试验室进行大量的工作。

必须认识到 MDD 变异性相对大的原因,并且正确判断现场结果。可以通过求 MDD 连续平均值的方法来减小变异性的影响,即采用平均的方法消除单个值的影响。而且,当再生后的材料 CBR 值大于 80%（在修正 AASHTO 密度的 98%）时,材料的毛体积相对密度可作为参考密度代替修正的 AASHTO 密度。毛体积相对密度（BRD）的测定比 MDD 相对较快。然而,这种方法对于 CBR 值低于 45% 的材料不理想。

另外,必须认识到核子密度仪不能提供即时现场密度,这是由于沥青的存在,含水率的测试值偏高。可以从含水率的读数中扣除一个常数（对再生材料的变异性和泡沫沥青的不均匀性予以修正）以获得现场含水率。当再生路面包括变化的 RAP 料、石屑封层和修补材料,且都包含变化的沥青用量时,含水率的确定更复杂。因此,现场实际含水率的测定必须从每个测试点取样后,在试验室用烘干法进行。当采用灌砂法测试时,不会遇到这些问题,但该法费时费力。

为克服上述问题,许多承包商都在紧跟再生机后面的主要压路机上安装"压实测定仪"。经验表明,这种简单装置对显示要求的密度（通常超过规定的密度要求）和防止过压方面比较可靠。

当决定采用"压实度测定仪"作为密度指标时,通常要做初步的检查（采用核子密度仪或灌砂法）以确定实际密度与压实度测定仪读数之间的关系。

3）完工层的厚度

完工层的厚度可通过在再生层上开挖小测试孔来检查（如在完工后立即进行比较理

想)。另外,可等材料达到一定的强度后,从再生层钻取150mm直径的芯样来测定厚度,这通常需要在28d后进行。

7.6 就地再生技术的应用实例

7.6.1 工程概况

浙江省01省道是十分重要和繁忙的干线公路之一,全长100多公里,其中海宁段全长50多公里,自1996年建成通车以来为推进海宁市的经济发展发挥重要作用。但是近年来由于交通量的增加,原路面的设计要求已经不能满足交通量的需要,路段发生了比较严重的网裂、剥落和坑槽等典型病害,严重影响了行车舒适性。通过路况调查和检测情况,如弯沉调查和承载板试验,可以发现这些病害主要与现路段的结构承载力不足有关,应采取大修以增强其结构承载能力。施工路段的弯沉测试结果见表7-4。

施工路段的弯沉测试结果   表7-4

桩号	位置	代表弯沉(0.01mm)
K64+000~K64+600	左幅行车道	92.55
K63+000~K64+000	左幅行车道	81.29
K62+000~K63+000	左幅行车道	91.58
K61+600~K62+000	左幅行车道	88.43
K64+000~K64+500	左幅超车道	104.05
K63+000~K64+000	左幅超车道	94.22
K62+000~K63+000	左幅超车道	100.63
K61+000~K62+000	左幅超车道	94.18

为了检测再生层下面下承层的结构承载能力,需要对基层下5cm进行承载板试验。承载板试验结果如表7-5所示。

承载板调查结果   表7-5

桩号	位置	测量位置	回弹模量(MPa)
K64+500	左幅行车道	沥青面层下5cm承载面	141.28
K64+110	左幅超车道	沥青面层下5cm承载面	136.26
K64+380	左幅超车道	沥青面层下5cm承载面	143.15

综上分析,取沥青面层下承载面当量模量为140MPa。

7.6.2 处理方案

原路面于 1996 年建成,结构为 25cm 二灰碎石 +4cm 沥青灌入式 +2cm 沥青混凝土,2000 年又在原路面加铺 6~9cm 沥青混凝土,现在路面结构断面如图 7-20 所示。现在路段存在的病害主要为大面积的网裂、剥落和坑槽,造成这种损坏的原因主要是由于原路面结构承载能力不足引起的。虽然该路段有 12~15cm 的沥青层和 25cm 的二灰基层,但是 2000 年维修时仅仅是采用加铺维修,并未对当时的路面病害(当时有些病害可能已经是结构性的损害)进行处理,使得这些病害得到进一步扩展。同时根据路面开挖和取芯结果来看,4cm 沥青灌入式层已经呈松散状,而路面基层虽然表面已经出现裂缝,但是整个基层板体性尚好,仍具有较高的强度。虽然目前的路面结构看似很强,而实际并非如此,而目前的弯沉测试达到 110(0.01mm)之高,也确实说明了这一问题。

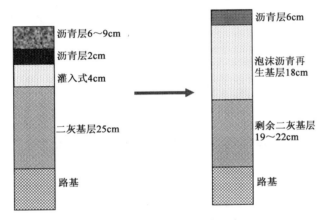

图 7-20　路面结构维修方案

因此,决定采用泡沫沥青就地冷再生技术进行维修,处理深度为整个沥青层(12~15cm)和部分基层(5cm),从而形成一个均匀的泡沫沥青冷再生基层。同时结构计算采用《公路沥青路面设计规范》(JTG D50—2017)中提供的路面结构设计计算。根据路面承载能力调查认为就地再生 12~15cm 面层和 3~5cm 的二灰基层,同时考虑添加 3cm 的石屑,再生层的总厚度在 18cm 左右。按照弯沉指标计算结果表明,泡沫沥青再生层的厚度为 20cm 时,其表面需要加铺 6cm 的沥青混凝土面层。

这种路面结构的特点是对原路面再生处理 18cm,从而形成一个新的冷再生柔性基层或称之为下面层(沥青类稳定),而原来的部分二灰碎石基层作为底基层。这样做一是增加了沥青稳定层的厚度,增强了结构层的强度、抗疲劳和抗水损害的能力,二是可以有效地抑制二灰碎石基层材料干缩和温缩变形(二灰碎石的干缩和温缩变形比较大)引起的反射裂缝问题,同时该工艺对道路的高程增加不多,不会引起对其他附属设施的影响,而且经济、环保和节省能源。

7.6.3 泡沫沥青再生材料的设计配合比

根据目前国际通用的级配建议范围,将现场取样的沥青铣刨料筛分,掺配一定量的石屑和水泥得出以下的合成级配曲线:

具体的组成为:70%再生料+28.5%石屑(0~5cm),沥青用量2.5%~3.0%,另添加1.5%水泥用于提高混合料的早期强度和水稳定性。

材料设计使用Wirtgen公司生产的WLB10泡沫沥青试验机,进行有关试验以确定材料的最终配合比设计。试验及试验结果见表7-6。

材料设计试验结果　　　　　　　　　　　表7-6

沥青含量 (%)	稳定度 (kN)	流值 (mm)	干劈裂强度 (kPa)	湿劈裂强度 (kPa)	残留强度比 (%)
2.0	5.42	2.25	245	198	80.8
2.5	6.25	2.46	275	225	81.5
3.0	5.47	2.19	307	263	86.4
3.5	5.10	1.83	313	276	87.9

根据试验结果及当前的气温气候情况,建议采用沥青用量2.8%用于试验路段施工。

7.6.4 施工工艺与设备

冷再生试验路段所需施工机械如下:

(1)WR2500S冷再生机1台;
(2)20t(自重)单钢轮振动压路机1台(带强弱振动调整);
(3)胶轮压路机1台(20t以上);
(4)平地机或摊铺机1台;
(5)水车2台(一台需带洒水功能);
(6)热沥青保温罐车两台(20~40t),准备与冷再生设备连接的接头、水管。

具体施工过程如下:

(1)撒布石屑和水泥。

根据再生层厚度、再生层设计密度、新料添加比例和水泥用量,撒布米砂并静压一遍至厚度为5cm,然后在米砂表面按照上述方法撒布水泥(50kg/m^2)。

(2)施工前的准备。

沥青罐车到达施工现场后要检查沥青的温度,如果沥青温度低于发泡温度则不予使用。

设定再生机的沥青用量和发泡用水量,并在施工前利用再生机上的试验喷嘴进行发泡试验,检验发泡效果。

(3)再生施工。

施工速度控制在6m/min,再生机初始施工时,要注意观察再生料的湿度状况,以便及时修正再生机的喷水量;同时注意观察再生料的沥青分布情况,以便及时反馈给再生机操作员,适当调整沥青用量等。由于再生机再生宽度为2.5m,因此7m单幅路面要施工3遍,第2~3遍施工时要注意关闭重叠部分的喷嘴,施工情形如图7-21所示。

(4)初压。

再生施工完成后应尽快安排压路机沿再生机施工中心位置静压1遍,使得再生材料得以稳定、成型。然后采用高幅低频振动压实2遍,压实再生层底部的材料。

(5)整平。

静压结束后,平地机进行整平工作,整平的目的在于消除轮迹印,刮平再生层使材料分布均匀,提高压实效果。平地机的切削深度从深至浅,一个再生宽度一般通过整平2~3遍可以满足要求,整平施工情形如图7-22所示。

图7-21 就地再生施工时的情形

图7-22 整平施工时的情形

(6)复压。

整平结束后,压路机在高频低幅状态对每1个再生宽度压实3~4遍。

(7)终压。

复压结束后,可再安排洒水车在再生层表面洒一遍水,使再生层表面湿润。然后安排轮胎压路机对每一个再生宽度压实 4~5 遍。压实施工的情形见图 7-23,压实好的再生层如图 7-24 所示。

施工流程为:撒布石屑→平地机整平→压路机静压至规定厚度→划线→撒布水泥→就地再生→压路机静压 1 遍→高幅低频强振压实 2 遍→平地机整平→高频低幅压实 3~4 遍→轮胎压路机压实 4~5 遍→下封层→沥青面层。

图 7-23　压实施工的情形

图 7-24　压实好的再生层

7.6.5　试验路段的质量控制与评价

现场每隔 2~3h(尤其更换沥青罐车时)测试沥青的发泡温度,并通过再生机配备的测试喷嘴测试沥青的发泡效果。此外,施工过程中每天进行现场取样,送至试验室测试含水率;并成型马歇尔试件测试材料的马歇尔指标、无侧限抗压强度和劈裂强度,以此来评价现场材料的质量,具体结果如表 7-7 和表 7-8 所示。

现场材料的实际含水率略小于设计拌和用水量,但通过增加压实功的方法,现场再生层的压实度完全可以满足大于 98% 的压实度要求。

在无侧限抗压强度试验中,选取了两种养护条件,一种养护条件是将每个试件放置在密封的塑料袋(容积至少为试件体积的 2 倍)中,然后置于 40℃ 的烘箱中,进一步养护 48h,最后在 20℃ 标准养护室养护 1d。另一种方法是采用水稳材料的标准养护方法进行养护,即试件在 20℃ 标准养护室养护 7d,养护期最后 1d 为浸水养护。从试验结果来看,前一种方法得到的强度要略大于后一种方法。说明泡沫沥青再生材料中,虽然含有少量水泥,但是起黏结作用的主要是沥青,养护条件不能完全按照水稳材料的养护方法进行。

马歇尔试验和劈裂强度试验结果说明,现场材料的质量能够和试验室的设计结果基本一致。

试验路段的材料试验结果(一)　　　　　　　　　　　　　　　　表 7-7

试验条件、测试指标		K64+480~K64+650	K64+100~K64+140
压实度	设计拌和用水量(%)	6.9	
	最大干密度(g/cm³)	2.15	
	含水率(%)	6.7	6.2
	超车道压实度(%)	102.1,104.1	107.2
	行车道压实度(%)	101.2,99.5	104.5
无侧限抗压强度(MPa)	40℃烘箱养护2d,标养1d	2.54	2.87
	7d 标养	2.33	2.57
马歇尔试验	40℃烘箱养护3d　稳定度(kN)	6.7	5.5
	40℃烘箱养护3d　流值(0.1mm)	35	23
	烘箱养护2d,标养1d　稳定度(kN)	6.1	5.6
	烘箱养护2d,标养1d　流值(0.1mm)	4.2	3.5
劈裂强度	40℃烘箱养护3d　25℃干劈裂强度(MPa)	0.31	0.29
	40℃烘箱养护3d　25℃湿劈裂强度(MPa)	0.25	0.22

试验路段的材料试验结果(二)　　　　　　　　　　　　　　　　表 7-8

试验条件、测试指标		K63+080~K63+310	K62+400~K62+570
压实度	设计拌和用水量(%)	6.9	
	最大干密度(g/cm³)	2.15	
	含水率(%)	6.8	6.3
	超车道压实度(%)	98.4,99.1	100.1,98.1
	行车道压实度(%)	98.2,98.6	101.3,99.7
无侧限抗压强度(MPa)	40℃烘箱养护2d,标养1d	2.61	2.95
	7d 标养	2.61	2.41
马歇尔试验	40℃烘箱养护3d　稳定度(kN)	3.5	4.71
	40℃烘箱养护3d　流值(0.1mm)	3.7	2.73
	烘箱养护2d,标养1d　稳定度(kN)	4.5	5.8
	烘箱养护2d,标养1d　流值(0.1mm)	23	36

续上表

试验条件、测试指标		K63+080~K63+310	K62+400~K62+570
劈裂强度	40℃烘箱养护3d	25℃干劈裂强度（MPa）	0.37	0.40
		25℃湿劈裂强度（MPa）	0.28	0.31

此外，在施工过程中，还每隔10m对再生层的厚度和温度进行了连续跟踪检测。其中部分检测试验结果如图7-25和图7-26所示。

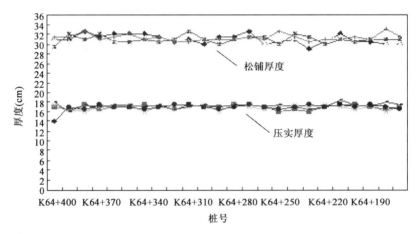

图7-25 再生层的厚度

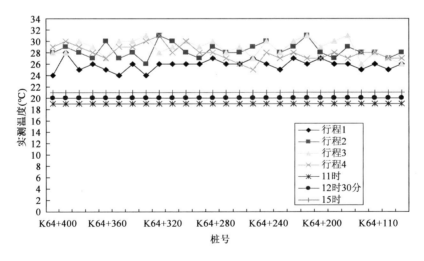

图7-26 再生层的温度

从图 7-25 显示的试验结果来看,再生机将路面耙松后的松铺厚度是材料压实厚度的 1.8 倍左右,压实后的再生层厚度变化在 ±1.5cm 以内。从图 7-26 显示的试验结果来看,路面再生后的材料温度比气温高 5~6℃,而且再生材料的温度会随着气温的变化而产生变化。

分别在再生层完工后 3d、7d、10d 和 15d 测试路面的弯沉和承载板试验(图 7-27),具体试验结果如表 7-9 所示。从试验结果来看,经过泡沫沥青再生后,原路面的弯沉 3d 后降低了近 30%,7d 后降低了 40%,15d 后降低了近 50%。并钻芯取样,分别测试芯样的含水率、密度和强度等物理力学指标。而且 15d 后再生层顶面的回弹模量增加了 40%。说明通过再生处理后,在很短的时间内,弯沉得到了大幅降低,原路面的结构承载能力得到了加强。图 7-28 给出了加铺沥青面层后 1 个月取芯的照片,从芯样可以看出泡沫沥青再生层的成型情况,取芯情况表明再生层比较密实,黏结性能良好。

图 7-27 再生层上进行承载板试验　　　　图 7-28 取出的芯样

再生层完工后再生层表面的弯沉和承载板试验结果　　表 7-9

检测桩号(括号内为车道)	检测日期(再生层完成后)	测试指标	数值
K64+485~K64+615(行)	3	弯沉(0.01mm)	58.2
K64+485~K64+615(超)	3	弯沉(0.01mm)	71.1
K64+520(行)	3	承载板(MPa)	136.1
K64+550(超)	3	承载板(MPa)	122.9
K64+130(超)	3	承载板(MPa)	114.5
K64+485~K64+615(超)	7	弯沉(0.01mm)	64.6
K64+520(行)	7	承载板(MPa)	178.4
K64+550(超)	7	承载板(MPa)	185
K61+800~K61+900(超)	10	弯沉(0.01mm)	66.7

续上表

检测桩号(括号内为车道)	检测日期(再生层完成后)	测试指标	数值
K61+800~K61+900(行)	10	弯沉(0.01mm)	76.8
K64+500~K64+700(超)	15	弯沉(0.01mm)	53.4
K64+500~K64+700(行)	15	弯沉(0.01mm)	51.6
K64+550(超)	15	承载板(MPa)	180.6
K64+520(行)	15	承载板(MPa)	196.3
K61+850(行)	15	承载板(MPa)	184.3

7.6.6 经济性分析

试验路的初期成本分析结果如表7-10所示。

初期成本分析　　　　　　　　　　　表7-10

泡沫沥青就地再生方案	造价(元/m²)
6cm下面层	61.8
18cm再生层	40.5
黏结层	1.7
—	—
合　计	103

注：1. 该比较未考虑因使用寿命延长而节约的费用,沥青价格按4300元/t计。
　　2. 未考虑原设计因改造路缘石、防撞护栏、标志及道路接口而增加的费用。

通过对试验路的成本分析可见,与传统的加铺20cm水稳基层和10cm沥青面层的大修方法相比,采用泡沫沥青就地再生基层,可以节约近20%的初期投资,而路面结构仍可以得到同样的加强。此外,对于泡沫沥青就地再生技术,如果仅仅采用泡沫沥青再生代替同样厚度的半刚性基层而不减小沥青混凝土面层的厚度,其初期造价会高于传统维修方法。泡沫沥青再生基层的经济性是因为该路面结构可以减薄沥青面层的厚度,并延长使用寿命,从而节约费用。

第8章

乳化沥青冷再生技术

乳化沥青冷再生技术是指对旧沥青路面进行铣刨处理、筛分,按照一定比例掺入乳化沥青、新集料、化学添加剂等材料后,在冷拌设备中拌和均匀形成乳化沥青冷再生混合料,最后经过摊铺、碾压铺筑成新沥青路面,目前一般将该技术应用于低等级公路的中下面层或高速公路的基层。

一般来说,乳化沥青冷再生技术具有以下优点:

(1)旧料利用率高,旧料掺加比例高于70%,能够节约资源,实现资源循环利用。

(2)再生速度快,一般情况,同一路段采用冷再生处理技术消耗旧料的速度是热再生的4~6倍。

(3)能耗低,可以在低温条件下拌和施工,具有较好的经济和环境效益。

(4)具有良好的路用性能,平整度较高,排水降噪效果较好,抗疲劳性能好,在使用过程中虽会有一定程度的破坏,但其内部结构较稳定,后期不需要大规模整修。

乳化沥青冷再生需要从材料、配合比设计、施工方法、后期养护等方面进行严格控制,只有做到准确地评价材料性能,采用合理的配合比设计,在适宜的施工条件下正确施工并及时适时养护,才能保证乳化沥青冷再生混合料在后期使用过程中具有良好的性能。

8.1 乳化沥青冷再生材料性能评价

8.1.1 回收RAP料

RAP料由不同级配的集料颗粒以及老化沥青、矿粉填料和细集料构成的老化砂浆组成,RAP料性能能够对冷再生路面的使用性能和使用寿命产生直接的影响,因此有必要在使用前对RAP料的性能进行评估。《公路沥青路面再生技术规范》(JTG/T 5521—2019)中规定了沥青路面回收料的取样与试验分析,在回收料使用前对RAP料的含水率、级配、砂当量、沥青含量及性能、抽提后的旧集料级配及集料性质进行测试,以上因素会对冷再生混合料的力学性能产生影响。首先在取样环节,采用系统的方法从旧路钻取有代表性的样品。其次,由于RAP料的性能对再生路面的性能有直接影响,因此应对RAP料的性能进行测试,从而选择合适的新沥青黏结剂,并确定是否有必要加入新集料。

1)现场取样

在旧料级配分析方面,由于旧路面材料在使用期内的集料颗粒破损以及RAP料铣刨、破碎处理和存储等流程的影响,导致了RAP料具有更多的细集料成分且变异性较大。为了获得旧路不同路段代表性的试样,对于不同横断面和不同材料组成的路段要分别对待。外观检查、施工和养护记录可以帮助选取这些代表性的试样。对于同一个路段要随机采样。有研究认为至少要取5~6个试样,然而也有的建议每1km或市政道路的一个街区至少取5个样。通常采取钻芯取样方式,芯样的每层厚度都应做记录,而且这些芯样要截成与冷再生相同的深度,然后使用试验用颚式压碎机将其压碎成RAP料,以便进行评价和混合料设计。美国有些州通过在芯孔底部进行锥入度试验来确定土基的强度。如果土基软弱、不稳,不可进行冷再生施工。否则,冷铣刨机可能会陷入路基,给施工带来困难。

2) RAP料的评价与测试

(1) RAP料级配特性。

RAP料需按照AASHTO T 27进行粗细料级配分析。在冷再生混合料设计中对RAP料级配有不同的观点,这也是冷再生设计中的难点所在。目前最流行的观点是,将回收料颗粒作为"黑石头"或集料来对待。这种观点在早期冷再生设计中采用,而且在道路铺筑的早期运营中回收料发挥了集料的作用。混合料设计中,乳化沥青应该基本完全包裹回收料。另外,也有国外学者认为,虽然冷再生回收料的老化沥青不能像热再生施工那样得到充分的再生恢复,但是随着沥青和再生剂的相互融合,以及温度与交通荷载的共同作用,部分老化沥青得以恢复,回收料中的集料也应该被视为分散存在的石料,即冷再生混合料设计的级配应主要考虑回收料的集料级配。在具体项目中怎样理解回收料的级配组成,不但与回收料的破碎程度和沥青的老化程度有关,也与乳化沥青的类型和再生剂的性质有关。因此,美国沥青再生协会在其颁布的再生手册中,建议设计者在考虑回收料中的集料级配的同时,也应该考虑回收料的级配曲线,从而综合提高再生混合料的早期和长期路用性能。

东南大学黄晓明教授对再生回收料的集料级配迁移进行了深入的研究,得出了一些有益的结论。研究表明,路面中的集料经受车辆荷载和气候环境作用多年以后,其各项性能也会发生变化,影响到沥青混合料的各项性能指标。路面回收料在服务年限内存在逐渐细化的现象。大量的现场取样证明,集料的细化包括沥青路面在使用过程中的逐渐细化和铣刨过程造成的强制细化。对于高等级沥青路面面层而言,沥青混合料多为骨架密实结构,粗集料主要承受外部应力的作用,细集料则起填充作用,因此集料的破坏以粗集料为主。细集料进一步细化成粉料的现象并不明显。沥青路面的铣刨操作将会导致集料的再次细化,而且这一细化的程度和规律对于路面再生的配合比控制影响很大。表8-1对铣刨料和路面旧料的筛分结果进行了对比。

路面铣刨料和原路面旧料级配对比　　　　　　　　　　表 8-1

筛孔(mm)	铣刨料	路面旧料
26.5	100	100
19	100	98.73
16	100	91.21
13.2	99.83	83.72
9.5	97.96	70.11
4.75	86.88	50.67
2.36	66.72	39.03
1.18	46.05	28.37
0.6	31.08	19.88
0.3	21.81	13.85
0.15	15.86	9.61
0.075	11.68	7.04

从表 8-1 中可以看出,铣刨后的集料级配与旧料的级配有很大的差别。铣刨料的各档通过率都大于原路面的旧料,这就充分说明铣刨过程不仅将粗集料细化成细集料,而且也使细集料进一步细化,最终的粉料量也有一定的增加。

在冷再生混合料设计中,对铣刨后集料的再次细化现象必须充分重视。冷再生配合比设计时,如果只是对通过路面取样得到的旧路面回收料进行施工设计,将会导致设计和施工级配状况存在较大偏差,对路面的使用性能产生非常不利的影响。

回收料中的老化沥青含量可以根据 AASHTO T 164—93 沥青路面定量抽提的方法来确定。对于原先使用含有溶剂的稀释沥青或乳化沥青稳定的回收料,如果需要测试残留沥青含量,一般要在抽提之前将试样在 120℃下加热 3 个 h,以便将稀释沥青或乳化沥青中的溶剂蒸发掉。按照 AASHTO T 164—93 抽提得到的集料要依据 AASHTO T 27—93 进行级配分析。对于不需要做进一步测试的老化沥青,可以利用美国国家沥青技术中心(National Center for Asphalt Technology,NCAT)的燃烧法来确定回收料(不含有稀释沥青)沥青含量和集料级配。

(2)老化沥青性能。

老化沥青可依据 AASHTO T 170 从回收料中提取。老化沥青应至少测试 25℃针入度与60℃绝对黏度。对这些指标的测试有助于选择合适的冷再生黏结料(关于乳化沥青和再生剂的选择见8.2.2和8.2.3)。有时,沥青老化测试也可采用SHRP黏结料指标,如$G^*/\sin\delta$(车辙因子)。

8.1.2 乳化沥青

乳化沥青是将高温熔融后流动状态的沥青加入含有乳化剂的皂液中,通过机械高速剪切作用,使沥青变成微小颗粒并分散在含有稳定剂-乳化剂的水溶液中,形成一种较稳定的水包油结构。1906年沙得·范·韦斯特鲁姆首次在专利中提出使用沥青和水的均匀混合物来铺筑沥青路面。从此,乳化沥青开始蓬勃发展,有广泛的道路建筑应用。乳化沥青既可以用作喷洒型的黏层油或透层油,也可以和石料拌和成为稀浆封层或冷再生混合料。乳化沥青的组成通常包括沥青、水、乳化剂、稳定剂、无机酸和必要的改性剂等。评判乳化沥青的指标包括:破乳速度、筛上残留物(1.18m)、黏度以及蒸发残留物等。在适当的制备工艺和存储条件下,乳化沥青可存储几个月。

在乳化沥青中,乳化剂均匀地分布在沥青颗粒表面,使得沥青颗粒无法相互靠近,从而形成稳定的悬浮乳液。乳化剂是生产乳化沥青的核心要素,决定了乳化沥青的类型、性质和路用性能等。乳化剂按照其在乳化沥青颗粒表面产生电荷的种类分为阳离子、阴离子、非离子和两性乳化剂;按照破乳速度分为快裂型、中裂型和慢裂型。发展到今天,沥青乳化剂的种类非常丰富,可以适合道路施工方面的主要应用场景。

乳化沥青一般都是在专用的胶体磨上生产的。胶体磨的类型和配置会显著影响乳化沥青生产的质量,胶体磨结构如图8-1所示。预热的沥青和乳化剂皂液通过胶体磨的间隙时,沥青被高速运转的转子迅速研磨成微米级的小颗粒。此时,乳化剂迅速包裹沥青的表面形成稳定的乳化沥青。胶体磨的功率和磨间隙是生产时的两个重要指标,决定了乳化沥青的乳化效果和生产能力。

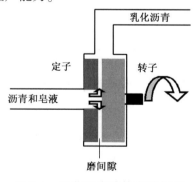

图8-1 乳化沥青胶体磨结构图

乳化沥青的生产设备可以分为两种：间歇式和连续式（图8-2和图8-3）。间歇式乳化沥青生产设备具有操作简单、生产稳定等优点。我国现阶段的乳化沥青生产设备以间歇式为主。但是间歇式设备需要人工配制乳化剂皂液，每一批的皂液都要仔细检查，因此，间歇式设备适合产量较小的乳化沥青厂。连续式乳化沥青生产设备使乳化剂、水、酸和改性剂等在皂液管道中充分混合，然后，再和沥青一同进入胶体磨进行乳化。连续式设备通过监控电子回路实时调节各种成分的添加量，使乳化剂、酸等计量准确无误。因此，连续式设备在生产稳定后就不需要过多调整，只要保证原料充足和机器运转正常就可以了。连续式设备通常被大型乳化沥青厂采用。连续式设备对操作监控人员要求很高，不但要全面理解乳化沥青的生产程序、熟练掌握机器的运转情况，还要懂得乳化剂、改性剂和酸的物理性质和化学作用等。在发生生产故障的时候，连续式设备的故障排查比较困难。因此，在设备选择时，要充分考虑生产环境、产量和人员配置等因素确定设备的类型。

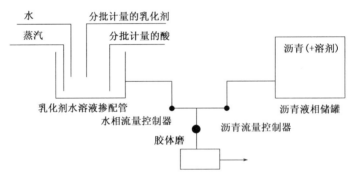

图8-2　间歇式乳化沥青设备生产流程

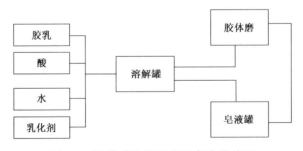

图8-3　连续式乳化沥青设备生产流程

在乳化沥青强度黏结机理方面，乳化沥青液滴表面带有电荷，当沥青乳液与集料颗粒表面电荷电性相反时，由于电荷异性相吸的原理使胶结料与集料的界面黏结强度增大，不同类型沥青乳液与集料的相容性如表8-2所示。当沥青乳液与集料混合接触时，沥青倾向于与水分发生分离并黏附在集料颗粒表面，该过程称为"破乳"。针对厂拌冷再生技术,对乳化沥青的破乳速度具有一定的要求,破乳时间需满足搅拌站拌和时间、材料运输以及摊铺碾压时间,避免提前破乳造成乳化沥青材料凝固。在冷再生混合料中通常加入一定比例的水泥,水泥与水分发生水化反应,加速了破乳过程;水化产物与破乳后的沥青形成加筋结构,进一步提高了材料强度。借鉴热拌沥青路面工程中使用改性沥青的工程经验,可以对乳化沥青进行改性使其获得更加优良的路用性能,可以增强冷再生混合料的工程应用性,提高其实际应用层位至下面层。

不同类型沥青乳液与集料的相容性　　表 8-2

乳液类型	集料类型	相对程度	
		破乳速度	黏附效果
阴离子型	酸性	慢	差
阴离子型	碱性	中	好
阳离子型	酸性	快	极好
阳离子型	碱性	快	好

8.1.3　新集料

新集料可以用来满足再生料级配的要求或是完善结构上的不足。RAP 料(铣刨或是钻芯试件压碎获得)的级配可能不能满足再生混合料的规范要求。因此,对于重交通道路的某些结构层或重载专用线,多数情况下都要加入一定量的细集料或粗集料以改善再生料的级配。例如在低等级道路改造升级时,回收料中可能包括河沙或圆形砾石,这时再生料需要加入新集料使级配变粗,同时改善集料的棱角性和集料形状。加入新集料后,可以改善再生料的性能(如稳定性、耐久性及和易性等),从而改善道路的结构性能,提高交通荷载。对于高等级路面铣刨后用于低等级道路,回收料的集料级配也可能出现"退化现象",需要在回收料中补充新集料。

8.1.4　化学添加稳定剂

水泥等稳定剂加入冷再生材料,不仅可以作为填料改善级配,还可以提高冷再生的早期强度和长期强度,且外添剂含量和性能的变化也会对冷再生材料力学性能产生较大影响。

1)水泥

冷再生混合料中通常加入 1%~3% 的水泥。与沥青胶结料相比,水泥水化产物具有较好的温度稳定性。水泥对冷再生材料的影响主要受水泥与乳化沥青的反应控制,水泥可以加速乳化沥青破乳,两者相互反应形成复合胶浆作为冷再生材料的胶结料。在物理特性方面,水化产物具有孔隙率高的特点,随着水泥掺量增加,最佳含水率会相应增加,刚度增加的同时会导致冷再生材料孔隙率的增长,从而降低冷再生混合料的压实度。

此外,水泥与沥青相对含量的变化也会影响冷再生混合料的力学特性,当沥青与水泥质量比大于1且水泥用量低于1%可视为沥青稳定类材料,当质量比大于1且水泥用量大于1可视为水泥稳定类材料。众多学者研究了水泥及水泥水化产物对冷再生材料的强度特性的影响,水泥作为添加剂可以提高无侧限抗压强度、抗拉强度、回弹模量和抗车辙性能等力学性能。但相关研究表明,水泥掺量与冷再生混合料的力学性能提高幅度并不呈线性正相关。以抗拉强度为例,当水泥掺量超过2%时,冷再生混合料的抗拉强度变化较小。

在冷再生沥青混合料的路用性能方面,水泥可增强砂浆与集料的黏结性,提高抗水损害性能。在冷再生混合料早期养护阶段,由于沥青乳液与集料间存在水膜,导致界面黏结强度低,黏附破坏为主要断裂特征。相比于无水泥添加的冷再生混合料,添加水泥能够提高其早期强度。在后期养护阶段,随着水分的挥发和水泥水化反应的持续进行,砂浆与集料间的黏附强度显著增强,砂浆内部的黏聚破坏为主要的断裂特征。研究表明,当水泥含量低于0.5%时,对冷再生混合料的抗水损害性能影响较小;当超过1.5%时,对提高抗水损害性能影响较小。此外,加入水泥改变了冷再生材料的疲劳性能。研究结果表明,含有水泥的冷再生材料的疲劳性能取决于初始应变水平,当微应变低于300με时,水泥有利于提高疲劳寿命,应变水平高于300με时则相反。冷再生混合料作为道路结构基层应用时,其应变水平通常低于200με,因此冷再生材料路面设计方法中应充分对其进行研究,提出符合冷再生特性的疲劳断裂设计准则。美国沥青协会(Asphalt Institute,AI)建议将水泥用量限制在1%,降低水泥对冷再生材料疲劳性能的影响,但在其他相关研究中也提出可采用3%的水泥产量。

2) 石灰

石灰通常作为一种活性填料来增加材料强度,而不至于对材料弹性造成损失;同时,石灰易与水发生水化反应从而形成一定的强度和承载能力。石灰最常见的形式有石灰石、石灰浆以及熟石灰粉,能够促使乳化沥青破乳并加速养护进程,不同形态的石灰具有不同的功效。石灰能够使沥青乳液的阳离子性增强或阴离子性减弱,从而影响沥青乳液和带负电荷集料表面的相互作用。通常石灰掺量为RAP料质量的1%~3%。

石灰或石灰浆可提高冷再生沥青混合料的抗拉强度、抗永久变形能力和刚度等力学特性,但采用硅酸盐水泥和水泥浆的效果更好,但水泥浆制备工艺较复杂,建议采用水泥作为稳定剂。根据现场试验和室内试验调查结果,石灰浆可以降低冷再生混合料的孔隙,密实效果更佳,从而提高整体性能。这不仅是由于石灰可以加速沥青破乳,还改变了沥青胶浆的流变性能。

8.2 乳化沥青冷再生混合料设计方法

道路冷再生的主要目的是使旧路材料得以重复利用,显著的优点是节省资源、环保和缩减投资。冷再生是目前一种常用道路再生方法,与其他传统的施工方法相比,可节省总投资 40%~50%。同时,和传统的热拌混合料一样,冷再生混合料也必须进行合理的设计,以确保可靠的使用性能。目前即使在美国,也没有标准的冷再生混合料设计规范。美国各州公路局通过研究与施工,开发了各自的冷再生混合料设计方法,虽然这些方法不尽相同,但基本上都包含以下程序:首先进行材料评价,包括现场采样、确定 RAP 料组成以及老化沥青和集料的性能、确定是否有必要加入新集料;然后选择再生剂并确定最佳黏结料用量,包括评价混合料的各种力学性能和路用性能。

目前,虽然没有哪个国家颁布了统一的乳化沥青冷再生混合料设计规范,但美国、加拿大、德国和法国等国家有很多公司或地区公路部门依据多年的施工经验和室内试验结果,建立了自己的设计指南和推荐设计方法。乳化沥青冷再生混合料设计包括:混合料的级配设计、乳化沥青和再生剂的选择、外加乳化沥青含量的确定、力学性能的测试等。

8.2.1 混合料级配设计

表 8-3 给出了 AI 推荐的冷再生混合料级配设计的范围。为了满足级配范围,多数情况下要加入一定量的新料来调整 RAP 料的级配。级配调整要结合 RAP 的筛分结果和再生路面结构层的要求,以便确定选用哪种级配。回收料最大粒径的可选择范围比较宽,从 19mm 到 75mm 都可以采用。而在美国普遍采用的最大粒径是 31.75mm 和 37.5mm。

AI 推荐的冷再生混合料集料级配　　　　表 8-3

粒径 (mm)	质量通过率(%)						
	开级配			密级配			
	A	B	C	D	E	F	G
37.5	100			100			
25.0	95~100	100		80~100			
19.0		90~100					

粒径 (mm)	质量通过率(%)						
	开级配			密级配			
	A	B	C	D	E	F	G
12.5	25~60		100		100	100	100
9.5		20~55	85~100				
4.75	0~10	0~10		25~85	75~100	75~100	75~100
2.36	0~5	0~5					
1.18			0~5				
0.6							
0.3							
0.15						15~30	15~65
0.075	0~2	0~2	0~2	3~15	0~12	5~12	12~20

注:集料级配计算包括 RAP 料回收集料和新料。

另外,ARRA 和 ASTM 都对冷再生混合料的级配做出了规定,见表8-4 和表8-5。ASTM 推荐的冷再生混合料集料级配与热再生的集料级配是相同的。

ARRA 推荐冷再生混合料集料级配　　表8-4

粒径 (mm)	质量通过率(%)			
	密级配			
	A	B	C	D
37.5	100			
25.0	95~100	100		
19.0		90~100	100	
12.5	60~80		90~100	100
9.5		60~80		90~100
4.75	25~60	35~65	45~75	60~80
2.36	15~45	20~50	25~55	35~65
1.18				
0.6				
0.3	3~20	3~21	6~25	6~25

续上表

粒径 (mm)	质量通过率(%) 密级配			
	A	B	C	D
0.15				
0.075	1~7	2~8	2~9	2~10

ASTM 推荐的冷再生混合料集料级配　　表8-5

粒径 (mm)	质量通过率(%)						
	D1	D2	D3	D4	D5	D6	D7
63	100						
50	90~100	100					
37.5		90~100	100				
25.0	60~80		90~100	100			
19.0		56~80		90~100	100		
12.5	35~65		56~80		90~100	100	
9.5				56~80		90~100	100
4.75	17~47	23~53	29~59	35~65	44~74	55~85	80~100
2.36	10~36	15~41	19~45	23~49	28~58	32~67	65~100
1.18							40~80
0.6							25~65
0.3	3~15	4~16	5~17	5~19	5~21	7~23	7~40
0.15							3~20
0.075	0~5	0~6	1~7	2~8	2~10	2~10	2~10

8.2.2　乳化沥青的选择

我国交通运输部最新颁布的沥青混合料规范中包含乳化沥青的技术要求,见表8-6。美国在乳化沥青冷再生的研发、生产和应用方面都居于世界领先地位。美国 ASTM 对阴离子和阳离子乳化沥青分别颁布了技术规范,见表8-7和表8-8。在欧洲各国中,法国是应用乳化沥青最多的国家,乳化沥青的研发和应用技术都比较先进。德国也是乳化沥青的应用大国之一,但是在乳化沥青冷再生方面还应用较少。

表 8-6 道路用乳化沥青技术要求（JTG F40—2004）

	试验项目	使用方式	破乳速度	筛上残留物(%)	恩格拉黏度 E_{25}	标准黏度 $C_{25,3}$(s)	与粗集料裹覆面积	与粗细集料拌和试验	水泥拌和试验筛上剩余(%)	1d储存稳定性(%)	5d储存稳定性(%)	蒸发残留物性质 含量(%)	蒸发残留物性质 溶解度(%)	蒸发残留物性质 25℃针入度(0.1mm)	蒸发残留物性质 15℃延度(cm)
阳离子	PC-1	喷洒	快裂	0.1	2~10	10~25	≥2/3	—	—	—	≤5	≥50	≥97.5	50~200	≥40
阳离子	PC-2	喷洒	慢裂	0.1	1~6	8~20	≥2/3	—	—	—	≤5	≥50	≥97.5	50~300	≥40
阳离子	PC-3	喷洒	快裂/中裂	0.1	1~6	8~20	≥2/3	—	—	—	≤5	≥50	≥97.5	45~150	≥40
阳离子	BC-1	拌和	慢裂/中裂	0.1	2~30	10~60	—	均匀	—	≤1	≤5	≥55	≥97.5	45~150	≥40
阴离子	PA-1	喷洒	快裂	0.1	2~10	10~25	≥2/3	—	—	—	≤5	≥50	≥97.5	50~200	≥40
阴离子	PA-2	喷洒	慢裂	0.1	1~6	8~20	≥2/3	—	—	—	≤5	≥50	≥97.5	50~300	≥40
阴离子	PA-3	喷洒	快裂/中裂	0.1	1~6	8~20	≥2/3	—	—	—	≤5	≥50	≥97.5	45~150	≥40
阴离子	BA-1	拌和	慢裂/中裂	0.1	2~30	10~60	—	均匀	—	≤1	≤5	≥55	≥97.5	45~150	≥40
非离子	PN-2	喷洒	慢裂	0.1	1~6	8~20	≥2/3	—	—	—	≤5	≥50	≥97.5	50~300	≥40
非离子	BN-1	拌和	慢裂	0.1	2~30	10~60	—	—	≤3	≤1	≤5	≥55	≥97.5	60~300	≥40

注：1. 在国外，赛伯特黏度 V_s 也是使用较多的黏度指标，它可以由已知的恩格拉黏度按照以下公式计算：$V_s = E_s \times 3.571$。赛伯特黏度的获取方法比较简单易行，但是试验的可重复性不强。在美国 ASTM 试验规范中，以蒸馏残留物的测试作为最终试验的结果。蒸馏残留物获取方法参见 ASTM D244-00 的 11 节。

2. 蒸发残留物的获取方法参见 ASTM D244-00 的 11 节。

表 8-7 美国 ASTM 阴离子乳化沥青技术规范（D977-20）

测试指标	快裂-1	快裂-2	中裂-1	中裂-2	中裂-2h	慢裂慢凝-1	慢裂慢凝-1h	慢裂快凝
乳化沥青测试[①]								
25℃赛伯特黏度(s)	20~100	—	20~100	>100	>100	20~100	20~100	20~100
50℃赛伯特黏度(s)	—	75~400	—	—	—	—	—	—
24h储存稳定性(%)[②]	<1.0	<1.0	<1.0	<1.0	<1.0	<1.0	<1.0	<1.0
破乳速度(%)	>60	>60	—	—	—	—	—	—
石料裹附	—	—	良好	良好	良好	—	—	—
水泥拌和试验(%)	—	—	—	—	—	<2.0	<2.0	—
筛上剩余量(%)[③]	<0.10	<0.10	<0.10	<0.10	<0.10	<0.10	<0.10	<0.10
蒸馏残留物(%)	>55	>63	>55	>65	>65	>57	>57	>57
残留物测试								
25℃针入度	100~200	100~200	100~200	100~200	40~90	100~200	40~90	40~90
25℃延度(cm)	>40	>40	>40	>40	>40	>40	>40	>40
三氯乙烯溶解度(%)	>97.5	>97.5	>97.5	>97.5	>97.5	>97.5	>97.5	>97.5

注：① 需要测试的乳化沥青应该在生产取样 14d 内完成全部测试。经过冰冻过的乳化沥青不使用本技术规范。
② 美国规范中将 5d 储存稳定性要求删除，是因为很多乳化沥青虽然无法通过 5d 储存稳定性的要求，但是应用效果却符合工程实际要求。
③ 美国的筛余量试验使用 0.85mm 筛孔的过滤筛，比我国现行规范要求的筛孔要小。

表 8-8

美国 ASTM 阳离子乳化沥青技术规范（D2397-20）

测试指标	快裂-1	快裂-2	中裂-2	中裂-2h	慢裂慢凝-1	慢裂慢凝-2h	慢裂慢凝-1h	慢裂快凝
乳化沥青测试								
25℃赛伯特黏度(s)	20~100	—	—	—	—	—	—	20~100
50℃赛伯特黏度(s)	—	100~400	50~450	50~450	—	—	—	—
24h储存稳定性(%)	<1.0	<1.0	<1.0	<1.0	<1.0	<1.0	<1.0	<1.0
破乳速度(%)	>40	>40	—	—	—	—	—	—
石料裹附	—	—	良好	良好	—	—	—	—
电荷试验	+	+	+	+	+	+	+	+
水泥拌和试验(%)	—	—	—	—	<2.0	<2.0	<2.0	—
筛上剩余量(%)	<0.10	<0.10	<0.10	<0.10	<0.10	<0.10	<0.10	<0.10
蒸馏残留物(%)	>60	>65	>65	>65	>57	>57	>57	>57
溶剂体积比(%)	<3.0	<3.0	<12.0	<12.0	—	—	—	—
残留物测试								
25℃针入度	100~250	100~250	100~250	100~250	100~250	40~90	40~90	40~90
25℃延度(cm)	>40	>40	>40	>40	>40	>40	>40	>40
三氯乙烯溶解度(%)	>97.5	>97.5	>97.5	>97.5	>97.5	>97.5	>97.5	>97.5

乳化沥青的微观结构与乳化沥青的性质及其使用性能有着密切的关系。因此,这里介绍一下乳化沥青的微观结构及其影响。

乳化沥青的微观结构可以在显微镜下观察到,如图8-4所示。但是,这种观察方法只能得到感性的认识,准确性不够,而且需要大量的时间来观察和计算。利用光学粒径分析仪来观测分析乳化沥青的微观颗粒分布,可以迅速得到不同粒径沥青颗粒的百分比例和分布图。如图8-5所示,是利用德国进口粒径分布仪测得的典型改性乳化沥青粒径分布图。优质的乳化沥青粒径分布较为集中而细致,也就是说,其颗粒

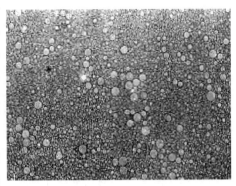

图8-4 典型乳化沥青微观结构

大小较为接近而且平均粒径要在5μm以下。由于改性乳化沥青中存在细小的胶乳颗粒,而胶乳颗粒一般比沥青颗粒细,所以可以在粒径分布图中发现,0.8μm附近有一个小波峰。如果检测普通的乳化沥青就不会看到这个波峰。

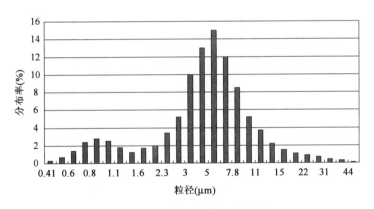

图8-5 乳化沥青粒径分布图

对乳化沥青的微观结构进行观察会发现,不同的乳化剂和不同的生产条件会生产出不同的乳化沥青,而乳化沥青的使用性质也有很大的差异。本节检测的乳化沥青是使用1.5%美德维实伟克MQK-1M乳化剂和3.5%PC-1468胶乳,在试验室胶体磨上生产的。由于采用了不同的沥青温度和试验条件,分别生产出平均粒径为4μm、10μm和17μm的改性乳化沥青。试验室的试验结果表明乳化沥青的微观结构和下列性质有密切的关系。

在正常的粒径范围内,乳化沥青的颗粒越细,乳化沥青的黏度越大,而且储存稳定性越好。这是由于乳化沥青颗粒越细,在同样面积上颗粒之间的接触点越多,变形的阻力也就越大,从而在宏观上表现为乳化沥青的黏度越大。同理,乳化沥青颗粒越细,颗粒之

间的接触点越多,使微粒的排斥力增大,不易出现分层离析现象。图8-6和图8-7是对不同平均粒径的乳化沥青测得的黏度和1d储存稳定性。

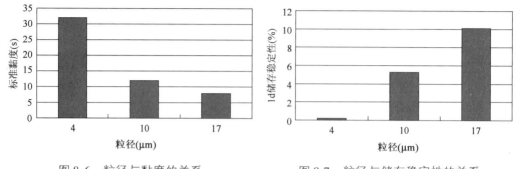

图8-6　粒径与黏度的关系　　　　图8-7　粒径与储存稳定性的关系

在乳化沥青中,乳化剂分别分布在沥青颗粒表面(固定态)和水溶液中(自由态)。在乳化剂和石料拌和的过程中,自由态的乳化剂首先和石料反应,然后固定态的乳化剂才反应,从而引起沥青颗粒和石料的相互吸引,沥青颗粒黏附在石料上产生破乳。因此,自由态的乳化剂越多,反应的时间就会越长,反之亦然。在相同的乳化剂用量条件下,乳化沥青的平均粒径越小,沥青的比表面积越大,在沥青颗粒的表面上固定态的乳化剂分子就越多,自由态分子越少。这样会使拌和时间减少,破乳速度变快,混合料的强度上升较快。乳化沥青的颗粒越细,沥青与石料的接触点越多,对石料的裹覆越好,在整个混合料中分布也越均匀,使混合料抗水损害和抗磨耗的能力越强。在试验室中的磨耗试验结果证实了这一点,如图8-8所示。

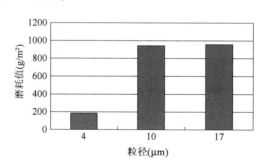

图8-8　粒径与混合料磨耗值的关系

在冷再生混合料中,通常根据不同石料的性质采用阳离子或阴离子乳化沥青。慢裂乳化沥青具有最大的拌和能力,通常用于稳定密级配或细料含量较高的集料。慢裂乳化沥青黏度都比较低,并可以通过外加水进一步降低其黏度。然而,开级配或粗级配的集料适合用中裂乳液拌和;由于这些乳液接触集料时并不立刻破乳,因此用这些乳液稳定拌和的混合料能够保持较长时间的和易性。同时由于中裂沥青乳液在极端气温条件下对集料仍有较好的裹覆和沥青保持能力,所以这类乳化沥青可用来低温稳定粗级配集料。具体乳化沥青的类型选择见表8-9。

乳化沥青类型和等级的选择   表8-9

冷再生类型		AASHTO M 140 ASTM D977-20(阴离子)					AASHTO M 208 ASTM D2397-20(阳离子)			
		MS-2, HFMS-2	MS-2h, HFMS-2h	HFMS-2s	SS-1	SS-1h	CMS-2	CMS-2h	CSS-1	CSS-1h
厂拌	开级配	√	√				√	√		
	密级配			√	√	√			√	√
	砂			√	√	√			√	√
就地	开级配	√	√				√	√		
	密级配			√	√	√			√	√
	砂			√	√	√			√	√
	砂土			√	√	√			√	√

美国和欧洲有时也使用改性乳化沥青来减小温度裂缝、增强抗车辙能力和改善早期强度。改性乳化沥青通常应用在寒冷地区,而且以 SBR 改性为主。SBR 改性乳化沥青的路用性能得到广泛的认可,尤其是 SBR 能够促进混合料的早期强度增长。在西方国家很少使用 SBS 改性乳化沥青进行冷再生施工,主要是因为 SBS 乳化沥青的颗粒较粗、破乳速度慢、早期强度差,而且沥青还原的性质不够理想。改性乳化沥青的选择和应用还有很多方面需要进一步研究和实践。

8.2.3 再生剂的选择

再生剂乳液是一种常用的乳化沥青冷再生添加剂,而且通常是阳离子乳化液。大量研究表明,理想的再生剂应具有以下特性:①较好的拌和和裹覆作用;②避免使用溶剂,因此不必在空气中长期养护;③应能迅速凝结,以便尽早开放交通。

在国外,再生剂乳液是由专业的生产厂家提供的。在施工前,通常将再生剂乳液与乳化沥青按照设计比例充分混合均匀,同时添加到拌和楼或拌和机中。再生剂乳液的选择应视回收料的沥青性质、乳化沥青的添加量和胶结料的目标黏度等因素而定。乳化沥青冷再生的混合料反应过程极为复杂,其影响因素既有各种材料的物理性质,也有施工条件、交通量组成和气候条件等。因此,美国和欧洲的大部分学者都推荐,根据冷再生混合料施工和使用中的力学性质来决定再生剂的类型和添加量。

美国 Golden Bear 和意大利的 Iterchemica 两家公司的再生剂产品曾应用在中国国内冷再生工程中。同时,目前国内已经有多家厂商和科研机构开发出了各种再生剂乳液,如江苏和辽宁都有厂商提供再生剂产品。这里简单介绍美国 Golden Bear 产品的主要技术参数,如表 8-10 和表 8-11 所示。表中列出的这些指标和测试方法可以作为选择再生剂的参考。

美国 Golden Bear 再生剂的指标要求　　表 8-10

试验项目	试验目的	试验方法	指标要求
60℃黏度(Pa·s)	用于老化沥青再生黏度计算	D-2170	1000~4000
克利夫兰开口闪点(℃)	实用安全性	D-92	>232
挥发性			
初沸点(IBP)(%)		D-1160	>163
2%挥发(%)	避免氧化和挥发变质	D-1160	>204
5%挥发(%)		D-1160	>221
旋转薄膜烘箱质量损失	高温稳定性测试	D-2872	<2.0
饱和分含量(%)	与老化沥青的相容性	D-2007	<28
沥青质含量(%)	与老化沥青的相容性	D-2006-70	<7.0
化学成分比	再生后沥青的耐久性	D-2006-70	0.6~1.0
旋转薄膜烘箱		D-2872	<2.5
比重	使用时的物理性质	D-70	0.98~1.02

美国 Golden Bear 再生剂乳液的指标要求　　表 8-11

试验项目	测试方法	指标要求
25℃黏度(Pa·s)	ASTM D244	15~85
泵送稳定性①		通过
筛上剩余量(%)	ASTM D244	<0.1
水泥拌和试验(%)	ASTM D244	<2.0
电荷性质	ASTM D244	正电荷
固含量(%)	ASTM D244	>60

注:泵送稳定性试验方法为,将 450mL 的乳化沥青倒入 1L 的烧杯,使用试验室小齿轮泵循环乳化沥青 10min。如果 10min 后静止的乳液没有出现分层的现象,说明此乳化沥青泵送稳定性通过测试。

8.2.4　乳化沥青的破乳和强度形成机理

在常温条件下储存时,乳化沥青是具有良好流动性的液态悬浮混合物,即乳化沥青的颗粒在重力和表面电荷的排斥力共同作用下悬浮在水中。在沥青颗粒互相碰撞的过程中,也会出现少量的颗粒接触团聚的现象,但是,由于这种团聚现象出现得很少,不会影响乳化沥青的质量和使用效果。这时的乳化沥青处于图8-9的第一阶段。

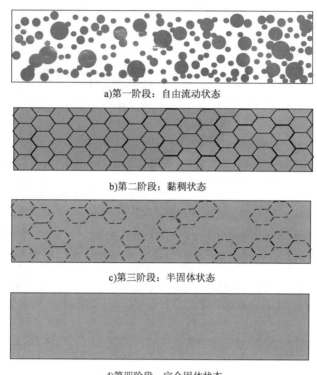

图8-9 乳化沥青成型过程

乳化沥青与石料(或回收料)拌和时,由于乳化沥青颗粒表面的电荷与石料表面的电荷发生了中和反应,沥青颗粒相互靠近黏结。但是,此时的沥青颗粒间存在水分,沥青颗粒的电荷没有完全消失,还没有牢固地结合成具有强度的沥青膜。这就是石料(包括回收料)和乳化沥青刚刚拌和成冷再生混合料时的状态,即图8-9的第二阶段。这种状态存在的时间长短,与集料的性质有关,更重要的是乳化沥青的类型和破乳速度。在采用慢裂慢凝的乳化沥青时,这一状态有时会保持1d时间。设计者可以通过调节乳化沥青的配方来调节这一过程的长短。在实际施工中,如果摊铺冷再生混合料后半小时内就下雨了,对沥青颗粒的黏结成型非常不利,而且混合料表面的部分沥青颗粒会被雨水冲走。

经过压路机的碾压,在水分完全蒸发和沥青颗粒电荷完全中和后,沥青颗粒进一步结合,部分沥青已经完全连接成沥青膜。此时,冷再生混合料的强度已经达到开放交通的要求,但是还没有达到最大强度。

经过一段时间的交通碾压和高温作用,沥青的颗粒会进一步结合,形成完全固态的坚实沥青膜。这时混合料强度达到了最大值,而且混合料结构也变得相当稳定,这是第四阶段。

将乳化沥青成型的过程分为上述四个阶段,可以比较容易理解再生混合料的强度增长模式。但是,在实际施工中,这四个阶段无法明确分开。

8.2.5 乳化沥青冷再生室内设计程序

目前,在欧洲的法国和西班牙、非洲的南非、北美洲的美国和加拿大都在积极地研究和推广冷再生技术,特别是乳化沥青冷再生技术,并且取得了丰硕的成果。由于各个国家的经济和自然条件不同,技术发展也有所不同,因此各国乳化沥青冷再生的技术标准和施工方法都不尽相同。在冷再生设计过程中,设计者主要考虑的参数有混合料的工作性、沥青的裹覆性和混合料的力学强度等。

在乳化沥青冷再生设计中,最佳液体用量(OTLC)是一个非常重要的参数。在热拌沥青混合料设计方法中是不会涉及最佳液体用量这个概念的。通常认为,最佳液体用量是乳化沥青提供的含水率、集料的含水率和外加水用量之和。最佳液体用量会影响混合料拌和时的稠度和裹覆程度,也会影响混合料的最终强度和耐久性。另外,在混合料压实的过程中,也要对最佳液体用量进行适当调整,以获得最佳的压实效果。

乳化沥青冷再生的室内设计程序如图 8-10 所示,其具体操作程序如下:

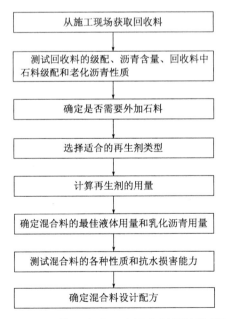

图 8-10 乳化沥青冷再生混合料设计流程图

(1) 回收料沥青含量、性质测试和回收集料级配分析。

(2) 先将烘干的回收料各档筛余按照级配要求掺配,在25℃的条件下恒温1h。如果必要,可以掺配一定量的外加集料,以达到集料级配的要求。

(3) 以不同的乳化沥青用量和不同的用水量进行拌和试验。根据混合料的稠度和粒料的裹覆程度确定一个混合料的最佳液体用量(OTLC)。此时,由于最佳乳化沥青用量还没有确定,这一最佳液体用量有可能进行微调。

(4) 确定乳化沥青的不同添加量,一般相邻乳化沥青用量相差0.5%。这样对应的用水量也同时确定了。任何一种乳化沥青用量应压制3个以上的试件。

(5) 取规定重量的回收料(和外加新集料)加入拌和容器中,搅拌均匀。

(6) 按照设计用水量添加外加水,搅拌均匀。

(7) 按照乳化沥青用量添加乳化沥青,搅拌直至乳化沥青分布均匀,裹覆达到80%以上(在拌和结束后存在少量的花白料是允许的,通常乳化沥青在拌和过程中刚刚开始破乳,在储存和碾压的过程中还会使混合料进一步裹覆。在拌和混合料100%裹覆的情况下,设计者要特别注意压实试件时是否出现大量液体流出现象,以及试件压实密度的测试比较)。

(8) 根据设计施工方案,确定混合料的预养护时间,一般选择2h常温养护,或者是设计时间内的密闭保存,有些冷再生混合料可以堆放半个月左右再进行摊铺施工。

(9) 将预养护的混合料倒入压实模具中压实成型。对于Superpave旋转压实仪可以选择600MPa压力倾斜角度1.25°,旋转压实次数30次。对于马歇尔击实仪,可以选择双面击实50次。

(10) 成型后脱模养护。对于Superpave旋转压实仪压制的混合料试件,可以在成型后立即脱模。由于此时的混合料强度还很低,取放试件时要注意避免边角的破损。马歇尔试件应在试模中养护,直至测试前取出。

(11) 测试不同养护期的试件马歇尔稳定度、间接抗拉强度等指标。

(12) 测试混合料的抗水损害能力。

(13) 测试混合料的磨耗损失值。

(14) 确定最佳乳化沥青用量等设计参数。在确定最佳乳化沥青用量时,有些国家或组织根据混合料试件的最大相对密度来确定最佳乳化沥青用量(密度法),也有些国家或组织是根据规定空隙率范围内试件强度最大值来确定最佳乳化沥青用量(强度法)。其中,后一种设计方法应用得较多,而且比较容易在具体室内试验中采用。

由于乳化沥青冷再生混合料的强度形成要经过一个过程,各个阶段的强度增长速度差异很大,因此,养护试件在关键时间点的强度是非常重要的设计指标。经过美国科研机构的研究,普遍认为乳化沥青冷再生的试验试件养护条件可以分为以下4种:

(1)将试件放在25℃的鼓风烘箱中养护4h。这种养护条件相当于施工现场路面养护1d的效果。

(2)将试件置于25℃的鼓风烘箱中养护24h。这种养护条件模拟了现场路面养护4~7d后的情况。

(3)脱模后,将试件置于60℃的鼓风烘箱中养护24h。这种养护条件相当于路面摊铺一个月以后的情况。

(4)脱模后,将试件置于60℃的鼓风烘箱中养护48h。这种养护条件相当于路面达到最终强度时的情况。

在多雨潮湿地区,乳化沥青冷再生比其他冷再生方法更加适合,这是由于在潮湿的条件下,乳化沥青再生混合料的强度下降较小,抵抗水损害的效果较好。

表8-12为北美地区使用乳化沥青进行冷再生设计时所需要满足的指标要求,然而当具体对乳化沥青混合料相关指标进行测试时,需要注意以下几点:

(1)尽管欧洲和美国的磨耗试验方法不尽相同,但是都作为沥青路面冷再生设计中一项重要试验。具体的试验方法将在后面介绍。

(2)有些国家或地区规定某些试验必须进行,试验结果要求填写在报告中,但是,并没有规定具体的指标要求。

(3)冻融劈裂试验要求试件的饱水率在55%~75%之间。

(4)加拿大对抗水损害试验没有提出要求,但是提出了摊铺前混合料含水率最大值的要求。

北美乳化沥青冷再生设计指标要求　　　　表8-12

国家和地区	美国艾奥瓦州	美国堪萨斯州	美国密苏里州	加拿大
乳化沥青类型	CSS-1,CMS-2	CSS	CSS	CSS,CMS
60℃马歇尔稳定度,不小于	—	5.5kN	5.5kN	4.6kN
空隙率	9%~14%	不要求	不要求	—
工地压实度要求	92%~94%	不要求	不要求	—
冻融劈裂试验,T-283	—	TSR>70%	TSR>70%	—
磨耗试验	—	要求	要求	—
低温抗裂试验	—	试验TP9-96	试验TP9-96	—

乳化沥青混合料孔隙率、马歇尔稳定度、磨耗试验以及冻融劈裂试验的具体试验方法如下：

1）混合料空隙率

通常情况下,乳化沥青冷再生混合料的空隙率比热再生沥青混合料的要大,美国AASHTO提出的设计方法要求的混合料空隙率应该是9%~14%。但是,不能简单地认为乳化沥青冷再生混合料的空隙率较大,雨水或毛细水就能很容易透过再生混合料层而影响其他相邻的结构层。乳化沥青冷再生混合料的空隙分布与热再生沥青混合料有很大的差异,法国Colas公司对这方面做了深入而全面的研究。

Colas公司的研究发现,由于乳化沥青中的微小沥青颗粒是悬浮在分散介质中的,乳化沥青颗粒与石料黏结的过程中(即前述的乳化沥青破乳第二阶段和第三阶段)会首先形成微观蜂窝状结构,然后沥青逐渐结合为一体。因此,这种混合料的空隙数量特别多,而体积却是微米级的。Colas公司通过电子自动扫描系统对两种混合料的内部空隙进行了分析和对比,见图8-11。从图8-11的对比可以得出,热再生沥青混合料的空隙大量集中在10^{-4}~10^{-3} mm^3之间,而乳化沥青冷再生混合料的空隙集中在10^{-5} mm^3以下。热再生混合料单位体积内的空隙数量有330个,而冷再生的单位体积空隙数量为7200个。这种特殊的空隙分布特点使得冷再生混合料的透水性比相同空隙率的热再生沥青混合料低,而且,沥青膜分布比较均匀,混合料的抗压回弹模量也较低。因此,冷再生混合料对半刚性基层的干缩裂缝具有一定的防治作用。由于冷再生混合料的空隙率较大,在室内设计和检测中通常采用蜡封法测试空隙率。

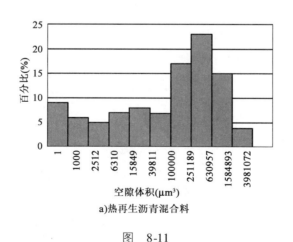

图 8-11

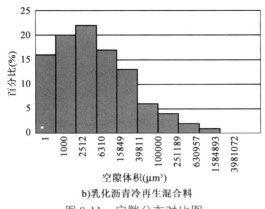

b)乳化沥青冷再生混合料

图 8-11 空隙分布对比图

在施工现场碾压后,冷再生混合料的实际空隙率也比热拌沥青混合料大。施工现场的空隙率控制是非常重要的,如果冷再生的空隙率过大,会造成混合料的强度较低,抗水损害的能力差。但是空隙率过小,也会存在很多不利的影响,如冬季的低温抗裂性较差。另外,压路机的压实功和碾压形式也应该认真推敲。由于回收料的强度低于石料,在碾压过度的时候,有时会出现碎裂的现象,从而使混合料的强度降低。因此,采用中等吨位的压路机压实,选择最佳的压实时间是非常重要的。冷再生的最低施工温度应在10℃以上。

2)马歇尔稳定度

马歇尔稳定度是路面混合料设计中最基础和最常用的设计指标。马歇尔稳定度试验是对标准击实的试件在规定的温度和速度等条件下受压,测试沥青混合料的稳定度和流值等指标所进行的试验。标准马歇尔稳定度试验主要用于沥青混合料的配合比设计及沥青路面施工质量检验。在我国现行的沥青混合料设计规范中规定了混合料的马歇尔稳定度测试温度为60℃。在冷再生混合料基层设计中,美国设计者提出也可以将25℃马歇尔稳定度作为混合料强度指标。但是,25℃马歇尔稳定度的指标要求还没有比较统一的规定,应用的范例还比较少,因此使用时必须谨慎。马歇尔稳定度测定仪器如图8-12所示。

图 8-12 马歇尔稳定度测定仪器

3) 混合料磨耗试验

混合料磨耗试验,又称飞散试验,用以评价规定沥青用量和交通荷载作用下,因路面表面集料脱落而散失的程度,以混合料试件散落材料质量的百分率表示。磨耗试验可以用来检验冷再生沥青混合料的最小沥青用量。

冷再生混合料磨耗试验仪是在美国 Hobart A-120 型搅拌机的基础上改装而成,如图 8-13 所示。磨耗试验的具体试验步骤如下:

(1)在拌和容器中倒入 2700g 回收混合料(包括新添加的集料、水泥和矿粉)。

(2)添加设计配方规定的水,充分搅拌 30~60s。

(3)加入乳化沥青和其他混合添加剂(如再生剂等),充分搅拌均匀。

(4)将混合料立即倒入 SHRP D150cm 大试模中,旋转压实 20 次。如果试件的高度没有达到 70mm ± 5mm,应该依据现有试件高度重新计算混合料的用量,使压实试件高度达到 70mm ± 5mm。

(5)将试件压出并在 20℃ ± 3℃ 的条件下养护 4h。

(6)称量试件的重量(W_1)。

图 8-13 冷再生混合料磨耗试验仪

(7)将试件放在磨耗仪上试验 15min。

(8)去除松散粒料后,称量试件的重量(W_2)。

(9)磨耗损失为 $100 \times (W_1 - W_2)/W_1$。

磨耗试验的损失值应小于 2%,路面工程技术人员认为这样的混合料结构层才可以承受车轮等荷载的碾压和磨损。

如果因为现场回收料无法获得而采用试验室回收料,磨耗试验的回收料级配应选择中粗级配。中粗级配的级配范围如表 8-13 所示。

磨耗试验中粗级配的级配范围 表 8-13

筛孔尺寸(mm)	31.5	25	19	4.75	0.6	0.075
通过率(%)	100	100	85~96	4~55	4~14	0.5~3.0

4)冻融劈裂试验

冷再生沥青混合料抵抗水损害的能力是路面材料最重要的指标之一。沥青混合料冻融劈裂试验是一种反映混合料抗水损害性能的测试方法。冻融劈裂试验是在规定的条件下对沥青混合料进行冻融循环,测定混合料试件在受到水损害前后劈裂破坏的强度比。试验温度通常采用25℃,加载速率为50mm/min。在成型试件时,马歇尔击实仪的击实次数为双面各50次;Superpave旋转压实仪的旋转次数以达到试件7%空隙率为准。针对试件的饱水处理,国内的现行规范规定在98.3~98.7kPa真空条件下保持15min,然后打开阀门,恢复常压。美国规范要求试件的饱水率都达到55%~80%之间,如果没有达到要求,应该调整抽真空的时间和真空度来达到要求的饱水率。沥青混合料试件的饱水率计算公式为:

$$S_w = 100(m_f - m_a)/m_a \tag{8-1}$$

式中:S_w——试件的饱水率(%);

m_a——干燥试件在空气中的质量(g);

m_f——真空饱水后试件在空气中的表干质量(g)。

试件饱水后,放入 $-18℃ \pm 1℃$ 的冰箱中保持 $16h \pm 1h$。从冰箱中取出的试件立即放入 $60℃ \pm 5℃$ 的恒温水浴中养护24h。然后再将所有的试件在 $25℃ \pm 0.5℃$ 的恒温水槽中保温2h以上。最后,分别对试件进行劈裂试验。

由于冷再生沥青混合料在低等级路面上作为主要承重层,在高等级路面上作为基层或下面层,因此国外对冷再生沥青混合料的冻融劈裂指标要求比面层混合料略低些。通常,在选择合适的乳化沥青类型后,冻融劈裂的结果都会比较理想,这一特点是由乳化沥青中乳化剂的化学成分所决定的。对于中裂乳化沥青,由于存在部分添加剂的辅助作用而且乳化沥青的破乳速度较快,通常情况下其冻融劈裂试验结果较好。慢裂慢凝的乳化沥青破乳速度较慢,沥青膜的形成也较慢,但是,由于沥青表面乳化剂的电荷与集料或回收料表面的电荷互相吸引,因而,沥青对集料的裹覆良好,冻融劈裂试验结果通常也会令人满意。

另外,在乳化沥青冷再生的设计中,还应该考虑其他力学性能指标,例如:混合料的抗压强度、混合料的弯拉回弹模量等。虽然这些指标还没有被广泛采用,在有些国家的规范要求中也没有被列出,但是这些指标可以反映冷再生混合料的一些重要路用性能,在有条件的情况下应该予以重视。

在设计过程中,设计者根据以上测试结果和当地或邻近地区的工程经验综合确定适合的乳化沥青配方、再生剂的类型和用量、乳化沥青的用量和总用水量等参数。在此基础上,建设单位可以制定施工设备要求并进行施工安排,施工单位可以制定施工方案等。

8.3 工程实例

路面设计基本条件:该项目是位于南方多雨地区的一条快速主干路,经过十年的运营,路面破损十分严重。由于项目所在地附近优质石料有限,建设方决定充分利用原有路面的铣刨回收料,采用乳化沥青冷再生技术进行基层施工,利用当地石料生产面层沥青混合料。

1)第一步:路面结构设计

在路面结构设计之前,必须收集公路的交通量资料,并分类折算成标准轴载交通量。在交通调查过程中,还应该充分考虑公路超载的情况和相应的影响。本路面交通量折算的标准轴载总数为 4.0×10^7 次,此时柔性基层路面设计弯沉值为 0.292mm。

经过专家充分研究决定采用4.0cm的细粒式沥青混凝土,8.0cm的中粒式沥青混凝土。结构层示意图见图 8-14。各结构层的设计指标测试结果见表 8-14。根据路面设计弯沉值0.292mm 和黏弹性层状理论微分解析方程的解,计算得路面冷再生沥青混合料的厚度为 35cm。验算结果说明冷再生沥青混合料的底部弯拉应力也可以满足要求。

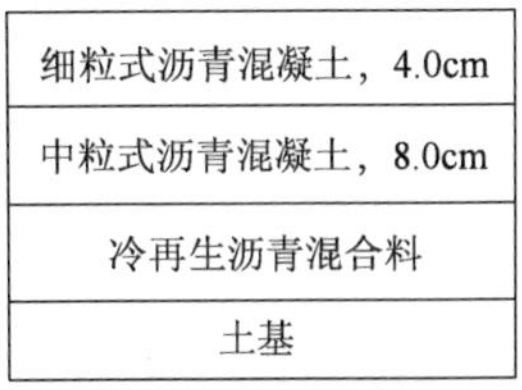

| 细粒式沥青混凝土,4.0cm |
| 中粒式沥青混凝土,8.0cm |
| 冷再生沥青混合料 |
| 土基 |

图 8-14 路面结构示意图

路面结构层材料设计参数 表 8-14

材料名称	20℃抗压回弹模量(MPa)	15℃抗压回弹模量(MPa)	15℃劈裂强度(MPa)	容许拉应力(MPa)
细粒式沥青混凝土	1600	2200	1.3	0.27
中粒式沥青混凝土	1500	2100	1.2	0.25
冷再生沥青混合料	1000	1200	0.6	0.18
土基	60.0	60.0	—	—

2)第二步:冷再生混合料设计

首先,对回收料中的集料级配和沥青含量进行分析测试。回收料和回收料中集料的级配测试结果见表 8-15。考虑到实际施工条件和经济成本比较,本项目冷再生混合料使用 100% 回收料。应用焚烧法测得的回收料沥青含量为 4.6%。

回收料和回收料中集料的级配 表 8-15

筛孔(mm)	回收料中集料(%)	回收料(%)
25	100.0	100.0
19	95.0	93.5
12.5	81.4	75.1
9.5	79.5	63.8
4.75	60.4	40.4
2.36	45.5	30.9

续上表

筛孔(mm)	回收料中集料(%)	回收料(%)
1.18	35.2	15.5
0.6	28.8	9.4
0.3	22.0	5.5
0.15	14.9	3.9
0.075	11.4	2.7

本项目的乳化沥青配方是根据回收料的性质和施工条件来确定的。乳化沥青中的添加剂选用美国美德维实伟克公司生产的乳化剂 INDULIN W-5 和进口稳定剂。分析沥青的老化程度后,沥青型号选择中国石化茂名90号。乳化沥青配方见表8-16。

冷再生乳化沥青配方　　　　　　　　　　　　表 8-16

乳化沥青组分	含量
乳化剂 INDULIN W-5	1.60%
稳定剂	0.20%
水	38.20%
浓盐酸	掺至乳化沥青 pH = 2.0
沥青	60%

试验室生产后,乳化沥青在温度为60℃的条件下存放12h左右,然后冷却到常温使用,这个主要是模拟乳化沥青在工厂生产时的状态。试验室生产乳化沥青的粒径分布值为:平均粒径 $5.89\mu m$,90%通过粒径为 $9.24\mu m$。

通过初始拌和,确定了回收料基本裹覆条件下的最佳总液体含量和乳化沥青的用量范围。然后,用不同的乳化沥青用量拌和3个平行的松散混合料,并将其放在60℃烘箱里加热至恒重。最后,测定混合料的最大理论密度 G_{mm}。本项目对3%、4%和5%的乳化沥青用量分别进行了测试,分别得到 $G_{mm,3\%} = 2.503$,$G_{mm,4\%} = 2.480$ 和 $G_{mm,5\%} = 2.458$。

根据冷再生混合料的应用层位和气候条件等,确定了试验室混合料设计的试验方法和试验参数。测试试件是在 Superpave 旋转压实仪上压制成型的,旋转压实次数为30次,压头表面压强60kPa,压头倾角为1.25°,试件压实成型直径为100mm。试件压实后的空隙率见图8-15。美国和欧洲都普遍认为,9%~14%是适宜的乳化沥青再生的空隙率。因此,3%~5%的乳化沥青含量是比较适合的,具体乳化沥青含量的选择还要根据马歇尔稳定度、冻融劈裂试验和磨耗试验的结果确定。

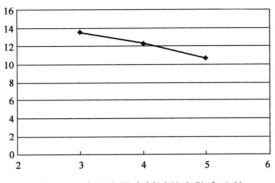

图 8-15 冷再生混合料试件空隙率比较

在成型试件的过程中,需要注意混合料的用水量是否过多。因为,在旋转压实仪中试件通过反复揉搓压实,会有部分水浸湿纸垫片。如果挤压出的水分较多,应该考虑减少总液体含量和外加水的用量。另外,压实过程中会出现回收料压裂的现象,从而导致相同乳化沥青用量的混合料强度出现偏差。因此,在混合料压实时和强度测试之前,必须仔细观察试件的表面,尽量剔除存在回收料压裂的试件。

通过不同乳化沥青含量的马歇尔稳定度和冻融劈裂试验,可以进一步验证最佳乳化沥青含量。马歇尔稳定度测试前,试件在60℃水中浸泡1h。冻融劈裂试验采用《公路工程沥青及沥青混合料试验规程》(JTG E20—2011) T 0729—2000 的测试方法进行。具体测试结果见表8-17 和表8-18。

冷再生混合料马歇尔稳定度测试结果　　　　　　　　　　　　表8-17

试件编号	1-1	1-2	1-3	2-1	2-2	2-3	3-1	3-2	3-3
乳化沥青用量(%)	3.0	3.0	3.0	4.0	4.0	4.0	5.0	5.0	5.0
用水率(%)	2.5	2.5	2.5	2.0	2.0	2.0	1.0	1.0	1.0
养护温度(℃)	60	60	60	60	60	60	60	60	60
养护时间(h)	48	48	48	48	48	48	48	48	48
试件高度(mm)	62.8	63.9	63.2	64.7	64.2	64.0	63.3	62.5	62.5
测试稳定度(kN)	4.10	4.43	4.36	6.30	6.18	5.69	6.88	6.52	6.65
修正系数	1.011	0.994	1.005	0.981	0.989	0.992	1.003	1.016	1.016
修正后稳定度(kN)	4.15	4.40	4.38	6.18	6.11	5.64	6.90	6.62	6.76

混合料各项性能测试结果汇总　　　　　　　　　　　　表8-18

乳化沥青指标	第一组	第二组	第三组	设计要求
乳化沥青用量(%)	3.0	4.0	5.0	
用水率(%)	2.5	2.0	1.0	
空隙率(%)	13.4	12.1	10.5	9~14
60℃马歇尔稳定度(kN)	4.31	5.98	6.76	>5.5
冻融劈裂抗拉强度比(%)	73.0	85.5	88.9	>70

室内试验还针对不同乳化沥青含量测试了混合料磨耗损失,磨耗试验的具体试验结果见表 8-19。

不同乳化沥青用量下的磨耗试验结果　　　　　表 8-19

乳液用量(%)	3.0	3.5	4.0	4.5	5.0
磨耗损失(%)	5.2	3.7	2.9	2.0	1.9

绘制不同乳化沥青用量与磨耗损失的关系曲线图,如图 8-16 所示。

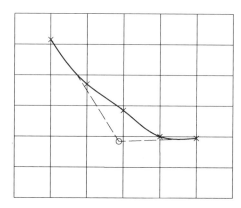

图 8-16　冷再生混合料不同沥青用量的磨耗试验结果

通过试验结果对比和经验判断,专家组最后确定的设计结果为:采用慢裂慢凝乳化沥青,乳化沥青用量为 5.0%,外加水用量为 1.0%,不添加再生剂。

3)第三步:施工资料

本次施工采用自动化程度较高的就地冷再生设备。其他辅助施工设备包括:胶轮压路机和钢轮压路机两组、铣刨机和摊铺机等。

施工方首先铣刨旧路面至施工设计高程。然后,由冷再生机将回收料筛分和再混合后,在再生机中将回收料与乳化沥青、添加剂、外加水等充分拌和。拌和均匀的混合料输送到沥青混合料摊铺机中,平顺缓慢地摊铺在路基上。先由钢轮压路机在松软的混合料上进行初压实,然后,由轮胎压路机压实。根据施工的要求,最后可以用钢轮压路机压平结构层表面。在路面上形成较大工作面后,可以按照施工顺序同时进行各个步骤的操作。施工现场如图 8-17 所示。

在施工过程中,冷再生混合料有很多不同于热拌混合料的特性,因而,施工单位在缺少施工经验和相关技术储备的条件下必须仔细监控施工过程的每一个环节,避免因个别施工步骤的失误导致整个工程的工期延误。以下要点应在施工中特别注意:

(1)回收料的含水率较低时,可以在设计外加水的用量中扣除这部分含水率。但是,有时在多雨季节或潮湿地区,会出现回收料含水率大于设计外加水量的情况。这时,就无法通过调节外加水的方法来保持混合料的设计配方,应该先停止拌和摊铺施工,等到混合料的含水率降低以后再继续施工。为了尽快减少回收料的含水率,可以采取加高回收料堆的高度、减少料堆的接地面积、在可能的条件下挖简易排水沟等措施。

a)拌和均匀的冷再生混合料

b)摊铺机正在摊铺冷再生混合料

c)碾压过的冷再生路面

图 8-17　冷再生路面施工现场

(2)混合料在拌和过程中,应该严格控制用水量、乳化沥青的用量和添加剂的添加量。同时,对气候条件和材料的状态都要及时监测。例如,在低温条件下可以顺利拌和的混合料,在气温快速升高的条件下就可能出现拌和问题或摊铺问题。如果在回收料中掺杂了部分基层材料,也会对拌和与摊铺操作带来困难。

(3)压实冷再生混合料时,路面会出现少量水迹,这是由于乳化沥青破乳产生的水和外加水都会由混合料孔隙到达结构层表面,这是比较正常的现象。混合料压实过程中,碾压主动轮附近的混合料不应该出现过大的变形,否则,应该选择较小吨位的压路机压实为宜。

CHAPTER NINE 第9章

沥青的发泡原理与发泡特性

在高温沥青中加入少量水,沥青就会产生微细的泡沫,从而使沥青膨胀。此时沥青的物理性质会暂时发生变化,其黏度显著降低,可以方便地与冷湿粒料拌和均匀,不必像乳化沥青那样要经过额外的乳化加工,也不必像热拌料那样加热至高温而耗费许多资源,使用方便且效益较高,这种状态下的沥青即称泡沫沥青,又称膨胀沥青,这一过程中沥青只发生物理变化。

泡沫沥青并不是一种新的沥青黏结料,而是一种新技术应用所带来的产物。沈金安在《改性沥青与 SMA》一书中将泡沫沥青归为改性沥青,这种改性技术属于工艺上的改性。泡沫沥青的发泡过程是一个复杂的热力学过程,在该过程中,沥青的物理性质发生了暂时变化,如黏性和表面张力等,这些性质对发泡性能有影响。不同沥青产生不同的发泡效果是由于其各自不同的化学组分,即沥青的组分对其物理性质的影响是决定沥青发泡效果的一个较为重要的因素。沥青的发泡效果直接决定了泡沫沥青混合料的路用性能,由此可见,泡沫沥青冷再生技术的关键就是要使沥青产生较好的发泡效果,从而才能更好地发挥其作用。现阶段沥青发泡效果主要通过膨胀率(发泡体积倍数)、半衰期和发泡指数等指标评价,影响沥青发泡效果的因素主要有加水量、沥青类型、沥青来源、沥青温度、水压力等。

9.1　国内外的研究

近年来,我国高等级公路建设力度不断加大,公路养护里程持续增长。截至 2018 年末,全国公路总里程 484.65 万 km,比上年增加 7.31 万 km。公路密度 50.48km/100km^2,增加0.76km/100km^2。公路养护里程 475.78 万 km,占公路总里程 98.2%。公路是经济社会发展的重要基础设施,每年都有大量的工程项目投入建设当中。然而,热拌沥青混合料在生产过程中,不仅会消耗大量燃料,同时会排放出大量的有害气体和粉尘,严重影响环境并对施工人员健康造成危害。有研究数据表明:每生产 1t 热拌沥青混合料需消耗燃料 8L;每生产 1m^3 的热拌沥青混合料就会排放出 2.5mg 的 CO_2、104mg 的 CO、146mg 的 NO_X,以及 49.7m 的烟尘。随着国内外对环境保护的日益重视,温拌沥青混合料技术受到越来越多的重视,与热拌沥青混合料相比,温拌沥青混合料在保持良好路用性能的同时,具有明显的节能和环保优势,因此逐渐成为国内外研究的热点。相较于热拌沥青混合料,温拌混合料中有害气体和烟尘的排放大大下降。温拌沥青混合料的定义是通过一定的技术措施,降低沥青的黏度,从而使沥青混合料的拌和温度介于热拌

（150~180℃）沥青混合料和冷拌（常温）沥青混合料的拌和温度之间。有关试验测试表明：在沥青混合料的生产过程中，温度每降低10℃，生产每吨混合料排放出的CO_2量将减少0.9kg，同时燃料消耗也会大大降低。采用温拌技术，沥青混合料的生产拌和等温度将比常规热拌沥青混合料降低20℃以上。由于拌和温度的降低，有害气体排放将大大减少，在生产过程中能源、燃料的消耗也显著降低。拌和温度的降低，还可以减小沥青胶结料在生产过程中的老化，提高混合料的路用性能和耐久性。因此，温拌沥青混合料正逐步成为替代热拌沥青混合料的新型道路材料，是未来沥青路面的重要发展方向之一。

常见的温拌沥青混合料有3种制作方法：沥青机械发泡法、有机添加剂法、表面活性法。沥青机械发泡法是指水与热熔状的沥青接触，沥青的热量传递给水使其蒸发产生大量的水蒸气，从而使沥青的体积膨胀形成泡沫沥青，和易性增加。有机添加剂主要包括合成蜡、低分子量酯类化合物以及其他类似添加剂，以Sasobit合成蜡为主，它们能改变沥青的黏温曲线，降低沥青的工作黏度。表面活性法是指通过引入乳化剂（如Evotherm乳化平台），利用乳化剂的憎水剂与集料表面黏附，其亲水基与水分黏附的性质，使水分能很好地吸附在集料的表面，在拌和过程中扮演着润滑作用，从而降低沥青与集料的拌和温度。

目前采用较多的是表面活性法和有机添加剂法，由于对机械发泡法的研究还不够深入，因此对其使用并不广泛。从经济的角度考虑，表面活性法和有机添加剂法虽然能降低能源消耗，但添加剂的价格不是一笔小数目，因此它们的总成本较热拌沥青实际上是有所增加的。表面活性法和有机添加剂法，从根本上来说并没有达到经济的目的，因此发展机械发泡温拌沥青是很有必要的。

泡沫沥青始于1928年，由德国的August Jacobi第一个注册了泡沫沥青的专利，最初的生产工艺是把热蒸汽加入热沥青中。1968年，澳大利亚的Mobil Oil公司改革了生产方法，将冷水替代热蒸汽直接注入沥青中。到20世纪90年代，欧美、加拿大、澳大利亚、南非等国开始积极推广泡沫沥青技术。到90年代末期，部分国家的泡沫沥青技术已经非常成熟。1983年，M. Brennen等对3种沥青在149℃、163℃和177℃进行了发泡试验，每一种温度选择了3个用水量即1.5%、2%和2.5%，并使用膨胀率和半衰期作为评价指标，通过试验发现这些指标受产生泡沫的数量、发泡用水量和发泡温度的影响。试验结果说明较高的发泡温度和用水量的增加都使得膨胀率增大，但同时使得半衰期减少。同时他们还发现，在一定发泡温度下（163℃）不能单独用沥青黏度的变化解释膨胀率、半衰期的变化规律。研究人员根据不同沥青的发泡试验结果，认为163℃的发泡温度和2%的用水量可以得出较好的发泡效果。1983年，Ruckel等提出了沥青发泡特性的试验方法，包括使用两个发泡温度（163℃和177℃）和3个用水量（1.5%、2%和2.5%）6个变量来确定沥青理想的发泡条件。他还发现在试验室里，发泡容器的容积大小对发泡倍数和半衰期也会产生影响。2003年，新西兰的Mofreh F. Saleh通过试验发现与硬质沥青（针入度80/100）相比，软质沥青（针入度180/200）具有较好的发泡效果。Maccarrone等的研究发现，向沥青中加入一些添加剂或发泡剂可以延长泡沫沥青的半衰期。向沥青中加入0.5%和0.75%的发泡剂可以使膨胀率维持在8倍和15倍，且半衰期可以延长至40s。当沥青里含有硅或消泡剂而不能产生理想泡沫时，这种沥青就显得特别有用。

沥青发泡过程相关研究比较多，Yin等利用激光设备和照相机，发明了一种新颖的非接触式方法来测量发泡沥青膨胀、坍塌过程中气泡尺寸和数量随时间的变化。作者利用激光设备衡量设备距容器中发泡沥青表面的距离，进而获取沥青实时的膨胀率；利用相机拍摄到的容器中发泡沥青表面的照片来估计沥青中气泡的尺寸和数量。M. E. Kutay等考虑了使用发泡设备和Advera发泡剂发泡这两种发泡方法，利用Micro-CT，对基质沥青、聚合物改性沥青和胶粉沥青的发泡过程进行了扫描与3D重构，采用Matlab分析其发泡过程中气泡总体积、尺寸分布的变化。鉴于沥青消泡快而扫描时间长，作者在CT扫描前对泡沫沥青采用了液氮冷冻定型的方法。B. W. Hailesilassie等使用超声波传感器对泡沫沥青的发泡特性（膨胀率、半衰期）进行了测量。采用CT扫描对泡沫沥青的发泡过程进行了观测。与M. E. Kutay采用液氮冷冻定型不同，作者使用延伸管将发泡后的沥青立即运送到容器中，采用90°/s的样品旋转速度，结合同时代数重建技术（SART）对掺加了稳定剂的沥青样品进行快速扫描及3D重构，然后分析泡沫沥青中气泡尺寸随时间的变化。此外，还采用高速相机拍摄延伸管口的沥青，观测沥青刚发泡时的状态。在此前的研究中，B. W. Hailesilassie还采用过2D分析的方法分析泡沫沥青中气泡的尺寸随时间的变化。

相比之下，我国在20世纪90年代才开始研究泡沫沥青技术。1991年，山西省阳泉市市政工程养护管理处首先展开了对泡沫沥青的研究工作。1992年，沈阳市政工程设计研究院也对泡沫沥青进行了深入研究，并自行开发出了发泡设备。2002年，同济大学和上海浦东路桥建设公司开始对泡沫沥青稳定基层展开研究，在沥青发泡原理及特性、物理力学特性及耐久性、泡沫沥青混合料设计方法等方面取得了成果，并在无锡新区修筑了一条600m的试验路。2003年长沙理工大学何桂平等利用Wirtgen公司WLB10发泡试验机对Shell60/70号沥青进行了发泡试验研究，讨论了加水量、沥青温度、气压及水压对膨胀率和半衰期的影响关系,并建立了膨胀率、半衰期与影响因素的统计关系。2004年,拾方治等借鉴国外研究成果,提出了泡沫沥青混合料的设计原理和方法,并对泡沫沥青冷再生混合料用作基层材料的可行性进行了研究。2006年以来,上海、广东、重庆、湖北、陕西等地都铺筑了泡沫冷再生混合料试验路段。2009年,天津市发布了地方标准《公路沥青路面泡沫沥青冷再生技术规范》(TJG F41—2009)。2011—2012年,广东省佛开高速公路和京沈高速公路天津段先后应用了泡沫沥青技术。2018年,浙江省也发布了地方标准《公路泡沫沥青冷再生路面设计与施工技术规范》(DB33/T 715—2018)。

为了探求沥青发泡原理及验证国内常用沥青的发泡特性,本章选用了6种沥青,对它们进行发泡试验,探寻相关的规律。

9.2 沥青发泡原理

沥青发泡的基本过程如图9-1所示。当冷水滴(环境温度)与高温沥青(140℃以上)接触时,将发生以下连锁反应:热沥青与小水滴表面发生热量(能量)交换,使水滴加热至100℃,同时沥青冷却;沥青传递的热量超过了蒸汽潜热,导致体积膨胀,产生蒸汽。膨胀腔里的蒸汽泡在一定压力下压入沥青的连续相;随着溶有大量蒸汽泡的沥青从喷嘴喷出,压缩蒸汽膨胀使略微变凉的沥青形成薄膜状,并依靠薄膜的表面张力将气泡完全裹覆;在膨胀过程中,沥青膜产生的表面张力抵抗蒸汽压力直到一种平衡状态,由于沥青与水的低导热性,这种平衡一般能够维持数秒的时间;发泡过程中产生的大量气泡以一种亚稳态的形式存在,泡沫容易破灭。

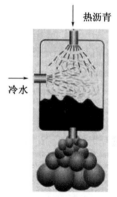

图9-1 沥青发泡原理

发泡过程中导致泡沫破灭的因素很多,一种解释为随着沥青胶团在常温下冷却,气泡中的蒸汽冷凝而导致气泡破灭,这时发泡水会存留在沥青中形成所谓的水饱和沥青(Water Saturated Bitumen);另一种解释为泡沫具有近乎稳定的蜂窝状结构的气室,气室两边的膜即为泡沫液膜。在3个或多个气泡聚集的地方,液膜被弯曲,并凹向气室的一方,形成普来特(Plateau)边界,如图9-2所示。由于在普来特(Plateau)交界处有较大的曲率半径,根据拉普拉斯(Laplace)方程,在气相与液相之间就会产生压力差,它随液体表面张力增加而增大,随气泡曲率半径增大而减小,因此在普来特(Plateau)交界处的液压要比附近曲率小的地方小,就使得液体由小曲率处向 Plateau 交界处流动,这种排液作用会使液膜逐渐变薄,当液膜达到临界厚度时(5～10nm),膜就会破裂。前一种解释更适合发泡温度较低或发泡用水量较少的情况,因为发泡温度低,沥青胶团容易冷凝,泡沫中的水蒸气也易低于液化温度,同时用水量较少沥青薄膜也相对较厚,不会产生明显的普来特(Plateau)交界。而若是情况相反,则依据实际试验观察,发泡时产生的大量体积较大的气泡以及大量蒸汽外溢的情况时与第二种解释更为贴近。

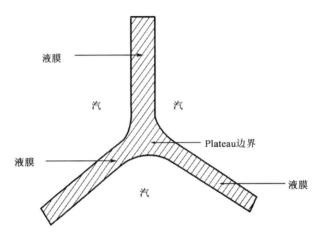

图 9-2　三个以上气泡相遇时产生的 Plateau 交界

9.3　沥青发泡特性的评价指标

9.3.1　膨胀率与半衰期

为了衡量沥青的发泡效果,目前主要用膨胀率(发泡体积倍数)和半衰期 2 个指标加以评价。

膨胀率是指在沥青发泡状态下测量的最大体积与未发泡状态下的体积之比。由于沥青在喷射过程中先前喷出的泡沫沥青体积已经开始衰减,因此测量的最大发泡体积要小于实际的最大值。为了使泡沫沥青与翻腾的集料充分接触,形成良好的裹覆作用,膨胀率越大,拌制的泡沫混合料质量越好。

半衰期是指泡沫沥青最大体积缩小到该体积一半所用的时间。该指标实际上描述了沥青泡沫的稳定性,半衰期越长,说明泡沫越不容易衰减,可以与集料有较长时间的接触与拌和,提高泡沫沥青混合料的质量。

图 9-3 给出了膨胀率和半衰期含义的示意图。

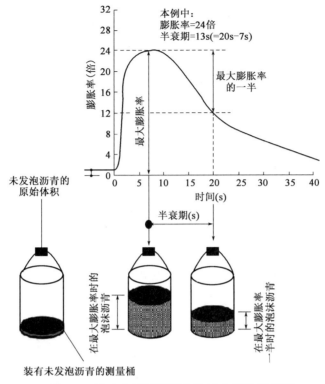

图 9-3　试验室测试膨胀率和半衰期的示意图

9.3.2　发泡指数

1999 年南非第七次沥青路面会议上，Jenkins 教授在其发表的论文中指出试验室发泡试验中一个重要的事实被忽视了，即泡沫沥青在喷射时会持续几秒时间，这样会导致在测量沥青发泡的最大体积 ERa 之前，由于泡沫已经衰减，使得测量的最大体积(膨胀率)ERm 要小于实际的最大体积 ERa，这样会对不同沥青发泡特性的评价造成影响，而且半衰期越小的沥青，这种影响越明显。他提出了根据一定温度和用水量下泡沫沥青体积的衰减曲线来计算发泡指数 FI 的方法，FI 定义为衰减曲线下最小发泡倍数 ERmin 以上区域的面积，并给出了计算公式。FI 值较大说明泡沫沥青在可拌和的黏度范围内具有较高的能量，发泡效果也较好。通过比较沥青在发泡条件下的 FI，即可评价其发泡效果。这种评价方法比较合理地反映了沥青的发泡过程，而且能够克服使用膨胀率和半衰期两个指标评价沥青发泡特性时带来的困难，因此有其合理性和先进性，但是实际应用中显得较为复杂，而且不易操作，有关工程应用的合理性有待验证，因此目前应用不多。

9.3.3　影响发泡指标的因素

泡沫沥青的膨胀率和半衰期受以下因素影响：

(1) 加水量。

增加注入沥青的发泡水用量可以有效增加产生泡沫的体积。因此,增加发泡用水量可以增加泡沫的大小,使得膨胀率增大。然而单个泡沫体积的增大减小了周围沥青薄膜的厚度,使得泡沫不稳定从而导致半衰期减小。因此,膨胀率与发泡用水量的关系刚好和半衰期与发泡用水量的关系相反,如图9-4所示。

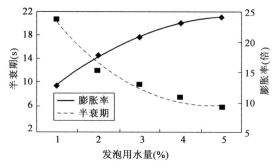

图9-4 一定温度下沥青发泡特性

(2) 沥青类型。

虽然能够满足最低发泡要求(解释如下)的较硬沥青已经在过去成功应用,但是通常使用针入度在80～150的沥青进行发泡。使用较硬的沥青会产生较差质量的泡沫,从而导致沥青分散效果变差,因此考虑到实际应用,应尽量避免使用较硬沥青。

(3) 沥青来源。

一些沥青由于其组成不同,其发泡效果要好于其他沥青。例如,委内瑞拉沥青的发泡指标要远远超过许多其他地区的沥青。

(4) 沥青的温度。

沥青的黏度与其温度成反比关系。当温度增加时,黏度减小。理论上,在发泡过程中当水改变状态时,较低黏度的沥青就会形成较大的泡沫。这个过程需要从沥青吸收热量,因此要获得满意的发泡效果,沥青发泡前的温度应当超过140℃。

(5) 沥青和水压力。

沥青和水通过小直径的通口注入发泡室,因此增加输送管道的压力可以使流经这些通口的液体分散(成雾状),从而改善泡沫的均匀性。

(6) 添加剂。

市场上有许多产品会影响沥青的发泡性能,包括消极的(消泡剂)和积极的(发泡剂)。含有消泡剂(通常在炼制过程中)的沥青,通常需要使用发泡剂辅助发泡。多数的发泡剂在沥青加热至使用温度之前加入,它们往往对热量比较敏感,这意味着发泡剂的作用期往往很短。

试验室测试沥青发泡特性时主要是通过改变发泡温度和用水量,来研究膨胀率与半衰期的变化关系,以期找到最佳的发泡效果,并在这种状态下拌制泡沫沥青混合料。而通常情况下膨胀率与半衰期两者不可能都达到最优,如图9-4所示。一般认为最好的发泡性能是出现在膨胀率和稳定性都较好之时。目前对于发泡性能尚无明确的数值标准,无论取高膨胀比还是较长的半衰期,均不如二者都适当时的效果好。

9.4 沥青发泡特性的试验研究

9.4.1 试验过程

试验中使用了WLB10型沥青发泡试验机,如图9-5所示。这台机器装备了曾用在WR2500道路再生机上的沥青喷射系统,只是按比例缩小了,它能以大约100g/s的速率喷射沥青。接收泡沫沥青的低碳钢铁桶直径以及测量膨胀体积的量尺,均对应于500g沥青的喷射量。由于发泡温度的变化会导致沥青黏度变化,从而对喷射泡沫沥青的流量产生影响,因此每次试验都要对沥青喷射时间进行调整,以保证沥青喷射量为500g。用水量与沥青流量值对应,因此标定完沥青喷射量就要根据沥青流量标定用水量。而且值得注意的是,沥青与水的标定都是在一定的气压与水压下进行的,压力参数的变化对沥青喷射流量和用水量影响明显。对6种国内常用沥青韩国AH-70、壳牌AH-70、镇海AH-70、埃索AH-70、中海AH-70和中油AH-90进行了发泡试验,考察其发泡性能。6种沥青的有关技术指标如表9-1所示。

图9-5 WLB10试验室用沥青发泡设备

6 种试验用沥青的有关技术指标　　　　　表 9-1

沥青品种	针入度(0.1mm)	软化点(℃)	延度(15℃)	含蜡量(%)
韩国 AH-70	69	48.5	>200cm	1.9
壳牌 AH-70	68	47.3	>200cm	1.8
镇海 AH-70	77	48.0	>200cm	2.6
埃索 AH-70	85	46.0	>200cm	1.9
中海 AH-70	73	48.0	>200cm	2.1
中油 AH-90	96	47.0	>200cm	2.2

9.4.2　试验结果

试验在室温 20℃ 左右进行，选择 140℃、150℃、160℃ 和 170℃ 这 4 种沥青发泡温度，每种温度下发泡用水量分别取 1%、2%、3%、4% 和 5%（相对于沥青的质量分数，下同），量测其膨胀率与半衰期。由于试验中的各种条件都有可能影响试验结果，使试验的重现性不好，故为了确保数据的可靠性，每种发泡状态均反复试验 3～5 次，求其平均值，所得结果以半衰期为 x 轴，以膨胀率为 y 轴，按 $y = a\ln(x) + b$（其中 a 和 b 为回归系数）的对数方程形式，将韩国 AH-70、壳牌 AH-70、镇海 AH-70、埃索 AH-70、中海 AH-70 和中油 AH-70 依次回归曲线（相关系数 0.81～0.98）如图 9-6a)、b)、c)、d)、e) 和 f) 所示，图中每条曲线代表一种发泡温度，曲线上圈中数字表示发泡用水量。

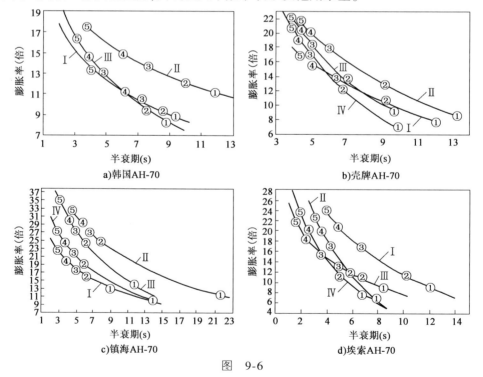

图 9-6

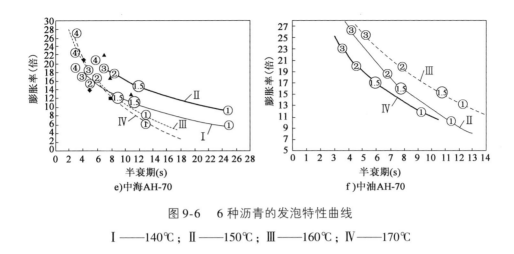

图 9-6　6 种沥青的发泡特性曲线
Ⅰ——140℃；Ⅱ——150℃；Ⅲ——160℃；Ⅳ——170℃

9.4.3　试验结果分析

(1) 由于沥青发泡过程主要是沥青物理性质的变化过程，因此对于普通针入度级的沥青均可进行发泡。但由试验结果可知，在相同温度、相同用水量条件下，不同产地和油源的沥青，由于其组分不同，使得其发泡特性不尽相同。由此说明沥青的发泡特性在某种程度上要受到组分的影响，尤其是要受到那些由沥青组分决定的物理性质，如不同温度下的黏性和导热性的影响。依据上述分析，较好的发泡效果应该使膨胀率和半衰期均较高，按照这一原则，考察 6 种沥青的膨胀率与半衰期在分别大于某一数值的条件下，其发泡曲线满足这一条件的范围，如果满足条件范围较广，并且数值较大，可以认为该沥青发泡效果较好。由此，若取膨胀率和半衰期均大于 10，可以得出本节所研究 6 种沥青的发泡效果(发泡特性)由高到低依次为镇海 AH-70、壳牌 AH-70、中海 AH-70、韩国 AH-70、中油 AH-90 和埃索 AH-70。由此可以看出对于 70 号和 90 号沥青来讲，由于发泡因素影响较多，很难依据沥青标号来判断沥青的发泡效果。

(2) 试验结果表明，沥青发泡特性与发泡温度(高于可发泡温度)无必然联系，这与有关发泡温度越高则发泡效果越好的结论不符。这进一步说明了沥青的发泡过程是一个复杂的热力学过程。温度高虽然有利于沥青产生泡沫，但产生的泡沫直径较大，这将使沥青表观黏度降低，从而使得沥青薄膜的弹性降低，削弱对普来特(Plateau)边界使薄膜变薄的抵抗能力，这对半衰期非常不利，泡沫沥青将趋于不稳定而衰落太快，从而导致半衰期减小。按照前文所述，评价沥青发泡效果时，膨胀率和半衰期是两个密不可离的指标，最好的发泡性能应该使得膨胀率值和半衰期值都比较大，而不能单独追寻某一个指标。基于此，可以得出仅根据沥青发泡温度来判断发泡效果是不合理的。

(3) 对于同一种沥青,在同一温度下,膨胀率随发泡用水量的增加而增大,半衰期则随用水量的增加而减小。从沥青发泡特性曲线图中可以看出,当用水量从 1% 增加到 2% 时,半衰期递减较快;用水量进一步增加到 3% 时,大部分沥青半衰期降低幅度已明显减小;当用水量由 3% 增加到 5% 时,降低幅度则更小。由此可见,泡沫沥青中热力学系统的稳定性(半衰期越长,系统稳定性越好)随用水量的增加而减小,但用水量增加到一定程度时,系统稳定性变化较为平缓。此外,观察发泡用水量同膨胀率的变化关系可看出,沥青膨胀率随用水量的增加而增大的幅度较为均匀,表明了在一定温度下发泡水在沥青中几乎可以完全汽化,其汽化程度同用水量成正比关系。

(4) 根据试验所得到的各沥青发泡特性曲线,综合考虑膨胀率和半衰期 2 个因素,选取膨胀率和半衰期都较大时的发泡温度和发泡用水量,可得出各沥青的最佳发泡温度和发泡用水量,并以此作为确定泡沫沥青混合料拌制条件的参考依据。具体方法为,首先将位于最上方的发泡曲线所对应的温度作为最佳的发泡温度,然后在此曲线上找出膨胀率和半衰期都较高的位置,可得出 6 种沥青的最佳发泡条件,如表 9-2 所示。

6 种沥青最佳发泡特性 表 9-2

沥青	发泡温度(℃)	发泡用水量(%)	膨胀率(倍)	半衰期(s)
韩国 AH-70	150	1.5	11	12
壳牌 AH-70	150	1.5	11	12
镇海 AH-70	150	1.5	16	17
埃索 AH-70	140	2.0	12	12
中海 AH-70	150	1.5	13	11
中油 AH-90	160	1.5	16	11

从 6 种沥青的最佳发泡特性结果来看,最佳发泡温度在 140~160℃,发泡用水量为 1.5%~2%。并且最佳发泡条件下的膨胀率和半衰期也很接近,这说明不同沥青之间的最佳发泡条件和发泡效果并无显著差异。

9.4.4 可接受的发泡特性

对所有要用于发泡的沥青都应该在试验室进行试验,以确定它们的发泡特性。试验的目的是确定发泡用水量和发泡温度的组合条件,在该条件下可以获得最好的发泡效果(最高的膨胀率和半衰期)。正如前面所述,每一种沥青甚至同一沥青源的不同批的沥青发泡性能都可能不同。然而,通过简单试验,便可确定每种沥青的发泡用水量和沥青温度,并将试验结果用于泡沫沥青稳定工程。

目前在拌制泡沫沥青混合料时,没有对泡沫沥青膨胀率和半衰期进行严格规定,因此发泡特性没有上限,目标通常是产生最好质量的泡沫用于稳定施工,但唯一遇到的问题就是某种沥青不能产生"好"的泡沫,从而迫使设定较低的下限。根据以往国外对泡沫沥青的研究成果发现,膨胀率大于10倍,同时半衰期不低于12s,是普遍接受的条件。从试验结果来看,这6种沥青满足这一条件的发泡范围很有限,说明未掺加表面活性剂(发泡剂)的沥青一般很难找到较为广泛的发泡范围。发泡范围较窄会使实际操作变得困难,因为这对发泡条件的要求更为严格。在实际工程应用中,并不是所有沥青都能制成高质量的泡沫沥青。有些沥青即使在多种发泡条件下,其发泡效果也不尽如人意,这说明这些沥青不适合拌制泡沫沥青混合料,工程中可通过加入一定的发泡剂来改善其发泡效果。

9.5 沥青发泡特性

9.5.1 发泡指数

南非 Jenkins 教授在利用 WirtgenWLB10 沥青发泡机研究沥青发泡特性时,发现沥青的衰落曲线与化学里同位素的衰落曲线十分相似,并给出了非改性沥青泡沫沥青的衰落曲线公式,如式(9-1)所示。

$$ER_a = ER_m e^{\frac{-\ln 2}{\tau_{1/2}} \times t} \tag{9-1}$$

式中:ER_a——泡沫沥青喷出后最大膨胀率(倍);

ER_m——测量的最大膨胀率(倍);

$\tau_{1/2}$——半衰期(s);

t——所有泡沫沥青从喷出到测量时的时间。

他发现试验室发泡过程中忽略了一个重要事实,即在测量体积之前,喷射过程中沥青产生的泡沫就已经衰落了。这是目前测量泡沫沥青发泡特性方法的一个缺点,而且这个缺点对半衰期较短的泡沫沥青影响更为显著。多数情形下在测量膨胀率之前沥青可以衰落5s,这样导致测量的最大膨胀率不等于实际的最大膨胀率,即 $ER_a \neq ER_m$。实际试验过程中不可能在喷射过程中测量泡沫沥青的实际膨胀率,但是使用泡沫沥青的衰落曲线,可以反算出与测量最大膨胀率 ER_m 相对应的实际最大膨胀率 ER_a。表9-3给出了不同喷射时间和半衰期情形下 ER_a 和 ER_m 的敏感性分析。

测量最大膨胀率和实际最大膨胀率之间的关系　　　　　　　　　　表9-3

喷射时间 t_s(s)	ER_m(倍)	ER_a(倍)				
		$\tau_{1/2}=2s$	$\tau_{1/2}=5s$	$\tau_{1/2}=1s$	$\tau_{1/2}=30s$	$\tau_{1/2}=60s$
1	5	6.02	5.39	5.13	5.06	5.03
	15	18.05	16.17	15.38	15.19	15.10
	25	30.05	26.95	25.63	25.32	25.15
5	5	11.50	7.20	5.66	5.30	5.20
	15	34.40	21.48	16.98	16.00	15.50
	25	57.20	35.80	28.30	26.60	25.80
10	5	21.34	9.88	6.38	5.66	5.33
	15	63.98	29.64	19.14	16.98	15.97
	25	106.63	49.39	31.98	28.30	26.61

根据表9-3的计算结果,将ER_m和ER_a的关系绘制成图9-7所示。已知喷射时间t_s和半衰期$\tau_{1/2}$,就可以根据该图得出ER_a和ER_m的关系系数。

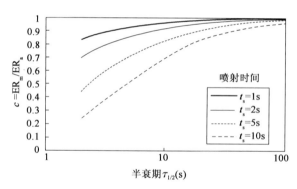

图9-7　测量最大膨胀率和实际最大膨胀率之间的关系

通常认为评价沥青发泡特性最为合适的参数,应当能够反映泡沫沥青与集料拌和的能力。膨胀率实际上是沥青黏度的一种衡量方式,膨胀率越大说明此时沥青的黏度越小,也就和集料更容易拌和,由泡沫衰落速率定义的衰落曲线表征了可用于拌和的时间,因此曲线下区域就代表了泡沫沥青可拌和的能力,并定义为发泡指数。

为了确定泡沫沥青的黏度随时间的变化趋势,Jenkins等使用手持黏度计去测量泡沫衰落过程中的黏度,通过这种方法得到了不同沥青和添加剂的黏度随膨胀率的变化关系,如图9-8所示。

壳牌沥青手册中指出沥青的黏度在$0.2\sim0.55\mathrm{Pa}\cdot\mathrm{s}$时可以满足与集料拌和的条件。由此可以从图中得出对于泡沫沥青,能够进行有效拌和的最小发泡倍数为4。这个数据可以用来计算泡沫沥青衰落曲线下一定区域的面积,即将发泡指数定义为 $FI = A_1 + A_2$,如图 9-9 所示。

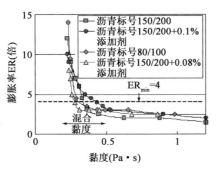 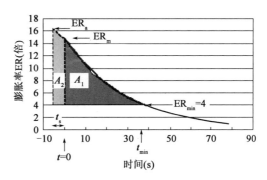

图 9-8　黏度与泡沫沥青膨胀率之间的关系　　图 9-9　泡沫沥青发泡指数的定义

Jenkins 教授根据泡沫沥青衰落曲线模型式(9-1)得出了发泡指数 FI 的计算公式:

$$FI = -\frac{\tau_{1/2}}{\ln 2}\left[4 - ER_m - 4\ln\left(\frac{4}{ER_m}\right)\right] + \left(\frac{1+c}{2c}\right) \times ER_m \times t_s \quad (9-2)$$

式中:ER_m——测量的最大膨胀率(倍);

　　　$\tau_{1/2}$——半衰期(s);

　　　t_s——泡沫沥青的喷射时间(s)。

发泡指数计算方法举例如下,对于一定温度和发泡用水量下某沥青的发泡数据:$t_s = 5s$,$ER_m = 15$,$\tau_{1/2} = 10s$,根据图 9-9 可知 ER_a 和 ER_m 的关系系数 $c = 0.83$,便由式(9-2)可得出该沥青此条件下的发泡指数 $FI = 165.1$。

9.5.2　基于发泡指数的沥青发泡特性

根据上述理论以及中海 AH-70 沥青的发泡结果,本节计算了不同温度和发泡用水量下中海 AH-70 沥青的发泡指数,相关参数和计算结果如表 9-4 所示。不同温度下,发泡用水量对发泡指数的影响如图 9-10 所示。

中海 AH-70 沥青的发泡指数　　　表 9-4

发泡温度 (℃)	发泡用水量 (%)	ER_m(倍)	$\tau_{1/2}$(s)	t_s(s)	c	FI
140	1	5.7	24.7	4.63	0.93	37.48
	1.5	11.7	11.0	4.63	0.83	113.8
	2	13.7	5.0	4.63	0.69	112.1
	3	14.3	3.0	4.63	0.63	108.2
	4	15	2.0	4.63	0.61	108.1

续上表

发泡温度（℃）	发泡用水量（%）	ER_m（倍）	$\tau_{1/2}$(s)	t_s(s)	c	FI
150	1	9.7	25.3	4.67	0.95	125.2
	1.5	13.3	10.7	4.67	0.83	137.8
	2	15.0	6.7	4.67	0.80	134.0
	3	16.2	4.0	4.67	0.72	131.3
	4	17.4	3.1	4.67	0.67	136.0
160	1	7.7	12.7	4.72	0.86	59.1
	1.5	12.0	8.0	4.72	0.80	118.5
	2	14.2	5.0	4.72	0.72	114.9
	3	16.7	3.0	4.72	0.63	125.6
	4	17.2	2.0	4.72	0.61	126.7
170	1	7.0	12.7	4.81	0.86	50.4
	1.5	11.7	7.7	4.81	0.80	101.2
	2	13.7	5.0	4.81	0.69	108.3
	3	16.2	2.0	4.81	0.62	109.6
	4	17.5	1.5	4.81	0.60	121.2

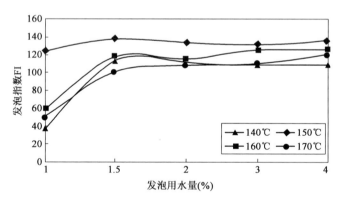

图 9-10 不同温度下发泡用水量对发泡指数的影响关系

从表 9-4 中可以看出，中海 AH-70 沥青在 150℃发泡温度和 1.5%的发泡用水量下具有最大的发泡指数 137.8，这与前文依据膨胀率与半衰期关系曲线得出的最佳发泡条件完全一致，这也说明发泡指数是利用泡沫沥青能量储存的观点，将膨胀率和半衰期综合在一起来评价沥青发泡效果，通过计算发泡指数可以比较直观地反映沥青的发泡特性。

通过图 9-10 可以得出，150℃发泡温度下具有相对最大发泡指数，这说明在 150℃形成的泡沫沥青最为稳定,储存的能量也最大。而且沥青发泡效果与发泡温度也无必然规律,这与前文分析结果一致。

此外,4种发泡温度下,随着发泡用水量的增加,发泡指数基本上会出现峰值,这证明了膨胀率增大半衰期减小,而需要选择两者最佳组合条件的事实。

依据上述分析过程,对6种沥青在最佳发泡状态下的发泡指数进行了计算,计算结果如表9-5所示。

6种沥青最佳发泡特性 表9-5

沥青	发泡温度(℃)	发泡用水量(%)	膨胀率(倍)	半衰期(s)	t_s(s)	c	FI
韩国 AH-70	150	1.5	11	12	4.67	0.85	107.0
壳牌 AH-70	150	1.5	11	12	4.67	0.85	107.0
镇海 AH-70	150	1.5	16	17	4.67	0.89	237.6
埃索 AH-70	140	2.0	12	12	4.63	0.85	122.9
中海 AH-70	150	1.5	13	11	4.67	0.83	137.8
中油 AH-90	160	1.5	16	11	4.72	0.83	185.7

从表9-5中发现不同沥青在最佳发泡条件下的发泡指数不尽相同,按照发泡指数从小到大依次为镇海AH-70、中油AH-90、中海AH-70、埃索AH-70、壳牌AH-70和韩国AH-70。由于评价指标的不同,9.4.3节中以经验为主,此处是以泡沫沥青的衰落曲线模型计算得出,因此会造成不同沥青发泡效果评价上的差异。

由于在拌和过程中沥青的发泡效果和集料的温度都会对泡沫沥青的拌和效果产生影响。《南非临时技术指导》中依据集料的温度和发泡指数对泡沫沥青的使用效果进行了分类,如表9-6所示。

不同集料温度对发泡指数的要求 表9-6

发泡指数 FI	集料的温度	
	15℃	25℃
<75	不适合	不适合
75~100	非常差	差
100~125	差	中等
125~175	中等	好
175~200	好	非常好
>200	非常好	非常好

依据表 9-5 中关于 6 种沥青在最佳发泡条件下的发泡指数来看,埃索 AH-70、壳牌 AH-70 和韩国 AH-70 沥青在集料温度低于 15℃ 时稳定效果差,而集料温度在 25℃ 时稳定效果为中等水平;而镇海 AH-70 沥青即使在 15℃ 的集料温度下也能得到非常好的效果。因此发泡指数的一个重要作用就是将其与集料温度联系起来,可以判定泡沫沥青的稳定效果。

但需要指出的是,通过比较国内外常用沥青的发泡特性可以发现,有些沥青的半衰期较小,尤其对于发泡用水量较大时,半衰期则更低,但随着用水量的增加,半衰期变化幅度很小(可能由于测量方式的局限),但与此同时膨胀率还能大幅增加,尤其在高温时膨胀率的增加幅度更大,这样会造成式(9-1)不能准确地描述沥青的衰落曲线,也就使得按照式(9-2)的计算结果出现较大偏差。

因此建议在进行发泡试验时,仍以膨胀率和半衰期作为选择沥青最佳发泡条件的指标,而以发泡指数并结合表 9-6 作为检验指标,以检验在此发泡条件下泡沫沥青的使用效果。

9.6 沥青最佳发泡条件的确定

沥青发泡的影响因素较多,包括发泡系统、沥青类型、发泡用水量、发泡温度、压强、搅拌时间等因素。本节探究了工程中常用的三种沥青(基质沥青、SBS 改性沥青、橡胶改性沥青)的发泡能力,利用非接触激光测量法检测沥青发泡的最大膨胀率和半衰期,优化沥青发泡参数,包括发泡用水量、发泡温度、压强及搅拌时间等。

9.6.1 可储存式沥青发泡设备

本节采用可储存式沥青发泡设备(图 9-11)进行试验,该设备由江苏天诺道路材料科技有限公司自主研发,其专利权和解释权归江苏天诺道路材料科技有限公司所有。设备主要由沥青混合釜 V-101、压力发泡罐 V-102、触摸控制面板、PLC 控制元件、搅拌电机、泵、秤、阀、喷枪、气瓶和管线构成。其中沥青混合釜 V-101 用于盛放沥青原样和加热沥青,管线和泵用于传输沥青,搅拌电机能够将沥青混合釜和压力发泡罐内的沥青搅拌均匀,保证沥青中的水分均匀分布,触摸控制面板和 PLC 控制元件能够控制管线和沥青罐的温度,压力发泡罐 V-102 是进行沥青发泡的主要场所,喷枪用于释放泡沫沥青。

使用可储存式沥青发泡设备加工泡沫沥青的步骤(图 9-12)如下:

(1)用烘箱将沥青原样加热至流动状态。

(2) 将流动状态的沥青原样倒入沥青混合釜 V-101。

(3) 通过触摸控制面板设定沥青混合釜 V-101 的温度,同时开启搅拌器,使沥青原样均匀加热至发泡温度,然后通过泵将一定量的沥青传送至压力发泡罐 V-102。

(4) 从进水口加入一定量的常温水至压力发泡罐中,打开气瓶,往压力发泡罐中充气,使罐内维持在一定压力下,此压力需大于水在沥青发泡温度下的饱和蒸汽压,目的是防止水分溢出。

(5) 开启压力发泡罐的搅拌器,搅拌一段时间,目的是使沥青中的水呈微粒状均匀分布。

(6) 释放压力发泡罐内的沥青,从喷枪中喷出,即得到泡沫沥青。

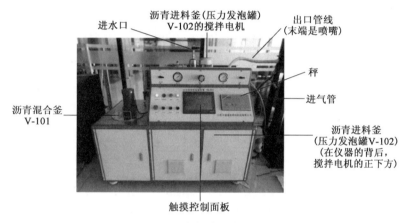

图 9-11　可储存式沥青发泡设备

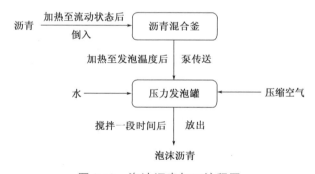

图 9-12　泡沫沥青加工流程图

可储存式沥青发泡工艺与市面上传统的发泡设备的区别或优势在于:

市面上传统发泡设备是将热沥青和水、空气在膨胀室中混合后立即喷出,即喷即用,不能存储。传统发泡设备所生产的泡沫沥青中气泡大小分布不均,所生产的泡沫沥青的质量变异性较大。

本节采用的可储存式沥青发泡设备的原理是利用气压,将水分"压"进沥青中,形成沥青与水的混合物(水合沥青)。水合沥青能稳定存储、远距离运输,需要使用时释放压力,将沥青喷出,即形成泡沫沥青;且压力发泡罐内配备搅拌装置,能使水分在沥青中均匀、微粒状分布,增大了水分与沥青接触的比表面积,有利于提高水的有效利用率;生产的泡沫沥青气泡分布均匀,质量变异性小。

9.6.2 非接触式激光测距装置

泡沫沥青膨胀率、半衰期测量的传统测试方法是利用量尺、秒表,目测沥青膨胀的最大高度,计算得到膨胀率,再通过估量沥青衰落到最大高度一半时所用的时间,得到半衰期。利用此方法进行测量时,量尺只能放置于容器的外侧,沥青的高度只能通过肉眼估测;若将量尺放置于容器内侧,虽能准确达到沥青的最大高度,但由于量尺上沾上沥青,遮住刻度,其半衰期也难以准确得到。

图9-13 非接触式激光测距装置

考虑到传统测量方法的弊端,采用激光测距仪,自制了一套非接触式的激光测距装置,如图9-13所示。该套装置包含家用激光测距仪、支架、桶、秒表、钢尺,激光测距仪的精度为1mm。具体操作步骤如下:

(1)用激光测距仪分别测量其与空桶底部和沥青表面(最大膨胀状态下)的距离,两者相减得到最大膨胀高度H_{max}。

(2)每隔一小段时间(最开始间隔较短,越往后间隔越长)测定一次测距仪距沥青表面的距离(d_1、d_2、d_3……),进而计算出不同时刻沥青的高度H_1、H_2、H_3……确定出沥青高度衰减到最大膨胀高度的一半($H_{max/2}$)所用时间,即半衰期$\tau_{1/2}$。

(3)称取沥青的质量m,计算最大膨胀率ER_m和不同时刻沥青的膨胀率ER_1、ER_2、ER_3……

相较于传统的泡沫沥青膨胀率和半衰期的测量方法,该方法更加简单便捷、测量精准,且能得到不同时刻的沥青高度,并绘制出沥青的膨胀率随时间变化的曲线,以便更好地掌握沥青发泡的特性。

9.6.3 基质、SBS改性沥青、橡胶沥青最佳发泡条件的确定

本节研究的沥青为工程中最常用的三种沥青:基质沥青、SBS改性沥青、橡胶改性沥青。首先查阅国内外相关文献,总结出使用传统设备发泡沥青的温度和用水量范围。基

于文献调研,使用传统的沥青发泡设备,基质沥青的发泡温度范围为140~170℃,发泡用水量范围为1%~3%;SBS改性沥青的发泡温度范围为150~180℃,发泡用水量范围为1%~3%;橡胶改性沥青的发泡温度范围为160~190℃,发泡用水量范围为1%~3%。由于本课题中的压力发泡罐还涉及加压存储、搅拌,因此所考虑的发泡条件除温度、用水量外,还有压强、搅拌时间。

在设备出厂验收时,天诺道路材料科技有限公司便对设备的发泡性能进行了测试,并进行了初步试验,结果如表9-7所示。其中,70S0橡胶沥青是天诺道路材料有限公司生产的全降解橡胶沥青,胶粉为30目,掺量20%。

初步试验结果　　　　　　　　　　　　　　表9-7

沥青品种	压强(MPa)	温度(℃)	用水量(%)	搅拌时间(min)	最大膨胀率(倍)	半衰期(s)
双龙70号基质沥青	0.55	120	1.5	30	8	17
	0.55	120	1.5	60	13	38
	0.55	120	1.5	>90	15	52
	0.55	120	2.0	60	14	26
	0.55	120	2.0	90	14	32
	0.55	130	2.0	>90	17	19
马瑞70号基质沥青	0.55	120	1.5	90	10	24
	0.55	120	2.0	60	13	12
金海鸿业70号基质沥青	0.55	120	1.5	60	5	35
	0.55	120	1.5	90	8	15
	0.55	120	2.0	30	9	8
70S0橡胶改性沥青	0.90	160	2.0	30	10	117
	0.90	160	2.0	60	9	99
	0.90	160	2.0	90	8	133
	0.90	160	2.5	60	8	93
	0.90	170	2.5	>90	8	53
SBS改性沥青	0.80	160	2.0	30	7	5
	0.55	140	2.0	60	16	10
	0.55	130	2.0	90	14	12
	0.55	130	2.5	30	16	14
	0.55	140	2.5	90	16	9

初步试验采用的是传统的测量方法,即标尺和秒表,通过目测估计沥青的最大膨胀率、半衰期,虽然结果的精确性不高,但仍有一定的参考价值。

试验结果表明,基质沥青在120～130℃、用水量1.5%的条件下,SBS改性沥青在130～140℃、用水量2.0%的条件下,发泡便能达到较高的膨胀率和较长的半衰期,这与传统的发泡设备有明显的区别,其原因可能是:

(1)传统设备发泡沥青时,并非所有水分都转化为了蒸汽。水分聚集在一起与沥青混合,水的比表面积小,与沥青的热量交换不充分。已有研究成果表明,传统设备发泡的有效用水比率(实际参与发泡的水量与用水量之比)仅为0.14～0.59。可储存式压力发泡罐的搅拌功能使水实现更均匀的微粒状分布,保证了水与沥青充分的热量交换,提高了发泡的效率,从而降低了发泡用水量。

(2)传统的发泡设备是将热沥青和常温水(约25℃)混合后放出,发泡温度是指热沥青的温度,而实际上热沥青和水进行热量交换后得到的泡沫沥青温度低于发泡温度(发泡温度为160℃,用水量为1%时,得到泡沫沥青的温度仅为146.8℃;用水量为2%时,得到的泡沫沥青温度仅为134.1℃;用水量为4.89%时,泡沫沥青的温度为100℃)。可储存式沥青发泡设备是将水和沥青的共混物在压力发泡罐中加热到发泡温度后再释放,水与沥青不再进行热量交换,泡沫沥青的温度等于发泡温度。因此,发泡用水量为1%～2%时,假设可储存式发泡设备的有效用水比率与传统发泡设备相等,可储存式发泡设备的发泡温度比传统设备的发泡温度低13.2～25.9℃。

试验结果还表明,随着搅拌时间的增加,泡沫沥青的半衰期普遍增加,其原因可能是气泡被分散得更多更小。搅拌至90min左右,泡沫沥青的膨胀率和半衰期趋于稳定。

参考初步试验的结果,接下来将进行具体的系统试验。进行系统试验之前,首先需要拟定试验条件(温度、用水量、压强、搅拌时间)的取值范围,并对取值的原因进行阐述:

(1)拟定发泡温度范围。

文献调研的结果表明,传统发泡设备基质沥青、SBS改性沥青、橡胶改性沥青的发泡温度范围分别为140～170℃、150～180℃、160～190℃。考虑到用水量1%～2%时,传统工艺得到的泡沫沥青温度比发泡温度低13.2～25.9℃。因此,本节中采用的可储存式沥青发泡设备的发泡温度范围比传统发泡工艺的低20～30℃,即基质沥青110～150℃,SBS改性沥青120～160℃,橡胶沥青130～170℃。

(2)拟定发泡用水量范围。

可储存式沥青发泡设备的有效用水量应该比传统设备的高。参考表9-8,基于传统设备的三种沥青的发泡用水量普遍为1%~3%。综合考虑膨胀率、半衰期,采用2.0%用水量的基质沥青发泡效果并不比采用1.5%用水量的发泡效果好,采用2.5%用水量的改性沥青发泡效果并不比掺加2.0%用水量的发泡效果好,两者都不适宜再增加用水量。因此,将用水量的范围限定为1.5%和2.0%。

(3)拟定发泡压强范围。

压强的选择取决于饱和蒸汽压。温度升高,水的蒸汽压升高。当水的蒸汽压大于环境压力时,水分挥发、逃逸。因此,只有当压力发泡罐内的压力大于水的饱和蒸汽压时,才能将水"禁锢"在罐内。水在不同温度下的饱和蒸汽压如表9-8所示。

水的饱和蒸汽压　　　　　表9-8

温度(℃)	饱和蒸汽压(kPa)	温度(℃)	饱和蒸汽压(kPa)	温度(℃)	饱和蒸汽压(kPa)	温度(℃)	饱和蒸汽压(kPa)
100	101.32	121	204.85	142	382.11	163	666.25
101	104.99	122	211.38	143	392.92	164	683.10
102	108.77	123	218.09	144	403.98	165	700.29
103	112.66	124	224.96	145	415.29	166	717.83
104	116.67	125	232.01	146	426.85	167	735.70
105	120.79	126	239.24	147	438.67	168	753.94
106	125.03	127	246.66	148	450.75	169	772.52
107	129.39	128	254.25	149	463.10	170	791.47
108	133.88	129	262.04	150	475.72	171	810.78
109	138.50	130	270.02	151	488.61	172	830.47
110	143.24	131	278.20	152	501.78	173	850.53
111	148.12	132	286.57	153	515.23	174	870.98
112	153.13	133	295.15	154	528.96	175	891.80
113	158.29	134	303.93	155	542.99	176	913.03
114	163.58	135	312.93	156	557.32	177	934.64
115	169.02	136	322.14	157	571.94	178	956.66
116	174.61	137	331.57	158	586.87	179	979.09
117	180.34	138	341.22	159	602.11	180	1001.9
118	186.23	139	351.09	160	617.66	181	1025.2
119	192.28	140	361.19	161	633.53	182	1048.9
120	198.48	141	371.53	162	649.73	183	1073.0

续上表

温度 (℃)	饱和蒸汽压 (kPa)	温度 (℃)	饱和蒸汽压 (kPa)	温度 (℃)	饱和蒸汽压 (kPa)	温度 (℃)	饱和蒸汽压 (kPa)
184	1097.5	188	1200.1	192	1310.1	196	1427.8
185	1122.5	189	1226.1	193	1338.8	197	1458.5
186	1147.9	190	1254.2	194	1368.0	198	1489.7
187	1173.8	191	1281.9	195	1397.6	199	1521.4

拟定的三种沥青的发泡的温度范围为基质沥青110~150℃，SBS改性沥青120~160℃，橡胶沥青130~170℃，110℃、120℃、130℃对应的饱和蒸汽压分别为0.14MPa、0.20MPa、0.27MPa，因此压力发泡罐的压强必须分别大于0.14MPa、0.20MPa、0.27MPa。但是，考虑设备的特性，使沥青从压力发泡罐内喷出所需的最小压强为0.40MPa（厂家提供的技术条件），因此，沥青试验的最小压强必须不小于0.40MPa。三种沥青的最高发泡温度150℃、160℃、170℃对应的饱和蒸汽压分别为0.48MPa、0.62MPa、0.79MPa，因此，当发泡温度分别取150℃、160℃、170℃时，压力发泡罐的压强必须分别大于0.48MPa、0.62MPa、0.79MPa。同时，考虑到试验装置气管的最大承压能力为1MPa，试验的最大压强必须小于1MPa。

综合上述考虑，拟定基质沥青的发泡压强为0.40MPa、0.55MPa、0.70MPa，SBS和橡胶改性沥青的发泡压强为0.55MPa、0.70MPa、0.85MPa。

(4)拟定发泡搅拌时间。

加入水的沥青搅拌90min后，生产出泡沫沥青的膨胀率、半衰期趋于稳定，说明此时水在沥青中的分布已经足够均匀。因此在系统试验中，至少保证沥青与水的共混物搅拌90min后才对其进行发泡试验。

根据上述拟定的发泡温度、用水量、压强范围，对SBS I-C改性沥青、70S0橡胶改性沥青和加德士号70基质沥青进行系统的发泡试验，以确定最佳发泡条件。

将沥青与水的共混物在压力发泡罐中搅拌90min后开始测试，每个测试温度下均恒温15~20min后，测试泡沫沥青的膨胀率、半衰期，改变压强保持20min后再进行测试。

以SBS I-C改性沥青为例，其1.5%用水量的测试流程如下：先0.85MPa、160℃搅拌至少90min后，由170℃至130℃进行测试；再降低压强至0.70MPa搅拌20min，由130℃至160℃测试；最后降低压强至0.55MPa搅拌20min，由150℃至130℃测试。

本研究中用于评价沥青发泡性能的参数为膨胀率ER、半衰期$\tau_{1/2}$、发泡指数FI，试验结果如表 9-9～表 9-26 所示。设定放料量是指在设备控制面板中输入的放出沥青的质量,但实际出料量比设定值多,因为沥青有一定的流动速度,且系统控制的阀门关闭有一定的滞后性。实际多喷出的沥青质量与设备的温度、压强有关。

实测最大膨胀率 ER_m 是根据喷射结束后桶内泡沫沥青的最大高度计算得出的,而喷射需要数秒,实际上在喷射时泡沫沥青已经开始衰减和破灭了,因此泡沫沥青的实际最大膨胀率 ER_a 比测量最大膨胀率 ER_m 大,实际最大膨胀率 ER_a 的计算公式为:

$$ER_a = \frac{ER_m \cdot \frac{\ln2}{\tau_{1/2}} \cdot t_s}{1 - \exp\left(-\frac{\ln2}{\tau_{1/2}} \cdot t_s\right)} \tag{9-3}$$

发泡指数 FI 的计算公式为:

$$FI = -\frac{\tau_{1/2}}{\ln2}\left[4 - ER_m - 4\ln\left(\frac{4}{ER_m}\right)\right] + \left(\frac{1+c}{2c}\right) \times ER_m \times t_s \tag{9-4}$$

式中:$\tau_{1/2}$——半衰期(s);

ER_m——测量最大膨胀率(倍);

ER_a——实际最大膨胀率(倍);

c——实测最大膨胀率与实际最大膨胀率的比值;

t_s——喷射时间(s)。

三种沥青的发泡数据如下所示:

(1)SBS I-C 改性沥青。

采用 SBS I-C 改性沥青,用水量 1.5% 和 2.0%,测试 120～160℃(以 10℃为温度梯度)、不同压强(0.55MPa、0.70MPa、0.85MPa)下的膨胀率、半衰期,如表 9-9～表 9-14 所示。

SBS I-C 用水量 1.5%,压强 0.55MPa 的发泡测试结果　　　　表 9-9

温度 (℃)	压强 (MPa)	设定 放料 量(g)	实际 出料 量(g)	H_{max} (cm)	ER_m (倍)	$\tau_{1/2}$ (s)	t_s (s)	ER_a (倍)	c	FI
120	0.55	150	173	6.1	7.5	44	18	8.6	0.872	138.5
130	0.55	200	245	10.2	8.9	35	17	10.5	0.848	167.8
140	0.55	150	175	8.0	9.7	33	14	11.2	0.866	178.1
150	0.55	100	145	8.0	11.8	20	5	12.8	0.922	131.1

SBS I-C 用水量1.5%,压强0.70MPa 的发泡测试结果　　　　表9-10

温度 (℃)	压强 (MPa)	设定 放料 量(g)	实际 出料 量(g)	H_{max} (cm)	ER_m (倍)	$\tau_{1/2}$ (s)	t_s (s)	ER_a (倍)	c	FI
120	0.70	150	163	6.8	8.9	33	13	10.2	0.873	144.2
130	0.70	150	170	8.6	10.8	27	8	11.9	0.908	156.4
140	0.70	150	193	11.2	12.4	19	5	13.5	0.919	138.8
150	0.70	100	153	9.2	12.8	16	4	14.0	0.914	123.4
160	0.70	100	153	10.5	14.6	16	3	15.6	0.936	148.9

SBS I-C 用水量1.5%,压强0.85MPa 的发泡测试结果　　　　表9-11

温度 (℃)	压强 (MPa)	设定 放料 量(g)	实际 出料 量(g)	H_{max} (cm)	ER_m (倍)	$\tau_{1/2}$ (s)	t_s (s)	ER_a (倍)	c	FI
120	0.85	100	146	6.6	9.6	37	12	10.8	0.885	176.3
130	0.85	150	192	9.8	10.9	33	7	11.7	0.864	178.3
140	0.85	150	196	12.5	13.6	27	4	14.3	0.863	212.1
150	0.85	100	135	9.4	14.8	26	4	15.6	0.909	241.5
160	0.85	100	168	11.0	14.0	14	3	15.0	0.885	122.4

SBS I-C 用水量2.0%,压强0.55MPa 的发泡测试结果　　　　表9-12

温度 (℃)	压强 (MPa)	设定 放料 量(g)	实际 出料 量(g)	H_{max} (cm)	ER_m (倍)	$\tau_{1/2}$ (s)	t_s (s)	ER_a (倍)	c	FI
120	0.55	150	178	7.1	8.5	51	19	9.6	0.881	198.4
130	0.55	150	209	10.0	10.2	43	19	11.8	0.861	257.3
140	0.55	150	233	11.7	10.7	39	17	12.4	0.863	253.9
150	0.55	100	132	8.7	14.0	18	5	15.4	0.910	167.8

SBS I-C 用水量 2.0%,压强 0.70MPa 的发泡测试结果　　　　　表 9-13

温度 (℃)	压强 (MPa)	设定 放料 量(g)	实际 出料 量(g)	H_{max} (cm)	ER_m (倍)	$\tau_{1/2}$ (s)	t_s (s)	ER_a (倍)	c	FI
120	0.70	150	184	8.0	9.3	36	14	10.6	0.877	170.0
130	0.70	150	185	9.2	10.6	34	9	11.6	0.914	184.3
140	0.70	150	194	10.5	11.5	13	5	13.1	0.878	92.9
150	0.70	100	157	9.1	12.4	15	3	13.2	0.939	103.1
160	0.70	100	174	11.2	13.7	9	3	15.4	0.890	84.1

SBS I-C 用水量 2.0%,压强 0.85MPa 的发泡测试结果　　　　　表 9-14

温度 (℃)	压强 (MPa)	设定 放料 量(g)	实际 出料 量(g)	H_{max} (cm)	ER_m (倍)	$\tau_{1/2}$ (s)	t_s (s)	ER_a (倍)	c	FI
120	0.85	150	172	7.5	9.3	32	8	10.1	0.921	129.5
130	0.85	150	178	10.7	12.8	27	8	14.2	0.901	216.7
140	0.85	150	191	13.8	15.4	20	5	16.8	0.917	214.1
150	0.85	100	149	13.2	18.9	12	3	20.6	0.917	179.9
160	0.85	100	186	14.0	16.0	9	2	17.3	0.925	101.2

从发泡结果可以看出,除极个别(发泡温度 120℃)情况外,其他所有发泡条件的实际膨胀率均大于 10。发泡指数 FI 融合了膨胀率和半衰期,是一个比较综合的指标。以发泡指数 FI 为主要评判指标,不同用水量、压强下最佳的发泡温度多为 130～140℃,因此 SBS I-C 改性沥青的最佳发泡温度为 130～140℃。在此温度范围内,泡沫沥青的半衰期能达到 20s 以上,较好的能达到 30s 以上。

随着压强增加,普遍规律是膨胀率增大、半衰期减小,因此并不是压强越大越好或者越小越好,需要根据发泡的结果进行综合选取。

综合膨胀率、半衰期、发泡指数,尽量选取较低的发泡温度,SBS I-C 改性沥青的最佳发泡条件为:2.0% 用水量、130℃、0.55MPa。

(2)70S0 橡胶改性沥青。

采用 70S0 橡胶改性沥青,在 1.5% 和 2.0% 用水量下,测试其在 130～170℃(以 10℃ 为温度梯度)、不同压强(0.55MPa、0.70MPa、0.85MPa)下的膨胀率、半衰期,如表 9-15～表 9-20 所示。

70S0 用水量 1.5%，压强 0.55MPa 的发泡测试结果 表 9-15

温度 (℃)	压强 (MPa)	设定 放料 量(g)	实际 出料 量(g)	H_{max} (cm)	ER_m (倍)	$\tau_{1/2}$ (s)	t_s (s)	ER_a (倍)	c	FI
130	0.55	100	131	2.9	4.7	34	8.5	5.1	0.922	26.8
140	0.55	100	148	3.6	5.2	28	6.7	5.6	0.929	26.4
150	0.55	100	149	3.0	4.3	43	6.8	4.5	0.956	18.4

70S0 用水量 1.5%，压强 0.70MPa 的发泡测试结果 表 9-16

温度 (℃)	压强 (MPa)	设定 放料 量(g)	实际 出料 量(g)	H_{max} (cm)	ER_m (倍)	$\tau_{1/2}$ (s)	t_s (s)	ER_a (倍)	c	FI
130	0.70	90	129	2.3	3.8	43	10.0	4.1	0.927	23.9
140	0.70	100	147	3.1	4.5	46	9.9	4.8	0.938	28.7
150	0.70	80	158	3.8	5.1	42	7.0	5.4	0.944	29.4
160	0.70	80	151	4.3	6.1	23	5.1	6.5	0.938	31.2

70S0 用水量 1.5%，压强 0.85MPa 的发泡测试结果 表 9-17

温度 (℃)	压强 (MPa)	设定 放料 量(g)	实际 出料 量(g)	H_{max} (cm)	ER_m (倍)	$\tau_{1/2}$ (s)	t_s (s)	ER_a (倍)	c	FI
130	0.85	90	128	2.6	4.3	29	5.8	4.6	0.935	15.8
140	0.85	70	119	3.0	5.4	19	3.5	5.7	0.947	16.3
150	0.85	60	113	3.1	5.8	15	2.8	6.2	0.935	16.6
160	0.85	60	135	4.0	6.3	14	2.5	6.7	0.940	18.9
170	0.85	60	154	3.9	5.4	13	2.5	5.8	0.931	11.6

70S0 用水量 2.0%，压强 0.55MPa 的发泡测试结果 表 9-18

温度 (℃)	压强 (MPa)	设定 放料 量(g)	实际 出料 量(g)	H_{max} (cm)	ER_m (倍)	$\tau_{1/2}$ (s)	t_s (s)	ER_a (倍)	c	FI
130	0.55	120	160	3.9	5.2	27	13.2	6.1	0.852	45.7
140	0.55	100	145	3.8	5.6	21	11.7	6.7	0.836	45.1
150	0.55	50	90	2.6	6.2	19	3.3	6.5	0.954	23.6

70S0 用水量 2.0%，压强 0.70MPa 的发泡测试结果　　　表 9-19

温度 (℃)	压强 (MPa)	设定 放料 量(g)	实际 出料 量(g)	H_{max} (cm)	ER_m (倍)	$\tau_{1/2}$ (s)	t_s (s)	ER_a (倍)	c	FI
130	0.70	100	122	2.4	4.2	21	11.0	5.0	0.840	27.8
140	0.70	100	147	3.4	4.9	20	10.2	5.9	0.831	32.1
150	0.70	100	149	4.8	6.9	19	6.0	7.6	0.908	42.6
160	0.70	90	143	5.0	7.5	17	4.8	8.2	0.915	43.7

70S0 用水量 2.0%，压强 0.85MPa 的发泡测试结果　　　表 9-20

温度 (℃)	压强 (MPa)	设定 放料 量(g)	实际 出料 量(g)	H_{max} (cm)	ER_m (倍)	$\tau_{1/2}$ (s)	t_s (s)	ER_a (倍)	c	FI
130	0.85	100	138	3.0	4.6	22	7.2	5.2	0.885	21.3
140	0.85	70	116	3.5	6.4	18	3.7	6.9	0.928	27.4
150	0.85	60	121	4.2	7.4	14	2.7	7.9	0.937	30.2
160	0.85	50	125	4.5	7.7	13	2.4	8.2	0.939	30.3
170	0.85	50	146	4.8	7.0	11	2.3	7.5	0.933	21.3

从发泡的结果可以看出，橡胶沥青发泡的膨胀率较 SBS I-C 改性沥青小了很多，半衰期也普遍小于 SBS I-C，最佳发泡指数 FI 在 40～50 之间，远小于 SBS I-C(FI 大于 200)。因此，橡胶沥青的发泡性能远不及 SBS I-C 改性沥青。

就膨胀率而言，在 2.0% 用水量、160℃ 下，橡胶沥青的实际膨胀率可以大于 8，半衰期为 13～17s。

压强增加，普遍规律是膨胀率增大、半衰期减小，因此并不是压强越大越好或者越小越好，需要根据发泡的结果进行综合选取。

出现的比较异常的数据点是在 0.55MPa 下 130℃ 和 140℃ 时的情况，在 1.5% 和 2.0% 用水量下，他们的膨胀率都不太符合规律（膨胀率比 0.70MPa 下相应温度的膨胀率还大），而半衰期也长。这在之前的很多次发泡试验中也有过类似的情况，推测其出现的原因是：刚加水进入压力发泡罐时，水分布在沥青液面的最顶端，由于搅拌扇叶的位置较低，造成最顶端沥青中的水没有能够被搅拌均匀，最顶端的水分相对较多。而最顶端的沥青最后被放出来，因此其膨胀率较大，结果并不能反映 130℃、140℃ 下真正的发泡能力。

以发泡指数为主导参数,要求膨胀率大于7,尽量选取较低的发泡温度,70S0橡胶改性沥青的最佳发泡条件为:2.0%用水量、150℃、0.70MPa。

(3)加德士号70基质沥青。

采用加德士号70基质沥青,在1.5%用水量下,测试在110~140℃(以10℃为温度梯度)、不同压强(0.40MPa、0.55MPa、0.70MPa)下的膨胀率、半衰期,如表9-21~表9-26所示。

加德士号70用水量1.5%,压强0.40MPa的发泡测试结果　　表9-21

温度 (℃)	压强 (MPa)	设定 放料 量(g)	实际 出料 量(g)	H_{max} (cm)	ER_m (倍)	$\tau_{1/2}$ (s)	t_s (s)	ER_a (倍)	c	FI
110	0.40	150	200	3.0	3.2	24	9.9	3.7	0.865	—
120	0.40	90	136	1.8	2.8	6	4.0	3.5	0.800	
130	0.40	80	147	4.0	5.8	15	3.0	6.2	0.935	16.9
140	0.40	70	165	3.1	4.0	18	2.2	4.2	0.952	5.5

加德士号70用水量1.5%,压强0.55MPa的发泡测试结果　　表9-22

温度 (℃)	压强 (MPa)	设定 放料 量(g)	实际 出料 量(g)	H_{max} (cm)	ER_m (倍)	$\tau_{1/2}$ (s)	t_s (s)	ER_a (倍)	c	FI
110	0.55	100	135	2.7	4.3	21	2.9	4.5	0.956	7.8
120	0.55	90	139	3.4	5.2	19	4.0	5.6	0.929	16.5
130	0.55	70	139	3.7	5.7	36	2.6	5.8	0.983	22.9
140	0.55	60	156	4.2	5.7	13	2.2	6.1	0.934	12.9

加德士号70用水量1.5%,压强0.70MPa的发泡测试结果　　表9-23

温度 (℃)	压强 (MPa)	设定 放料 量(g)	实际 出料 量(g)	H_{max} (cm)	ER_m (倍)	$\tau_{1/2}$ (s)	t_s (s)	ER_a (倍)	c	FI
110	0.70	100	136	3.7	5.8	18	4.0	6.3	0.921	21.6
120	0.70	70	139	5.6	8.6	11	2.3	9.2	0.935	35.2
130	0.70	60	163	7.7	10.1	9	2.0	10.9	0.927	41.8
140	0.70	50	177	9.0	10.8	4	1.5	12.3	0.878	25.2

加德士号 70 用水量 2.0%,压强 0.40MPa 的发泡测试结果　　　　表 9-24

温度 (℃)	压强 (MPa)	设定 放料 量(g)	实际 出料 量(g)	H_{max} (cm)	ER_m (倍)	$\tau_{1/2}$ (s)	t_s (s)	ER_a (倍)	c	FI
110	0.40	90	135	2.2	3.5	32	8.6	3.8	0.921	20.6
120	0.40	100	146	5.3	7.7	19	5.4	8.5	0.906	53.4
130	0.40	90	148	5.0	7.2	13	4.0	8.0	0.900	32.1
140	0.40	70	144	6.0	8.9	9	2.9	9.9	0.899	36.1

加德士号 70 用水量 2.0%,压强 0.55MPa 的发泡测试结果　　　　表 9-25

温度 (℃)	压强 (MPa)	设定 放料 量(g)	实际 出料 量(g)	H_{max} (cm)	ER_m (倍)	$\tau_{1/2}$ (s)	t_s (s)	ER_a (倍)	c	FI
110	0.55	90	115	2.3	4.3	17	5.1	4.7	0.915	13.4
120	0.55	90	147	6.9	10.0	12	3.1	10.9	0.917	57.4
130	0.55	50	130	7.1	11.6	6	2.0	13.0	0.892	41.7
140	0.55	50	157	9.5	12.9	5	1.8	14.6	0.884	42.8

加德士号 70 用水量 2.0%,压强 0.70MPa 的发泡测试结果　　　　表 9-26

温度 (℃)	压强 (MPa)	设定 放料 量(g)	实际 出料 量(g)	H_{max} (cm)	ER_m (倍)	$\tau_{1/2}$ (s)	t_s (s)	ER_a (倍)	c	FI
110	0.70	100	144	3.5	5.2	16	6.3	5.9	0.881	22.4
120	0.70	70	137	5.9	9.2	12	2.9	10.0	0.920	46.8
130	0.70	70	155	7.5	10.3	7	2.0	11.4	0.904	36.7
140	0.70	50	152	9.0	12.6	3	1.8	15.4	0.818	29.5

从发泡的结果可以看出,2.0%用水量的加德士号 70 沥青发泡呈现很好的规律性,温度增加或压强增加时,膨胀率增大而半衰期减小。1.5%用水量,0.70MPa 下的数据呈现很好的规律性,而 0.40MPa、0.55MPa 下的膨胀率大幅度减小,规律性比较一般,推测是在用水量较小,且压强较小的情况下,沥青没得到很好的膨胀(1.5%用水量下 0.55MPa 可能是一个界限)。

以发泡指数为主导参数,要求膨胀率大于 10,得出最佳发泡条件为:2.0%用水量、120℃、0.55MPa。

(4)小结。

通常情况下温度升高/用水量增加/压强增大,会造成膨胀率增加、半衰期减少。综合膨胀率、半衰期、发泡指数确定的最佳发泡条件为:

加德士号70基质沥青:2.0%用水量、120℃、0.55MPa。

SBS I-C改性沥青:2.0%用水量、130℃、0.55MPa。

70S0橡胶改性沥青:2.0%用水量、150℃、0.70MPa。

第10章

CHAPTER TEN

泡沫沥青混合料的物理力学性能

泡沫沥青稳定材料作为一种新型的道路建筑材料,其许多物理和力学性能还不为人熟知。而泡沫沥青混合料所表现的这些性能,对混合料设计和路面结构设计起着至关重要的作用。

对泡沫沥青混合料而言,物理性能主要指毛体积密度和空隙率,它们对混合料的性能有着显著的影响,尤其是空隙率,它对混合料的抗车辙性能、水稳性、强度及渗透性能有很大的影响,过高的空隙率就导致混合料各项性能的下降,尤其是强度和水稳性的降低。冷再生混合料中,若集料不能被沥青完全裹覆且油石比偏低,会导致沥青与集料间黏结力相对较弱。为保证强度及水稳性,对混合料的空隙率有一定的要求,《公路沥青路面再生技术规范》(JTG/T 5521—2019)要求乳化沥青冷再生混合料的空隙率在8% ~ 13%之间。

泡沫沥青混合料的力学性能主要包括劈裂强度、水稳定性、抗压强度等,其力学性能处于热拌沥青混合料和半刚性材料之间,属于半柔性材料。含水率、沥青的种类和用量、后期的养护条件等均会影响到泡沫沥青混合料的力学性能。本章将具体介绍泡沫沥青混合料的冷再生方案,对泡沫沥青的物理力学性能进行试验研究,并探讨拌和用水量及养护条件对泡沫沥青混合料性能的影响。

10.1 泡沫沥青混合料冷再生方案

一般的旧沥青混合料泡沫厂拌冷再生方案包括以下方面:

10.1.1 适用性

旧沥青混合料泡沫厂拌冷再生的适用范围见表10-1。

泡沫厂拌冷再生的适用范围　　　　表10-1

公路等级	表面层	中面层	下面层	基层	底基层
高速、一级	不应使用	可使用	宜使用	宜使用	—
二级	不应使用		宜使用	宜使用	—
三、四级			宜使用	宜使用	宜使用

采用厂拌冷再生方式时,可按照表10-1初步拟定路面结构厚度,并应根据现行《公路沥青路面设计规范》(JTG D50)的有关规定进行分析设计。

10.1.2 原材料分析及评价

1) 旧料分析及评价

首先对铣刨回收旧料进行评价,确保其可用于泡沫沥青冷再生。回收旧料需满足表 10-2 中的技术要求。

回收旧料技术要求　　　　表 10-2

材料	检测项目	技术要求
回收旧料	最大颗粒粒径(mm)	≤设计级配允许的最大粒径
4.75mm 以下的回收旧料	砂当量(%)	≥60
级配(10~30mmRAP)	9.5mm 通过率(%)	≤20
回收旧料	含水率(%)	≤2
回收旧料	半刚性材料混入率(%)	≤2

对泡沫沥青冷再生进行配合比设计时需要按表 10-3 进行指标检测。

RAP 技术指标　　　　表 10-3

材料	检测项目	试验方法
沥青混合料回收料（RAP）	含水率	《公路沥青路面再生技术规范》(JTG/T 5521—2019)附录 B
	RAP 矿料级配	
	沥青含量	
	砂当量	
RAP 中的沥青	25℃针入度	抽提,《公路工程沥青及沥青混合料试验规程》(JTG E20—2011)
	60℃动力黏度	
	软化点	
	15℃延度	
RAP 中的粗集料	针片状颗粒含量	抽提,《公路工程集料试验规程》(JTG E42—2005)
	压碎值	
RAP 中的细集料	棱角性	

2) 沥青检测及发泡性能评价

用于泡沫沥青冷再生的基质沥青需满足规范中规定关于 A 级 70 号或者 90 号道路石油沥青技术指标的所有要求。沥青的发泡性能应满足表 10-4 要求:最小膨胀率为 10 倍,最小半衰期为 10s。通过发泡试验确定该沥青最佳发泡条件,包括发泡温度、发泡用水量、发泡气压等。

泡沫沥青技术要求　　　　　　　　表10-4

项目	技术要求	试验方法
膨胀率(倍)	≥10	《公路沥青路面再生技术规范》(JTG/T 5521—2019)附录C
半衰期(s)	≥10	《公路沥青路面再生技术规范》(JTG/T 5521—2019)附录C

3)新集料

根据铣刨旧料的级配组成情况以及泡沫沥青稳定材料的级配组成要求,确定是否需要掺加一定量的新料,如细集料、粗集料等。如需掺加,则掺加的新料需参照设计文件对于普通热拌沥青混合料所用集料的技术要求进行选定。

4)水泥

水泥作为活性添加剂时,需采用普通硅酸盐水泥或矿渣硅酸盐水泥,不得使用快硬水泥、早强水泥。水泥等级建议使用42.5,其技术指标应符合现行《通用硅酸盐水泥》(GB 175)的有关要求。

5)水

饮用水可直接用于泡沫沥青发泡及冷再生混合料生产。非饮用水用于生产泡沫沥青及冷再生混合料时,不得含有油污、泥土和其他有害杂质,且需经试验验证不影响产品性能和工程质量。

10.1.3　所需的主要设备

1)所需的主要设备

主要设备配置见表10-5。

主要设备配置表　　　　　　　　表10-5

设备名称	备注
铣刨机	根据铣刨料级配调整刀具组合
弯沉车	若干
泡沫沥青冷再生拌和机	生产能力150t/h以上
精细筛分设备	用于回收旧料的精细化分离与分档
装载机	若干
水车	若干,保证供水6t/h
水泥料仓	30~50m^3
载重自卸车	载质量20t
摊铺机	1~2台

续上表

设备名称	备注
10t 洒水车	若干
大吨位单钢轮压路机	若干,16~18t 单钢轮振动式,激振力应大于35t
双钢轮压路机	若干,10~13t 双钢轮振动式
轮胎压路机	若干,单轮配重应不少于3t,轮胎气压不小于0.8MPa

2) 所需的试验仪器

主要试验仪器配置见表10-6。

主要试验仪器配置表　　　　表10-6

序号	仪器设备名称	单位	数量
1	标准马歇尔电动击实仪	台	1
2	马歇尔稳定度测定仪	台	1
3	电动恒温鼓风干燥箱	台	1
4	电动恒温循环水浴	台	2
5	环境箱	台	1
6	多功能自动击实仪器	台	1
7	TC-500 台秤	台	1
8	YB500-2 电子天平	台	1
9	STTM-4 电动脱模机	台	1
10	100/150/200 灌砂筒	套	5
11	HZ-200 取芯机	台	1

10.1.4 目标配合比设计

1) 原材料

所用原材料包括:70号或90号道路石油沥青,铣刨旧料,石屑,水泥,水。

(1) 沥青:宜使用重交通70号沥青,也可使用重交通90号沥青,且其质量应符合现行《公路沥青路面施工技术规范》(JTG F40)和设计文件中相关条款的规定。

(2) 集料:根据铣刨旧料的级配情况考虑是否加入新的集料以及集料的组成要求,集料的技术指标可参考现行《公路沥青路面施工技术规范》(JTG F40)和设计文件关于热拌沥青混合料中相应的技术标准。

(3) 水泥:不应使用快硬水泥、早强水泥以及已受潮变质的水泥,宜采用标号42.5的普通硅酸盐水泥。

（4）水：普通的冷水即可。

2）泡沫沥青混合料的配合比设计

（1）合成级配设计。

对铣刨的旧料选取有代表性的样品，送到室内进行筛分试验，分析其级配组成。表10-7列出了泡沫沥青稳定材料的级配范围。若铣刨旧料级配组成不能满足该级配范围的要求，则需加入部分新料，将级配调入该级配范围，最终确定设计合成级配。

泡沫沥青稳定材料的级配范围　　　　　表10-7

筛孔 （mm）	各筛孔的通过率（%）		
	粗粒式	中粒式	细粒式
37.5	100	—	—
26.5	85~100	100	—
19	—	85~100	100
13.2	60~85	—	85~100
9.5	—	55~80	—
4.75	30~55	35~60	40~65
2.36	20~40	25~45	28~45
0.3	7~20	8~22	9~23
0.075	4~12	4~12	4~12

（2）沥青发泡特性分析。

对选用的沥青，在不同温度、不同用水量条件下进行发泡试验，测定泡沫沥青的膨胀率和半衰期，并由这两个指标综合确定沥青发泡的最佳温度和最佳用水量。

（3）配合比设计。

①重型击实试验确定合成级配的最佳含水率及最大干密度。

②确定合成级配的最佳泡沫沥青用量：

根据试验确定的最佳含水率对合成级配加入适量的水，并加入4~5种不同的泡沫沥青用量（在最佳温度与用水量条件下），分别进行混合料的拌和，再以马歇尔击实仪双面击实75次成型试件。将试件连通试模一起侧放在40℃烘箱养护不小于72h，然后从烘箱中取出，侧放冷却12h后脱模。之后将试件分为两组，一组放置在空气中24h，同时另一组放置于25℃±1℃的水浴中保温24h，再按照《公路工程沥青及沥青混合料试验规程》（JTG E20—2011）T 0716—2011方法测定试件干、湿状态下的劈裂强度，并计算相应的残留强度比。最后根据干、湿强度及残留强度比综合确定合成级配的最佳泡沫沥青用量。

泡沫沥青混合料设计技术要求见表 10-8。

泡沫沥青冷再生混合料设计技术要求　　　　表 10-8

试验项目		技术要求		试验方法
马歇尔试件尺寸（mm）	中、细粒式	$\phi 101.6 \times 63.5$		T 0702—2011
	粗粒式	$\phi 152.4 \times 95.3$		
马歇尔试件双面击实次数（次）	中、细粒式	75		
	粗粒式	112		
劈裂强度试验	15℃劈裂试验强度（MPa）	层位	重及以上交通荷载等级	其他交通荷载等级	JTG/T 5521—2019 附录 F
		面层	≥0.60	≥0.50	
		基层及以下层位	≥0.50	≥0.40	
	干湿劈裂强度比（%）		≥80	≥75	

泡沫沥青冷再生混合料设计阶段，应检验其冻融劈裂强度比指标。用于重及以上交通荷载等级的公路中、下面层，或者用于对抗车辙性能有特殊要求的场合时，还应检验泡沫沥青冷再生混合料的动稳定度指标。混合料性能应符合表 10-9 要求，否则应更换材料或者重新进行混合料设计。

泡沫沥青冷再生混合料性能检验指标要求　　　　表 10-9

试验项目	技术要求		试验方法
	重及以上交通荷载等级	其他交通荷载等级	
冻融劈裂强度比 TSR（%）	≥75	≥70	JTG/T 5521—2019 附录 F
60℃动稳定度（次/mm）	≥5000	—	T 0719—2011

泡沫沥青冷再生混合料中，泡沫沥青用量宜在 1.8%~3.5% 范围内。当泡沫沥青用于全深式冷再生时，泡沫沥青用量不宜低于 2.0%。

泡沫沥青冷再生混合料设计过程中，应严格控制水泥用量。水泥用量不宜超过 1.5%，不应超过 1.8%。

10.1.5 质量控制

（1）材料进场时应按批次进行检测，保证满足设计要求。

（2）泡沫沥青厂拌冷再生施工过程中的材料质量控制应符合表 10-10 要求。

泡沫沥青厂拌冷再生施工过程中的材料检验　　表10-10

材料	检验项目	要求值	检验频度
泡沫沥青	沥青的针入度、延度、软化点，泡沫沥青的膨胀率、半衰期	符合设计要求	每2~3个工作日1次
	沥青温度	符合设计要求	每天施工前
粗集料	针片状颗粒含量、表观相对密度、级配、压碎值	符合设计要求	每2000t 1次
细集料	级配、砂当量	符合设计要求	每2000t 1次
	含水率	—	每天施工前
沥青路面回收料（RMAP）	级配	符合设计要求	每天1~2次
	沥青含量	—	每天1~2次
	含水率	—	每天1~2次
矿粉	塑性指数、粒度范围	符合设计要求	根据需要时
水泥	强度、初凝时间、终凝时间	符合设计要求	根据需要时

（3）施工过程中乳化沥青或泡沫沥青厂拌冷再生混合料的质量控制项目、频度和质量标准应符合表10-11的要求。

泡沫沥青厂拌冷再生混合料施工过程中质量控制标准　　表10-11

检验项目	质量要求	检验频度	检验方法
混合料外观	乳化沥青冷再生混合料应拌和均匀，无离析，无花白料；泡沫沥青冷再生混合料应拌和均匀，无离析，无油团现象	随时	目测
含水率（%）	符合设计要求	发现异常时	T 0801—2009
新沥青用量（%）	设计值±0.2	发现异常时	总量控制
水泥用量（%）	设计值±0.3	发现异常时	总量控制，不添加沥青情况下 T 0809
级配	符合设计要求	发现异常时	T 0302—2005
15℃劈裂强度（MPa）	符合设计要求	每个工作日1次	JTG/T 5521—2019 附录F
干湿劈裂强度比（%）	符合设计要求		
冻融劈裂强度比（%）	符合设计要求	每3个工作日1次	JTG/T 5521—2019 附录F
60℃动稳定度（次/mm）	符合设计要求	根据需要时	T 0719—2011

(4)泡沫沥青厂拌冷再生施工过程的外形尺寸检验项目、频度和质量标准应符合表 10-12 的要求。

乳化沥青或泡沫沥青厂拌冷再生施工过程中质量控制标准　　　　表 10-12

检验项目		质量要求		检验频度	检验方法
		高速公路和一级公路	其他等级公路		
外观		表面平整密实,无浮石、弹簧现象,无明显压路机轮迹		随时	目测
厚度(mm)		设计厚度 ±10	设计厚度 ±15	每 1500m² 检验一点,单点评价	T 0912—2019
乳化沥青再生	压实度[①](%)	≥99(基于试验室标准密度)		每车道每 1km 检验 3 点	T 0921—2019
		≥87(基于理论最大相对密度)			T 0924—2008
	空隙率(%)	满足设计要求(基于理论最大相对密度)		每车道每 1km 检验 1 点	T 0924—2008
泡沫沥青再生	压实度(%)	≥99(基于试验室标准密度)		每车道每 1km 检验 3 点	基于重型击实最大干密度,T 0921—2019
	沥青温度	设计发泡温度 ±8℃		随时	温度计
平整度(标准差)(mm)		≤1.8(1.5)[②]	≤3.0(2.8)[②]	每车道连续测量	T 0932—2008
宽度(mm)		不小于设计宽度,边缘线整齐,顺适		每 100m 检验 2 处	T 0911—2019
纵断面高程(mm)		符合设计要求		每 100m 检验 1 个断面	T 0911—2019
横坡(%)		符合设计要求		每 100m 检验 2 个断面	T 0911—2019

注:①表中压实度质量要求,选择其中一种方法进行检测并达到要求即为合格。
　　②表中括号内数字是针对冷再生层上加铺的沥青层厚度小于 80mm 的情况。

10.2 泡沫沥青混合料物理力学性能的试验研究

首先对泡沫沥青稳定两种集料进行有关特性的试验研究。试验用的一种集料是全部采用新的砂石料,简称新集料;另一种是以回收料为主并加少量新砂石料,简称RAP料。

10.2.1 材料与级配设计

1)材料

新集料由 0~5mm、5~15mm 和 15~25mm 三档料组成,且均为石灰岩。RAP 料由 RAP 回收料和 0~5mm 新砂石料(和新集料所用相同)混合而成。依据交通运输行业标准《公路工程集料试验规程》(JTG E42—2005),分别采用网篮法和容量瓶法测定粗集料的毛体积密度和细集料的表观密度,对于 RAP 料,则分成 0~5mm 和 5~25mm 两档料分别加以测定,测定结果如表 10-13 所示。

集料的密度　　　　　　　　　　　　　　　　表 10-13

集料类别	密度(g/cm³)	试验方法
0~5mm 新砂石料	2.714	T 0328—2005
5~15mm 新砂石料	2.693	T 0304—2005
15~25mm 新砂石料	2.690	T 0304—2005
0~5mm RAP 回收料	2.225	T 0328—2005
5~25mm RAP 回收料	2.419	T 0304—2005

根据材料的筛分结果可以看出,级配 A 和 B 是按照尽量贴近 Mobil 级配曲线中值并控制 0.075mm 通过率在 8% 的原则进行的。从图 10-1 和表 10-14 中可看出,所选试验级配中细集料略少,这主要是由新料和 RAP 材料中细集料偏少引起的,其实这与实际工程中往往细集料偏少的情况一致,因此也认为该级配符合要求。根据加入普通硅酸盐水泥用量的不同又将每类材料分成三组,其水泥含量分别为 0%、1% 和 1.5%。由于矿粉和水泥颗粒粒径几乎全部小于 0.075mm,因此对于水泥用量的变化只需相应调整矿粉用量即可,该调整对级配曲线几乎无影响。级配 C、D 和 E 均为 RAP 料。同时为了寻求每组材料有关特性随沥青含量的变化情况,这里对每组级配均喷入 1%、2%、3%、4% 和 5% 的泡沫沥青。

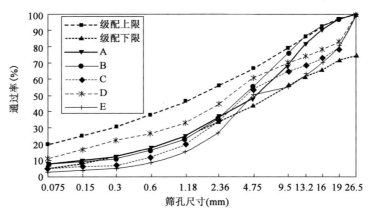

图 10-1　泡沫沥青混合料级配曲线

5 种级配材料的通过率　　　　　　　　　　　　　　　表 10-14

级配	筛孔(mm)通过率(%)											
	0.075	0.15	0.3	0.6	1.18	2.36	4.75	9.5	13.2	16	19	26.5
级配 A	8.04	9.66	11.11	16.09	22.92	36.04	55.26	75.76	87.22	92.62	96.33	100.00
级配 B	8.04	10.00	12.04	18.10	25.30	36.82	49.09	68.80	82.45	91.18	97.54	100.00
级配 C	4.92	5.87	6.85	12.06	19.90	34.30	54.61	64.39	68.40	73.18	78.64	100.00
级配 D	11.17	16.64	22.48	26.70	33.00	44.67	61.35	70.24	73.93	78.17	82.84	100.00
级配 E	3.01	4.03	5.71	8.72	14.91	27.12	50.63	54.82	63.0	69.92	80.74	100.00

2）沥青

根据先前对 6 种国内常用沥青发泡特性的试验研究结果来看，沥青发泡过程主要是沥青物理性质的变化过程，因此对于普通针入度级沥青均可进行发泡，但在一定温度和发泡用水量下，每种沥青都会有一个最好的发泡状态。因此在选用沥青拌制泡沫沥青混合料之前还需对该种沥青进行发泡试验，以确定最好的发泡效果并以此拌制泡沫沥青混合料。本节采用韩国 AH-70 沥青拌制泡沫沥青混合料，根据对其进行的发泡特性试验，确定其最佳发泡条件，如表 10-15 所示。

韩国 AH-70 沥青最佳发泡条件　　　　　　　　　　　　　表 10-15

沥青	发泡温度(℃)	发泡用水量(%)	膨胀率(倍)	半衰期(s)
韩国 AH-70	150	1.5	11	12

10.2.2　拌和用水

应用泡沫沥青稳定的一个重要特点就是集料可以是冷湿材料，同时拌和和压实时也需要加入一定的水，这些水有利于拌和和压实。但是集料的含水率会对泡沫沥青稳定的效果产生影响,为达到最佳的拌和目的,必须根据式(10-1)考虑水分的散失量,然后根据式(10-2)的结果向集料中加入水。试验中为了便于控制集料中的含水率,两种集料在试验前都在60℃下烘干并用塑料袋密封冷却至室温。然后根据以下经验公式确定拌和用水量。

$$W_{add} = W_{omc} - W_{moist} - W_{reduce} \tag{10-1}$$

$$M_{water} = \frac{W_{add}}{100} \times (M_{sample} + M_{cement}) \tag{10-2}$$

式中:W_{add}——需要加入集料中的含水率(%);

W_{omc}——最佳含水率(%);

W_{moist}——集料中的含水率(%);

W_{reduce}——水分的散失量(%),其值取 $0.3 \times W_{omc} - 0.6$;

M_{water}——需加入水的质量(g);

M_{sample}——集料的干质量(g);

M_{cement}——需加入水泥的质量(g)。

6种不同水泥含量的混合料击实试验结果和最佳用水量如表10-16所示。

击实试验结果和最佳用水量　　表10-16

级配	水泥用量 (%)	最佳含水率 (%)	最大干重度 (g/m³)	拌和用水量 (%)	拌和用水量与 最佳含水率之比 (%)
新集料 (级配A)	0	5.50	2.28	4.45	80.9
	1.0	5.10	2.19	4.17	81.7
	1.5	5.00	2.22	4.10	82.0
RAP料 (级配B)	0	6.72	2.08	5.30	78.9
	1.0	6.70	2.05	5.29	79.0
	1.5	6.76	2.09	5.33	78.8
级配C	0	6.30	2.03	5.00	79.4
级配D	0	7.50	2.09	5.90	78.7
级配E	0	5.20	2.02	4.20	80.8

10.2.3　成型试件与养护

将配好的集料倒入拌锅里,并在搅拌状态下加入适量的水。然后将拌锅和发泡试验机对接起来,在高速搅拌状态下喷洒泡沫沥青,喷洒完后30s即可倒出。拌好的混合料可按规范要求制成标准的马歇尔试件(每面击实 75 次),试件击实后在室温下养护 24h 后脱模,再置于 40℃的通风烘箱中养护 72h。试件养护结束即可进行相关的性能测试。

10.2.4 泡沫沥青混合料物理性能

1)泡沫沥青混合料密度

根据表干法试验结果来看,泡沫沥青混合料在沥青用量较低时,吸水率较大,可达 5% ~7%,且吸水率随着沥青用量的增大逐渐变小。考虑到规范对热拌沥青混凝土密度测量方法的要求,除了采用表干法测定密度外,还采用了蜡封法加以测定。同时需要注意的是,对于表干法,热拌沥青混合料的浸水时间为 3 ~5min,而由于泡沫沥青混合料吸水率较大,一般需要较长的浸水时间,通常在 15 ~20min。级配 A 和级配 B 的测试结果如图 10-2 ~图 10-5 所示。测试结果表明,蜡封法测定的结果要略大于表干法,但两者相差不超过 0.7%。因此测定泡沫沥青混合料密度时,可以采用表干法代替蜡封法。

与热拌沥青混合料不同的是,泡沫沥青混合料试件的毛体积密度随着用油量的增大而逐渐减小,不存在峰值的情形,这说明沥青用量的增大造成密度降低的程度要大于沥青增加对压实度水平的提高。

级配 A 变化幅度在 2.23 ~2.39g/cm³,级配 B 变化幅度在 2.09 ~2.23g/cm³,级配 C 变化幅度在 2.10 ~2.21g/cm³,级配 D 变化幅度在 2.12 ~2.28g/cm³,级配 E 变化幅度在 2.05 ~2.13g/cm³。对于级配 A(全新集料),一般说来,该密度值水平要略小于热拌沥青混合料的密度(2.4 ~2.5g/cm³),这可能是由于泡沫沥青混合料不如热拌料容易压实,同时由于泡沫沥青混合料中含有一定量的水分,当水分蒸发后,造成内部产生空隙,从而使得密度降低所致。

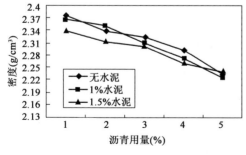

图 10-2 级配 A 混合料密度(水中重法)随沥青用量的变化关系

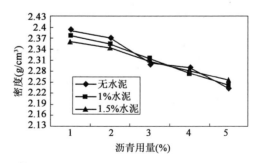

图 10-3 级配 A 混合料密度(蜡封法)随沥青用量的变化关系

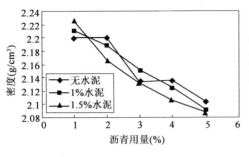

图 10-4　级配 B 混合料密度（水中重法）　　图 10-5　级配 B 混合料密度（蜡封法）
　　　　随沥青用量的变化关系　　　　　　　　　　随沥青用量的变化关系

2）泡沫沥青混合料空隙率

根据蜡封法测定的密度，使用计算最大理论密度的方法来计算马歇尔试件的空隙率。级配 A 三种级配的空隙率变化幅度在 10.2%～11.4%，级配 B 变化在 6.0%～7.5%，级配 C 变化在 7.4%～8.6%，级配 D 变化在 6.1%～7.3%，级配 E 变化在 10.6%～11.2%。同一级配的混合料空隙率变化幅度太小，从而使得每种级配的空隙率变化趋势均不明显。分析原因，可能是由于击实时泡沫沥青混合料中含有 4%～5% 的水，养护结束后水分的蒸发导致较大的空隙率，再加之混合料中沥青含量较低，因此造成试件空隙率对沥青含量变化不敏感。同时，不同级配之间空隙率水平有一定差异，虽然级配偏细的混合料一般需要较多的用水量，水分蒸发会留下较大的空隙，但是从结果来看，级配偏细的混合料 D 和 B 具有较小的空隙率，而级配 E 由于级配最粗而导致空隙率最大，因此级配仍是影响空隙率的最主要因素。而泡沫沥青用量和拌和用水量是影响空隙率的次要因素，它们对空隙率的影响不明显。

10.2.5　劈裂强度和模量

1）劈裂强度

劈裂强度是指材料达到极限状态或出现破坏时所能承受的最大荷载（或应力）。构成公路路面各结构层的材料，一般都具有较高的抗压强度，而抗拉抗剪强度较弱。这在颗粒材料中或结合料黏结力较低的结构中尤为突出。控制路面材料极限破坏状态的往往不是抗压强度，可能出现的强度破坏形式通常为：①因剪应力过大而在材料层内部出现某一滑动面的滑移或相对变形；②因拉应力或弯拉应力过大而引起的断裂。本节只限于第二种情形的研究。

标准的间接抗拉强度（ITS）试验需要测试试件在干燥条件下的 ITS 值。在试验过程中，试件的垂直变形速率恒为 50mm/min，通过测量试件的最大破坏荷载以确定 ITS 值。

图 10-6～图 10-8 为 5 种级配试件经室温养护后,在 25℃条件下测得的 ITS(为便于与下面湿养护试件区别,这里简称干 ITS)随沥青用量的变化情况。

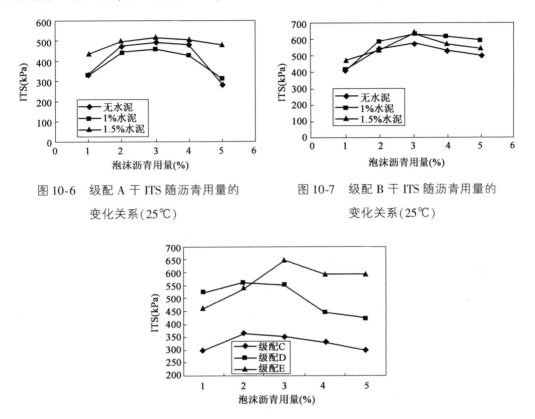

图 10-6　级配 A 干 ITS 随沥青用量的变化关系(25℃)

图 10-7　级配 B 干 ITS 随沥青用量的变化关系(25℃)

图 10-8　级配 C、D、E 干 ITS 随沥青用量的变化关系(25℃)

从 5 种级配的干 ITS 结果可看出,对于泡沫沥青稳定新集料,其不同泡沫沥青用量下 ITS 值存在峰值,说明在最高强度情形下泡沫沥青存在一个最佳用量。对于 A 级配混合料强度在 0.30～0.52MPa,最大值在 0.45～0.52MPa 之间;对于级配 B,其不同泡沫沥青用量下 ITS 值在 0.40～0.63MPa,最大值在 0.57～0.63MPa 之间;对于 C 级配混合料强度在 0.42～0.56MPa;对于 D 级配混合料强度在 0.45～0.65MPa;对于 E 级配混合料强度在 0.30～0.35MPa。5 种级配的整个强度范围在 0.3～0.65MPa 之间。从泡沫沥青混合料干强度特性可以看出,其强度水平低于热拌沥青混凝土典型的强度值(0.6～1.5MPa),如果作为高等级道路面层其强度可能是不够的,但是作为基层或下面层材料,该强度水平能够满足我国《公路沥青路面设计规范》(JTG D50—2017)有关材料设计参数的要求(表 10-17)。同时根据国外的经验,泡沫沥青混合料适合于用作低交通量道路的面层和高等级道路的下面层或基层。

《公路沥青路面设计规范》(JTG D50—2017)提供的材料设计参数　　表10-17

材料名称	沥青针入度/配合比	15℃劈裂强度(MPa)
细粒式密级配沥青混凝土	≤90	1.2~1.6
中粒式密级配沥青混凝土	≤90	0.8~1.2
中粒式开级配沥青混凝土	≤90	0.6~1.0
粗粒式密级配沥青混凝土	≤90	0.6~1.0
二灰砂砾	7:13:80	0.6~0.8
二灰碎石	8:17:75	0.5~0.8
水泥砂砾	5%~6%	0.4~0.6
水泥碎石	5%~6%	0.4~0.6

对比不同级配泡沫沥青混合料的强度结果,可以发现级配 D 混合料的强度最高,级配 E 的强度最低,而且级配 D 的劈裂强度是级配 E 的 2 倍,这说明级配对泡沫沥青混合料的强度有很大影响。比较 5 种级配材料的级配和强度范围可以发现,2.36mm 以下材料的通过率对混合料强度的形成具有重要影响,而超过这一粒径的通过率对材料强度影响不明显。同时比较级配 A 和级配 B 不同水泥用量下的干强度,可以发现水泥用量对泡沫沥青混合料干强度没有显著影响。一般来讲,材料中的抗拉强度主要由混合料中结合料的黏结力提供。对于泡沫沥青混合料,其黏结力主要来自沥青与其中细集料形成的高黏度"玛蹄脂"所提供,从这种意义上讲细集料越多,形成的"玛蹄脂"就越多,材料的黏结力也就越大,材料的抗拉强度也就越高。

图 10-9 为试件经室温养护后,在 15℃ 条件下测得的 ITS 随沥青用量的变化情况。从图中可以看出,在 15℃ 测试条件下,泡沫沥青混合料的强度平均增长了 20%~40%。这说明泡沫沥青混合料对温度有一定的敏感性。同时与在 25℃ 时测试强度情形相似,级配 D 具有最高的强度水平,并且达到了 0.84MPa,已经接近一般热拌沥青混凝土的下限,级配 E 由于级配偏粗造成强度最低。另外,注意到在 15℃ 测试条件下,泡沫沥青混合料强度对沥青用量变化不敏感。这与混合料中沥青玛蹄脂在 25℃ 温度下具有较高的黏性有关,沥青用量变化容易增大玛蹄脂的流动性,从而造成对强度的影响增大。

而在 15℃ 下,级配较好的泡沫沥青混合料,其劈裂强度完全可以达到甚至超过半刚性材料的强度。因此,可以认为泡沫沥青混合料从强度的角度考虑,可以完全取代现有半刚性材料。但是目前使用半刚性材料时,往往以增加水泥、石灰或二灰的用量以达到更高的强度,这样往往造成材料的脆性增加,从而使得材料在早期就出现干缩或者温缩裂缝。而从实际柔性路面设计参数的角度来看,作为基层材料只要能够满足设计强度就可以实现路面设计要求。同时应该指出,对于泡沫沥青混合料,由于级配设计的不同,会造成材料在强度上有很大的差异,因此应根据具体路面设计对强度的要求,选择合适的级配。

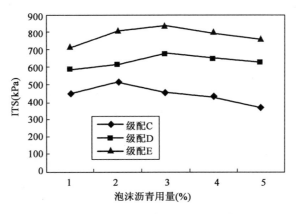

图 10-9　级配 C、D、E 干 ITS 随沥青用量的变化关系(15℃)

2)劈裂模量

劈裂模量即间接拉伸模量,可以采用 10cm×10cm 的圆柱体试件或马歇尔试件,试验时将试件横卧施加径向荷载,在试件内部产生水平拉应力,直至试件破坏。试件破坏时的劈裂模量按式(10-3)计算。

$$S_T = \frac{F_T(0.27+\mu)}{hX_T} \tag{10-3}$$

式中:F_T——试验荷载的最大值(N);

　　μ——泊松比;

　　h——试件高(mm);

　　X_T——试件破坏时的水平变形。

当试验仅测定垂直方向变形 Y_T 时,水平变形可由下式计算:

$$X_T = Y_T \times (0.135+0.5\mu)/(1.794-0.314\mu) \tag{10-4}$$

试验时采用 MTS 测试泡沫沥青混合料试件的劈裂强度,同时根据泡沫沥青混合料劈裂试验的荷载-变形曲线(典型曲线如图 10-10 所示),可以得出每一试件的最大荷载。同时可根据 T 0716—2011 得出试件的垂直总变形,然后依据上述劈裂模量计算公式得出每一试件的劈裂模量。图 10-11 和图 10-12 为级配 C、D 和 E 分别在 25℃和 15℃计算得到的劈裂模量随沥青用量的变化关系。

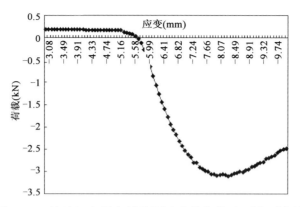

图 10-10 泡沫沥青混合料劈裂试验的荷载-变形典型曲线

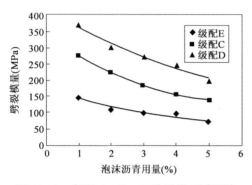

图 10-11 级配 C、D、E 劈裂模量随沥青用量的变化关系（25℃）

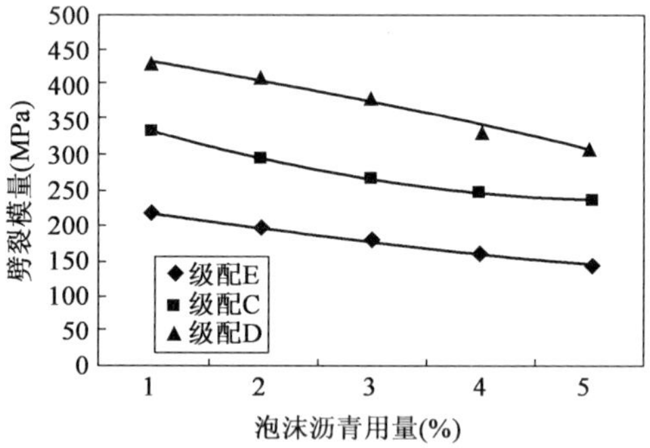

图 10-12 级配 C、D、E 劈裂模量随沥青用量的变化关系（15℃）

对于普通热拌沥青混合料，一般认为当沥青用量增加时混合料的劲度模量增高，但随着沥青用量的进一步增加，混合料的劲度反而下降，沥青用量存在一个最佳值。从图 10-11 和图 10-12 中看出，与热拌沥青混合料不同，泡沫沥青混合料随着沥青用量的增加其模量呈下降趋势，这说明随着沥青用量的增加材料的可塑性增大，劲度模量降低。

通常认为材料的强度与模量有一定的关系，强度越大，模量也越高。泡沫沥青混合料也遵循了这一规律，级配 C 和级配 D 具有较高的强度，同时也具有较高的模量。这主要是由于不同材料间级配不同所造成的，级配较好的泡沫沥青混合料一般具有较高的强度和模量，同时温度对模量有重要影响，温度越低模量值就越高。从本节试验来看，泡沫沥青混合料的 25℃ 干试件的劈裂模量值范围为 80～350MPa，15℃ 干试件劈裂模量值范围为 130～440MPa，具体取值要考虑泡沫沥青的级配和沥青用量。

10.2.6 泡沫沥青混合料水稳性

将养护好的试件在 25℃ ±1℃ 温度下浸水 24h，然后取出试件，擦干表面，进行与上述相同的 ITS 测试，其测试结果称为湿 ITS。测试试件湿 ITS 的目的在于评价泡沫沥青混合料的水稳性。由上文有关空隙率的讨论中可以看出,泡沫沥青混合料的空隙率较大,这样如果一旦有水进入混合料内部,就会引起水损坏。虽然泡沫沥青混合料有过许多成功的使用,但是也有一些失败的施工案例,例如美国得克萨斯州在 2000 年 3 月铺筑了 4.8km 的泡沫沥青再生基层试验路,由于该路段属于软弱路基而且常常处于饱水状态,这样导致路段在 12 月份就出现了大量的裂缝和龟裂现象,得克萨斯州公路局通过对路段损坏调查发现,引起早期损坏的一个主要原因是再生基层材料在浸水条件下强度损失大,满足不了抗水损坏的要求。因此,对泡沫沥青抗水性能的研究一直是泡沫沥青混合料特性研究的重要内容。

ARRB 的专家(Maccarrone,1997)建议干燥和浸水试件的间接抗拉强度至少应分别为 200kPa 和 100kPa,并选择浸湿间接抗拉强度最大时的沥青用量为设计沥青用量。

Maccarrone 建议,为了达到良好的使用性能,养护过的泡沫沥青混合料试件在浸湿状态的间接抗拉强度应不小于 100kPa,而在干燥状态时,间接抗拉强度应不小于 200kPa。

泡沫沥青混合料的强度特性对湿度状态有较强的依赖性,这是由它的低沥青用量和高孔隙率造成的。Castedo Franco 等(1984)发现加入水泥或石灰类活性材料可以提高混合料的水稳定性。

图 10-13 和图 10-14 为级配 A 和 B 在不同水泥用量和泡沫沥青用量下湿 ITS 的变化关系,从试验结果来看,没有加入水泥时,两种混合料的湿 ITS 值很低,说明其水稳性不好,残留 ITS 值最高只有 50%;但是,分别加入 1% 和 1.5% 的水泥后,其强度值显著提高,残留 ITS 分别上升至 70% 和 90% 左右,如图 10-15 和图 10-16 所示。结合图 10-6 和图 10-7 分析,可以得出水泥作为一种活性填料,其主要作用并不是提高混合料的强度,而是改善材料的水稳性。同时,分别从两种集料干湿 ITS 比值的计算结果可以看出,加入 1.5% 水泥后其值均在 85% 以上,已经能够满足水稳性的要求,所以从经济效益上考虑水泥用量也不应过多,一般应控制在 2% 之内。

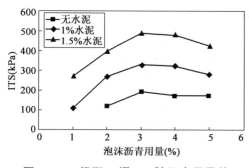

图 10-13 级配 A 湿 ITS 随沥青用量的变化关系(25℃)

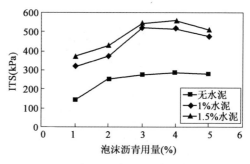

图 10-14 级配 B 湿 ITS 随沥青用量的变化关系(25℃)

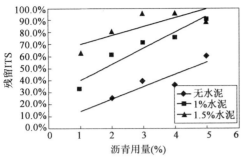
图 10-15 级配 A 残留 ITS 随泡沫沥青用量的变化关系（25℃）

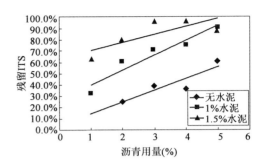
图 10-16 级配 B 残留 ITS 随泡沫沥青用量的变化关系（25℃）

图 10-17～图 10-20 为级配 C、D 和 E 分别在 25℃和 15℃条件，不同泡沫沥青用量下湿 ITS 的变化关系，从试验结果来看，级配 E 湿 ITS 值最低，级配 C 次之，级配 D 最高，这说明级配对泡沫沥青混合料的水稳性有显著影响，较好的级配设计在浸水的条件下，即使不添加水泥，泡沫沥青混合料都可以获得较高的强度。而对于级配偏粗的材料，即使干 ITS 能够满足设计要求，也要采取抗水损坏措施，比如适当增加沥青用量和添加少量水泥、石灰等，以满足在饱水情形下泡沫沥青稳定材料仍有较高的强度。

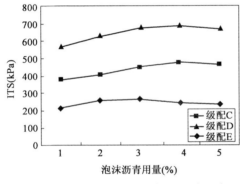
图 10-17 级配 C、D、E 湿 ITS 随沥青用量的变化关系（25℃）

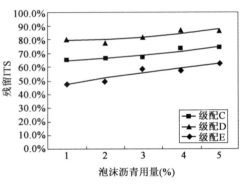
图 10-18 级配 C、D、E 残留 ITS 随泡沫沥青用量的变化关系（25℃）

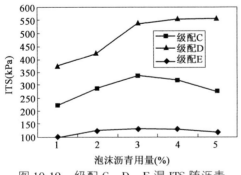
图 10-19 级配 C、D、E 湿 ITS 随沥青用量的变化关系（15℃）

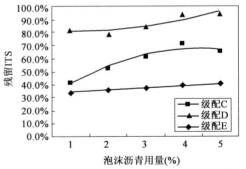
图 10-20 级配 C、D、E 残留 ITS 随沥青用量的变化关系（15℃）

与前文不同温度下泡沫沥青混合料干 ITS 规律一致,浸水后的泡沫沥青混合料的强度随温度的降低,其强度值增大,这仍与采用沥青胶结料受温度影响的因素有关。同时,在较低的使用温度时,泡沫沥青混合料浸水强度对沥青用量变化不敏感,而残留强度比有略微增加。

通过上述试验结果可以得出,提高泡沫沥青混合料水稳性的措施有:

(1)改善混合料的级配。级配不好(通常偏粗)是导致混合料水稳性差的重要原因。

(2)添加一定用量的水泥类填料,是改善混合料水稳性最为有效的方法。

(3)适当增加沥青用量。对于抗水性能要求较高的路段,一般建议采用设计沥青用量的上限。

10.2.7 抗压参数试验

抗压参数包括抗压强度和抗压回弹模量。我国抗压参数的测试方法采用静态方法,与国外的如 ASTM 方法的动态试验方法有很大区别。考虑到目前我国沥青路面主要采用抗压模量和劈裂强度作为基层设计参数,为了给路面设计提供参考依据,本节对泡沫沥青混合料的抗压回弹模量和抗压强度进行了试验。

1)抗压强度

关于抗压参数,我国《公路工程沥青及沥青混合料试验规程》(JTG E20—2011)规定试件尺寸为 $\phi100mm \times 100mm$,试验温度 $20℃ \pm 0.5℃$,加载速度为 5mm/min。对于试验温度,由于沥青类混合料具有黏弹性质,其力学性能受温度和加载速度影响很大,根据我国沥青路面设计规范的规定,按弯沉指标计算路面厚度,针对路面竣工验收以及旧路补强而进行的弯沉测试,均在一年中的不利季节进行,温度约为 20℃。此时路面结构中、下层(基层和路基)处于不利状态,面层材料模量相对较低,是路面结构综合弯沉值的最不利时期。因此,本研究的试验中仍取 20℃ 为测定温度。试验中采用 4 种泡沫沥青混合料,以静压法成型。参照前文泡沫沥青混合料的马歇尔密度,将拌制好的泡沫沥青混合料采用静压法成型 $100mm \times 100mm$ 圆柱体试件。成型完毕后立即脱模并送至 40℃ 通风烘箱养护 72h。养护完成后,在 20℃ 恒温水浴中保温 3h,并按照上述规范规定的沥青混合料单轴压缩试验要求的方法测试抗压强度,加载速度为 5mm/min。

按照上述方法,对级配 A、B、C、D 和 E 进行了抗压强度试验。每一级配选取 5 种沥青用量,每一种沥青用量下成型 4~5 个试件,并测得强度的平均值作为其强度的代表值。图 10-21 ~ 图 10-23 为 5 种级配泡沫沥青混合料在 20℃时无侧限抗压强度随沥青用量的变化关系。从图中可以看出,随着泡沫沥青用量的增加,其抗压强度在一定泡沫沥青用量下存在一个峰值,因此也可以选择该峰值强度下的沥青用量作为设计值。但在整个沥青用量范围内强度值变化幅度小,可以认为泡沫沥青混合料的抗压强度对泡沫沥青用量没有像间接抗拉强度(ITS)那样敏感,也不像半刚性材料抗压强度随黏结料用量变化那样明显。因此采用抗压强度有其局限性,沥青用量不易确定。同时抗压强度的测试方法相对比较烦琐,而采用劈裂强度相对简单。

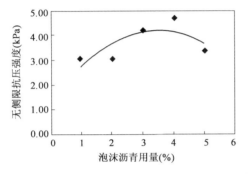 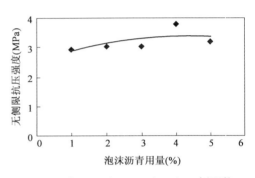

图 10-21 级配 A(1.5% 水泥)无侧限抗压强度随泡沫沥青用量的变化关系   图 10-22 级配 B(1.5% 水泥)无侧限抗压强度随泡沫沥青用量变化关系

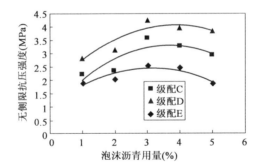

图 10-23 级配 C、D 和 E 无侧限抗压强度随泡沫沥青用量变化关系

对于级配 A,其无侧限抗压强度值在 2.9~4.7MPa;对于级配 B,无侧限抗压强度值在 2.8~3.9MPa;对于级配 C,无侧限抗压强度值在 2.1~3.3MPa;对于级配 D,无侧限抗压强度值在 2.8~4.2MPa;对于级配 E,无侧限抗压强度值在 1.9~2.5MPa。由此可见级配对泡沫沥青稳定新集料的无侧限抗压强度也有较大影响,级配较细的级配 D 具有最高的强度,而级配最粗的级配 E 材料强度最低,级配 D 的抗压强度是级配 E 的 1.5 倍,但要小于劈裂强度接近 2 的比值,可以认为级配对劈裂强度的影响要高于抗压强度。同时对于泡沫沥青混合料,偏细的级配可以形成较多的沥青玛蹄脂,这样可以使得材料具有较强的黏结性能,从而可以增加强度。表 10-18 给出了不同材料的抗压强度,其中

泡沫沥青混合料取3%~4%的沥青用量,热拌沥青混合料和半刚性材料均参考有关资料。从表10-18中看出,泡沫沥青混合料的抗压强度要明显小于热拌沥青混合料,略小于半刚性材料的强度,同时可以认为采取合理的设计,泡沫沥青混合料可以达到基层材料的抗压强度要求。

几种材料的抗压强度比较(20℃)　　　　　　　　表10-18

材料种类	抗压强度平均值(MPa)
ESSO 粗粒式 HMA	8.24
ESSO 细粒式 HMA	9.47
韩国细粒式 HMA	9.66
壳牌粗粒式 HMA	6.37
水泥碎石(90d)	5.36~6.12
二灰碎石(180d)	4.2~11.3
石灰土(180d)	1.66~5.21
A 级配	4.0~4.5
B 级配	3.3~4.0
C 级配	3.0~3.5
D 级配	4.0~4.3
E 级配	2.3~2.5

同时比较级配 A 和 B 的抗压强度和劈裂强度发现,级配 A 的劈裂强度低于级配 B 的劈裂强度,而对于抗压强度情形相反,这说明劈裂强度主要受细集料(尤其是2.36mm以下部分)影响,而对于抗压强度,粗集料形成的骨架结构对材料的抗压强度有较大影响。

Bowering 和 Martin 于1976年提出泡沫沥青混合料的无侧限抗压强度值(UCS)通常在1.8~5.4MPa之间,与本研究结果基本吻合。

2) 抗压回弹模量

关于回弹模量,我国进行了大量的室内和室外的试验研究。在室外有整体材料上的承载板测定方法,足尺路面结构的分层承载板测定法等。室内试验采用圆柱体试件,在试件顶面施加垂直荷载等。室内方法的关键在于测量荷载作用下变形的方式,主要有顶面法、标距法、夹具法、电测法等。不同的测试方法得到的回弹模量相差很大,其中电测法测得的模量最大,而顶面法最小。对于路面材料的回弹模量,一般认为以室外整体材料上用承载板法测得的回弹模量为标准,同时大量研究表明,该法测得的模量值与顶面法测得的结果十分接近。因此,泡沫沥青稳定基层材料的回弹模量试验方法采用顶面法。表10-19列出了我国规定的回弹模量试验方法的比较。

不同回弹模量的试验方法 表10-19

试验方法	试验目的	试验尺寸	试验温度（℃）	预压	加载速率	稳压时间	卸载时间
JTG D50 增补方法	沥青混合料抗压回弹模量	$\phi 10cm \times 10cm$	15,20	$0.2P$ 加载卸载预压两次	2mm/min	0	30s
JTG E51 T 0808—1994	无机结合料回弹模量	$\phi 10cm \times 10cm$ 或 $\phi 15cm \times 15cm$	—	最大荷载一半预压两次,每次1min	—	1min	30s
JTG 3430 T 0136—1993	土基回弹模量	$\phi 15.2cm \times 12cm$	—	$0.05 \sim 0.2MPa$, $1 \sim 2$ 次	—	1min	1min
JTG E20 T 0713—2000	沥青混合料抗压回弹模量	$\phi 10cm \times 10cm$	15,20	$0.2P$ 预压 1min	2mm/min	0	30s

传统的沥青混合料静态抗压回弹模量的测试加载方式为:预压 $0.1P \sim 0.2P$（P 为试件破坏荷载）,然后以 $0.1P \sim 0.7P$ 七级分别加载,绘制 $P_i - \triangle l_i$ 曲线,修正原点,取 $0.5P$ 时的模量作为设计参数。《公路沥青路面设计规范》(JTG D50—2017)中材料抗压回弹模量推荐值就是这样得出的。为了和设计规范保持一致,本节仍以这种方法进行试验。

关于试验温度,《公路沥青路面设计规范》(JTG D50—2017)规定,试验温度以15℃和20℃为标准。该温度相当于我国北方春融期,南方春雨时期,路基和中下强度和模量较低,而沥青面层模量尚大,是组成弯拉的不利季节。因此本研究中,仍取20℃作为泡沫沥青混合料的回弹模量测试温度。

按照上述方法,对级配 A、B、C、D 和 E 进行了抗压回弹模量试验。每一级配选取5种沥青用量,每一种沥青用量下成型 $4 \sim 5$ 个试件,并测得模量的平均值作为其代表值。图10-24～图10-26为泡沫沥青混合料在20℃时抗压回弹模量随沥青用量的变化关系。从图中可以看出,回弹模量随泡沫沥青用量的增加而逐渐减小,说明沥青用量的增加使得材料柔性性质增加,材料的劲度降低。

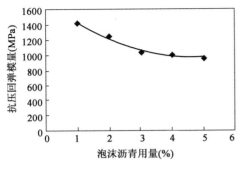
图 10-24　级配 A 的无侧限抗压模量随泡沫沥青用量的变化关系

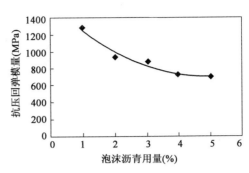
图 10-25　级配 B（1.5%水泥）无侧限抗压模量随泡沫沥青用量变化关系

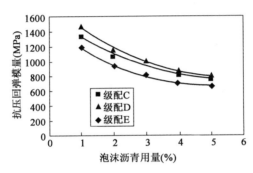
图 10-26　级配 C、D 和 E 的无侧限抗压模量随泡沫沥青用量的变化关系

比较不同级配的抗压回弹模量可以看出，级配 A 具有最高的模量值，这说明与其他级配材料相比，级配 A 由于不含有铣刨材料使得材料的整体刚度较高，而其他各组材料由于集料中含有老化沥青成分使得模量相对较低。除了级配 A 之外，各组材料的模量主要受级配影响，级配 D 由于具有较细的级配使得其模量值也较高，但是与抗压强度相比，级配对模量的影响不明显。

表 10-20 给出了不同级配泡沫沥青混合料（沥青用量取 3%~4%）、热拌沥青混合料及半刚性材料的回弹模量范围。与热拌沥青混合料和半刚性材料相比，泡沫沥青混合料的抗压模量要偏小。与热拌沥青混合料相比，由于泡沫沥青混合料中沥青不裹覆粗集料，粗集料靠中间的沥青玛蹄脂黏结在一起，这会造成其整体性没有热拌料强，造成其模量值偏低。半刚性材料由于添加水泥等黏结料，一般都具有较高的模量。

不同路面材料抗压模量比较　　　　　　　　　　　　表 10-20

材料名称	沥青针入度/配合比	20℃抗压模量（MPa）
细粒式密级配沥青混凝土	≤90	1200~1600
中粒式开级配沥青混凝土	≤90	1600~2000

续上表

材料名称	沥青针入度/配合比	20℃抗压模量(MPa)
中粒式密级配沥青混凝土	≤90	1200~1600
粗粒式密级配沥青混凝土	≤90	1200~1600
二灰砂砾	7:13:80	1300~1700
二灰碎石	8:17:75	1300~1700
水泥砂砾	5%~6%	1300~1700
水泥碎石	5%~6%	1300~1700
级配 A(1.5%水泥)	2%~3%	1100~1250
级配 B(1.5%水泥)	2%~3%	800~1000
级配 C	2%~3%	1000~1200
级配 D	2%~3%	1000~1100
级配 E	2%~3%	800~1000

10.2.8 动态劈裂回弹模量

1)概述

沥青路面材料设计参数是路面设计研究工作的主要内容,在以层状体系理论为基础的沥青路面设计方法中,材料设计参数更是必不可少,而且其大小对路面设计结果有很大的影响。材料参数的取值与试验方法及数据采集手段密切相关。一般说来,试验时材料的受力状态越接近路面结构的真实工作环境,所得到的参数越具客观性。但是,到目前为止我国在通过试验取得材料参数时,材料试件的受力状态基本上是静态的,对沥青混合料性能的研究也一直偏重于静态荷载方面,而没有考虑汽车行驶过程中,车轮荷载对路面的作用的瞬时性,没有考虑材料在动态荷载作用下的动态性能。为了考察泡沫沥青混合料的动态特性,便于与国外相关研究进行比较,同时为以后更为深入的研究奠定基础,本节采用劈裂法对泡沫沥青混合料的动态性能进行研究。

劈裂参数是表征材料动态性能的指标之一,也是路面设计中不可缺少的重要参数。我国《公路沥青路面设计规范》(JTG D50—2017)规定,对高速公路,一、二级公路的沥青混凝土路面层和半刚性基层、底基层确定层底拉应力指标时,所用材料抗拉强度采用劈裂强度。劈裂法测定的回弹模量虽不在规范中使用,但它也是材料性能主要指标之一。何况国外有些设计方法,如美国的 AASHTO 路面设计指南规定采用 ASTM D4123"沥青混合料回弹模量间接拉伸试验的标准方法"测定的回弹模量作为设计参数。

2003年新西兰Mofresh F. Saleh 按照澳大利亚规范 AS2891.12.1—1995 重复间接拉伸的方法,对泡沫沥青混合料进行了动态性能测试。仪器为气动的材料试验机(MATTA)。该仪器可以加载三角波或半正弦波,上升时间为 0.025~0.1s,精度为 ±0.005s。上升时间被定义为荷载从 10% 最大荷载上升到 90% 最大荷载的时间。该仪器备有温度控制室,可以将温度控制在 ±0.5℃,试验在可恢复水平应变 $50\mu\varepsilon \pm 20\mu\varepsilon$ 范围内进行,并通过下式来估计需要达到此范围的峰值荷载:

$$P_e = \frac{E \cdot D \cdot \varepsilon \cdot h_c}{(v + 0.27) \times 10^6} \tag{10-5}$$

式中:P_e——预估的极限荷载(N);

E——试件的预估回弹模量(MPa);

D——圆柱体试件的平均直径(mm);

h_c——试件的平均高度(mm);

ε——可恢复的水平微应变($\mu\varepsilon$);

v——泊松比。

在规定的可恢复水平应变 $50\mu\varepsilon \pm 20\mu\varepsilon$ 范围内,对试件施加 5 个荷载波进行预处理,然后再施加 5 个荷载波,并记录下可恢复的水平变形。将最后 5 个波形产生的回弹模量的平均值作为该试件的回弹模量值。

常用的仪器有:诺丁汉试验仪,MATTA 试验仪和 MTS 试验仪。

2)试验设计

参照热拌沥青混合料有关研究成果,本节拟订了泡沫沥青混合料动态模量试验方法,简要介绍如下:

试件尺寸为标准的马歇尔试件,试件个数 4~5 个。试件按照前文的叙述方法进行成型和养护。

将养护好的试件置于 MTS 机环境箱中,并在控制温度 15℃ ±0.5℃ 下保温 6h。

试验在一个频率下进行,加载频率为 1Hz,其中荷载持续时间 0.1s,荷载间歇时间 0.9s,荷载波形为半正矢波。为使试验过程中能产生足够的弹性变形,同时也为了便于和同类成果进行比较,在 15℃ 时取最大荷载为拉伸强度的 25% 进行反算并在试验中进行适当调整,以满足弹性变形的要求。荷载作用时间为 42s。采集最后 5 个波形的荷载及变形曲线,记录并计算可恢复垂直变形、动态回弹模量。

每组使用 3 个试件,每个试件测两次回弹模量。第一次测试后,将试件放回温控箱保温 10min,再把试件旋转 90°,进行第二次测试。

泡沫沥青混合料的动态劈裂回弹模量按下式计算：

$$E_{sp} = \frac{P_T}{h \times X_T}(0.27 + 1.0\mu) \tag{10-6}$$

式中：E_{sp}——动态劈裂回弹模量（MPa）；

P_T——重复荷载（N）；

h——试件直径（mm）；

X_T——瞬时可恢复水平变形（mm），按下式计算：

$$X_T = \frac{Y_T \times (0.135 + 0.5\mu)}{1.794 - 0.0314\mu} \tag{10-7}$$

式中：Y_T——可恢复垂直变形（mm）；

μ——泊松比，试验温度为15℃时，取0.27。

3）试验结果

试验在 MTS 配备的电脑上自动控制，同时对荷载和变形数据进行采集，采样的速率高达 1ms/次，能够获得完整连续的记录曲线。试验中所测得的典型变形曲线和荷载曲线如图 10-27 和图 10-28 所示。

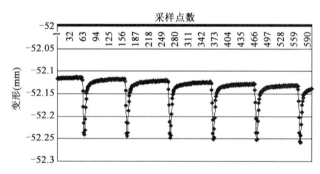

图 10-27 实测的典型变形曲线图

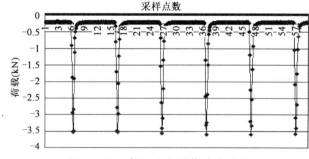

图 10-28 实测的典型荷载曲线图

4）试验结果分析

（1）从图 10-27 变形和图 10-28 荷载的时程曲线可见，在循环荷载加载周期内，泡沫沥青混合料试件的变形响应同步发生,并随动荷线性增长;而在卸荷周期,试件变形响应略有滞后,并且在 1 个应力循环的间歇期内,试件的变形不能完全恢复,这表明泡沫沥青混合料与热拌沥青混合料一样属于黏弹性体,即在瞬时动荷载作用下也存在一定黏性。

(2)从表 10-21 试验结果来看,虽然泡沫沥青稳定新集料中泡沫沥青含量较高,但其仍具有最大的回弹模量。这说明泡沫沥青混合料劲度与所稳定材料的类型有很大关系,新集料是天然的石料,而铣刨料中含有一定量的废旧沥青,这部分沥青虽然不起黏结作用,但是会影响混合料的整体劲度。

此外,水泥用量会对各级配材料的劲度产生影响。水泥剂量越高,弹性模量越大。对于所有级配材料,与未加水泥相比,水泥用量为 1.5% 时回弹模量会增加约 20%。

不同级配材料弹性模量　　　　　　　　　　　表 10-21

级配类型		沥青用量(%)	弹性模量 (15℃,MPa)	试件个数
级配 A	未加水泥	3.0	2478	5
	1.0%水泥		2775	5
	1.5%水泥		2808	5
级配 B	未加水泥	3.0	1670	4
	1.0%水泥		1870	4
	1.5%水泥		1930	5
级配 C	未加水泥	2.5	1550	5
	1.5%水泥		1820	5
级配 D	未加水泥	3.0	1880	5
	1.5%水泥		2290	5
级配 E	未加水泥	2.5	1320	4
	1.5%水泥		1526	5

同时,级配对泡沫沥青混合料的劲度有重要影响,是不同泡沫沥青混合料劲度产生差异的主要因素之一。例如,级配 D 的平均回弹模量是级配 E 的 1.5 倍左右,这说明级配不好的泡沫沥青混合料一般很难获得较高的回弹模量。

(3)国内由于试验条件和目前规范所限,有关材料动态参数的数据比较有限。本节参照许志鸿教授等有关材料的研究成果,结合试验结果总结见表 10-22。

关于动静模量的关系,国内外学者近年来对沥青混凝土路面,特别是对沥青混凝土动静模量关系进行了大量的对比分析得出结论:沥青混凝土动态模量为静态模量的 2.0~2.5 倍。我国学者王旭东在沥青混凝土路面的对比试验上也得出大致相同的结论。根据本节有限研究认为泡沫沥青混合料动态模量为静态模量的 1.5~2.0 倍。

不同材料的动态参数(劈裂法)的比较　　表 10-22

试验温度 (℃)	级配类型	劈裂强度 (MPa)	弹性模量 (MPa)	动态回弹模量 (MPa)
15	AC-20	2.575	1676	3393
	泡沫沥青再生料	0.3~0.9	700~1100	1500~2500

10.3 拌和用水量对泡沫沥青混合料的性能影响

10.3.1 拌和用水的作用

与热拌沥青混合料、半刚性材料及土的压实相比,泡沫沥青混合料要获得最佳的压实相对比较复杂。这是因为泡沫沥青混合料里用了两种润滑剂:沥青和水。虽然沥青在喷射时的黏度很低,但是当其与集料接触后,沥青与细集料裹覆并形成黏度较大的"玛蹄脂",但是只有"玛蹄脂"的润滑作用还不能使得材料获得最佳压实,此时必须加入一定的水,在水和"玛蹄脂"的复合作用下才能获得最佳的压实。水在拌和及压实时主要有以下几个作用:

(1)促进集料结团的分解;
(2)在拌和过程中有利于沥青的扩散;
(3)在集料体间充当润滑剂。

然而,过多的水将会影响压实效果及混合料的强度。因此在拌和及压实过程中必须确定一个合适的用水量。

10.3.2 最佳拌和水量

关于泡沫沥青混合料最佳拌和用水量的确定方法,国外进行了许多研究。

(1)美孚石油公司的研究表明,混合料的最佳拌和水量处于集料的"疏松点"。"疏松点"是指在此含水率下,集料具有最大松散度体积。并根据当时的资料,认为拌和用水量应在 Mod AASHTO 最佳拌和水含量的 70%~80% 范围内。尽管如此,但对于较细的材料,可能会因为松散点太低而不能保证充分地拌和和压实。

(2) Lee 通过对不同级配泡沫沥青混合料在不同拌和水量条件下的研究发现,对于每一种级配混合料,存在一个最佳拌和水量,并在最佳拌和水量下混合料的马歇尔稳定度最大。最后对不同级配混合料最佳拌和水量总结后认为最佳拌和水含量应为修正 AASHTO 最佳含水率的 65%～85%。此外,他还通过试验研究发现,如果对集料先加部分水,然后喷洒泡沫沥青形成泡沫沥青混合料,再添加部分水使其获得最佳的压实,此时获得的马歇尔稳定度要小于一次性添加的效果。

(3) 借鉴乳化沥青混合料中最佳液体总含量的概念,Castedo Franco 和 Wood 在泡沫沥青混合料中也引入了总液体含量的概念。这种概念考虑到了除水外的黏结剂的润滑作用,这样当混合料达到最大压实度时,实际的拌和水含量就要相应减少。研究人员还认为当总流质(水+沥青)含量大约等于 OMC 时,可以达到最佳压实度。

(4) Skar 和 Manke 利用统计的方法,从不同级配混合料中得出了最佳拌和用水量的计算公式:

$$MMC = 8.92 + 1.48OMC + 0.4PF - 0.39BC \tag{10-8}$$

式中:MMC——最佳拌和用水量(%);

　　OMC——修正的 AASHTO 最佳含水率(%);

　　PF——集料的细料百分率(%);

　　BC——沥青含量(%)。

(5) 考虑泡沫沥青和水两种润滑剂的作用,维特根公司依据经验找到了不同最佳含水率下集料最佳拌和水减少量的关系,如图 10-29 所示。为了达到最佳的拌和目的,可根据式(10-1)计算需要加入集料中的含水率(%),然后根据式(10-2)计算要加入的水的质量。

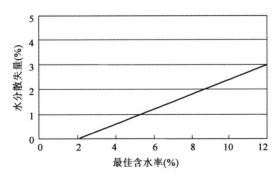

图 10-29　用于计算最佳拌和水含水率的减少量

10.3.3 最佳拌和水量的试验研究

由于我国对于土和砂石材料的击实方法与国外不同,这样会造成材料最佳含水率有所差异,也就会对材料相对拌和用水量范围造成影响。同时目前国外进行的研究,只是通过试验给出了最佳拌和用水量的范围,而对于影响这些取值范围的重要因素没有相关结论。

本节考虑到泡沫沥青混合料的强度形成原理与普通热拌沥青材料存在差异,其强度受级配、拌和与压实温度及拌和水量的影响。而上述三种因素在以强度为最终检验指标的前提下可能又互相产生影响,需要通过试验研究进行优化。鉴于这种考虑,试验对级配 C、D 和 E 在常温 25℃下,不同拌和用水量下研究其物理力学强度变化规律,以期找出不同级配材料的最佳拌和水量;采用级配 D 在不同拌和与压实温度条件下,确定最佳拌和用水量的范围,以期找出拌和与压实温度对最佳拌和用水量的影响。

1)不同级配材料的最佳拌和用水量

在常温 25℃下对 3 种代表级配 C、D 和 E 选取 30%、50%、70%、90%、110% 和 130% 等共 7 种拌和用水量。每种材料的泡沫沥青用量均取 3%,而试验方法仍与前文一致。

表 10-23 给出了这些材料的试验结果,其中包括密度、空隙率、干湿 ITS 和强度残留比。由于含水率较高时(高于最佳含水率的 90%),在击实试验过程中会出现部分水分从试模中溢出的情况,因此对这些含水率高的试件测试了其实际含水率。从试验结果来看,拌和用水量对材料的这些特性都有不同程度的影响。对于每一种级配都表现出随着拌和水量的变化,密度、强度和残留比都存在最大值,而空隙率存在最小值。

3 种级配材料在不同拌和用水量下的物理力学指标 表 10-23

级配	沥青用量(%)	拌和用水量(%)	实测拌和用水量(%)	密度(g/cm³)	空隙率(%)	干 ITS(kPa)	湿 ITS(kPa)	强度残留比(%)
C	3	30.0	30.0	2.105	11.3	255.7	122.1	47.7
		50.0	50.0	2.145	9.6	415.2	223.3	53.8
		70.0	70.0	2.167	8.7	512.3	327.4	63.9
		79.4	79.4	2.181	8.1	550.6	401.2	72.9
		90.0	88.3	2.192	7.6	497.3	398.9	80.2
		110.0	105.6	2.179	8.2	466.3	334.2	71.7
		130.0	117.8	2.165	8.8	402.1	283.3	70.5

续上表

级配	沥青用量(%)	拌和用水量(%)	实测拌和用水量(%)	密度(g/cm³)	空隙率(%)	干 ITS (kPa)	湿 ITS (kPa)	强度残留比(%)
D	3	30.0	30	2.168	9.8	235.5	105.3	44.7
		50.0	50	2.197	8.6	456.5	237.1	52.0
		70.0	70	2.225	7.4	614.5	485.4	79.0
		78.4	78.4	2.240	6.8	650.3	549.3	84.5
		90.0	88.1	2.230	7.2	606.1	523.1	86.3
		110.0	107.8	2.218	7.7	529.1	439.1	83.0
		130.0	123.5	2.198	8.5	487.2	358.1	73.5
E	3	30.0	30.0	2.038	13.6	179.2	—	—
		50.0	50.0	2.067	12.4	278.3	97.3	35.0
		70.0	70.0	2.087	11.5	324.5	112.7	34.7
		80.8	80.8	2.102	10.9	364.5	132.2	36.3
		90.0	86.4	2.091	11.4	350.1	118.2	33.7
		110.0	100.5	2.087	11.5	298.3	107.2	36.0
		130.0	114.3	2.076	12.0	203.5	76.3	37.5

根据试验过程,当拌和用水量较小时,泡沫沥青在混合料中不能均匀分散,会出现大小不等的条形沥青团,而且在拌和用水量为30%时最多,此时沥青分散很不均匀,将混合料抓在手中感觉缺乏黏结力,同时手掌上会被大块的沥青团黏住。这说明材料中缺乏必要的水分,泡沫沥青无法和细集料裹覆。水分的缺乏和沥青的不均匀分散,使得混合料无法有效地压实,从而造成密度小,空隙率很大,干、湿 ITS 及强度残留比都很低。

当拌和用水量增加至70%时,泡沫结团的现象有所改善,已经不能明显发现这些聚集的沥青团。这说明用水量的增加,使泡沫沥青可以裹覆更多的细集料,其分散程度得到改善,压实效果变好,密度增加、空隙率变小,干湿 ITS 和强度残留比都得到增加。

当拌和用水量继续增加至80%左右时,泡沫沥青已经在混合料中得到充分的分散,用肉眼可以观测到泡沫沥青裹覆细集料形成的粒状"玛蹄脂",用手将混合料抓成一团后,混合料具有一定的黏结力而不能立即塌落下来。这时密度进一步增大,空隙率继续降低,干湿 ITS 和残留强度比也有所提高。

拌和用水量接近或超过最佳含水率时,可以发现混合料中出现自由水,泡沫沥青在混合料中得到充分的分散,用肉眼可以观测到泡沫沥青裹覆细集料形成的粒状"玛蹄脂",用手将混合料抓成一团后,混合料具有一定的黏结力而不能立即塌落下来,但手中会沾上较多的自由水。混合料可以得到很好的击实,但是测试的密度已经有所降低,空隙率变大,干湿 ITS 和残留强度比也有所降低。

因此,综上所述可以认为在不同拌和用水量下,三种级配的泡沫沥青混合料出现了十分类似的规律,即在拌和用水量低于 70% 时,泡沫沥青不能有效分散,并伴有不同程度的"沥青"团出现,此时泡沫沥青混合料的物理力学特性最差,表现为密度最小,空隙率最大,强度低和水稳性差。在 80% 拌和用水量时,泡沫沥青得到了充分分散,沥青结团现象消失,材料的物理力学性能最佳,表现为密度最大,空隙率最小,强度最高和水稳性最好。在超过 90% 拌和用水量时,泡沫沥青仍能得到充分分散,没有沥青结团现象,材料的物理力学特性有所降低,表现为密度减小,空隙率增大,强度降低和水稳性变差。因此,对于泡沫沥青稳定各类材料,足够的拌和用水量是影响和决定材料最终性能的关键因素,但是过多的水也会对材料性能不利,一般要通过合理的方法确定最佳的拌和用水量。

为了探求不同级配材料的最佳拌和用水量占最佳含水率百分比 R_m,对每一级配下混合料的干湿 ITS 与实测拌和用水量进行二次函数回归,并计算出最大强度下的拌和水量,将此时的拌和用水量认为是最佳拌和用水量,回归方程相关系数并计算得出的最佳拌和用水量如表 10-24 和表 10-25 所示。

不同级配材料干 ITS 与实测拌和用水量回归关系和最佳拌和用水量　　表 10-24

级配	沥青用量 (%)	拌和及成型温度 (℃)	相关系数 (%)	R_m (%)
C	3	25	97.6	82.1
D	3	25	96.3	86.5
E	3	25	95.3	75.3

不同级配材料湿 ITS 与实测拌和用水量回归关系和最佳拌和用水量　　表 10-25

级配	沥青用量 (%)	拌和及成型温度 (℃)	相关系数 (%)	R_m (%)
C	3	25	93.2	86.6
D	3	25	95.5	90.0
E	3	25	91.0	78.3

从表 10-24 和表 10-25 中计算结果可以得出,不同级配材料的最佳拌和用水量占最佳含水率的百分比存在差异,级配 D 的 R_m 最大,级配 C 次之,级配 E 最小,这说明

级配较细的混合料一般具有较大的 R_m；此外，对于每一级配，湿 ITS 对应的 R_m 要略大于干 ITS 对应的 R_m。三种级配混合料的 R_m 取值范围在 75%～90%，该范围与国外相关研究结论(最佳拌和用水量为修正 AASHTO 的 65%～85%)基本一致，在正常范围之内。

2）不同拌和与击实温度下材料的最佳拌和用水量

由于沥青是感温性材料，在不同拌和和击实温度下泡沫沥青混合料中形成的"沥青玛蹄脂"也会表现为一定的感温性。泡沫沥青混合料中的水和"玛蹄脂"是 2 个互相作用的"润滑剂"，"玛蹄脂"的感温性势必会对拌和用水的作用产生影响。为了探求这种影响作用，本节对级配 C 在 15℃、25℃ 和 40℃ 这 3 种温度下，对 30%、50%、70%、90%、110% 和 130% 以及采用 Wirtgen 经验公式计算的拌和用水量共 7 种拌和用水量的混合料物理力学特性进行了试验研究。每种材料的泡沫沥青用量均取 3%。同时由于要对材料的温度进行控制，所以在试验时要采取特别的处理，并采取以下措施，将配好的集料用袋子密封并分别在 15℃、25℃ 的水浴和 40℃ 的烘箱中存放 6h，拌和时将材料取出，并立即在拌锅里拌和，拌和完毕后，仍将材料密封送至水浴或烘箱中储存直至试件击实结束。

击实试验结束后，在室温 15℃ 左右下不脱模养护 24h，然后脱模并在 40℃ 通风烘箱养护 72h，试件养护结束后，一组试件密封后放入 25℃ 水浴 5h 后测试干 ITS；另一组试件在采用水中重法测试密度后，浸入 25℃ 水浴中湿养护 24h 后测试湿 ITS。表 10-26 给出了这些材料的试验结果，其中包括密度、空隙率、干湿 ITS 和强度残留比。由于含水率较高时(高于最佳含水率的 90%)，在击实试验过程中会出现部分水分从试模中溢出，因此对这些含水率高的试件测试了其实际含水率。

不同温度下和不同拌和用水量泡沫沥青混合料的物理力学指标　　表10-26

温度 (℃)	拌和用 水量(%)	实测拌和 用水量(%)	密度 (g/cm³)	空隙率 (%)	干 ITS (kPa)	湿 ITS (kPa)	强度残留比 (%)
15	30.0	30.0	2.130	9.6	130.1	65.1	50.0
	50.0	50.0	2.143	9.0	188.2	95.2	40.6
	70.0	70.0	2.154	8.6	234.7	125.5	53.5
	79.4	79.4	2.161	8.7	319.6	197.1	61.7
	90.0	87.1	2.163	8.2	311.1	205.2	66.0
	110.0	104.5	2.158	8.4	257.6	177.3	68.9
	130.0	120.2	2.149	8.8	251.1	129.6	51.6

续上表

温度(℃)	拌和用水量(%)	实测拌和用水量(%)	密度(g/cm³)	空隙率(%)	干ITS(kPa)	湿ITS(kPa)	强度残留比(%)
25	30.0	30.0	2.105	11.3	255.7	122.1	47.7
	50.0	50.0	2.145	9.6	415.2	223.3	53.8
	70.0	70.0	2.167	8.7	512.3	327.4	63.9
	78.4	78.4	2.181	8.1	550.6	401.2	72.9
	90.0	88.3	2.192	7.6	497.2	398.9	80.2
	110.0	105.6	2.179	8.2	466.3	334.2	71.7
	130.0	117.8	2.165	8.8	402.1	283.3	70.5
40	30.0	30	2.168	9.8	465.2	334.9	72.0
	50.0	50.0	2.197	8.6	589.2	434.5	73.7
	70.0	70.0	2.225	7.4	668.2	532.1	79.6
	78.4	78.4	2.240	6.8	699.7	575.3	82.2
	90.0	86.3	2.230	7.2	622.1	508.8	81.8
	110.0	100.2	2.218	7.7	582.3	431.5	74.1
	130.0	119.8	2.198	8.5	494.2	352.1	71.2

通过对表10-26的分析,可得出每一种拌和与压实温度下拌和用水量对泡沫沥青混合料物理力学性质的影响与前文讨论结果相一致,即拌和用水量不足时混合料的密度小、空隙率大,干湿ITS和残留强度比都很低;拌和用水量过高也会导致密度降低、空隙率变大,干湿ITS和残留强度比都降低;混合料存在一个最佳拌和用水量。同时比较不同温度下混合料的物理力学性质可以发现,在温度低的情形下,混合料的密度小,空隙率较大,同时强度和残留强度比也较小,而随着温度的增加,密度增大,空隙率减小,强度和残留强度比也随之增大。

为了探求不同温度下级配C的最佳拌和用水量占最佳含水率百分比R_m,对混合料的干湿ITS与实测拌和用水量进行二次函数回归,并计算出最大强度下的拌和用水量,并将此时的拌和用水量认为最佳拌和用水量,回归方程相关系数和计算得出的最佳拌和含水率如表10-27和表10-28所示。

从表10-27和表10-28中计算结果可以得出,不同拌和和成型温度下R_m存在差异,15℃时的R_m最大,25℃时的R_m次之,40℃时的R_m最小,这说明随着拌和及成型温度的升高,R_m一般呈下降趋势,分析原因是沥青是感温性材料,在不同拌和和击实温度下泡沫沥青混合料中形成的"沥青玛蹄脂"也会表现为一定的感温性,拌和和击实温度升高会使得"玛蹄脂"的黏度降低、流动性增加,对混合料的润滑作用增大,此时要维持最佳拌和与压实效果的总液体含量(包括"沥青玛蹄脂"和水)不变,就必须适当降低拌和用水量。

不同温度下干 ITS 与实测拌和用水量回归关系和最佳拌和用水量　　表 10-27

级配	沥青用量 (%)	拌和及成型 温度(℃)	相关系数 (%)	R_m (%)
C	3	15	84.0	91.2
	3	25	97.6	82.1
	3	40	92.4	75.9

不同温度下湿 ITS 与实测拌和用水量回归关系和最佳拌和用水量　　表 10-28

级配	沥青用量 (%)	拌和及成型 温度(℃)	相关系数 (%)	R_m (%)
C	90.0	3	15	76.5
	3	25	93.2	86.6
	3	40	89.7	76.0

由于施工气温会因不同区域和不同季节而有很大不同,所以会导致混合料在拌和与压实温度上有所差异,理解泡沫沥青混合料的这一性质可指导施工时采取合适的拌和用水量。

3)泡沫沥青混合料的最佳拌和用水量范围

将上述研究结果汇总于图 10-30 和图 10-31 中,其中级配 D 和 E 随拌和与成型温度的变化曲线是参照级配 C 得到的,而最佳拌和用水量是分别基于干湿 ITS 得到的。

比较图 10-30 和图 10-31 可以看出,基于干湿 ITS 的 R_m 表现了类似的规律,而且它们之间差异不大,表现为基于湿 ITS 的 R_m 略小于基于干 ITS 的 R_m 值。

从图中可以看出,最佳拌和用水量与材料的级配和拌和、成型温度有一定关系,一般表现为级配越细 R_m 越大,拌和、成型温度越高 R_m 越小。而试验选用的级配和拌和、成型温度具有代表性,能够反映出工程实践中的情形。因此在工程应用中可以依据材料的级配、拌和与成型温度,参照图 10-30 和图 10-31 中表现的规律,合理选择最佳拌和用水量的范围。

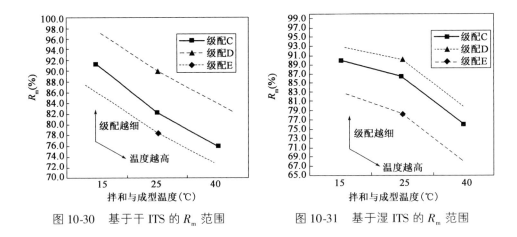

图 10-30 基于干 ITS 的 R_m 范围　　　图 10-31 基于湿 ITS 的 R_m 范围

10.4 养护条件对泡沫沥青混合料的性能影响

10.4.1 研究背景

虽然泡沫沥青混合料不像乳化沥青混合料那样存在养护问题,但大量研究表明,压实的泡沫沥青混合料只有在大量水分失去之后才会形成最终强度,因此适当的养护是必须的。养护是使泡沫沥青混合料在一定温度和湿度环境下经历一段时间,使其水分逐渐减少而形成强度的过程。

Ruckel 等(1982)提出,养护期间混合料的含水率是决定泡沫沥青混合料最终强度形成的主要因素。Roberts 等(1984)发现养护温度会影响混合料中水分的散失速率,因此随着养护温度(23～60℃)的增加,泡沫沥青混合料的拉伸强度明显地增大。

不过,Lee(1980)通过试验发现,水分的失去并不是泡沫沥青混合料强度形成的先决条件。

不过无论何种情况,试验室设计步骤都必须模拟工地养护过程,从而使得试验制备的混合料的特性和现场施工的混合料的特性具有一定的相关关系。但是泡沫沥青混合料在工地上养护需要几个月的时间才能完成,因此在试验室采用这种方法是不现实的,因此在试验室里一般采用加速养护的方法来实现,而关键是要找出两者的相关关系。通过试验室测得的强度值进行路面结构能力分析时,这些强度特性增长规律显得尤为重要。

Acott 发现,工地上混合料达到试验室长期养护的强度所需的时间为 23～200d 或更长时间(图10-32),这个时间段会因为道路温度、雨雪和水分蒸发而发生变化。四年以后测试部分的强度和试验数据非常接近。但是,泡沫沥青路面出现的一些过早的损坏,一般会发生在建造后的几天而不是几星期或几个月。从这可以看出,虽然道路所能达到的最终强度在设计过程中起着举足轻重的作用,但早期或中期养护对强度形成来说是关键时刻,应对早期和中期系统化的养护过程加以重视。

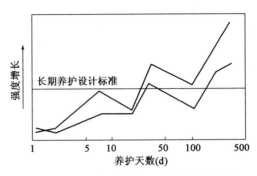

图 10-32 强度随养护天数的变化关系

Ruckel 提出了一套短、中和长期养护的方案,即:

1)短期养护

(1)所有试件在温度 23℃±2.8℃ 下未脱模养护 24h±0.5h,然后脱模。

(2)称取试件重量并计算含水率。

(3)选择一定数量(其他的可以继续进行中、长期养护)的试件进行测试,并尽量在测试前避免水分的散失。短期养护模拟工地上干养护 1d 的情况。测试结果可以为面层或其他结构层的铺筑时间提供指导。

2)中期养护

(1)其他结束短期养护的试件脱模后,迅速转入 40℃±1℃ 烘箱中养护 24h。

(2)称取试件重量并计算含水率。

(3)选择一定数量(其他的可以继续进行长期养护)的试件,并将其分成两组,一组用于干测试,因此测试前要避免试件中水分的变化。另一组进行真空饱水后,再进行测试。

中期养护模拟工地上干养护 7~14d 的情况。

3)长期养护

(1)其他结束中期养护的试件继续在 40℃±1℃ 烘箱中养护 72h±0.5h。

(2)称取试件重量并计算含水率。

(3)冷却至室温,并将其分成两组,一组用于干测试,另一组进行真空饱水后,再进行测试。

根据工程经验,一般情况下试件经过 48h 的长期养护就能满足使用要求。

无论是在干或湿的环境下,泡沫沥青层的强度和稳定度都会在长时间内持续增长。因此在完全养护好(长期养护)的条件下得到的泡沫沥青混合料的测试数据更可靠。干和湿的试件都要测试,试验结果模拟的是道路泡沫沥青层随时间的变化关系。这段时期短则 30d,长可至 200d。

对泡沫沥青层受水侵蚀的评价必不可少,因为过度的降雨会使泡沫沥青层长期处于潮湿的环境中,而真空饱水试验正好模拟了这一过程。真空饱水方法大致如下:

(1)将试件放入真空干燥器里,往容器中倒水并高出试件 13mm。

(2)使真空干燥器的真空度达到 100mmHg,并维持 60min ± 5min。

(3)慢慢释放真空并把试件浸入水中 60min ± 5min。

试件是不脱模养护还是脱模后养护对强度也有一定的影响,因为冷的混合料最初是相当易碎的。Purdue 大学的做法是:最初养护在试模里,然后脱模后养护。Lee 发现,随着养护时间的推移,马歇尔稳定性受是否在试模里养护的影响超过了养护时温度的影响。澳大利亚的研究表明,当温度范围在 68 ~ 140°F(20 ~ 60℃)间,影响测试结果的主要因素是含水率。Lee 的研究也证实了该结果。

以往的研究大多采用 Bowering(1970)提出的试验室养护方法,如 3d 60℃ 的烘箱养护,这种方法可使得混合料的最终含水率在 0 ~ 1.5% 之间,代表了工地可达到的最干状态,试件的强度代表了道路铺筑一年后的状态(Maccarrone,1995),不过有研究指出,60℃ 的养护可能导致沥青的老化,而且如果养护温度在普通等级沥青软化点之上,那么养护期间沥青在混合料中的分布可能会发生变化。美国沥青研究院对乳化混合料进行了相似的研究,试验数据表明:当养护的温度超过 120°F(48℃),表面看上去密封的试件会产生内部压力,这些内部压力会使试件变形并损坏他们。为此,Lewis(1998)提出了采用 3d 40℃ 的烘箱养护方法。

10.4.2 试验研究

为了探求不同养护方法对泡沫沥青混合料物理力学性能的影响,本节选取级配 C 进行试验,泡沫用量为 2.5%,除成型后养护方法外,其他试验方法均与 10.2 中叙述一致。

采用的养护方法分别为:

(1)养护方法 1:不脱模室温养护 1d + 脱模 40℃ 通风烘箱养护 5d + 25℃ 水浴养护 2d。

（2）养护方法2：不脱模室温养护1d + 脱模60℃通风烘箱养护5d + 25℃水浴养护2d。

（3）养护方法3：不脱模室温养护1d + 脱模25℃通风烘箱养护60d + 25℃水浴养护2d。

对完成一定养护时间的试件，均用塑料袋密封后在25℃水浴保温3h，然后测试劈裂强度和模量，所得测试结果如表10-29～表10-31所示。

养护方法1下的试验结果　　　　　　　　　　　表10-29

级配类型	物理力学指标	第1天 不脱模养护1d	第2天 烘箱养护1d	第3天 烘箱养护2d	第4天 烘箱养护3d	第5天 烘箱养护4d	第6天 烘箱养护5d	第7天 水浴养护1d	第8天 水浴养护2d
级配C	失水率（%）	18.70	54.30	15.20	6.80	2.90	1.30	—	—
	含水率（%）	4.07	1.35	0.59	0.25	0.11	0.04	—	—
	ITS（kPa）	120	350	460	530	535	530	374	362
	模量（MPa）	190	222	233	251	259	262	185	187
级配C（加1.5%水泥）	失水率（%）	13.5	55.5	11.30	8.70	7.30	3.30	—	—
	含水率（%）	4.33	1.55	0.99	0.55	0.19	0.02	—	—
	ITS（kPa）	260	391	490	580	575	585	497	490
	模量（MPa）	269	320	356	376	365	380	310	315

从表10-29中可以看出，对于养护方法1，不脱模养护1d后，混合料可以产生一定的强度，但是强度较低，只有最大强度的23%左右；而经过第1天脱模通风烘箱养护，可使得混合料中50%以上的水分蒸发，从而使得强度大幅增长，达到最大强度的66%；随后水分蒸发较慢，强度也逐渐增加，脱模养护3d后强度基本维持稳定，再经过第4天和第5天的养护，试件中水分已接近干燥状态（<0.3%），其强度和模量没有明显的变化。水浴养护第1天后，强度会产生损失，残留强度比和残留模量比均为70%左右，水浴养护

第 2 天后强度和模量损失不明显。

同时比较两组级配可以发现,对于加入 1.5% 水泥的泡沫沥青混合料,其不脱模养护 1d 的强度要比未加水泥的混合料强度有大幅增加,达到最大强度的 45% 左右;而通过第 1 天脱模通风烘箱养护,混合料中 50% 以上的水分蒸发,从而使得强度大幅增长,达到最大强度的 68%;随后水分蒸发较慢,强度也逐渐增加,脱模养护 3d 后强度基本维持稳定,再经过第 4 天和第 5 天的养护,试件中水分已接近干燥状态(<0.6%),其强度和模量没有明显的变化。水浴养护第 1 天后,强度和模量会产生损失,残留强度比为 86%,残留模量比为 82%,第 2 天后强度和模量损失不明显。

因此,从上分析可以看出,泡沫沥青混合料的强度和模量与混合料中的水分含量有密切关系,水分蒸发越快,强度与模量增长也越快,一般在水分接近完全蒸发(譬如小于 1%)后,强度和模量达到最大值。此后,由于混合料接近最干状态(含水率接近于零),再对试件进行养护,其强度和模量也增加不大。同时,对于养护完成的试件(含水率接近于零)在浸水 24h 后,其强度和模量会产生损失,但是继续进行浸水试验,其强度和模量损失不明显。此外,与未加水泥的试件相比,加入一定水泥的混合料,其早期强度形成较快,尤其在不脱模养护 1d 后其强度增加显著。

养护方法 2 下的试验结果　　　　表 10-30

级配类型	物理力学指标	第1天 不脱模养护1d	第2天 烘箱养护1d	第3天 烘箱养护2d	第4天 烘箱养护3d	第5天 烘箱养护4d	第6天 烘箱养护5d	第7天 水浴养护1d	第8天 水浴养护2d
级配 C	失水率(%)	17.70	63.50	12.00	4.50	1.50	0.60	—	—
	含水率(%)	4.12	0.94	0.34	0.12	0.04	0.03	—	—
	ITS(kPa)	140	420	610	680	692	683	572	568
	模量(MPa)	142	290	320	346	340	357	280	255

从表 10-30 中可以看出,对于养护方法 2,不脱模养护 1d 后,混合料可以产生一定的强度,但是强度较低,只有最大强度的 20% 左右,与养护方法 1 差别不大;而经过第 1 天脱模通风烘箱养护,可使得混合料中 60% 以上的水分蒸发,从而使得强度大幅增长,达到最大强度的 62%,与养护方法 1 相比该期间的失水率较高,强度和模量增长也较大;

随后水分蒸发较慢,强度也逐渐增加,脱模养护 3d 后强度基本维持稳定,再经过第 4 天和第 5 天的养护,试件中水分已接近干燥状态(<0.4%),其强度和模量没有明显的变化。水浴养护第 1 天后,强度会产生损失,残留强度比为 84%,残留模量比为 82%,第 2 天后强度损失不明显。

养护方法 3 下的试验结果 表 10-31

级配类型	物理力学指标	第1天 不脱模养护1d	第2天 脱模养护1d	第9天 脱模养护7d	第15天 脱模养护15d	第30天 脱模养护30d	第60天 脱模养护60d	第61天 水浴养护1d	第62天 水浴养护2d
级配 C	失水率(%)	17.50	24.50	28.5	17.00	9.20	3.30	—	—
	含水率(%)	4.13	2.90	1.48	0.85	0.46	0.00	—	—
	ITS(kPa)	128	289	406	493	532	539	341	347
	模量(MPa)	123	160	198	225	278	287	190	195

从表 10-31 中可以看出,对于养护方法 3,不脱模养护 1d 后,混合料可以产生一定的强度,但是强度较低,只有最大强度的 24% 左右,与养护方法 1 和 2 差别不大;而经过第 1 天脱模通风烘箱养护,可使得混合料中 25% 的水分蒸发,强度达到最大强度的 54%,与养护方法 1 和 2 相比该期间的失水率较低,强度和模量增长也较慢;随后水分继续蒸发,随后的 7d 内,混合料中 28.5% 的水分蒸发,强度也继续增加,强度达到最大强度的 76%;养护 30d 后,试件中水分已接近干燥状态(<0.5%),强度基本维持稳定,再经过第 30 天的养护,试件中水分已接近干燥状态(<0.4%),其强度和模量没有明显的变化。水浴养护第 1 天后,强度会产生损失,残留强度比为 64%,残留模量比为 68%,第 2 天后强度损失不明显。

10.4.3 试验结果比较与分析

将上述试验结果汇总于图 10-33 中,可以得出以下结论:

1)强度和模量与失水率的关系

泡沫沥青混合料的强度和模量的增长与混合料的失水率有密切关系。一般情形下,失水率越大,强度和模量增长越快;失水率越小,强度和模量增长也越小。例如,脱模养护1d后,由于混合料失水率在整个养护期内最大,混合料的强度和模量也增长最为显著。

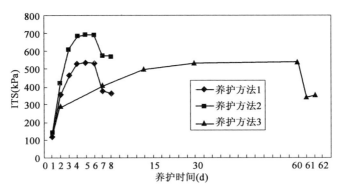

图10-33　不同养护方法下强度随时间的变化

2)强度与含水率的关系

一般情形下,泡沫沥青混合料在含水率较高时其强度和模量都较低;而含水率接近为零时混合料的强度和模量达到最大值。因此,也可以这样认为,泡沫沥青混合料一旦在压实完成结束后,混合料中水分的存在对材料的强度和模量均不利,只有使混合料的含水率处于尽可能低的水平,才会使其获得最高的强度和模量。

3)养护温度的影响

比较三种养护方法,可以看到养护温度越高,混合料的失水率越大,强度和模量的增长也越大。同时可以看出,养护方法2由于养护温度最高,在脱模养护期间,其强度增长最大,从而获得的最终强度和模量值也最大。对于第3种养护方法,由于其养护温度较低,含水率减小最慢,因此其强度和模量增长也最慢,但是在养护30d以后,混合料也接近最干状态,其强度也达到最大值。

此外可以发现第1种和第3种养护方法获得的最终强度和模量比较接近,而第2种养护方法获得的最终强度明显高于其他两种养护方法。因此可以推断,在40℃和25℃两种养护温度下,虽然养护温度导致的强度和模量增长速度不同,但是各自经过不同的养护期,其最终强度能够达到相同的水平,这说明这两种方法具有一定的关联性。而实际工地上的养护通常是在低温(低于40℃)不通风情形下,水分缓慢蒸发,强度渐渐形成的。就养护温度而言,现场条件与养护方法3更为贴近。

而60℃的养护由于温度过高可能会引起材料中沥青胶浆软化,影响胶浆的分布状态,使其裹覆性能得到加强,从而获得较高的强度和模量。此外,如果混合料中所采用的沥青标号较低,可能导致沥青胶浆的软化点低于60℃,从而使得60℃养护温度对沥青胶浆的影响加剧。因此可以认为,60℃的养护温度可能会破坏沥青胶浆的初始分布,这与现场养护条件不符。

4）水浴养护

对泡沫沥青稳定层受水损坏的评价必不可少,因为过度的降雨或其他情形使得基层有水渗入,这样会使泡沫沥青稳定层长期处于潮湿的环境中,为了模拟这一情形,试验中将养护好的试件放入25℃的水浴中进行浸水试验,3种养护方法试验均表明,浸水1d后,混合料能够处于完全饱水的状态,而继续浸水对其强度和模量影响不大。这可能是由于混合料在静态饱水状态下,水对混合料中沥青胶浆的萃取和剥落产生了最大作用。同时,注意到第1种和第3种养护方法中,浸水试验后的残留强度比和残留模量比也比较接近,而第3种养护方法获得的残留强度比和残留模量比也比较高,这也说明60℃养护温度改善了沥青胶浆的分布,从而增强了材料的抗水损坏性能。

5）建议的养护方法

通过上述试验可以看出,泡沫沥青混合料在成型后,未经过一定养护时间的情形下,其强度很低,劈裂强度一般小于100kPa,因此需要在未脱模条件下室温养护一段时间,使其产生一定的强度后再进行脱模,否则可能会由于材料黏结力不足而造成对试件的损坏。

通过以上试验可以认为,必须使泡沫沥青混合料的含水率处于最干燥状态,才会获得最大强度和模量,因此一定的养护期限是必不可少的。25℃的养护温度最能反映现场的养护条件,但是养护时间需要15~30d;而40℃和60℃可以获得较快的养护效果,但是两种方法也得需要3d的时间才能获得终期强度。

养护好的试件要进行水稳性试验,试验的方法可以采取浸水的方法。通过试验认为试件在25℃的水浴中浸水24h后,可以使试件处于完全饱水状态。

通过本节研究后认为泡沫沥青混合料的养护方法如下:试件成型后(75次马歇尔双面击实)—不脱模养护1d—40℃通风烘箱养护至少3d—25℃水浴浸水1d。

综上所述,试件成型后采用24h室温不脱模养护,然后进行72h 40℃的烘箱养护,是目前普遍接受的泡沫沥青混合料养护方法。对于湿试件,100mmHg的真空饱水,显得过于苛刻,试件容易损坏,因此建议50mmHg的真空饱水即可满足要求,同时根据维特根公司的研究发现,25℃浸水24h与50mmHg的真空饱水60min±1min效果相当。

CHAPTER ELEVEN 第11章

泡沫沥青冷再生混合料的疲劳性能

泡沫沥青冷再生混合料具有良好的疲劳性能，其结构层在服役期间疲劳寿命和力学强度不减反增，造成这种现象的主要原因有三点：

（1）在泡沫沥青冷再生结构层服役期间，水泥继续发生水化反应，水硬性胶凝材料数量增多。

（2）行车荷载及上覆路面结构层的二次压密作用，提高了泡沫沥青冷再生层的密实度和整体结构强度。

（3）RAP中老化沥青数量可达到3.5%~6.5%，老化沥青在再生混合料中数量庞大且分布范围广泛，根据沥青的时-温换算原理，沥青的流变性状对温度和时间有很大的依赖性，沥青黏弹特性对温度的敏感性决定了延长时间与升高温度对分子运动的影响是等效的，沥青在常温长时间下流淌的距离，可等效为高温短时间内的流淌距离，新旧沥青长达若干年的相互融合、渗透，长时间作用相当于对老化沥青起到"加热"的作用，新旧沥青融合后，部分老化沥青被激活，重新发挥黏结强度，使得提供黏结强度的沥青胶结料数量增多。

沥青、水泥的用量，不同级配的混合料、压实度等都是影响泡沫沥青冷再生混合料疲劳性能的因素，开展泡沫沥青冷再生混合料的疲劳试验，可以更好地理解其在服役过程中的性能变化，对于提升泡沫沥青冷再生混合料的路用性能有重要意义。

11.1 泡沫沥青冷再生混合料疲劳试验方法

对于沥青稳定材料，较好的抗疲劳特性是其优于半刚性材料的主要原因。因此，研究泡沫沥青稳定材料的疲劳特性，从而提供基于这种特性的泡沫沥青混合料疲劳设计方法显得尤为重要。疲劳的试验方法很多，概括起来可分为试件、试板、试槽和路面现场实测等四大类。试件疲劳试验又可分为旋转法、扭转法、简支三点（或四点）弯曲法、悬臂梁弯曲法、弹性基础梁弯曲法、直接拉伸法、间接拉伸法、三轴压力法和剪切法等。试件疲劳试验法又分为脉冲压头式、轮胎加压式、动轮轮迹式和动板轮迹式等方法。路面结构疲劳试验又分为直线试槽和环道式两类。环道路面试验的结构又可按室内和室外条件分为单轮胎或双轮胎加荷及单臂、双臂或六臂等。

路面结构的疲劳试验更接近于路面的实际疲劳特性，可用于检验并修正试件疲劳试验的结果。但试件疲劳试验制作方便，温度和应力等因素易于控制，便于研究各种沥青稳定材料的疲劳性能。因而，试件疲劳试验被世界各国研究人员广泛采用。

试件疲劳试验的方法很多,这些方法各有优缺点。在选择疲劳试验方法时,需要考虑的准则有:对现场情况的模拟程度;试验结果的可应用性;试验方法的简便性等。从SHRP工作者对疲劳试验方法优缺点对比及相应排序中知道,重复弯曲试验(特别是三分点加载试验)以及间接拉伸试验(即劈裂试验)综合评价较好,并得到了广泛采用。但梁式试件制作困难,受不稳定因素影响大,测试方法复杂,结果分散,对于大面积推广有一定困难。相比之下,圆柱体试件制作方便、试验简便、易于操作。同时由于弯曲疲劳试验中材料是单向应力状态,劈裂疲劳试验中材料则处于拉压的两向应力状态,而实际路面结构在车轮荷载作用下处于拉压的双向应力状态,因此综合比较,劈裂疲劳试验是最佳选择。

11.1.1 疲劳试验影响因素的考虑

影响沥青稳定材料疲劳寿命的因素很多,有混合料自身的因素,还有试验方法以及实际裂缝发展的影响等。泡沫沥青冷再生混合料自身的影响因素主要有:选用集料的级配、沥青用量、活性填料用量和压实度等。

(1)考虑到泡沫沥青稳定材料强度形成特点,要获得理想的泡沫沥青混合料,就必须对集料级配有一定的要求,因此依据不同级配泡沫沥青冷再生混合料的疲劳试验结果,可以对级配进行优化。

(2)通过配合比设计方法得到的最佳泡沫沥青用量,是基于材料获得最佳水稳性的考虑,在该沥青用量下,泡沫沥青是否仍具有较好的抗疲劳特性,也是需要探讨的重要问题。

(3)向泡沫沥青混合料中添加一定的活性填料(常用水泥)是改善泡沫沥青混合料水稳性和较高早期强度的重要手段,因此一般情形下都会根据具体工程实际向混合料中添加一定比例的活性填料,然而添加类似水泥的活性填料,势必会引发对材料脆性的考虑,因此研究水泥在泡沫沥青混合料中的适当用量也具有非常重要的意义。

(4)压实度是施工控制和验收的重要指标,国外有关泡沫沥青冷再生的施工和相关技术规范,都对泡沫沥青冷再生层的压实度有明确要求,例如澳大利亚规定压实度不低于97%,马来西亚规定范围为97%~100%,Wirtgen冷再生手册推荐范围为98%~102%。因此,研究压实度对泡沫沥青冷再生混合料疲劳性能的影响程度也是非常必要的。

(5)同时,为了更为直观地了解泡沫沥青冷再生混合料的疲劳性能,依据本节研究结果,还将泡沫沥青冷再生混合料与热拌沥青混合料、半刚性材料及乳化沥青冷再生材料的疲劳性能做了比较。

11.1.2 疲劳试验参数的选择

间接抗拉疲劳试验参数选择包括：试验控制模式、试件尺寸、加荷方式、试验控制温度等。

1）试验控制模式

疲劳试验的控制模式主要有两种：控制应力模式和控制应变模式。所谓控制应力模式是指疲劳试验时，采用恒定的加载应力直到试件破坏。所谓控制应变模式是指疲劳试验时，以恒定的变形进行动态加载直到试件疲劳破坏。

控制应力的疲劳试验过程中，应变不断变大，从而使得疲劳试件很快破坏。而在控制应变疲劳试验中，试件由于疲劳损伤，模量不断降低。为了保持应变不变，应力就会减小，从而使得试件的疲劳寿命很长，很难发生疲劳断裂。因此在控制疲劳应变的过程中经常是假定一种破坏状态。一般以试件模量降至初始模量的50%时结束试验。

国外研究人员通过对路面层状弹性体系的分析，认为沥青混凝土面层厚度小于5~7.6cm时符合控制应变条件；面层厚度大于12.6~15cm时，符合控制应力模式。厚度介于两者之间则采用中间模式。泡沫沥青稳定基层厚度较大，一般达到或超过15cm，并且直接铺筑在土基上或刚度较小的底基层上，符合控制应力模式。

控制应力模式在实践中比较困难，但是它清晰明确、所得疲劳数据较为稳定，试验目的是研究试验变量的话，则采用控制应力模式较好。考虑到本研究的主要目的是探索不同因素对泡沫沥青冷再生混合料疲劳性能的影响，以及泡沫沥青冷再生混合料和其他材料在疲劳性能方面的区别，并且在以往研究中，大多数材料的疲劳性能都是在控制应力模式下得到的，因此采用应力控制模式可以便于和以往研究进行比较。

综上所述，在本研究中采用应力控制模式。

2）试件尺寸

图11-1是弯曲疲劳和劈裂疲劳条件下材料所处的应力状态。从图中可知，弯曲疲劳试件跨中材料是单向应力状态，劈裂疲劳试件的径向材料则处于拉压的两向应力状态。根据第一和第三强度理论，弯曲疲劳试件跨中的最大应力 $\sigma_1^* = \sigma_1$，劈裂疲劳试件中心的最大应力为 $\sigma_3^* = \sigma_1 - \sigma_3$，显然 $\sigma_1^* < \sigma_3^*$，若材料的容许抗拉强度 $[\sigma_R]$ 一定，则处于双向应力状态下的材料更容易破坏，这就是基层材料的劈裂疲劳寿命比弯曲疲劳寿命短的力学机理。从弯拉和劈裂强度的对比亦可知这点。除试验力学模型对基层材料疲劳特性的影响外，原材料性质、配合比、成型参数等也对基层材料的疲劳性能有一定影响，但与这些因素相比，疲劳试验的力学模型对混合料的疲劳特性

影响最大。因此,选择合适的疲劳试验力学模型对正确确定基层材料的疲劳特性具有重要意义。

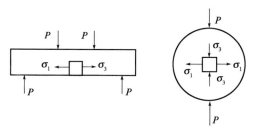

图11-1 弯曲疲劳和劈裂疲劳条件下材料所处的应力状态

间接拉伸疲劳试验都采用圆柱体试件,并且高度要小于直径,因而可以直接利用马歇尔试件进行疲劳试验。试件制作方便,这也是采用间接拉伸疲劳试验的重要原因。考虑到冷再生混合料的最大粒径不超过26.5mm,而且采用常规马歇尔试件得到的各项物理力学指标能够和先前的数据建立良好的关系,因此本试验中仍采用普通的马歇尔试件进行测试。

同时进行测试的试件都采用第10章中介绍的方法拌和、成型和养护。

3)加荷方式

材料的疲劳寿命和荷载波形有一定的关系,通常认为正弦波比较接近于实际路面所承受的荷载波形。本研究也采用正弦波荷载进行疲劳试验,由于荷载波形全部处于受压的一侧,也将其称为半正矢波。为了加快试验速度,在相邻波形间不插入间歇时间。为了避免长时间的试验可能出现试件脱空现象从而对试件产生冲击作用,本试验装置的最小荷载为最大荷载的2%。

对于室内小型试验,车轮荷载的加载时间可以根据Van der Poel的公式来确定,即

$$t = 1/(2\pi f) \tag{11-1}$$

当加载频率为10Hz时,与国外大多数研究所选择的加载频率相同,加载时间为$t = 1/(2\pi f) = 0.016s$,0.016s的加载时间对沥青混合料路面表面大致相当于60~65km/h的行车速度,当沥青面层厚度为20cm时,则相对于基层表面的行车速度为77km/h。《公路工程技术标准》(JTG B01—2014)中规定的汽车专用公路的计算行车速度范围为40~120km/h(本书不考虑四级公路及以下),可见选择10Hz的荷载频率是合适的。国内外大多数试验研究所选择的加载频率也是如此。

4)试验温度的选择

考虑到基层材料的实际温度影响范围,结合我国沥青路面设计规范中容许拉应力指标采用的是15℃的参数值,因此选择15℃为制定设计参数的温度标准。

5)疲劳破坏的判断

在常温条件下,沥青混合料表现为显著的黏弹性质。随着荷载作用次数的增加,试件挠曲残余变形逐渐增大,材料的劲度(或模量)逐渐减小,微裂缝不断发展,最终完全断裂。由于这种表述方式比较简单明确,试验数据稳定,因此,在控制应力方式下通常以试件的完全断裂作为疲劳破坏标准。如图11-2所示,试件的垂直变形从稳定阶段发展为加速变形阶段时,其反弯点对应的加荷次数定义为疲劳破坏作用次数。

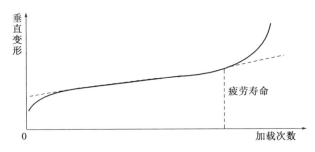

图 11-2 控制应力方式疲劳破坏定义

6)试验方案

以下是采用疲劳试验的方案:

(1)试件成型方法:根据《公路工程沥青及沥青混合料试验规程》(JTG E20—2011)中的"T 0702—2011 沥青混合料试件制作方法(击实法)",用标准击实法成型的圆柱体试件。

(2)试件尺寸:马歇尔标准试件。

(3)试件个数:5~6个。

(4)加载方式:应力控制。

(5)加载波形和频率:10Hz 连续式半正弦荷载。

(6)应力比:0.3、0.5、0.7。

(7)试验温度:15℃±1℃。

(8)主要试验设备:MTS810 材料试验机。

11.2 泡沫沥青冷再生混合料疲劳试验研究

11.2.1 材料

1)材料组成

研究中选用了三种试验级配,即级配 A、级配 B 和级配 C,三种级配的材料组成如

表 11-1 所示。对于级配 A,考虑到水泥和矿粉的通过率几乎一样,因此在试验中添加水泥的比例,实际上是取代了部分矿粉,从而维持矿粉和水泥相对集料的总比率不变。

用于疲劳试验的泡沫沥青混合料的组成　　　　　表 11-1

选用的级配	RAP	石屑	矿粉	水泥
级配 A(无水泥)	98.5	—	1.5	—
级配 A(1.5%水泥)	98.5	—	—	1.5
级配 B(无水泥)	85	13.5	1.5	—
级配 B(1.5%水泥)	85	13.5	—	1.5
级配 B(2.5%水泥)	85	12	0.5	2.5
级配 C	70	18.5	10	1.5

表 11-2 给出了三种级配的级配组成。

用于疲劳试验的泡沫沥青混合料的级配组成　　　　　表 11-2

级配	筛孔(mm)通过率(%)											
	0.075	0.15	0.3	0.6	1.18	2.36	4.75	9.5	13.2	16	19	25.6
级配 A	3.8	4.9	7.7	11.7	18.9	29.1	50.6	54.8	63.0	69.9	80.7	100
级配 B	5.9	9.3	13.2	15.6	22.1	34.3	54.6	64.4	68.4	73.2	78.6	100
级配 C	13.1	15.2	18.2	23.1	31.0	46.3	66.2	69.4	75.2	80.2	87.6	100

同时通过燃烧法测定了配制好的级配 A、级配 B 和级配 C 的沥青用量,结果分别为 4.9% 和 4.5% 和 3.9%。

2) 物理指标

参照第 10 章中有关泡沫沥青混合料物理指标的有关测试方法,对选用疲劳试验试件的物理指标进行了测试,测试结果如表 11-3 所示。

用于疲劳试验的泡沫沥青混合料试件的物理指标　　　　　表 11-3

混合料类型	沥青用量(%)	密度(g/cm³)	空隙率(%)	最佳含水率(%)
级配 A(无水泥)	3	2.145	7.8	6.1
级配 A (1.5%水泥)	2	2.210	8.0	6.1
	3	2.133	8.2	
	4	2.120	8.3	
级配 A(2%水泥)	3	2.142	5.9	6.1
级配 B(无水泥)	3	2.230	7.3	6.3
级配 B(1.5%水泥)	3	2.235	7.5	6.3

续上表

混合料类型	沥青用量(%)	密度(g/cm³)	空隙率(%)	最佳含水率(%)
级配 B(2.5%水泥)	3	2.239	8.0	6.3
级配 C	4	2.275	5.2	7.2

11.2.2 沥青用量对疲劳性能的影响

通常认为沥青材料具有很好的韧性,其在混合料中的含量会对材料的疲劳性能产生影响。依据配合比设计方法得到的最佳泡沫沥青用量,是基于材料获得最佳水稳性的考虑,在该沥青用量下,泡沫沥青是否仍具有较好的抗疲劳特性,也是需要探讨的重要问题。

鉴于以上考虑,本节首先对级配 A(加 1.5%的水泥)进行了配合比设计,获得的设计结果如表 11-4 所示,同时对 3 种泡沫沥青用量的混合料试件考察其疲劳特性,测试的疲劳试验结果如表 11-5 所示。不同泡沫沥青用量下混合料的强度和抗疲劳次数如图 11-3 所示。

级配 A(加 1.5%的水泥)配合比设计结果　　表 11-4

泡沫沥青用量(%)	密度(g/cm³)	空隙率(%)	25℃时干强度(MPa)	25℃时湿强度(MPa)
1	2.215	7.7	0.25	0.20
2	2.210	8	0.39	0.27
3	2.133	8.2	0.42	0.35
4	2.120	8.3	0.34	0.33
5	2.116	7.9	0.32	0.30

不同泡沫沥青用量下混合料劈裂疲劳试验结果　　表 11-5

沥青用量(%)	15℃劈裂强度(MPa)	应力比	疲劳寿命(次)	标准差	试件个数
2	0.5207	0.3	7884	1356	4
2	0.5207	0.5	1806	562	6
3	0.7095	0.3	17603	8494	6
3	0.7095	0.5	4789	1236	6
4	0.6894	0.3	17926	7890	4
4	0.6894	0.5	2973	939	6

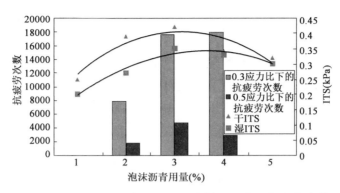

图 11-3 不同泡沫沥青用量下混合料的强度和抗疲劳次数

表 11-5 的试验结果表明,当泡沫沥青用量从 2% 增加到 3% 时,劈裂强度和两个应力比下对应的疲劳次数都有显著提高;当泡沫沥青用量从 3% 增加至 4% 时,劈裂强度和 1 个应力比下对应的疲劳次数都有提高,但幅度不明显,然而意外的是 0.5 应力比下的疲劳次数反而有所降低。

从泡沫沥青稳定材料的机理分析,在拌和时泡沫沥青一般只能裹覆一定粒径的细集料(裹覆的最大粒径与集料的温度有关),因此从这种意义上讲,这种细集料的含量也就决定了泡沫沥青的用量,太少的沥青会使得多余的细料无法裹覆,混合料的性能表现为强度和抗疲劳性能不足;然而过多的沥青会使得沥青与细集料组成的胶浆黏度变低,沥青起到了润滑剂的作用,也使得混合料的强度与疲劳性能降低。因此试验结果也进一步说明,选择合适的沥青用量可以改善混合料的疲劳性能。

同时获得的湿试件的最佳泡沫沥青用量为 3.61%,干试件的最佳泡沫沥青用量为 3.15%,而根据疲劳试验结果来看,泡沫沥青用量在 3% ~ 4%,混合料具有较好的抗疲劳性能,因此根据间接抗拉强度(ITS)测试决定最佳沥青用量的设计方法,能够比较准确地反映材料最佳的抗疲劳性能。

11.2.3 水泥对疲劳性能的影响

根据先前对泡沫沥青混合料的研究,认为未加入活性填料的泡沫沥青混合料对水有较强的敏感性,因此一般情况下都要向混合料中添加一定的活性填料,常用的有水泥和消石灰等。但是添加一定量的活性填料会使得材料变脆,所以必须依据材料的疲劳性能来选择填料的用量范围,既能满足水稳性的要求,又不使材料的脆性显著增加。为了探究这种关系,本节对级配 A 和级配 B 在不同水泥用量下的疲劳性能进行了试验。大量的研究表明,同一应力比下若干试件的对数疲劳寿命表现为正态分布,而且,应力、应力比与疲劳寿命在双、单对数坐标上分别表现为线性关系,通常可用方程:$N = k \left(1/\sigma \right)^n$ 和

$N = k - n\,(\sigma/S)^n$ 来表示,不妨称为 P-σ-N 曲线和 P-σ/S-N 曲线。疲劳试验的结果如表 11-6 所示。

泡沫沥青冷再生混合料劈裂疲劳试验结果　　　　表 11-6

混合料类型	15℃劈裂强度（MPa）	应力比	$\lg N_f$ 平均	标准差	试件个数
级配 A（无水泥）	0.540	0.3	4.6892	0.15	6
		0.5	3.7200	0.13	5
		0.7	3.5354	0.18	6
级配 A（1.5%水泥）	0.710	0.1	5.0324	0.21	6
		0.3	4.5478	0.12	6
		0.5	3.6802	0.10	6
		0.7	2.9705	0.05	6
级配 A（2%水泥）	0.792	0.3	3.6123	0.21	6
		0.5	3.1523	0.16	5
		0.7	2.2789	0.18	5
级配 B（无水泥）	0.789	0.1	4.8768	0.19	4
		0.3	3.9879	0.09	5
		0.5	3.4463	0.10	5
		0.7	3.1148	0.09	5
级配 B（1.5%水泥）	0.839	0.1	4.9112	0.18	4
		0.3	4.1719	0.10	5
		0.5	3.2586	0.08	5
		0.7	2.9910	0.07	5
级配 B（2.5%水泥）	0.943	0.1	4.1991	0.12	4
		0.3	3.3572	0.34	5
		0.5	2.3235	0.24	5
		0.7	1.9789	0.12	6

根据试验结果将应力水平与疲劳寿命在单对数坐标上用下列方程进行拟合:

$$\lg N_f = k - n(r/R) \tag{11-2}$$

式中:$\lg N_f$——对数疲劳寿命;

k——应力-疲劳寿命对数曲线的截距;

n——应力-疲劳寿命对数曲线的斜率;

r/R——应力比。

根据试验结果将应力水平与疲劳寿命在双对数坐标上用下列方程进行拟合：

$$\lg N_f = k - n\lg(\sigma) \tag{11-3}$$

式中：$\lg N_f$——对数疲劳寿命；

k——应力-疲劳寿命对数曲线的截距；

n——应力-疲劳寿命对数曲线的斜率；

σ——应力。

表 11-7 和表 11-8 分别为根据表 11-6 试验结果按照上述单对数和双对数疲劳方程的形式，拟合的不同水泥用量下两种级配混合料的疲劳方程。图 11-4 和图 11-5 分别为级配 A 和级配 B 的应力比与疲劳寿命对数曲线。

泡沫沥青混合料单对数疲劳方程 表 11-7

混合料类型	$\lg N_f = k - n(r/R)$		相关系数
	k	n	
级配 A(无水泥)	5.4239	2.8848	0.87
级配 A(1.5%水泥)	5.4754	3.4567	0.99
级配 A(2%水泥)	4.6813	3.3335	0.97
级配 B(无水泥)	5.0220	2.9138	0.96
级配 B(1.5%水泥)	5.1680	3.3370	0.96
级配 B(2.5%水泥)	4.4768	3.9471	0.90

泡沫沥青混合料双对数疲劳方程 表 11-8

混合料类型	$\lg N_f = k - n\lg(\sigma)$		相关系数
	k	n	
级配 A(无水泥)	2.0596	3.2364	0.94
级配 A(1.5%水泥)	2.6443	2.2532	0.86
级配 A(2%水泥)	1.5193	3.4972	0.92
级配 B(无水泥)	2.0796	2.6137	0.99
级配 B(1.5%水泥)	2.5049	2.3264	0.96
级配 B(2.5%水泥)	1.5736	2.6741	0.96

从表 11-6～表 11-8 中可以看出对于级配 A，加入 1.5% 水泥后材料的强度明显增加，而对数疲劳寿命 $\lg N_f$ 有所降低；当加入 2% 的水泥后，材料的强度略有增加，而对数疲劳寿命 $\lg N_f$ 却有明显降低；而对于级配 B，加入 1.5% 和 2.5% 的水泥后材料的强度都

得到了增加,但表现出的疲劳寿命有很大差异,加入 1.5% 的水泥的疲劳寿命曲线比较接近于不加水泥的疲劳寿命曲线,而加入 2.5% 水泥的疲劳曲线明显低于上述两条疲劳曲线。

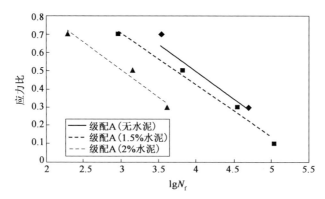

图 11-4　级配 A 应力比-疲劳寿命单对数曲线

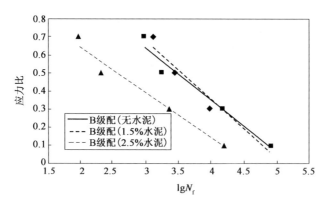

图 11-5　级配 B 应力比-疲劳寿命单对数曲线

表 11-7 和表 11-8 中给出了 6 种泡沫沥青稳定材料疲劳方程的回归结果。其中系数 n 和 k 具有明显的物理意义,对于半对数疲劳方程,n 值反映了再生混合料疲劳寿命对所施加应力比的敏感程度,n 值越大表明疲劳寿命对应力比水平的敏感程度越大。k 值代表了疲劳曲线的位置,k 值越大曲线越靠向上方,表明材料的抗疲劳性能越好。

根据表 11-7 和表 11-8,比较两种级配加入 1.5% 和未加水泥疲劳方程的 k 值,可以发现加入 1.5% 水泥的疲劳曲线具有较大的 k 值,说明加入 1.5% 用量的水泥不但没有减小材料的疲劳性质,反而有所提高。虽然对于级配 A,图 11-4 显示的 1.5% 水泥用量疲劳曲线位于未加水泥疲劳曲线的下方,这说明在小应力比情形下,例如接近 0 的应力比,其表现的抗疲劳特性越好。同样对于级配 B,当应力比大于 0.3 时,加入 1.5% 水泥材料的抗疲劳次数小于未加水泥的疲劳次数,但是对于应力比小于 0.3 时,情况却是相反的。所以综上分析,可以认为对于小应力比作用下,少量水泥所引发的脆性性质难以表现出来，而水泥和沥青的综合胶结作用会增强材料的抗疲劳性能。

但是对于两种级配的混合料，分别加入2%和2.5%的水泥，使得k值都大幅降低，这说明加入较多的水泥显著降低了材料的抗疲劳特性，使得材料从柔性性质向脆性性质转变。同时比较表11-7和表11-8中的n值，发现对于应力比-疲劳寿命单对数疲劳方程，在级配A和级配B中，加入1.5%的水泥都使得n值变大；对于应力-疲劳寿命双对数疲劳方程，在级配A和级配B中，加入1.5%的水泥反而都使得n值变小。这说明加入1.5%水泥的材料对应力比的敏感程度大于未加水泥材料，而对应力的敏感程度弱于未加水泥的材料。注意到加入水泥可以增强材料强度的事实，因此可以理解为加入水泥对增加材料强度的作用要高于引发材料脆性性质的作用。而对于加入2%和2.5%水泥的情形，不管是单对数疲劳方程还是双对数方程，n值都有大幅增加。这说明材料对应力比和应力的敏感程度都大于未加水泥材料，这说明水泥对增加材料强度的作用要低于引发材料脆性性质的作用。

因此可以推断，对于泡沫沥青稳定材料，多于2%的水泥会增加材料的脆性，从而削弱材料的抗疲劳性能，一般可以认为加入不多于2%的水泥不会对泡沫沥青混合料的疲劳性能造成显著影响。根据本试验的结果，还可以做出以下推论，即如果材料的级配偏细（例如级配B比级配A偏细），那么在不增加沥青用量的前提下（泡沫沥青用量均为3%），可以适当增加水泥的用量以获得足够的强度和水稳性，同时不会明显影响材料的疲劳特性。

11.2.4 不同级配混合料的疲劳性能

正如前文所述，泡沫沥青可以稳定的材料范围很宽，但一般也要满足一定的级配范围。同时由于结构层的差异和再生深度的不同，会使得用于冷再生混合料的级配富于变化。为了探究不同级配混合料的疲劳特性，本节对五种级配的泡沫沥青混合料的疲劳特性进行了比较，同时将有关单位对沥青混合料（15℃）和半刚性材料的劈裂疲劳特性也列入表11-9中，以便比较不同材料间的疲劳特性。

泡沫沥青冷再生混合料劈裂疲劳试验结果　　　　表11-9

混合料类型	15℃劈裂强度（MPa）	应力比	$\lg N_f$平均	标准差	试件个数
级配A（无水泥）	0.540	0.3	4.6892	0.15	6
		0.5	3.7200	0.13	5
		0.7	3.5354	0.18	6

续上表

混合料类型	15℃劈裂强度（MPa）	应力比	lgN_f平均	标准差	试件个数
级配 A （1.5%水泥）	0.711	0.1	5.0324	0.21	6
		0.3	4.5478	0.12	6
		0.5	3.6802	0.10	6
		0.7	2.9705	0.05	6
级配 B （1.5%水泥）	0.839	0.1	4.9112	0.18	4
		0.3	4.1719	0.10	5
		0.5	3.2586	0.08	5
		0.7	2.9910	0.07	5
级配 B （无水泥）	0.789	0.1	4.8768	0.19	4
		0.3	3.9879	0.09	5
		0.5	3.4463	0.10	5
		0.7	3.1148	0.09	5
级配 C （1.5%水泥）	0.812	0.1	5.005	0.30	4
		0.3	4.6937	0.11	5
		0.5	3.8801	0.07	5
		0.7	2.9846	0.08	6
Esso70 号 中粒式	2.000	0.25	4.2622	0.32	6
		0.3	3.8799	0.10	6
		0.4	3.4616	0.18	6
		0.5	2.9983	0.12	6
		0.6	2.9406	0.10	6
Shell70 号 中粒式	3.260	0.25	5.0848	0.26	6
		0.3	4.5758	0.16	6
		0.4	4.1303	0.14	6
		0.5	3.4358	0.11	6
		0.6	2.8644	0.03	6
Esso70 号 粗粒式	2.8316	0.2	4.6642	0.08	6
		0.3	4.1181	0.15	6
		0.4	3.6709	0.27	6

续上表

混合料类型	15℃劈裂强度（MPa）	应力比	lgN_f平均	标准差	试件个数
Esso70号粗粒式	2.8316	0.5	3.3483	0.17	6
		0.6	3.1865	0.15	6
Shell70号粗粒式	3.084	0.25	5.1048	0.43	6
		0.30	4.5852	0.13	6
		0.40	4.1280	0.11	6
		0.50	3.6349	0.19	6
		0.60	2.9693	0.04	6

比较不同级配泡沫沥青混合料的疲劳特性发现,级配A(无水泥)和级配B(无水泥)疲劳曲线基本平行,而级配A(1.5%水泥)、级配B(1.5%水泥)和级配C的疲劳曲线基本平行(图11-6、表11-10)。

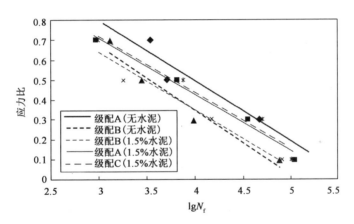

图11-6 不同级配泡沫沥青冷再生混合料应力比-疲劳寿命单对数曲线

泡沫沥青混合料疲劳方程   表11-10

混合料类型	lg$N_f = k - n(r/R)$		相关系数
	k	n	
级配A(无水泥)	5.4239	2.8848	0.87
级配A(1.5%水泥)	5.4754	3.4567	0.99
级配B(无水泥)	5.0220	2.9138	0.96
级配B(1.5%水泥)	5.1680	3.3370	0.96
级配C(1.5%水泥)	4.4768	3.9471	0.90

续上表

混合料类型	$\lg N_f = k - n(r/R)$		相关系数
	k	n	
Esso70号中粒式	4.7568	2.903	0.84
Shell70号中粒式	6.1015	4.8488	0.96
Esso70号粗粒式	5.0282	2.9299	0.88
Shell70号粗粒式	6.0417	4.5518	0.97
稳定粒料类	1.815	15.191	—
稳定土类	1.546	12.61	—

这说明泡沫沥青冷再生混合料在不同级配材料下的疲劳寿命存在差异,但是对应力的敏感程度基本相当。对比 Esso70 号中粒式和 Shell70 号中粒式相同应力比条件下的 $\lg N_f$,发现泡沫沥青混合料的疲劳性能与热拌沥青混合料疲劳性能已经基本相当。虽然泡沫沥青混合料的强度不如热拌沥青混合料,但作为基层材料在满足路面结构组合设计的条件下,泡沫沥青混合料在小于极限荷载时的抗疲劳性能方面优势较为明显。

研究表明不同单位沥青混合料的疲劳试验结果 n 值比较接近,变化在 3.34 ~ 4.82 之间;同一单位材料间 k 值相差不多,说明沥青混合料的疲劳性能同原材料性质有较大关系。1997 年《公路沥青路面设计规范》(JTJ 014—97)汇总了各单位发表的各种半刚性材料的疲劳方程,统计回归得到的水泥稳定粒料类和二灰稳定粒料类的疲劳方程(表 11-11),发现半刚性材料的 k 值较小(<100),而 n 值很大。根据本节对泡沫沥青冷再生混合料的研究结果, n 值变化范围为 2.19 ~ 3.23;由于 n 值反映了再生混合料的疲劳寿命对所施加应力的敏感程度, n 值越大表明疲劳寿命对应力水平的敏感程度越大。由此可知泡沫沥青混合料疲劳寿命对应力的敏感程度要小于沥青混合料,而半刚性材料对应力的敏感程度最大,远远超过沥青混合料和泡沫沥青冷再生混合料。 k 值代表了疲劳曲线的位置, k 值越大曲线越靠向上方,表明材料的抗疲劳性能越好。由此可见,对于取一定值的应力,泡沫沥青冷再生混合料的劈裂性能不如沥青混合料,但是根据前文对泡沫沥青冷再生混合料半对数疲劳方程的分析可知,在相同应力比条件下,泡沫沥青冷再生混合料的疲劳次数可以达到粗粒式沥青混合料的水平。基于此,可以认为由于泡沫沥青冷再生材料的强度低于沥青混合料,所以只有在小应力状态泡沫沥青混合料的疲劳性能才能发挥出来。所以,对于一定结构层次的路面,泡沫沥青冷再生基层上需要相对较厚的沥青面层,同时再生基层也要比沥青稳定基层偏厚。

泡沫沥青混合料疲劳方程 表11-11

混合料类型	$N_f = K(\sigma)^{-n}$	相关系数
级配A(无水泥)	$N = 115\sigma^{-3.23}$	0.94
级配A(1.5%水泥)	$N = 441\sigma^{-2.25}$	0.86
级配B(无水泥)	$N = 220\sigma^{-2.61}$	0.99
级配B(1.5%水泥)	$N = 320\sigma^{-2.33}$	0.96
级配C(1.5%水泥)	$N = 723\sigma^{-2.19}$	0.80
Esso70号中粒式	$N = 875\sigma^{-4.37}$	0.96
Shell70号中粒式	$N = 21947\sigma^{-4.82}$	0.98
Esso70号粗粒式	$N = 3516\sigma^{-3.865}$	0.99
Shell70号粗粒式	$N = 18954\sigma^{-4.42}$	0.91
二灰稳定粒料类	$N = 55\sigma^{-15.786}$	—
水泥稳定粒料类	$N = 83\sigma^{-14.344}$	—

比较级配A、级配B和级配C的疲劳结果可以发现,在未加水泥和加入1.5%水泥的条件下泡沫沥青冷再生混合料稳定级配A和级配B分别具有类似的疲劳性能,即加入一定量的水泥可以提高其疲劳寿命;同时发现,级配B具有较高的疲劳寿命,级配C的疲劳寿命最高,同时对应力的敏感程度也比前两种级配要低,因此可以认为增加材料中细料的含量(尤其增加0.075mm的通过率)可以明显增强材料的抗疲劳性能和降低应力敏感性。但是,在实际工地中要获得相当细度的级配并非易事,尤其对于仅含有沥青混凝土铣刨料的材料,一般都要添加相当多的细集料,而且细集料要具有足够的细度。尤其对于级配C的情形,要获得此级配往往需要加入大量的矿粉,同时还要增加沥青用量,但是这样做十分不经济。向再生料中加入少量的矿粉或者新料是最为常用的做法,这样虽然使抗疲劳效果有所下降,但是可以显著地节约成本。

11.2.5 压实度对疲劳性能的影响

考虑到级配B具有较高的强度和水稳性,而且在实际施工中最为常用,所以对其在三种压实度下进行了劈裂疲劳试验,试验结果经过回归后得到的疲劳方程见表11-12。

不同击实功下泡沫沥青冷再生混合料的疲劳方程 表11-12

加载次数(次)	密度(g/cm³)	压实度(%)	疲劳方程	相关系数
50	2.109	94.4	$N = 105\sigma^{-2.13}$	0.94
75	2.235	100	$N = 320\sigma^{-2.33}$	0.96
100	2.279	102	$N = 356\sigma^{-2.85}$	0.92

由疲劳方程的系数可以看出,随着压实功的增加,疲劳寿命也相应地增加,并且对应力的敏感程度也增加,表现为指数的增加。低于95%的压实度会造成混合料抗疲劳性能的显著降低,因此一般要通过限制压实度来满足疲劳性能,同时对泡沫沥青冷再生混合料可以允许少量的过压。

11.3 泡沫沥青混合料的储存性能

11.3.1 背景

泡沫沥青稳定技术自问世以来,其可储存性能一直是被广泛关注的特性。这是因为泡沫沥青混合料的可储存特性将对其应用、生产与施工有着重要影响。主要表现在施工工艺上,泡沫沥青混合料的可储存特点,可以延长材料的摊铺与压实时间,这使得现场施工时间比较宽裕;应用场合方面,泡沫沥青混合料的储存特性,可以使其在一定时间内生产足够的成品料,而无须立即使用,这样可以拓展材料的应用场合,例如道路日常小型和频繁的养护和维修作业等。

早在1983年,Van Wijk等在文献中指出泡沫沥青混合料可以储存2个月。2003年澳大利亚稳定工业协会出版的有关泡沫沥青技术规范中,也指出未添加活性填料的泡沫沥青混合料可以储存后使用,但储存时间不应超过28d。虽然国外早已提出上述见解,但主要是来自工程实践,没有开展对这一论断比较系统的研究。

为了探讨这一问题,本节通过试验研究来讨论泡沫沥青混合料储存性能,从而为工程实践中材料选择合理的储存条件提供依据。

11.3.2 研究内容

本节主要从以下几个方面考察泡沫沥青冷再生混合料的储存性能:①不同级配泡沫沥青混合料的储存特性;②活性填料对泡沫沥青混合料储存性能的影响;③储存条件对材料储存后性能的影响规律。

11.3.3 试验方法

选用第3章所述级配C、D和E进行试验。每个储存条件下,从试验中取出材料并成型6个试件,并按照第10章叙述的方法(双面75次成型马歇尔试件→不脱模养护24h→40℃通风烘箱养护72h)进行养护。养护好的试件在MTS试验机上测试动态回弹模量和劈裂强度。

1) 储存条件 A

密封常温(气温变化在 10~20℃)立即成型试件→密封常温储存 3h→密封常温储存 24h→密封常温储存 30d→密封常温储存 60d。

将拌和好的不同级配混合料密封,以保持混合料湿度不变,并置于自然环境中(气温变化在 10~20℃)。通过该试验来模拟成品混合料性能随时间和温度变化的稳定性。

2) 储存条件 B

密封 40℃保温立即成型试件→密封 40℃保温储存 3h→密封 40℃保温储存 24h→密封 40℃保温储存 30d→密封 30℃保温储存 60d。

将集料、拌和用水和拌和锅一起在 40℃通风烘箱中保温 5h,然后添加需要的拌和水,喷洒完泡沫沥青后,将混合料放回烘箱中保温,并且每次从烘箱中迅速取出试样进行击实。通过该试验来模拟集料温度对混合料性能的影响,以及在较高温度下性能的稳定性。选择 40℃的拌和与储存温度主要是考虑到,我国夏季高温下堆积的路面材料和路表 15cm 以上的材料温度可以达到 40℃左右。

3) 储存条件 C

不密封常温储存 72h→不密封常温储存 14d→不密封常温储存 28d→不密封常温储存 30d→密封 30℃保温储存 60d。

将拌和好的不同级配混合料放入若干塑料袋中,并将塑料袋打开,置于自然环境中。按照不同的养护时间分别称取水分的损失量,然后添加损失掉的水分并拌和均匀,并置密封容器内进行闷料,时间约 40min,最后再成型试件。通过该试验来模拟成品混合料在不同自然风干情形下,重新加水拌和后其性能的稳定性。

各种级配材料的组成、储存条件和测试指标如表 11-13 所示。

储存性能试验方案 表 11-13

混合料类型	水泥用量(%)	泡沫沥青用量(%)	储存条件	性能测试指标
级配 C	0	1.5	A、C	15℃劈裂强度(间接抗拉强度)、15℃动态间接抗拉回弹模量
		2.5	A、B、C	
		3.5	A、C	
级配 D	0	3.0	A、B、C	
	1.5	3.0	A、B、C	
级配 E	0	2.5	A、B、C	

11.3.4 试验结果

1) 不同泡沫沥青用量下混合料的储存性能

按照储存条件 A,级配 C 在不同沥青用量下,混合料劈裂强度和回弹模量(劈裂法)随储存时间的变化关系如图 11-7 和图 11-8 所示。

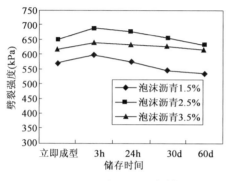

图 11-7 不同沥青用量混合料储存后强度变化特性　　图 11-8 不同沥青用量混合料储存后模量变化特性

结果表明,在所有储存条件下,2.5%沥青用量下具有最高的劈裂强度和模量。对于各沥青用量的混合料,储存前 3h 内,材料的强度和模量都会有所提高(强度增长率为 4%~6%,模量增长率为 2%~3%),此后材料的强度和模量都会呈缓慢的下降趋势。材料强度和模量在短期内有所增长,可能与材料中部分尚未与细集料裹覆的沥青有关。通过短期的储存,这些沥青可以与周围的细集料进一步裹覆,从而形成具有一定黏度的沥青胶浆。从混合料强度的增长率来看,这部分初期尚未裹覆细料的沥青所占比例较小,因此其强度增长非常有限,增加幅度与混合料拌和效果以及集料的温度等因素有关。

在储存 60d 后,1.5%沥青用量混合料强度下降为其最大值的 90%,2.5%沥青用量混合料强度下降为其最大值的 91%,3.5%沥青用量混合料强度下降为其最大值的 96%。因此可以看出沥青用量较高的混合料其强度下降最小,说明其强度的储存性能最好。

同时在储存 60d 后,1.5%沥青用量混合料模量下降为其最大值的 91%,2.5%沥青用量混合料强度下降为其最大值的 93%,3.5%沥青用量混合料强度下降为其最大值的 93%。因此可以得出不同沥青用量下混合料模量的损失相当,未能发现明显差异。

后期材料强度和模量下降,表明混合料中的沥青胶浆会随着储存时间的增加和温度的变化而产生变化,例如混合料中的水分会对沥青胶浆中沥青和细集料的裹覆效果产生萃离作用,从而破坏沥青胶浆的黏结作用;另外,温度的频繁变化也会对混合料中沥青胶浆的黏度等性质产生影响,从而导致其黏结效果变差。但是在研究期限内,对于所有沥青用量的混合料,其力学指标均可以维持在其最高指标的 90% 以上。一般来讲,沥青用量越高,混合料中的沥青胶浆对周围水分萃离作用的抵御作用越好,其储存性能越趋于稳定。

2) 不同级配混合料的储存性能

按照储存条件 A,不同级配混合料劈裂强度和回弹模量(劈裂法)随储存时间的变化关系如图 11-9 和图 11-10 所示。

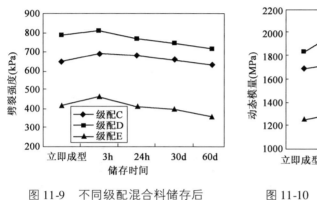

图 11-9 不同级配混合料储存后
强度变化特性

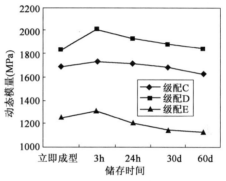

图 11-10 不同级配混合料储存后
动态模量变化特性

结果表明,在所有储存条件下,级配 D 具有最高的劈裂强度和模量。储存的前 3h 内,混合料的强度和模量都会有所提高,增幅基本相同(强度增长率为 2% ~ 4%,模量增长率为 2% ~ 10%),此后材料的强度和模量都会呈缓慢的下降趋势。材料强度和模量在短期内有所增长,可能与材料中部分尚未与细集料裹覆的沥青有关。通过短期的储存,这些沥青可以与周围的细集料进一步裹覆,从而形成具有一定黏度的沥青胶浆。从混合料强度的增长率来看,这部分初期尚未裹覆细集料的沥青所占比例较小,因此其强度增长非常有限,增加幅度与混合料拌和效果以及集料的温度等因素有关。

在储存 60d 后,级配 C 混合料强度下降为其最大值的 93%,模量为 91%;级配 D 混合料强度下降为其最大值的 91%,模量为 88%;级配 E 混合料强度下降为其最大值的 85%,模量为 77%。因此可以看出级配 C 和级配 D 混合料强度和模量下降幅度比较接近,而级配 E 下降幅度较大,这说明级配偏细的混合料其强度的储存性能相对好。这仍与混合料中具有较多的细集料有关,因为有较多的细集料与沥青拌和,可以增加混合料中沥青胶浆的比例,从而增强材料的储存性能。

3）活性填料对不同级配混合料储存性能的影响

按照储存条件 A，级配 D 混合料在未加水泥和 1.5% 水泥两种条件下，其劈裂强度和回弹模量（劈裂法）随储存时间的变化关系如图 11-11 和图 11-12 所示。

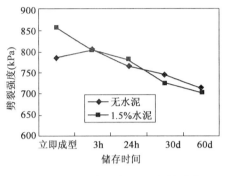

图 11-11　不同水泥含量混合料储存后　　图 11-12　不同水泥含量混合料储存后
　　　　　强度变化特性　　　　　　　　　　　　　　　动态模量变化特性

结果表明，在所有储存条件下，未加水泥混合料表现出和前文叙述一致的现象，即材料的强度和模量在前 3h 均有所增加，在此后材料的强度和模量都会呈缓慢的下降趋势。而对于添加 1.5% 水泥的混合料，在储存的任何时候，其强度和模量都有所降低。这说明由于水泥的存在，延迟成型时间会对混合料强度造成一定影响，延迟 3h，其强度会降低至初始强度的 93% 左右，模量为 88%，24h 为 91% 左右，模量为 86%，60d 后强度为 82% 左右，模量为 81%。

本节采用 325 普通硅酸盐水泥，其技术指标符合 GB 175—2020 要求。由于水泥和水拌和后，经熟料矿物水化反应，生成各种水化生成物，随着时间的推移，具有塑性的水泥浆体经过凝结、硬化逐渐成为具有一定强度的石柱体，因此如果不及时对含有水泥的混合料进行击实，水泥会在潮湿的混合料中逐渐失去活性，起不到增加黏结强度的效果。因此对于掺加水泥的泡沫沥青混合料应当尽快完成压实工作，虽然 GB 175—2020 一般要求水泥的初凝时间不早于 45min，终凝时间不迟于 10h，本节仍建议泡沫沥青混合料施工过程中，应当在 3h 内完成压实工作，这样可以保证混合料力学等指标达到其最大强度的 90% 左右。

4）储存温度对不同级配混合料储存性能影响

按照储存条件 B，不同级配混合料劈裂强度和回弹模量（劈裂法）随储存时间的变化关系如图 11-13 和图 11-14 所示。

结果表明，在 40℃ 拌和和储存条件下，所有级配材料的强度和模量都得到了明显提高。与常温拌和储存条件相比，级配 C 的强度和模量分别提高了 13% 和 20%；级配 D 的强度和模量分别提高了 25% 和 40%；级配 E 的强度和模量分别提高了 12% 和 50%。

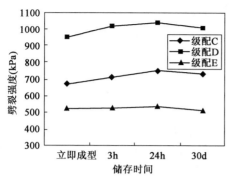 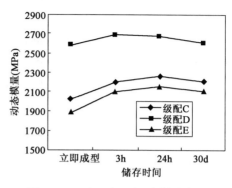

图 11-13 不同级配混合料储存后强度变化特性　　图 11-14 不同级配混合料储存后动态模量变化特性

图 11-15 给出了南非 Stellenbosh 大学 Jenkins 教授的研究成果,从该图中可以看出随着集料温度的提高,泡沫沥青裹覆集料的粒径在逐渐增加,集料温度在 40℃ 时泡沫沥青可以裹覆 1.5mm 左右的集料,而在常温 30℃ 以下时只能裹覆 0.15mm 以下集料。可见,较高的拌和与储存温度有助于泡沫沥青裹覆更大粒径的集料,同时由于沥青胶浆的温度也相对较高,其与周围大粒径集料黏结效果也势必明显改善,从而利于材料整体强度和刚度的形成。

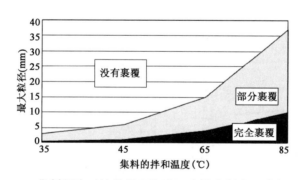

图 11-15　集料温度对连续级配泡沫沥青混合料裹覆半径的影响

同时,在储存的 24h 内,所有级配材料的强度和模量均有所增加。这说明在较高的储存温度下,材料中部分尚未与细料裹覆的沥青,可以在较长的时间内与周围的细集料进一步裹覆,从而形成具有一定黏度的沥青胶浆。而且从混合料强度的增长率(<3%)来看,这部分初期尚未裹覆细料的沥青所占比例更小,因此其强度增长非常有限,增加幅度比混合料常温拌和与储存的效果要略小。

后期材料强度和模量下降,表明混合料中的沥青胶浆仍会随着储存时间的增加而产生变化,例如混合料中的水分会对沥青胶浆中沥青和细集料的裹覆效果产生萃离作用,从而破坏沥青胶浆的黏结作用;但是在研究期限内,所有级配的混合料,其力学指标均可以维持在其最高指标的96%以上。因此,可以认为,储存温度越高,混合料中的沥青胶浆对周围水分的萃离作用有越好的抵御作用,从而其储存性能越趋于稳定。

5)储存湿度对不同级配混合料储存性能影响

按照储存条件C,不同级配混合料含水率损失率(水损失质量相对于原始含水质量的比)如表11-14所示。

不同级配材料的含水率损失率　　　　　　表11-14

混合料类型	立即成型	3h	24h	30d	60d
级配C(%)	0	10	32	73	81
级配D(%)	0	12	35	77	86
级配E(%)	0	9	23	67	74

按照储存条件C,不同级配混合料劈裂强度和回弹模量(劈裂法)随储存时间的变化关系如图11-16和图11-17所示。结果表明,在所有储存条件下,各级配材料的劈裂强度和模量均呈现略微下降趋势。在储存60d后,级配C混合料强度下降为其最大值的94%,模量为97%;级配D混合料强度下降为其最大值的91%,模量为96%;级配E混合料强度下降为其最大值的95%,模量为93%。与密封储存混合料相比较,发现混合料不密封储存后的强度和模量的降低幅度会略微减小。这可能与不密封储存混合料中含水率较小,水分对沥青胶浆中沥青和细集料的裹覆效果产生的萃离作用变弱有关。

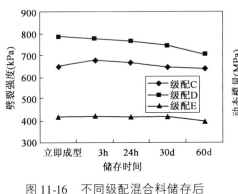

图11-16　不同级配混合料储存后强度变化特性

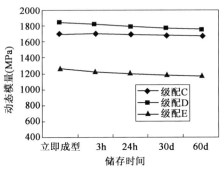

图11-17　不同级配混合料储存后动态模量变化特性

泡沫沥青混合料可以不密封储存的性质,也说明泡沫沥青混合料中沥青胶浆在较为干燥的情形下仍能保持持久的黏结作用。即使是比较干燥的泡沫沥青混合料,只要能够保证足够的重新拌和与压实用水,其力学性能仍能得以维持。

储存稳定性的范围很广,本章所讨论的储存稳定性是指在一定的养护条件下(特指混合料在未制成试件时的养护条件),混合料试件的强度和刚度等性质的变化,以及这些

指标变化幅度的大小。根据以上分析,简单总结以下几点探索性的结论:

(1)一般认为泡沫沥青用量较高的混合料,其较好的黏结性可使其性能储存稳定性较好。

(2)短期密封储存可以对混合料强度和刚度有略微贡献。但是对于含有水泥等活性填料的混合料,则恰恰相反,任何延迟成型时间均会造成强度和模量的不利影响。

(3)一般情形下,级配偏细的泡沫沥青混合料具有相对较好的储存稳定性。

(4)泡沫沥青混合料可以进行不密封储存,比较干燥的泡沫沥青混合料,只要能够保证足够的重新拌和与压实用水,其力学性能仍能得以维持。

第12章

泡沫沥青冷再生混合料的设计方法

作为沥青稳定材料,泡沫沥青冷再生材料的成型原理不同于热拌沥青混合料,有其自身的特点,所以材料设计方法不能按照热拌沥青混合料的设计程序进行设计;此外,泡沫沥青冷再生材料作为冷拌和材料,其具有柔性材料的性质,必须结合泡沫沥青材料自身的特点,探索其科学的配合比设计方法。根据对泡沫沥青混合料的物理力学性能的研究成果,以及泡沫沥青混合料中拌和用水量和养护方式对物理力学性能影响的研究,本章提出了泡沫沥青混合料的设计方法。泡沫沥青冷再生混合料的设计包括以下步骤:

(1)材料与级配设计,包括级配范围和集料的选择以及级配设计,用于不同公路等级的集料,其级配范围不同,应选择恰当的级配范围并结合当地实际情况加入一定的集料以改善级配。

(2)泡沫沥青再生混合料的准备,包括混合料的拌和、试件成型与养护,泡沫沥青混合料在拌和与压实时需要加入最佳用水量的水,以保证较好的拌和效果与压实度,成型后的试件需按照一定标准养护。

(3)控制指标的确定,包括间接抗拉强度的测试和设计沥青用量的确定。

除此之外,泡沫沥青混合料在设计之前,应首先对旧路的路况进行调查,明确其病害情况,并对现场进行取样分析,以为试验室混合料设计提供依据。

12.1 泡沫沥青混合料的设计方法

12.1.1 材料与级配设计

1)取样

为了给试验室混合料设计提供准确、可靠的试验样品,应该依据路面再生的方式,例如是选择就地再生还是厂拌再生,以及路面结构设计要求,采取具有代表性的试样,进行混合料的试验室设计。对于就地再生施工,应该根据路面结构设计的再生深度,采用就地再生机进行现场取样。根据无锡和廊坊等地就地再生试验段的经验,本节建议取样槽的长度在2~4m,取料槽的深度为再生深度要求的深度,宽度为再生机的铣刨宽度。取样时,从取样槽中部取样,并且注意均匀取料,防止离析,如图12-1所示。对于厂拌再生施工,根据太旧高速、上海和浙江等地厂拌再生试验段的经验,如果是提取破碎后的铣刨料,则只需在破碎的料堆均匀提取试样即可。如果对于未破碎的料堆,则应该选取相对均匀的料堆,然后使用铁锹在取料位置拌和均匀,然后提取需要数量的铣刨料,如图12-2所示。如果在道路大修前的路况调查阶段,能够开挖测试坑进行有关调查和试验,同时提取材料进行试验室配合比设计应是最好的办法。图 12-3 就是采用小型铣刨机开挖路面测试坑的同时提取试验用料的情形。

图 12-1　使用就地再生机进行现场取样

图 12-2　对堆积的铣刨料进行取样

图 12-3　使用小型铣刨机开挖测试坑来获取试验用材料

在材料选择方面,泡沫沥青冷再生所用的基质沥青需满足现行《公路沥青路面施工技术规范》(JTG F40)中的要求。发泡沥青采用的基质沥青一般为较低标号的沥青,如A-90。基质沥青的发泡特性关乎拌和完毕混合料的品质,因此基质沥青的发泡性能需满足:膨胀率不小于 10 倍,半衰期不小于 10s;使用水泥作为再生结合料或者活性添加剂时,可以使用普通硅酸盐水泥、矿渣硅酸盐水泥、火山灰硅酸盐水泥。水泥的初凝时间宜在 3h 以上,终凝时间宜在 6h 以上,不应使用快硬水泥、早强水泥。水泥应疏松、干燥,无聚团、结块,受潮变质。水泥强度等级可为 32.5 或 42.5。如采用散装水泥,在水泥进场入罐时,要了解其出炉天数。刚出炉的水泥,要停放 7d,且安定性合格后才能使用;新碎石材料则根据铣刨料(RAP)的筛分结果,确定添加的新碎石材料的规格。新碎石材料必须干燥、清洁,技术要求满足现行《公路沥青路面施工技术规范》(JTG F40)中集料的规范要求;RAP 材料必须经过预处理后使用,预处理主要包括:

(1)装载机等机具将一个料堆的 RAP 材料充分混合,然后用破碎机或其他方式进行破碎,应使 RAP 材料最大粒径小于再生沥青混合料最大公称粒径,确保没有超粒径材料。

(2)将破碎后的 RAP 材料筛分成粗细 2 至 3 档材料,筛网尺寸取决于 RAP 材料的特性以及再生沥青混合料的级配类型。一般采用 0~5mm、5~12mm、12~30mm 三种规格。

(3)经过预处理的 RAP 材料,用装载机或环形堆垛机铲运到回收料堆料场后均匀地铺开,第二铲再在其上铺开,以此类推,堆成圆锥形料堆。堆料高度不宜太高,要求不超过 8m。

(4)RAP 材料应及时使用,避免长时间的堆放,避免在筒仓或料斗中存储太多、太久。堆放回收料的场地应预先经过硬化处理。

(5)设置排水设施,如排水横坡、排水沟等,并保证排水通畅。

(6)多雨地区为保证 RAP 材料的含水率稳定,不受天气影响,应设置防御措施,宜将 RAP 堆放在顶部有遮盖、四周通透的防雨棚内,可以采取其他必要措施,但不宜用防水布遮盖。

(7)使用 RAP 时应用装载机从料堆的一端开始在全高范围内铲料,以免离析。

2)试样的分析

(1)铣刨材料的自然含水率。

将所取样品材料放进 50℃通风烘箱中烘干 48h 至恒重,计算其自然含水率,作为现场施工和试验室击实试验的参考数据。

(2)铣刨材料筛分试验。

采用四分法从铣刨料中取 4kg 左右的筛分样品。将准备筛分的两种样品放入 50℃通风烘箱中,烘干至恒重,然后密封冷却至室温,随后进行筛分试验。

(3)铣刨材料的砂当量与塑性指数试验。

砂当量指标可以有效地反映细集料的含土率,是评价集料洁净程度的有效方法。同时为了检验铣刨材料的塑性指数,按照《公路工程集料试验规程》(JTG E42—2005)中规定的方法进行砂当量和塑性指数试验。

根据材料塑性指数的试验结果,参考表 12-1 选择活性填料的种类。

铣刨料的自然含水率　　　　　　　　　　　表 12-1

塑性指数	<10	10~16	>16
活性填料	水泥(1~1.5%)	石灰(1.5~2.5%)	消石灰欲处理后再稳定

(4)铣刨材料的密度。

依据《公路工程集料试验规程》(JTG E42—2005)分别采用网篮法和容量瓶法测定粗集料的毛体积密度和细集料的表观密度。对于 RAP 料,则分成 0~5mm 和 >5mm 两档分别加以测定。

3)配合比设计

根据材料的筛分结果,按照尽量贴近 Mobil 级配曲线中值并控制 0.075mm 通过率不低于 5% 的原则进行设计。同时将泡沫沥青混合料级配曲线范围与 AC-25 矿料级配范围比较,如图 12-4 所示,可见泡沫沥青混合料的级配要偏细,细集料的含量要求较高,尤其 4.75mm 以下各筛孔的通过率要求很高,比密级配沥青混凝土混合料矿料级配还要偏细。

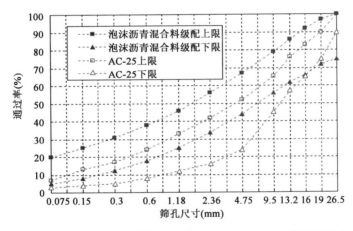

图 12-4 泡沫沥青混合料的级配范围与 AC-25 级配范围的比较

由于铣刨材料中细集料往往偏少,因此常常需要向铣刨料中添加一定量的细集料。细集料的添加,可以根据细集料的级配,选取不同的比例,例如添加 10%、20% 和 30%,然后分别测试不同添加量材料,在不同沥青用量下的物理力学性能,从而可以确定细料的添加量。同时为了寻求每组材料力学指标随沥青用量的变化情况,可向每组级配喷入不同沥青用量的泡沫沥青,泡沫沥青的参考用量可参考表 12-2 加以确定。

集料关键筛孔通过率下典型泡沫沥青用量　　　　表 12-2

筛孔通过率(%)		泡沫沥青添加量(干集料质量百分比)
4.75mm	0.075mm	
<50	3.0~5.0	2.0~2.5
	5.0~7.5	2.0~3.0
	7.5~10.0	2.5~3.5
	>10.0	3.0~4.0

续上表

筛孔通过率(%)		泡沫沥青添加量(干集料质量百分比)
4.75mm	0.075mm	
>50	3.0~5.0	2.0~3.0
	5.0~7.5	2.5~3.5
	7.5~10.0	3.0~4.0
	>10.0	3.5~4.5

(1)沥青。

沥青工作性需要评价沥青的膨胀率和半衰期。膨胀率是指在沥青发泡状态下测得的最大体积与未发泡状态下的体积之比。由于沥青在喷射过程中先前喷出的泡沫沥青体积已经开始衰减,因此实测沥青的最大发泡体积要小于沥青的发泡真实体积。一般情况下,膨胀率越大,越有利于泡沫沥青与搅拌中翻腾的集料充分接触,从而对集料形成良好的裹覆作用,使得拌制的泡沫沥青混合料质量越好。半衰期是指泡沫沥青最大体积缩小到该体积一半所用的时间,该指标实际上描述了沥青的稳定性,半衰期越长,说明泡沫沥青越不容易衰减,可以与集料有较长的接触和拌和,以提高泡沫沥青混合料的质量。

在选用沥青拌制泡沫沥青混合料之前需要对该种沥青进行发泡试验。

每种沥青的发泡特性可表征为:

①膨胀率。衡量泡沫沥青黏度,为沥青发泡的最大体积与原始体积的比值。

②半衰期。衡量泡沫沥青的稳定性,为泡沫沥青从最大体积衰落至一半体积所经过的时间(s)。

发泡试验的目的是为了确定需要的发泡温度和发泡用水量,使给定的沥青在该条件下获得最佳的发泡性能(最佳的膨胀率与半衰期)。发泡试验可在3个发泡温度下进行,如下所述:

步骤1 通过Wirtgen WLB10试验机中泵送循环的沥青加热至需要的温度(通常从140℃开始),并在开始试验前至少维持5min。

步骤2 标定沥青的喷射流量,并设置计时器,使每次沥青的喷射量为500g。

步骤3 设定水流量控制计,达到需要的加入量(通常从沥青质量的2%开始)。

步骤4 将泡沫沥青喷射至预热(±75℃)的钢桶里,并在喷射结束后,迅速按下秒表。

步骤5 使用Wirtgen WLB10配备的标尺(与275mm直径钢桶和500g沥青标定过)测量桶内泡沫沥青的最大高度,并作为最大体积记录。

步骤6 使用秒表测量泡沫衰落至最大体积一半所持续的时间,并作为泡沫沥青的半衰期记录。

步骤7 重复3次,或直至得到相似的读数。

步骤8 至少在3个加水量下,重复步骤3~7,通常为沥青量的2%、3%和4%。

步骤9 在相同的坐标轴下(图12-5)绘制不同加水量下膨胀率与半衰期的关系图。

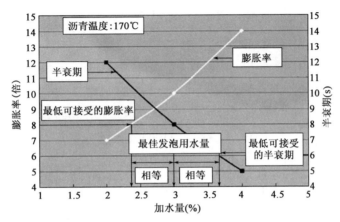

图12-5 确定最佳发泡用水量的方法

重复步骤1~9,可对其他发泡温度进行检验。

可以参照本书第9章有关内容确定沥青的最佳发泡条件。也可以通过图12-5所示的方法确定,即首先确定每一发泡温度下的最佳发泡用水量,然后再比较在该发泡用水量下,不同发泡温度下的发泡效果,以此最终确定最佳发泡条件。

(2)拌和用水。

根据本节的研究,最佳拌和用水量与材料的级配和拌和、成型温度有一定关系。考虑到泡沫沥青混合料抗水损坏性能的要求,应根据材料的级配、当时的气温等条件,按照图12-6的推荐范围,选取拌和用水。

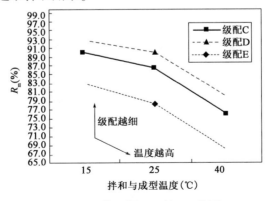

图12-6 基于湿ITS的R_m范围

12.1.2 泡沫沥青再生混合料的准备

1)泡沫沥青再生混合料的准备

步骤1 将要求数量的材料放置至合适的拌缸内(8kg用于成型直径马歇尔试件)。

步骤2 使用式(12-1)确定试样的干质量。

$$M_{sample} = M_{air\text{-}dry} / [1 + (W_{air\text{-}dry}/100)] \tag{12-1}$$

式中:M_{sample}——试样的干质量(g);

$M_{air\text{-}dry}$——试样的风干质量(g);

$W_{air\text{-}dry}$——风干试样的含水率(%)。

步骤3 使用式(12-2)确定活性填料(石灰或水泥)的百分比。

$$M_{cement} = (C_{add}/100) \times M_{sample} \tag{12-2}$$

式中:M_{cement}——水泥或石灰的用量(g);

C_{add}——水泥或石灰的百分比(%);

M_{sample}——试样的干质量(g)。

步骤4 使用本章10.3.2节建议的方法或依据经验式(12-3)计算确定最佳拌和用水量,然后使用式(12-4)确定试样中所需的加水质量。

$$W_{add} = 1 + (0.5W_{OMC} - W_{air\text{-}dry}) \tag{12-3}$$

$$M_{water} = (W_{add}/100) \times (M_{sample} + M_{cement}) \tag{12-4}$$

式中:W_{add}——需要加入试样中的含水率(%);

W_{OMC}——最佳含水率(%);

$W_{air\text{-}dry}$——风干试样的含水率(%);

M_{water}——试样的加水质量(g)

M_{sample}——试样干重(g);

M_{cement}——需要加入的石灰或水泥质量(g)。

步骤5 将试样材料、活性填料、水在拌缸内一起拌和至均匀。

步骤6 使用式(12-5)确定泡沫沥青的用量:

$$M_{bitumen} = (B_{add}/100) \times (M_{sample} + M_{cement}) \tag{12-5}$$

式中:$M_{bitumen}$——需要加入的泡沫沥青质量(g);

B_{add}——泡沫沥青含量(%);

M_{sample}——试样干重(g);

M_{cement}——需要加入的石灰或水泥质量(g)。

步骤 7　使用式(12-6)确定 Wirtgen WLB10 试验机上计时器时间的设定：

$$T = f_{\text{actor}} \times (M_{\text{bitumen}} + Q_{\text{bitumen}}) \qquad (12\text{-}6)$$

式中：M_{bitumen}——需要添加的泡沫沥青质量(g)；

T——WLB10 试验机上计时器设定的时间(s)；

Q_{bitumen}——WLB10 试验机上的沥青流量(g/s)；

f_{actor}——在拌缸内损失沥青的补偿系数。根据经验，对于 Hobart 拌和机，该系数取 1.25。

步骤 8　将机械式拌和机与发泡设备对接在一起，以便泡沫沥青可直接喷入拌锅中。

步骤 9　开启搅拌机，在向拌锅内喷射泡沫沥青之前至少拌和 10s，并在喷射泡沫沥青后持续拌和 30s。

步骤 10　使用式(12-7)确定需要加入的水量，以使试样达到最佳含水率。

$$M_{\text{plus}} = (W_{\text{OMC}} - W_{\text{sample}})/100 \times (M_{\text{sample}} + M_{\text{cement}}) \qquad (12\text{-}7)$$

式中：M_{plus}——试样中需要加入的水量(g)；

W_{OMC}——试样的最佳含水率(%)；

W_{sample}——准备好试样的含水率(%)；

M_{sample}——试样干重(g)；

M_{cement}——需要加入的石灰或水泥质量(g)。

步骤 11　添加额外的水并拌和均匀。

步骤 12　将拌制好的泡沫沥青稳定材料转移至容器内，并立即将容器密封，以防水分损失。为了尽可能减少水分的损失，应立即成型马歇尔试件。

重复以上步骤，并制作至少 4 种不同泡沫沥青用量的试件。

说明：拌和后观察试样，确保拌锅周围没有堆积拌和材料。如果出现该情况，则降低用水量重新拌和试样。观察材料是否容易拌和，是否始终处于疏松的状态。如果拌和结束后，发现有任何粉料的存在，则应添加少量水，重新拌和，直至达到没有粉料存在的疏松状态。

2) 成型马歇尔试件

步骤 1　清洁试模、套筒、底座和击实锤底面。

注意：击实设备不需加热，但应在室温下保存。

步骤 2　称量足够材料，使试件击实高度控制在 63.5mm±1.5mm(通常为 1150g)，用插刀沿周边插捣 15 次，中间 10 次，使材料表面成凸圆弧面。

步骤 3　用击实锤击实混合料 75 次，必须保证击实锤自由落下。

步骤 4　脱去径套,将试模反转过来,对另一面同样击实 75 次。

步骤 5　击实后,取下底座,将试件在试模内放置 24h,以便在脱模前形成足够的强度。

12.1.3　控制指标的确定

路面基层在行车荷载的反复作用下,主要承受竖向压应力及水平拉应力作用,如图 12-7 所示。混合料中集料的骨架支撑作用基本能满足其实际需要。有关实践表明,泡沫沥青混合料基层材料往往是由于基层底部抗拉强度(或黏结强度)不足而开裂。试验证明,沥青混合料和各种半刚性基层材料的劈裂强度与弯拉强度具有一定的相关关系,而劈裂试验比梁的弯拉试验更简单、方便,且更接近路面结构受力状态,考虑到泡沫沥青作为柔性基层材料,其特性与沥青混合料有一定的相似性,因此采用间接抗拉强度(ITS)作为混合料设计的控制指标。

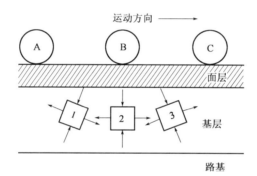

图 12-7　路面结构中基层的受力示意图

1)测定步骤

标准的间接抗拉强度(ITS)试验需要测试试件在干燥和浸水两种条件下的 ITS 值。在试验过程中,试件的垂直变形速率恒为 50mm/min,通过测量试件的最大破坏荷载以确定 ITS 值。步骤如下:

(1)在测试之前,将养护好的试件在室温下放置一夜。

(2)在十字对称的四个方向量测每个试件的高度并计算其高度平均值 $h(m)$。

(3)量测每个试件的直径 $d(m)$。

(4)在测试之前,将试件置于 25℃±1℃ 的恒温空气浴中至少 1h,但不超过 2h;从恒温空气浴中取出试件,将其放到加载装置上。

(5)将试件安放稳定,使上下压条在试件的垂直端面上居中、平行;将转换板放置在上压条上并使整套装置与下面压头居中对齐。

(6)以 50mm/min 的速度向试件施加荷载,直至最大荷载。加载过程中不能有震动,

记录荷载 P(kN),准确到 0.1kN。

测定浸水试件的 ITS 值,在测试前要采取以下措施:

(1)将养护过的试件放入真空干燥器中并将其浸入 25℃±1℃ 的水中。

(2)使真空干燥器的真空度达到 50mmHg,维持 60min±1min。若没有真空干燥器,则在 25℃±1℃ 温度下浸水 24h。

利用以下式(12-8)计算各试件的 ITS 值,准确到 1kPa。

$$ITS = \frac{2 \times P}{\pi \times h \times d} \tag{12-8}$$

式中:ITS——间接抗拉强度(kPa);

　　　P——最大荷载(kN);

　　　h——试件的平均高度(m);

　　　d——试件的直径(m)。

对于某一含量沥青,ITS 的残留比 TSR 定义如下:

$$TSR = \frac{ITS_{wet}}{ITS_{dry}} \tag{12-9}$$

式中:ITS_{wet}——浸水养护试件的 ITS 值;

　　　ITS_{dry}——干养护试件的 ITS 值。

2)设计沥青用量的确定

在同一坐标轴上绘制所有试件(干燥和浸水)的 ITS-沥青用量(加入的沥青)关系曲线。选取浸水试件的最大 ITS 所对应的沥青用量作为沥青用量的设计值,用于泡沫沥青混合料的设计。根据各沥青用量下的试验结果,选择 ITS_{wet} 和 TSR 均较大的沥青用量作为最佳的泡沫沥青用量。

配合比设计方法如下:

(1)泡沫沥青冷再生混合料配合比设计包括原材料分析、配合比(沥青及水、水泥、新碎石材料用量)设计和设计配合比检验三项内容。

(2)采用随机取样的方法,取得具有足够用量的铣刨料,并低温烘干确定原材料含水率。

(3)对铣刨料进行抽提,分析得出铣刨料级配及沥青用量。

(4)以 RAP 为基础,掺加不同比例的新集料,使合成级配满足工程设计要求。

(5)初定泡沫沥青用量,变化含水率进行击实试验,确定最大干密度、最佳含水率 OWC。

(6)最佳泡沫沥青用量 OAC 的确定。

以预估的沥青用量为中值,按照一定间隔变化形成若干泡沫沥青用量,保持最佳含水率 OWC 不变,制备马歇尔试件。进行常规马歇尔稳定度试验(或者劈裂试验),确定最佳泡沫沥青用量 OAC。如各试验结果不能满足相关技术标准要求,则应考虑掺加水泥或增加水泥掺量,重复第 4 步试验。

12.1.4 泡沫沥青冷再生混合料的性能

初步的设计级配组成确定以后,对其进行了各项力学性能试验,包括马歇尔稳定度试验、车辙试验、无侧限抗压强度试验及抗压回弹模量试验。目前国内对泡沫沥青混合料的研究尚处于初级阶段,对其各项力学性能还未形成明确的技术标准。对于不能满足设计要求的性能,可以通过调整泡沫沥青再生材料的级配和沥青用量等方法重新设计。

1) 无侧限抗压强度(UCS)试验

标准无侧限抗压强度(UCS)试验是在平衡含水率条件下进行的。研究人员认为这种条件能够代表道路的实际湿度状况。对高 127mm、直径 150mm 的试件施加 140kPa/s (153kN/min)的恒定荷载,并通过测定试件破坏时的最终荷载确定 UCS,方法如下:

步骤 1 将试件放在两加载压头之间,并将其置于加载盘的中央。

步骤 2 对试件施加加载速率为 140kPa/s 的荷载,直至荷载达到最大值。记录下最大荷载 $P(kN)$,精确到 0.1kN。

步骤 3 试验结束后,立即将试件打碎并取出约 1000g 材料,以确定试件的含水率 W_{weak}。将测得的含水率代入到式(12-11)中,计算出试件的干密度。

步骤 4 使用式(12-10)计算各试件的 UCS,精确到 1kPa。

$$\mathrm{UCS} = (4 \times P)/(\pi \times d^2) \times 10000 \tag{12-10}$$

式中:UCS——无侧限抗压强度(kPa);

P——破坏时的最大荷载(kN);

d——试件的直径(cm)。

$$\rho_d = \rho/(1 + W_{weak}) \tag{12-11}$$

此外,还可以依据《公路工程无机结合料稳定材料试验规程》(JTG E51—2009) T 0805—1994 规定的方法进行试件成型与强度试验。其中养护方法为:将每个试件放置在密封的塑料袋(容积至少为试件体积的两倍)中,然后置于 40℃ 的烘箱中,进一步养护 48h。48h 养护结束后,将试件从烘箱中取出,并去掉塑料袋,同时确保试件不能沾上塑料袋的水分,最后冷却至试验温度。

2) 车辙试验

车辙试验试件密度取重型击实试验确定的最大干密度,成型车辙板后按照上述养护方法完成养护后,依据《公路工程沥青及沥青混合料试验规程》(JTG E20—2011)对沥青混合料车辙试验方法进行车辙试验。

12.2 冷再生的社会效益

(1)节能减排、资源的循环利用。

泡沫沥青冷再生沥青混合料与传统的热拌沥青碎石(ATB-30)混合料相比,同属于柔性基层结构,而前者在不影响路面使用性能的前提下,可节省加热能源80%以上,减少CO_2排放量80%以上。与传统铣刨加铺方案相比,该工艺能有效利用废料,解决了旧料堆弃占地及环境污染问题,可大量减少石料开采,节约用于堆放废旧沥青材料的土地,实现了资源再生利用和可持续发展。

(2)降低道路运营成本,延长了路面寿命。

该技术有效解决了半刚性基层的反射裂缝和路基的不稳定沉降问题,延长道路使用寿命;有效防止反射裂缝,减少路面水损坏,延长沥青面层使用寿命,降低道路运营全寿命成本。

(3)控制路面高程,快速恢复交通。

泡沫沥青冷再生方案可以较好地控制路面高程,解决道路上方设有立体交叉和沿线穿镇路段不允许抬高路面高程的难题,有利于快速恢复交通。

(4)减少石料开采,保护生态环境。

泡沫沥青冷再生技术能够充分利用原有路面材料、节省材料开采、保护资源、节约道路建设成本并有效保护环境,缩短施工工期。

(5)保畅有利,促进发展经济。

泡沫沥青冷再生方案可以缩短20%工期,这将减轻施工中的安全维护压力,有效保证车辆通行,解决快速道路抢修,减少施工安全维护经费,同时有助于保障道路畅通和安全,给高速公路快速养护、沿线乡镇地方经济发展赢得宝贵时间。

12.3 基于同步摊铺的泡沫沥青就地冷再生工程应用

12.3.1 项目概况

G228国道浙江平湖段为重要交通要道,来往车流量大,重载超载车辆多;且夏季降雨量集中，导致路面出现大量车辙、裂缝和坑槽等病害。通过对依托项目路段的病害调查和原因分析，确定该路段主要为沥青混凝土面层损坏，水泥稳定碎石基层受病害程度小。因此，从环保、节约资源和发展新技术的角度出发，通过方案比选，最终确定对原沥青混凝土面层进行预铣刨4cm，再采用同步摊铺的泡沫沥青就地冷再生技术进行再生处理，将再生层作为新路面的下面层使用，最终确定维修前后路面结构层组合方案，如表12-3所示。

维修养护方案　　　　　　　　　　　　　　　　　　表12-3

原路结构层	处理方案	加铺方案
—	—	4cm SMA-13 沥青混凝土上面层
6cm AC-16 沥青混凝土上面层	铣刨4cm 原路面面层	9cm 同步摊铺泡沫沥青就地冷再生层
6cm AC-16 沥青混凝土下面层		
15cm 泡沫沥青冷再生基层	—	—
剩余水泥稳定碎石底基层		

G228平湖段公路养护大中修工程采用同步摊铺的泡沫沥青就地冷再生工艺，实施路段为：①K3593+000~K3594+000（右幅）；②K3593+000~K3594+000（左幅）；③K3593+160~K3594+114（左幅），泡沫沥青冷再生层共计实施2.491km。

12.3.2 泡沫沥青就地冷再生混合料配合比设计

在施工前完成了同步摊铺的泡沫沥青冷再生混合料配合比设计及原材料选样及检测工作，施工过程中对目标配合比进行了验证，保证配合比设计与实际现场施工材料相符。平湖G228泡沫沥青冷再生材料设计要求见表12-4。

平湖G228泡沫沥青冷再生材料设计要求　　　　　　表12-4

技术指标	试验结果	设计要求
铣刨料RAP(%)	87	—
(15~25mm)新加碎石(%)	13	—
最佳沥青用量(%)	2.4	—
水泥用量(%)	1.8	—
沥青发泡温度(℃)	160	—
发泡用水量(%)	2.5	—
膨胀率(倍)	13.5	≥10
半衰期(s)	11.9	≥8

续上表

技术指标		试验结果	设计要求
马歇尔稳定度试验	稳定度(kN)	6.45	≥6.0
	流值(mm)	2.3	1.5~3.0
干湿劈裂强度	劈裂强度(MPa)	0.64	≥0.6
	干湿劈裂强度比(%)	81.3	≥80

12.3.3 试验段铺筑

G228平湖段公路养护大中修工程在同步摊铺泡沫沥青冷再生层大面积正式施工前,铺筑了试验段100m,主要为了以下目的:

(1)生产配合比验证应在试验段铺筑阶段进行。

(2)验证用于正式施工的混合料配合比是否与室内设计的配合比一致及再生混合料路用性能是否满足设计要求。

(3)当生产配合比与室内设计的配合比验证存在重大偏差时,应重新拟定合成级配进行配合比设计。

泡沫沥青冷再生试验段部分检测指标见表12-5。

泡沫沥青冷再生试验段部分检测指标 表12-5

试验项目	试验值	下面层技术要求	合格与否
压实度(%)	99.8	≥98	合格
劈裂试验(15℃)(干劈)(MPa)	0.66	≥0.60	合格
马歇尔稳定度(40℃)(kN)	8.32	≥6.0	合格
动稳定度DS(60℃)	5860	≥2000	合格
无侧限抗压强度(MPa)	1.8	≥1.4	合格

12.3.4 泡沫沥青就地冷再生施工工艺

1)一般规定

(1)气候条件。

①施工的最低气温应控制在不小于10℃,低温施工难以保证再生混合料碾压成型。

②不得在雨天施工,若施工完毕24h内可能发生低温天气亦不宜施工。

③冷再生在养护初期12h内不宜雨淋,遇雨时应进行覆盖。

（2）交通管制。

①施工期间和养护过程中应申请并实行交通管制，在未开放交通前，严禁车辆通行。

②施工现场设置施工标志、减速标志、严禁超车标志等，以确保安全文明施工。

（3）施工队伍。

施工队伍的施工水平是决定冷再生施工是否成功的关键之一，施工队伍包括技术人员、施工工人和操作手的水平、经验和技能，因此就地冷再生施工需配备一支熟练的施工队伍以保证优质的工程质量：

①对图纸进行会审，并对相关人员进行施工技术交底。

②施工技术人员控制再生混合料的状态，摊铺机和碾压工艺、再生机械、摊铺机和压路机等均应由熟练人员操作。

③技术人员负责现场指挥，协调现场设备之间的衔接，解决施工现场可能会出现的问题，监督、检查施工前的准备以及施工质量，负责现场文明施工、交通管制和安全生产等各项管理工作。

④设备操作人员按照预先确定的路线和方案实施操作工艺。

⑤试验人员负责各项测试工作，现场取样时，采用同一取样批次的材料并配合检测工作。

⑥工人负责必要的手工作业，分配各自任务，避免在铺设过程中出现问题时不能有效及时地解决，造成现场混乱。

（4）施工步骤。

根据路幅宽度和生产配合比，实行半封闭递进式施工，施工步骤如下：施工准备→撒布集料和水泥→冷再生施工→摊铺→碾压→养护→开放交通→罩面。

2）施工准备

（1）病害处理。

施工前应检查下承层。下承层应密实平整，强度应符合设计要求，病害应进行处治。

（2）材料准备。

①应对沥青、集料和水泥等进行检查，符合规定的要求时，方可使用。各材料应备料充分，不得影响施工。

水泥对提高冷再生混合料早期强度、水稳定性、高温稳定性等具有积极作用，但是过多会降低混合料的疲劳性能，带来负面影响，后期还会出现较大的干缩裂缝。

②每天施工前均应在料场从各个部位取样分析集料的级配与含水率，为现场施工控制外加水量提供必要的参考数据。

③再生过程所用燃油、水、沥青和水泥的运输均应保证及时供应。

3)施工机械准备

配置的主要设备和辅助设备应满足表 12-6 要求。

泡沫沥青就地冷再生施工主要设备　　　　　表 12-6

机械设备名称	规格	单位	数量	备注
碎石撒布车	25t	台	1	
水泥撒布车	25t	台	1	
就地冷再生机	维特根 3800CR	台	1	
洒水车	8t	台	1	与再生机软连接
沥青保温油罐车	30t	台	1	与再生机硬连接
摊铺机	英格素兰 ABG	台	1	
双钢轮振动压路机	13t	台	1	初压
单钢轮振动压路机	26t	台	1	复压
胶轮压路机	30t	台	1	复压
双钢轮振动压路机	13t	台	1	终压
洒水车	8t	台	1	养护
自卸车	15t	台	1	
装载机	ZL50	台	1	清理多余的混合料
小型压路机	1t	台	1	

施工前各种机械、辅助设备和工具等均应齐全,保证完好。并保证在施工期间一般不发生有碍施工进度和质量的故障,并配备相应的运输机械。

准备加水车、沥青保温油罐车以及与冷再生机连接的推杆、接头、水管。加水车与再生机采用软连接,水通过白胶管加入再生机,沥青保温油罐车采用硬连接挂在再生机挂钩上,沥青通过黑胶管加入再生机。

4)人员配备

(1)管理技术人员 6 人。

(2)施工工人 15 人。

(3)操作手 15 人。

(4)交通管理员 2 人。

5)现场施工工艺

G228 平湖段同步摊铺泡沫沥青就地冷再生层施工气候条件满足要求,其施工工艺如下:

(1)清理路面。

就地冷再生施工之前必须对路表面清扫,保持路表层干净、平整。

(2)施工放样。

按照施工要求,利用石灰施划再生边缘线或在道路两侧设置标桩(杆)作为基线。

(3)撒布新集料。

集料应保持干燥,宜采用撒布车撒布,集料撒布量应该现场标定或者局部总量控制。无条件时也可以采取人工撒布,但人工撒布应事先在路面上用石灰粉打格,宜按照每 $100 \sim 300 m^2$ 面积进行总量控制,撒布厚度应均匀。

(4)撒布水泥。

宜采用撒布车撒布,水泥撒布量应该现场标定或局部总量控制。水泥撒布车一般宽 2.5m,再生宽度为 3.8m 或 4.5m 时,撒布车撒布道要换算成相应宽度的水泥用量,水泥撒布要求在纵断面上均匀分布,但横断面可以不全部覆盖,因为再生机在铣刨拌和时混合料会向中间传送带位置收拢。

水泥撒布一旦完成,除了再生机以外其他车辆一律不得进入施工区域。

(5)再生作业。

①在施工起点处将再生机组顺次首尾连接,连接相应管路。

②启动施工准备,按照设定再生深度(10cm)对路面进行铣刨、拌和。再生机组必须缓慢、均匀、连续地进行再生作业,不得随意变更速度或者中途停顿,再生施工速度取决于再生机、再生材料类型和再生深度,宜为 $4 \sim 6m/min$,控制在 $5m/min$ 左右。

③应至少每隔 200m 检测和记录再生机的工作速度,以确保再生机保持一定的生产效率和良好的再生效果。

④在直线和不设超高的平曲线段,再生机应首先沿着路幅的外侧开始,然后逐渐向路幅内侧施工,设超高的平曲线段,再生机应首先沿着路幅的内侧开始,然后逐渐向路幅外侧施工。

⑤应考虑在再生路上用滑石粉划线或在作业面边缘上固定导向线,作为再生机的方向引导,保证再生机沿着正确的方向前进。再生机下切深度在遇到特殊情况需要调整时,应缓慢调整(一次调高在 3mm 以内),避免出现明显错台现象,避免后续摊铺机摊铺时出现高差。

⑥应安排专人(技术人员)跟随再生机以连续观测再生混合料的均匀性,并随时检查再生厚度,一旦发现沥青出现条状或结团现象,应调整发泡用水量,并观察拉丝现象是否有所减轻,若没有变化,应立即停止施工。

⑦再生机后宜安排专人(施工工人)处理边线外以及再生机起始位置的余料,余料应予以废弃。

(6)摊铺。

①摊铺施工时应注意控制好横坡和厚度,宜采用钢丝绳或平衡梁引导方式控制摊铺平整度和厚度。

②在摊铺过程中,应合理选择熨平板的振幅和夯锤震动频率。一般情况下冷再生混合料摊铺宜采用的夯锤震动频率应大于熨平板振幅,以提高冷再生混合料的初始压实度。熨平板加宽铰接处的缝隙应仔细调节紧密,防止摊铺后路表面留有痕迹。

③摊铺机在摊铺过程中,一定要控制好料位传感器的高度,使储料箱中螺旋送料器始终埋入冷再生混合料不小于3/4的高度,以减小在摊铺过程中冷再生混合料的离析,当用人工摊铺或找平时,采用扣锹工艺,不宜采用平甩方法,需要边摊铺边补平,手用力的轻重要保持一致,避免造成冷再生混合料人为离析。

④摊铺机熨平板必须拼接紧密,不许存在缝隙,防止卡料将油面拉出条痕。

⑤摊铺机在安装、操作时应采取降低布料器前挡板的离地高度等混合料防离析措施,摊铺机后应设专人消除离析现象,铲除局部粗集料集中部位,并用新拌混合料填补。

⑥摊铺应均匀、连续,速度控制在 2~4m/min。应避免明显离析、波浪、裂痕、拖痕等现象。

⑦冷再机混合料的松铺系数应根据试验段确定,一般在 1.2~1.6 之间,经测量松铺系数为1.6(摊铺机未预压)。

⑧平整度控制:摊铺后,质检员及时用三米直尺检测平整度,尤其是摊铺机启停位置的平整度,不符合要求时及时用人工整平。

⑨摊铺过程中应随时检查摊铺厚度、路拱和横坡,发现问题及时调整。

⑩纵向接缝处用人工推耙进行收料,保证压路机碾压时不会高出已碾好的路面。

(7)压实。

①冷再生混合料宜在最佳含水率情况下碾压,避免出现弹簧、松散、起皮等现象。碾压过程中冷再生层表面应始终保持湿润,如水分蒸发过快,应及时洒水补充。但水量不宜过大。

②压实工艺流程。

初压:采用13t双钢轮压路机 1~3 遍,碾压速度 1.5~3km/h;第一遍采用前进静压方式,其他采用震动碾压,从道路外侧向道路中心碾压。

复压:26t 单钢轮振动压实 3~5 遍,碾压速度 2~4km/h;30t 胶轮压路机静压揉搓 4~6 遍,碾压速度 2~4km/h。

终压:13t 双钢轮压路机静压 1~2 遍收光,碾压速度 2~4km/h。

③为避免碾压时混合料推挤产生拥包,碾压时应将驱动轮朝向摊铺机,从外侧向中心碾压,在超高段则由低向高碾压,在坡道上应将驱动轮从低处向高处碾压。

④道路边缘没有支挡时,可在边缘先预留出 30~40cm 宽,待压完第一遍后,将压路机大部分置于已碾压过的混合料路面上再碾压边缘。

⑤摊铺的冷再生混合料在碾压完成后,至少 2h 内不允许任何车辆通行,以保证足够的养护,避免车辆行驶造成再生层表面松散。

⑥对大型机具无法压实的局部部位,应选用小型振动压路机碾压。

⑦有条件的可以采用振荡压路机压实,振荡压路机是振动与搓揉相结合的压实方法。这种搓揉作用能防止表面开裂,并使压实表面更加光整、致密,提高了表面层防水渗透能力。由于振荡压实过程进展平缓而无冲击,因此不易压碎集料,能防止面层振松。

(8)接缝。

①纵向接缝。

相邻两个再生幅面应具有一定的搭接宽度。第一个再生作业的宽度应与铣刨宽度一致,所有后续有效再生幅面的纵向搭接宽度为 5~10cm。通常再生层越厚,搭接宽度越大;材料最大粒径越大,搭接宽度越大。

再生机应准确地沿预先设置的铣刨指引线前行。若偏差超过 10cm,应立即倒退至开始出现偏差的地方,然后沿着正确的铣刨指引线重新施工(无须再加水或者稳定剂、水泥)。当搭接宽度超过再生机喷嘴的有效喷洒宽度时,后续施工应当关闭若干喷洒嘴,以保证重叠区没有多余的沥青和水。

纵向接缝的位置应避开快、慢车道上车辆行驶轮迹处。

纵缝碾压,应当以 1/2 轮宽进行跨缝碾压以消除缝迹。当合成两个半幅形成纵向接缝时,应先压已压路面上行车,后碾压新铺层 10~15cm,随后将压实轮伸过已压实面的 10~15cm 压实。

多幅再生时在纵向搭接处的厚度要严格控制,以免出现高差,造成碾压无法消除的接缝,多幅施工靠近已铺好路面,摊铺机采用滑靴模式控制。

②横向接缝。

当一个工作日结束,两个相连作业段连接、再生途中更换罐车或其他情况造成停机均会形成横向接缝。重新作业开始前整个再生机组应后退至已再生路段至少 1.5m 的距离,以保证接缝宽度上混合料得到处理。对于超过水泥初凝的路段,在接缝处应重新撒布水泥,但不用撒布碎石及喷洒泡沫沥青。

碾压横缝时,在已成型路幅上横向行车,碾压新层 10～15cm,然后每碾压一遍向新铺混合料移动 15～20cm,直至全部碾压在新铺层上为止,再改为纵向碾压,将接缝充分压实紧密。

每天施工缝宜采用垂直直接缝,用 3m 直尺检测平整度,用人工将端部厚度不足和存在质量缺陷部分凿除,以便下次连接成直角接缝。

(9) 养护及开放交通。

①在封闭交通的情况下养护时,可进行自然养护,一般无须采取措施。

②在开放交通的条件下养护时,再生层在完成碾压至少 1d 后,方可开放交通,但应严格限制重型车辆通行,行车速度应控制在 40km/h 以内,并严禁车辆在再生层上调头和紧急制动。

③为避免车轮对再生层表层的破坏,在再生层上均匀喷洒慢裂乳化沥青(稀释至 30% 左右有效沥青用量),喷洒用量折合沥青后宜为 0.05～0.5kg/m^2,破乳后(约 2h)即可开放交通。通车 5d 后取芯检测,芯样完整密实,干劈裂强度达到 0.6MPa,满足相关规范要求,可进行进一步研究。

④当再生层使用 ϕ150mm 钻头的钻芯机可取出完整芯样或再生层含水率低于 2% 时,可结束养护。

12.3.5 现场检测

1) 施工过程中质量检测

施工日内,每天现场取样,回室内试验室对再生混合料进行试件成型、劈裂强度试验、稳定度试验、无侧抗压强度试验、无侧限抗压强度试验等,及时调整施工生产参数,保证再生混合料的质量满足施工要求。

施工日内每天对当天压实后的再生层进行抽样检测,检测内容包括再生层的厚度、再生层的压实度等。经检测,压实度检测结果均能符合设计和规范要求,再生厚度均在 9cm 以上。试验检测数据如表 12-7 所示。

2) 施工完成后质量检测

施工 3d 后对再生层进行取芯检测,主要检测再生层的表面均匀性以及再生层的取芯质量。部分路段取芯情况见表 12-8。

泡沫沥青冷再生混合料部分检测指标　　　　　　　　　　表 12-7

试验项目	试验值	下面层技术要求	合格与否
压实度(%)	99.8	≥98	合格
劈裂试验(15℃)(干劈)(MPa)	0.65	≥0.60	合格
马歇尔稳定度(40℃)(kN)	6.45	≥6.0	合格
流值(mm)	2.7	1.5~3.0	合格
动稳定度 DS(60℃)	5210	≥2000	合格
无侧限抗压强度(MPa)	1.7	≥1.4	合格

部分路段取芯情况　　　　　　　　　　表 12-8

施工路段	示意图	情况描述
K3593+230 右幅	（图）	芯样完整,厚度符合设计要求
K3593+360 右幅	（图）	芯样完整,厚度符合设计要求
K3593+455 右幅	（图）	芯样完整,厚度符合设计要求

施工完成后 7d,对同步摊铺泡沫沥青层顶面进行弯沉检测,检测结果为:弯沉代表值≤20(0.01mm)。

12.3.6 工程应用总结

依托 G228 平湖段公路养护大中修工程的同步摊铺泡沫沥青就地冷再生工程应用,无论从技术经济的角度,还是社会效益的角度,与传统维修方法相比,泡沫沥青就地冷再生具有以下优点:

(1)最大限度地利用旧路面油层材料(100%利用)能够节约大量的沥青和砂石材料,节省工程投资,既保护自然资源又节约成本,与乳化沥青厂拌冷再生相比,泡沫沥青就地冷再生每公里(12m 宽路面)节约 32 万元。

(2)由于省去旧路面结构层的挖除、清理、运输和回填等工序,直接就地冷再生施工简便、缩短工期。

(3)由于保持路面结构的完整性并且不损坏基层,可有效地提高基层承载力,改善公路维修质量。

(4)有效利用旧料,节约能源,保持自然环境和景观,具有显著的社会效益。

(5)采用半幅施工,半幅开放交通,对大交通情况下,施工完毕 2h 后可开放交通,避免发生交通中断状况,避免出现交通中断达 1~2d 的严重社会问题。

(6)具有诸多的间接效益,如铺筑沥青路面,由于减少了远距离外运砂石材料的数量,从而减轻了社会交通运输的压力,缓解交通运输的紧张状态。

参考文献

[1] 马涛.SMA 路面现场热再生技术研究[D].南京:东南大学,2010.

[2] 拾方治.沥青路面泡沫沥青再生基层的研究[D].上海:同济大学,2006.

[3] 耿九光.沥青老化机理及再生技术研究[D].西安:长安大学,2009.

[4] 郭鹏.高旧料掺量高性能沥青路面再生利用关键技术研究[D].南京:东南大学,2017.

[5] 胡林.沥青路面厂拌热再生关键技术研究[D].南京:东南大学,2013.

[6] 张清平.沥青路面现场热再生技术研究[D].长沙:长沙理工大学,2011.

[7] 王真.SBS 改性沥青路面性能恢复技术研究[D].南京:东南大学,2012.

[8] 董强柱,顾海荣,张珲,等.就地热再生过程中的沥青路面加热功率控制[J].中国公路学报,2016,29(4):153-158.

[9] 拾方治,马卫民.沥青路面再生技术手册[M].北京:人民交通出版社,2006:299.

[10] 汤宁兴.沥青路面就地热再生施工质量评价研究[D].南京:东南大学,2020.

[11] 李铉国.沥青路面就地热再生工程关键技术研究[D].南京:东南大学,2015.

[12] 黄晓明,赵永利.沥青路面再生利用理论与实践[M].北京:科学出版社,2014.

[13] 权登州.乳化沥青冷再生混合料技术性能研究[D].西安:长安大学,2009.

[14] 徐金枝.泡沫沥青及泡沫沥青冷再生混合料技术性能研究[D].西安:长安大学,2007.

[15] 马涛,赵永利,黄晓明.沥青路面厂拌热再生关键技术[M].南京:东南大学出版社,2015.

[16] 徐光霁,韩诚嘉,马涛,等.路网沥青旧料综合再生站点规划与效益[J].东南大学

学报(自然科学版),2022,52(1):145-151.

[17] 拾方治,李秀君,孙大权,等.冷再生沥青混合料设计方法概述[J].公路,2004(11):102-107.

[18] 耿磊.基于旧料再生的高模量沥青混合料研究[D].南京:东南大学,2013.

[19] 祝谭雍.基于再生沥青混合料性能特点的再生路面设计研究[D].南京:东南大学,2017.

[20] 岳阳.厂拌热再生沥青混合料低温性能研究[D].南京:东南大学,2018.

[21] 薛彦卿,黄晓明.厂拌热再生沥青混合料力学性能试验研究[J].建筑材料学报,2011,14(4):507-511.

[22] 尹腾.可储存式发泡沥青与温拌混合料性能研究[D].南京:东南大学,2020.

[23] 房占永.厂拌热再生高模量沥青混合料技术研究[D].南京:东南大学,2019.

[24] 徐剑,黄颂昌,秦永春,等.乳化沥青和泡沫沥青冷再生混合料性能研究[J].公路交通科技,2010,27(6):20-24.

[25] 张秋菊,刘礼辉,钟昆志,等.级配参数对沥青稳定碎石基层性能的影响研究[J].交通科技,2022(4):6-8,14.

[26] 段宝东,韩东东,赵永利.基于最小能耗的沥青路面就地热再生加热机组优化控制[J].公路交通科技,2021,38(1):19-26.

[27] 韩东东.就地热再生温度场模拟分析及控制研究[D].南京:东南大学,2019.

[28] 汤宁兴.沥青路面就地热再生施工质量评价研究[D].南京:东南大学,2020.

[29] 曹屹.就地热再生沥青路面反射裂缝扩展分析[D].南京:东南大学,2018.

[30] 徐金枝,郝培文,郭晓刚,等.厂拌热再生沥青混合料组成设计方法综述[J].中国公路学报,2021,34(10):72-88.

[31] 中华人民共和国交通运输部.公路沥青路面再生技术规范:JTG/T 5521—2019[S].北京:人民交通出版社股份有限公司,2019.

[32] AASHTO. Standard specification for determination of optimum asphalt content of cold recycled mixture with foamed asphalt: AASHTO PP 94-18(2020)[S].

[33] ASTM. Standard specification for hot-applied asphalt aggregate-filled mastic[S].

[34] ASTM. Standard test methods for quantitative extraction of asphalt binder from asphalt Mixtures[S].

[35] NGUYEN V H. Effects of laboratory mixing methods and RAP materials on performance of hot recycled asphalt mixtures[D]. University of Nottingham,2009.

[36] KIM Y. Development of new mix design for cold in-place recycling using foamed asphalt [D]. The University of Iowa, 2007.

[37] MA T, WANG H, HUANG X, et al. Laboratory performance characteristics of high modulus asphalt mixture with high-content RAP [J]. Construction and Building Materials, 2015, 101: 975-982.

[38] XU G, MA T, FANG Z, et al. The evaluation method of particle clustering phenomena in RAP[J]. Applied Sciences, 2019, 9(3): 424.

[39] ZHU J, MA T, FAN J, et al. Experimental study of high modulus asphalt mixture containing reclaimed asphalt pavement [J]. Journal of Cleaner Production, 2020, 263: 121447.

[40] WU M, XU G, LUAN Y, et al. Molecular dynamics simulation on cohesion and adhesion properties of the emulsified cold recycled mixtures [J]. Construction and Building Materials, 2022, 333: 127403.